语文教学实践丛书

特级教师

轮岗日记

周群 ◎ 著

理想主义者的教育实践

北京师范大学出版集团
BEIJING NORMAL UNIVERSITY PUBLISHING GROUP
北京师范大学出版社

图书在版编目(CIP)数据

特级教师轮岗日记：理想主义者的教育实践 / 周群
著. -- 北京：北京师范大学出版社，2025. 5
（语文教学实践丛书）
ISBN 978-7-303-28771-0

Ⅰ. ①特… Ⅱ. ①周… Ⅲ. ①语文课-教学研究-中
小学 Ⅳ. ①G633. 302

中国国家版本馆 CIP 数据核字(2023)第 014472 号

TEJIJIAOSHI LUNGANG RIJI

出版发行：北京师范大学出版社 https://www.bnupg.com
　　　　　北京市西城区新街口外大街 12-3 号
　　　　　邮政编码：100088

印　　刷：北京溢漾印刷有限公司
经　　销：全国新华书店
开　　本：710 mm×1000 mm　1/16
印　　张：32.25
字　　数：413 千字
版　　次：2025 年 5 月第 1 版
印　　次：2025 年 5 月第 1 次印刷
定　　价：78.00 元

策划编辑：焦　晗　张倩怡　　　　责任编辑：张倩怡
装帧设计：秀声秀色　　　　　　　责任校对：陈　民
美术编辑：袁　麟　　　　　　　　责任印制：李汝星

精神成长之旅：轮岗生活现象意义的阐释（代序）

成尚荣

与周群老师认识已有好几年了，可至今尚未谋面。大概是 2021 年，教育部教材局召开课改指导组与语文课标组一次重要的讨论会，对课标中几个关键问题作最后一次研讨。会场上，我看到了周群老师的席卡，但会议结束，她都没来，因为她工作走不开，临时请假，失去了见面的机会。读了她的书稿《特级教师轮岗日记》，回想起来，正是这一年，她轮岗到北京前门外国语学校（日记里不断出现的"前外"正是前门外国语学校的简称），这一天，她在前外正忙着呢。

在我想象中，周群老师是位年轻的特级教师，温文尔雅，气质高贵，极富思想力和创造力。2020 年，我看了周益民老师推荐的周群老师在疫情期间设计的语文作业，深受感动和启发，写成了一篇小文《一份价值照耀的语文学习方案》，后来用在《上有灵魂的课》一书里。我在文章里写道："从朋友圈里收到了一份特殊的、最为珍贵的礼物——'初中语文创意读写练习方案'。她以自己的专业和情怀，为特殊时期学生学习献上这份方案，所提问题不只是孩子，成人也应该静思。'她'是谁呢？是周群。周群是北京景山学校的语文特级教师。她设计的方案，犹如一道光，照亮了防疫时期学习的天空，那么明亮。周群老师，向您致敬。"那时，我仍然认为她十分年轻。直到看到书稿，才知道她已年过半百。但是青春、美丽、智慧从来不问年龄，犹如星空不问赶路人——是的，周群老师永远年轻。

周群老师的年轻是朴实的，她的语文素养、人文素养、科学素养积淀丰厚，尤其是受她称为"心中男神"的父亲的影响，她的理念、专业水平、文化底蕴早就超越了一般语文教师，走向坦荡、从容、素朴，走向周国平先生所说的"丰富的安静"，走向"简洁的深刻"。这一品质和风格也凝练在这本"日记"里。日记日记，天天要记，一天不记，就要忘记。周群老师以朴实无华的文字，记录整整一年的轮岗生活，没有半点的修饰，更没有丝毫的矫情，用她自己的话来说，"撒娇和抱怨没有半毛钱的关系"。但是，每天每日，一字一句，都让我从她的日记中有新的领悟，得到启发，受到鼓舞，被她的叙述所感动。更可贵的是，她的日记蕴含着这么丰富的经历、深入的改革实验、深刻的思想、前瞻的教育教学理论，所以，我认为，这是一本日记体式的教育教学改革著作，是一本教育现象学的阐释著作。

2022 年 7 月 13 日，在轮岗的最后一天，周群老师写下了最后一篇日记："送别会上，副校长说我们给前外带来的影响很可能在今后若干年里会越来越显现。我想对我来说道理是一样的，我也会慢慢总结。"其实，在前一天的日记里，她已初步作了总结："回家路上我在想，这一年对我来说意味着什么？两个字——'成长'。"在轮岗日记最后一篇的后面还有一篇压底的，就是 14 日她写了回到景山学校后工作的第一篇日记："此刻已近 1 点。我的暑假，就这样开始了。"

最后一篇，新开启的第一篇，放在一起读真有意思，那就是：成长。她内心充满审美愉悦，这是一本具有审美意义和色彩的日记生活录。

"成长"一词，对于青年教师来说，似乎更合适，尤其是对轮岗的青年教师。而周群老师，这位 50 多岁的特级教师，仍然把轮岗当作成长，可见其境界之高、含义之深。周群老师在任何学校在任何岗位，都把工作当作成长，所以，她不断发展、不断提升，用左宗棠的话来说似乎很合适："择高处立，就平处坐，向宽处行。"就我个人的体会来看，周群老师的轮岗是一次精神之旅，是精神成长之旅。这一精神之旅，有内核，有内涵，有特质，有特点，值得我们阅读和品味。

理想主义是周群老师精神之旅的内涵与动能。用马克思的话来说，我们不仅要解释世界，更重要的是改造世界。理想的实质是一种价值观，所谓价值是理想的事实。理想附着在事实与行为上，讨论理想便是讨论价值观，所以理想的召唤便是认同并践行价值观。周群老师的理想，这一两年凝聚在对轮岗工作的意义认识与开发上。她一直思索轮岗的深层价值何在。她首先认为，一个人、一个教师应当有底层逻辑。她的底层逻辑是："无功就是过，平庸就是错"，她提倡奋斗精神和创造精神。其次，她有核心理念：轮岗就是"走亲戚"，就是"过日子"，她提倡轮岗的生活化与亲近性。最后，她概括了轮岗中成长的五个要求："轮岗：一场说走就走的旅程""动起来：这更是爱的双向奔赴""沉下去：务实，小事就是大事""反思：究竟什么是理想的教育""骨干教师走出舒适区，才能不断成长"。以上这些，都是她理想主义照耀下的价值追求和精神塑造。值得注意的是，轮岗的意义还不仅在此，周群老师还期望通过一个人轮岗意义的认识，通过自己的努力透射出整个轮岗的制度建设，推动均衡、优质，建设公平而有质量的教育实现。因此，这本日记可以视作轮岗制度建设的个人探索与理想实现的可能，具有普遍、深刻的意义。

理想的实现是一个长期努力的过程。周群老师的理想主义与长期主义的坚守紧紧联系在一起。有理想，应当有激情，但激情绝不是一时的冲动，而是在整个过程中的坚信不疑、坚定不移、坚持不懈，这就需要全身心的付出，非常不易。可周群老师说：在成人世界里没有"容易"两个字。一年的时间说长不长，说短也不能算短，问题在于每一天怎么过。日记里，我们看到了她每天生活的态度：对每一天负责，过好每一天，绝不苟且、马虎、松垮，而是井井有条，扎扎实实，不虚度时光，哪怕是零散的时间。不仅如此，她的每一天，不是"日复一日"的那一"日"，不是周而复始的一"日"，而是"苟日新，又日新，日日新"的一"日"，因为她每天都有新任务、新思考、新作为；因为她觉得每天每天的学生都是新的，每天每天的教学都是新的，每天每天她所带的青年教师都在进步，在成长。用时间学的观点来看，她在时间里经历、反思、改进，创造新的一天。想起王蒙关于青春的界说："所有的日子 / 所有的日子都去吧 / 让我们编织你们 / 用青春的金线 / 和幸福的缨络编织你们……"周群老师的长期主义，是用每一天的创造去映照理想主义。我把这叫作"周群的时间学"，是价值意义上的长期主义。

理想不能飘浮在天空，要把理想做起来，长期主义的本质是实践主义。我们说的实践主义，是指把理想落实在实践中，用实践去实现理想。实践，踏踏实实的实践，一步一个脚印的前行，一项项的研究与改革，构建了周群老师的实践主义，塑造了周群老师的实践品格和工作风格。用她的话来说，就是有自己的"习惯性动作"。如果作个概括，她的"习惯性动作"主要在以下几个方面。

其一，教学改革研究。北京景山学校是教学改革的典范，具有改革实验的传统，邓小平"教育要面向现代化，面向世界，面向未来"就是为景山学校书写的题词。周群老师在日记里多次表达，是北京景山学校的教学改革熏陶了她，锻造了她，成就了她，改革、实验，成了她工作的方式和习惯。她将改革精神、研究方式带到了前外，在语文教学中和老师们设置了新闻、科幻、前门文化、北京民间文学等综合性的主题单元，进行跨学科学习和项目学习，并提出教材单元并不等同于教学单元，项目学习的要旨不在复杂性而在于挑战性，还对任务群与项目学习的内涵、特点进行了区分，推动了前外系统化、结构化的语文教学改革研究和校本课程开发。日记中有很多教学实录及其评点、反思，看着这些日记，我们仿佛走进了她的课堂。

其二，辅导青年教师成长。最开始周群老师带了三位徒弟，后来又增加两位。她的理念是："有苗不愁长"；她的自我定位是：我是青年教师成长的支架与台阶；她的态度是：严格，"年轻人要对自己狠一些"；她的"习惯性动作"是：下"指令"——像我一样对每堂课"复盘"。徒弟们称她是"恶婆婆"，调侃中充满着敬意和亲切。徒弟们在她的带领下迅速成长，因为周群老师馈赠给他们最珍贵的礼物是：教学即研究，在教学中学会反思，做会研究的优秀教师。

其三，悉心教导学生。她说，在前外"和孩子们较上了劲""心里永远住着孩子"，自己做"长不大的孩子"。日记中有不少写给孩子的信，我数了数有 11 封之多，年底的那封信写满了 A4 的纸。我记得她和说"耶"的、说"要"的孩子的信，细致入微，沁入孩子们的心灵。这些"习惯性动作"是她的风格、品格，是她的教育信条的具体体现。

在一次发言后，前外的领导对她说：刚才您的发言，有四个字让我感动。周群老师说：哪四个字？是"为了孩子"？领导说：是"我们前外"。呵，好一个"我们前外"！她的轮岗真的是"走亲戚"啊！她把轮岗工作的学校当作自己的学校，正如徒弟们、学生们所说，我们和周老师的关系升级了：咱们是朋友。

是的，周群老师的日记，记下了她的精神成长之旅。她的理想主义、长期主义、实践主义编织了轮岗工作的意义之网，编织了一位特级教师的视野、格局、格调，也为我们铺设了专业成长之路，而专业成长说到底是精神之旅。谢谢周群老师。

以上是我的读后感，是我的学习体会，权作序吧。

成尚荣

原国家督学、江苏省教育科学研究所所长，
教育部基础教育课程改革指导组专家、中小学教材审查组专家，
香港中文大学（深圳）当代教育研究所高级研究员

小我、大我与无我（自序）

北京景山学校　周群

2021 年 9 月 10 日，第 37 个教师节来临之日，我，一位 52 岁的老教师，一下子成了新闻媒体争相报道的"名人"。这一天，北京市委、市政府主要领导同志来到东城区，向全市广大教师及教育工作者致以节日问候。据《北京日报》报道，"在教研室，由景山学校轮岗来的名师周群正与年轻老师研究语文课程教学工作"。在现场，市委领导同志对我们说，"'双减'工作关键在校内，出路在改革"，"教师是最受社会尊敬的职业，要在全社会营造尊师重教的良好氛围"。转年的北京市两会上，市委领导同志来到东城区代表团，再次询问了我的轮岗情况，并勉励我把轮岗日记写下去。

故事的缘起，要从一个月前说起——

2021 年 8 月，新学期开学前夕，北京市教委宣布了一项重大改革举措：9 月 1 日开始全市中小学校将大面积、大比例推进干部、教师交流轮岗。北京景山学校领导很快就找到我，希望我能够发挥特级教师的引领作用，参与首批轮岗工作，而且提出了两个高要求：一是为轮岗工作"打样儿"；二是传播景山学校先进的教学理念。我身体一直不好，家里老人也需要照顾，但我还是克服了困难，接受了组织安排，以首批轮岗教师的身份进入北京市前门外国语学校（以下简称"前外"）。

在工作中，我不以"过客"心态轮岗，从心里把轮岗学校当作自己的"家"，既交付真心，更付出大量心血。我的工作习惯是谋定而动，"兵马未动，粮草先行"。还没到前外，就主动整理了自己做过的16个讲座，结合做"国培"的经验，写了一份语文教学经验交流的备选清单。在到前外工作的第一天，就提交给了校领导。在前外校领导的支持下，我为全校教职员工开设项目学习专题讲座，与语文组老师们分享作文教学等方面的经验。

前外校领导给我布置了两项工作：一是承担该校八年级（1）班语文教学工作；二是带徒弟。

先说第一项工作——语文教学。接手教学班没两天，我就发现学情不容乐观。做公平的教育是我的教育理念，我认为，学情不理想并不意味着教学就应该"缩水"或降低难度。因此，我暗下决心，一定要想方设法帮助学生。

一方面，我将项目学习带进前外的课堂，新闻采访、"古诗苑漫步""我给家人写小传"……每一个项目推进的过程中，我都为学生的学习搭建了比以前教学更多的学习支架、整合了更多的资源。我的备课量是以前的两到三倍，之所以这样付出，为的就是让学生能顺利踏上一级又一级台阶，最终达成应有的目标。随着一个个学习项目的推进，学生从语文课走向了更为广阔的社会大课堂。日复一日，我力求将语文课上得既生动有趣，又充满挑战；既教学生语文知识和技能，也教学生如何做事与做人。因为开展项目学习，学生有了更多分享和展示自我的舞台，他们越发自信了，这是我最愿意看到的变化。另一方面，我也在夯实基础上下功夫。比如，学生的字不好，我就自费买字帖送给学生；学生不爱记笔记，我几乎每一课都设计学习任务单，强化落实；学生写作能力差，一提笔就打怵，我就为学生量身设计作文提纲表格，带学生从写作文提纲练起，一练就是一学年。我特别注重写前指导，为的就是让学生能收获更多写作的快乐，从而爱上写作。我根据学情变化同步调整自己的教学，也多用激励评价来鼓励同学们。通过我的不懈努力，学生的语文学习能力以及成绩都有了明显提升。

为了让更多的前外学生享受到优质的教育资源，我邀请《中学时事报》记者为八年级学生讲如何采访和撰写新闻；邀请景山学校初中语文组特级教师王海兴和其他优秀教师来前外授课，为学生讲如何学习与鉴赏中国传统诗歌，如何阅读《红星照耀中国》等经典著作；我还主动与中国科技馆联系，为前外学生争取到参加中国科技馆"天宫课堂"地面主课堂现场活动的宝贵名额……

在我看来，骨干教师均衡配置轮岗，绝不只是"一个萝卜一个坑"，而是要主动找到与新学校工作对接的"点"。因此，除了担任教学班的任课老师和带徒弟之外，在与学校领导深入沟通之后，我又主动扛起了"前门文化特色"校本课程升级的重任。我与研究北京传统文化的专家、学者以及北京中轴线遗产保护中心建立了联系，组建了课程开发的专家团，顺利搭建起了学校和首都高端文化智库合作的桥梁。用光明日报资深记者董城的话说，"这个专家班底绝对是一流的，也就是周老师能组织起来"。

2022年2月，新学期开学，"前门文化特色"校本课程进入试教阶段。原本课程是按照选修课的方式设计的，但前外校领导提出，希望能为七年级全体学生开设通识课。面对学校领导提出的新需求，我二话没说，在教导主任和各班班主任老师的辅助下，亲自为初一年级全体学生上课。在第二学期疫情居家学习阶段，开通识课要克服的困难更多，但我还是坚持开课——不仅我上课，还邀请北京传统文化名家开设"北京中轴线""北京雨燕"等专题讲座。在我的带动下，最后一次课上，我们几个语文、数学、物理、美术等不同学科的老师围绕风筝专题，跨学科联手为学生上课。这样的团队协作让我自己也收获很多。

第二项工作是带徒弟。我与张晓宇等5名青年教师师徒结对，指导他们进行单元整体教学设计，开展课题研究及项目学习实践。从立德树人的教育方针到长线教学的思考，从卡准自己在教育变革时代中的点位到鼓励徒弟主动参与学校进行的校本课程升级，从教学反思打卡的落脚点到寒假期间的备课、未来学科论文发表……我事无巨细地分享着自己的所思所想，也不忘给徒弟们布置新任务，徒弟们申报研究课题，我也会尽量提出意见和建议。一学年来，徒弟们进步显著。张晓宇在我的指导下，很好地完成了"我为家人写小传"的项目教学，他据此撰写的论文已经获得多项市级优秀证书；另一位徒弟张舒茗上《天上的街市》公开课，使用了我指导设计的作业方案，获得教研员认可，作为优秀语文作业案例在区内分享。

我边工作，边记录，边反思。轮岗一年，我写下近24万字的"轮岗日记"。在2022年1月的北京市第十五届人民代表大会第五次会议上，东城区教育系统中的市人大代表特地向与会的代表们展示了我的轮岗日记。中央广播电视总台、光明日报、北京电视台、新京报等多家媒体对我的事迹做了报道。

回顾一年来的轮岗工作，我清楚地记得东城区委一位领导同志在轮岗工作开始之初对骨干教师讲过的话："是东城把你们培养成了骨干教师，现在，你们要反哺东城的教育。"我生在东城，也在东城这片热土上成长。我常想，聆听时代的声音，每一个人都应该做出自己的回应。新时代要求我们做有理想信念、有道德情操、有扎实学识、有仁爱之心的"四有"好老师，我也理应在"轮岗"这样的挑战面前做出正确的选择，那就是积极克服困难，以"小我"服从"大我"，用脚踏实地的行动做理想的教育，始终将习近平总书记对新时代人民教师的一系列殷切期望，作为我们每个教育工作者的不懈追求。

2022年7月

目　录

秋季学期

2021 年 10 月 •••••••••••••••••••••••••••••••••••••• 92

2021 年 11 月 •••••••••••••••••••••••••••••••• 149

2022年1月 ······················ 270

2022 年 2 月 ·· 325

春季学期

2022 年 2 月 ●●●●●●●●●●●●●●●●●●●●●●●●● **346**

2022 年 3 月 ●●●●●●●●●●●●●●●●●●●●●●●●● **355**

2022 年 4 月 ⸽⸽⸽⸽⸽⸽⸽⸽⸽⸽⸽⸽⸽⸽⸽⸽⸽⸽⸽⸽⸽⸽⸽ 390

2022 年 5 月 432

2022 年 6 月 ●●●●●●●●●●●●●●●●●●●●●●●●● **445**

2022 年 7 月 ●●●●●●●●●●●●●●●●●●●●●●●●● **475**

秋季学期

2021 年 8 月

新学年，新起点

2021 年 08 月 25 日 星期三

新的学年，我将在前门外国语学校轮岗工作一年。对我来说，这是新的挑战，也是工作的新起点。

关注着轮岗工作部署的新闻报道，我也认真学习了有关指示精神，给自己未来的工作找定位。还没有对接工作，在等领导安排，我只说点儿接受工作安排后朴素的想法：在景山学校工作 30 年，自认为继承了景山学校优良的教改精神与传统，也努力用行动将之发扬光大。近年来着力做的事情主要有三件：**一是项目学习，二是科普科幻教育，三是初中语文读写思辨的教学实践（包括新闻教学）**。过去做过的事则包括景山版初中语文实验教材的编写、信息技术与语文学科融合的实践、北京传统文化校本课程的开发，还有一堆七零八碎的小课题，如作文评价等。我以过去四年在景山学校北校区工作的亲身经历证明，这些教改实践的做法并不只适合优质校、优秀生。

过去积累的经验对我来说弥足珍贵，这些都是新岗位的工作基础。当下的重点工作是"双减"，这意味着对课堂教学要求更高，但有很多实际问题尚需要通过实践找到合理解决的方法。不仅如此，眼光还得放得更长远些，要考虑到在不远的将来，新课标的颁布还会带来更高难度的挑战……我呢，给自己定的任务就是争取在工作范围内做一些尝试，比如项目学习在基层学校的落地。当下，"作业"成了焦点话题，说到底，其本质是改进课堂教学的问题。"牵一发而动全身"，教学不改进，只减作业量，单纯地控制作业时间，无异于"头疼医头，脚疼医脚"。中小学校长老师轮岗"动起来"的意义很大，作为教育工作者个体，我会时刻提醒自己，从现在开始，要有"沉下去"的态度。

昨天有同行说，希望我在朋友圈里多分享自己的想法和做法；今天北京大学汪锋老师也鼓励我写交流日记。我呢，原本也是要求自己写轮岗工作日志的。"人未动，心先行。"我喜欢琢磨了什么就随手记一下，平时都是写在笔记里。"择日子不如撞日子"，今天市教委官宣了轮岗的事，那我的轮岗日记，也就从此刻开始写吧。

我的"教学经验交流清单"　　2021 年 08 月 26 日 星期四

今天依然是等安排的一天。一点儿没闲着，认真备了课。

一是备语文课。找出上一轮的项目学习方案进行完善。和秋菊①打了一个多小时的电话，一起头脑风暴，聊了聊开学第一节课的设计。不管教哪个年级，只要是接手新班，迅速摸清学情是第一重要的，这个过程中要尽量积攒一手资料。可以是问卷调查，也可以不是。我是越来越看重学情的。教学设计一定要基于学情，不管是活动本身的设计，还是资源整合，提供支架，开展评价，都要基于学情。要研判学情和课标、教材要求之间的差距。这个观点在我以前的文章里说过②。

二是整理了和新学校老师经验交流主题的备选清单，都是近几年做过讲

---

① 秋菊：任秋菊，北京景山学校初中语文教师，我的同事。
② 参见《语文项目式学习，该如何备课？》，2020 年 2 月刊《星教师·备好一堂课》。

座的主题。我们初中组其他同事也有很多好的经验可以分享。先简单列上，我习惯于打有准备的仗。

三是做了一点思考——不针对轮岗学校，只是思考轮岗工作本身。

骨干教师轮岗所能发挥的辐射作用主要有两方面：一是针对老师的，一是针对学生的。市教委领导说要让学生见到更多的好老师，这当然很重要。我自己是从"造血机制"上想得更多。景山学校以及更多优质学校的师资队伍建设制度一直相当成体系，且行之有效。2006年我曾做过《北京景山学校语文教师队伍代际传承述略》的梳理。这么多年过去，我依然坚持学校发展一定自己要有"造血机制"的观点。"输血"是为了激活"造血"功能——这是使骨干教师轮岗辐射作用更大的意义。想要充分发挥骨干教师的作用，轮岗学校的教研制度建设可能需要先行。比如，教研活动是不是规范，有无时间、次数的要求，能否做工作坊，让老师们讲练结合？或者做一年期的工作室，以此模式带动师资队伍建设，诸如此类。以什么样的模式推进轮岗后骨干教师的具体工作，这是需要领导顶层有设计和给支持的。作为轮岗教师，我很期待有做事的保障。

写到这里，我必须自嘲一下：确实是瞎操心啊。我真是希望接下来的这段时间里能做点儿实事。

语文教学经验交流备选清单

1. 语文教学中的立德树人
2. 语文学科项目学习与实践/跨学科项目学习的讲座可分解成若干专题，如怎么整合资源、如何根据学情提供学习支架、如何开发过程性策略性知识，教材分析等；可以用工作坊的形式推进，讲座＋示范引领＋跟进老师们的实践

3. 作文教学（过程性评价／怎样设计作文评价量表、作文教学序列化）

4. 景山学校古诗文教学的宝贵经验（可邀请王海兴老师① 单设一讲）

5. 初中语文教学中的"思辨"读写

6. 初中语文教学中如何指导学生开展创意读写

7. 读写结合：如何以读带写、以写促读

8. 小说、诗歌、散文、新闻、说明文、议论文……，都可以分专题交流

9. 发挥作业设计在教学中的作用（重新认识作业）

10. 如何在日常教学中通过"强化自学指导"的教学策略，培养学生的元认知能力

11. 中小学科普科幻教育（可细化成若干小专题，比如《星星离我们有多远》《沙乡年鉴》《寂静的春天》的整本书阅读，科普科幻教育如何不断线，等等。科幻写作可邀请刘晓虹② 老师单设一讲）

12. 跨领域阅读（中小学跨领域阅读的理念与实践，如何在跨领域阅读中培养思考力）

13. 教师跨学科阅读对项目学习的意义

14. 我的大语文观

15. 一线教师如何做课题研究

16. 教师如何促进自我的全人发展

---

① 王海兴：北京景山学校初中语文教研组长，北京市特级教师，我的同事。

② 刘晓虹：亦为我的同事。

一切都是最好的安排 2021 年 08 月 27 日 星期五

昨晚忙到后半夜，整理了要上交的个人材料。材料里有一个问题是谈自己对轮岗工作的认识。关于轮岗，最近确实思考了很多，昨天和前天的日记里都涉及了，这里不再复述。其中有一点，今天早晨起来再琢磨，也都觉得"有点意思"……

曾经在朋友圈里感慨过，我这几年做科普科幻教育，越来越像父亲①，甚至和父亲的人生轨迹都有重合。不知不觉中，我就成了他。但这次轮岗的情况不同。

昨晚我梳理对轮岗的认识，提到曾经做过十五年市人大代表的经历。这并不是为了唱高调，而是想说明，我对基础教育的关注和思考中，教师队伍的建设问题一直是重点。

这是我做事的底层逻辑。

很多同行都知道，我做的很多事，项目学习也好，阅读推广也好，科普科幻教育也好，我工作的重心始终放在了带动教师共同发展上。对于教师队伍培养，2006 年在北京教育学院进修的时候，我就专门梳理了《北京景山学校语文教师队伍代际传承述略》（见数字资源）。必须强调一点，我很为自己在景山学校工作而感到庆幸。

市人大代表任职期间，我于 2011 年、2017 年两次提出关于师资队伍建设

---

① 我的父亲周舜武，生于 1937 年，编审，曾任商务印书馆地理编辑室主任，北京市政协常委，北京九三学社秘书长、副主委等职。国务院津贴获得者。曾从事科普创作工作，担任北京科学技术普及创作协会法人工作。

的建议（关于教育的建议还有不少其他主题的）。刚才找出了建议原文，站在今天的时间节点上重新审视这两份建议，依然觉得是有价值的。

这次，从教育部到北京教委，都强调发挥教研组和年级组的作用，要以系统化、结构化的思维找到解决作业问题的对策。抓中层队伍建设是对的。此种背景下，理清优质学校师资队伍建设的"造血机制"就格外重要。还有骨干教师的作用问题——什么样的政策能保护教师的积极性等等，都值得再探讨。

早晨起来我忽然发现，我似乎是为轮岗这件事做了很多年的准备。一切都是最好的安排。这是我今天特别想表述的重点。

作业问题不简单

2021 年 08 月 28 日星期六

逼着自己做头脑风暴，可能想得有偏差，讲得不对，我姑且先记下来，也欢迎各位老师批评指正。

"双减"重点工作之一就是作业问题。

一、要挤掉作业中的水分。

举例：以往老师会布置让学生检索作家或写作背景的知识，我个人觉得布置这种作业，意义不大。要么网站词条都整理好了，要么网络信息芜杂，学生不加筛选、生吞活剥地照原样打印下来。这类作业就是水分，可以挤掉。因为我们不是要教学生如何使用搜索引擎，而是要锻炼学生筛选、整合、概括信息的能力。

带学生读《沙乡年鉴》和《寂静的春天》时，我都布置了学生检索的作

7

业。但检索后信息的处理——要从新搜集来的信息中得出有意义的结论，要对检索的信息再加工——这才是我训练的重点。有兴趣的老师可翻翻我公众号"瓦尔瓦拉"，我在《科普时报》上发表过这两本书的阅读任务单。

二、要丰富作业样态，应当注意几个问题：

第一，不要为了多样化而多样化，"为赋新词强说愁"。

第二，形式与内容要尽量适恰。不适恰的例子如阅读《红楼梦》，蹭热点设置题目。

第三，语文作业的样态有多少还需要进一步梳理。我记得北京大学郭文革老师请她的学生梳理过，种类并没有我们以为的那么多。

第四，每一种作业类型能够锻炼学生什么能力要准确清晰。同一种作业类型在不同年级应当有不同的要求，要求或目标应当是有内外关联、螺旋上升的。

三、要重视学情。

优秀的学生"读读写写"的词语可能抄一两遍就能掌握，基础薄弱的学生可能就需要三四遍，甚至更多。我的英语特别差，背单词全凭多抄多默。当然肯定有记忆不得法的问题，但就算得法，每个人可能也存在记忆力水平差异的问题。过分的机械性、惩罚性作业当然要不得，但要和必要的练习区分开来。这个还是能区分开的。

有的老师会担心检测。针对平时小测，我的办法有两个：一是固定测验时间，不随机安排，要让学生知道我教学安排的规律，这样，一部分学生会主动复习，从而提高学习效率；二是在测验前我会给五分钟左右的时间让学生当场复习。在这段时间里，学生会比较投入，虽说是短期记忆，也能起到一定的作用。还有改错。字词之类的错了，一个改四遍，有时还需要再测一遍错误率高的。以夯实基础为原则，我觉得这么做挺合理的。

四、规定不准让学生和家长批改作业，这条需要注意边界。

课标提倡学生作文自评自改、互评互改，这就不属于让学生自己批改作业。当然，即便是学生自评自改、互评互改了，教师也需要进一步批阅。这是老师们需要注意的。

五、很多问题需要摸索和明确，要扎实论证，再统一认识。

比如古诗文背诵，这是需要花时间的。教材教学不缩水的情况下，课堂上并没有那么多时间留给学生。特别是随着年级增长，文言文难度不断增大，背诵、默写这类作业，二十分钟肯定不够。整本书阅读、读书笔记、周记这类常规作业，更是不可能在二十分钟半小时里解决。这是客观现实。这类作业怎么办，要开展研究。

六、作业问题的解决不应以牺牲（或缩减）课内教学为代价。在毕业年级存在这样的现象是可以理解的，但据我所知，其他年级"以考定教"的情况也是普遍存在的。

七、作业量的问题真不只是控制时长和总量那么简单，还牵扯到学生的学习习惯、兴趣、方法，牵扯到责任心……比如学生能否做好时间管理？有没有抓紧时间的意识？是否掌握了时间统筹的方法？学生有没有元认知能力？……林林总总，都和作业问题有关。小学甚至幼儿园阶段养成孩子良好的学习习惯尤为重要。前面学段如果没培养出学生自觉学习的好习惯，学生没有学习兴趣和积极性，非智力因素的问题没解决，初中的作业问题解决起来就会效果不佳。赶上有拖延症的（我就有），有厌学症的，有各种学习障碍的，作业问题就更复杂了。

八、我们在小学和初中做了什么样的改革，应该做调查跟踪，看看对高中学习的影响。

九、解决作业的事，归根结底要先解决课堂教学的问题。课堂上要"读书动笔墨"，这个提法在今天已经有了更丰富的内涵和形式。课堂上听说读写的各种训练，其实就是在做作业。

不怕慢，就怕站（1）

2021年08月29日星期日

关于轮岗的事，我知道很多人都关心。我是承担轮岗任务的人，精力和水平都有限。做好本职工作，尽量如实记录我所经历的，争取给轮岗工作留下一份一手资料，这是我力所能及的，至少我希望自己能做到。

简单记录今天的工作：

早晨景山邱校长打电话给我，让我尽早去学校和他会合，去前外交接工作。8点20到校，领教材，和同事谈了几句工作，不到9点我们就出发了。到前外的时候，杨梅校长和两位副校长、办公室主任一起迎接我们。

在会议室坐定，立刻开始对接工作。细节略，只讲感受和结果。

1. 前外领导讲话很实在，也务实。工作上他们主要考虑发挥我的骨干带头作用，也很希望我能多带年轻人。

2. 两所学校各有特色，协同发展将是深度的，我的轮岗只是其中一步，当然也是很重要的一步。

3. 邱校长跟杨校长说，"要用足、用好周老师"，说我是宝藏，要挖掘。我理解，这是希望我不仅蹚路子，也能发挥实际的作用，特别是发挥好我的聪明才智。

4. 我很诚恳地向前外几位领导表态：我确实有备而来。一是在网上检索了前外的基本情况；二是准备了可以交流分享的讲座清单；三是已经开始备课，包括开学第一课怎么开局"破冰"；四呢，我很愿意帮到大家，但希望我自己"帮忙少添乱"。乱肯定是要添的，但争取尽量少。我说我只有一怕，就是怕大家并不需要我、没有问题问我。

5. 前外的领导很认同我的工作态度。嗯，其实我今天就是你们都熟悉的那个样子——工作状态下比较"自嗨"型。

最后说好，给我一个八年级的班，带几个年轻人，辅助教研组长工作，学校需要我完成的其他工作我也尽量配合，比如校园阅读工作。

工作交接完毕，邱校长回去了，我留下继续和教研组对接，还参加了下午的九年级工作会。

教研组长曲文芳是个爽快、干练的妹子。她领上我，带我去办公室熟悉环境。她特地安排我和她一个办公室。语文组按年级分在三个小办公室里，都挨着。八年级语文备课组四个人一屋。

午饭前陆续见到组里一些老师，也有简单的交谈。感觉老师们见我多少有些紧张，觉得我属于"大神"一级的，怕我是高高在上的。当然，见了面聊上了，他们就轻松很多。我自己是从小老师那个阶段过来的，年轻时又有差点下岗的经历，三十年来又一天也没离开过一线，我一直就是个草根，所以太能理解老师们的忐忑何来了。我打趣说，不是"大神"，是"大神经"。大家不要嫌弃我话痨才好。

中午，年轻同事帮我们打了饭回来。饭很可口，组长还分了她带的扒鸡，我被投喂了鸡腿，同事还给我加了牛奶。前外伙食甚好，自己的食堂，可提供三顿饭呢。

啊，一说吃，我就高兴。继续说下午。

下午 1 点，开了教研组会，和大家见面。我跟各位老师汇报了自己的定位、我能帮大家什么、能帮学生什么。交了交底，也交了交心。来日方长，一年的时间，对我来说，这就是开始一起过日子了。希望同事们能感受到我的诚恳。

1 点半参加九年级会。说是九年级会，实际上全体教师都参与，据说这是惯例。老九年级介绍经验，新九年级提出困难或想法，一起交流。主任主持，正副校长都在。有点像工作坊，气氛挺活跃的。听到领导说前外在今年中考中有了长足的进步，我也很开心。前外上星期三好像就开始上班了。会没结束，领导特批我提前回去做准备工作。

晚上组长发了我全组课表，我把几个年轻人的课表梳理了一遍，能听的课做了标记。星期三见面再商量，听评课要安排上。

嗯，从现在开始，过日子，细水长流。"不怕慢，就怕站"，我们一起努力，每天进步一点点就好。

就这样。加油！

关于新闻单元起始课的想法　　2021年08月30日星期一

上午备课两小时余。我没有按照正规的教案格式写，关注到新学年的教材中新闻单元有调整，时效性明显，但整体设计变化不大。教学目标之类烂熟于心，遂写简案，也特地标注了自己的一些思考。包括星期四连堂的起始课拟留的作业，一并写在后面，仅供八年级老师参考（见数字资源）。相比于往年的教学设计，更考虑了学生可能的学情，适当降低难度，搭了台阶。行家们若发现问题，请直接告诉我。

对作业设计的思考

2021 年 08 月 31 日 星期二

昨天傍晚接到区教委人事科电话，让我今天下午参会，作为轮岗教师代表发言。下午区里开了"双减"工作推进会，做了一系列部署。这些是按照上级部门整体推进轮岗工作要求做的事务性工作，只如实记录，不展开写。今天会后的感受就是交流轮岗的力度很大，有非常多的校领导、老师真的"动起来"了。有兴趣的老师请关注新闻报道，我不解释了。

作为老师，我个人更关注这几天密集出台的教学相关的文件，想得最多的也是课堂怎么增效、作业怎么布置的问题。关于作业和考试的文件，有些问题还需要等上级业务主管部门和学校的细化要求，暂不讨论。我觉得教师现在该做的以及能做的，就是结合学校部署算清时间的台账——除了周课时，"课后 330"① 的安排和语文学科有什么关系吗？这个时间段里不能讲新课，有没有给读书时间？可以做什么读书交流活动吗？晚自习怎么安排的？

切记切记，当下安排语文作业务必搞清楚分给自己的时间有多少，控制好自己单科作业的量。

我目前是按 20～30 分钟这个时间量设计作业。

---

① 课后 330：自 2017 年 2 月 24 日，教育部办公厅印发并实施《教育部办公厅关于做好中小学生课后服务工作的指导意见》起，北京市各中小学便将素质教育提上日程。根据《意见》要求，"课后 330"开展的服务内容主要是安排学生做作业、自主阅读、体育、艺术、科普活动，以及娱乐游戏、拓展训练、开展社团及兴趣小组活动、观看适宜儿童的影片等，提倡对个别学习有困难的学生给予免费辅导帮助，鼓励中小学校与校外活动场所联合组织开展学生综合实践活动。在不增加学生课业负担的前提下，很多学校在课后服务时间开展多种特色课程，以丰富的课程内容促进学生全面发展。

当然，我们关注的重心更应该放在课堂教学上，这一点毋庸置疑。

今天中午我在朋友圈发了八年级上册新闻单元起始课的设计，最后特地写了拟布置的作业；下午我又补写了设计背后的思考。这几点思考，既有针对作业的，也有针对项目学习的，供老师们参考。

作业设计的思路：

一、落实"减负"要求，严格控制时间。

按照预估，这份作业应当在20分钟左右完成。这个时长的考虑是以学生平均水平为准。当然存在学生完不成的可能，之前我也讲过，完成作业的效率和学生的学习习惯、基础、思维方式等都有密切关系。

二、这项作业属于个性化的作业设计。

我关注到今天西城教委文件的要求：作业要有个性和弹性，"突出教师的主导作用，强调教师的创造和专业能力"。"个性和弹性"的提法很好，但我有不同理解。我们要想清楚的是："个性"只是看起来的，要弄清楚个性化作业的"个性"指什么，不能为了"个性"而"个性"。关于"作业要有个性"的要求，我的理解是：个性化作业"强调个性"不是为了彰显教师的个性、教师的创造力，教师的创造力和专业能力都是为了学生"学"和"学会"而服务的，设计作业的时候，要把学生当作独立个体的人，考虑每一个生命个体的发展。

三、基于这样的理解，我认同"个性化"作业设置本身要有弹性。

弹性，就是不同水平的学生都有学习、思考的空间。什么样的作业就是有弹性空间了呢？通常来说，就是作业不设定唯一答案或答案是多元的，对学生语文能力的要求是上不封顶、下可以保底的。当然，作业分层这个措施本身也意味着弹性。

四、学生高质量的个人学习是小组合作学习的基础。

这项学生个人的作业放在整个单元的起始布置，就是为后续新闻采访"埋线"。"线"埋得越长、越深，学生从心理和实际行动上的准备就可能越充分，后续小组合作交流的时候，效果可能就越好。

五、这项"埋线"的作业，一定要前置。

除了上述理由，"作业前置"正是项目学习和"探究·活动"单元任务活动单有区别的地方。从项目学习，到"探究·活动"单元任务活动单，看似只是调整了学习活动的顺序，但存在着认识上的差异。

这也是做项目学习的老师需要花心思琢磨的地方——每一个环节的安排都一定是前后勾连的。什么时间节点做什么事，跟进什么指导，这些都非常重要。真不能按部就班地推进。按部就班的结果，很大可能就是省略了采访的环节，直接让学生写消息，甚至连写作这个任务都不做……那这个单元还剩下什么？用讲读式教学推进新闻篇目学习而已。直言不讳地说，教学质量的萎缩往往就是这么发生的。

六、按照项目学习或单元整体教学的思路备课，作业的问题至少会减少一半，因为几乎所有的作业都可以预设。现在改进作业问题的关键点仍是课堂教学。教学上本就该"减头绪，立主脑"，现在更需要精简再精简。但我又是强烈反对语文课上得单薄的。用我的话说，每一个单元都应该上得饱满，语文课才有意思，生动，学生才会既有兴趣，还有收获。"饱满"还是"精简"，这个分寸的拿捏是有相当难度的，也是备课时最需要花心思的地方。

说完作业设计，再说点零七八碎的感想——

昨天的轮岗日记发朋友圈没多久，浙江王毓敏老师私信我说，她正在四川甘孜支教，海拔 3500 米。"8 月 18 日来的。咳嗽，头疼。甚至喉咙哑了。现在好一些，只是有点干咳，走路走快了，会觉得气喘……"

肃然起敬！我熟识的同行中，有好几位都去援过疆，一至三年不等。换作我，恐怕是做不到的，身体条件不允许，生活上其他困难也难以克服。将心比心，我对去条件恶劣的地方支教的老师充满了敬意。

房山程亚利老师留言："啥时候能到我们这'穷乡僻壤'轮岗一年啊，偶尔听听您的课，也不过瘾呀！"

我了解她，知道这是她真诚的期待。但我想了又想，还是非常慎重地措辞后再回复她："我需要照顾老父亲，自己身体也不好。到远郊区县轮岗，恐怕已经超出了我能力范围。"

我已经不敢乱承诺。即便是现在不到前外轮岗，我也比以前多了很多小心：骑车戴头盔，速度减慢；这几年视力下降得厉害，散光，每到傍晚我的视力就骤减，必须戴眼镜；穿得比谁都多，生怕腰腿疼因为受寒再加重……其实就在七月底，父亲刚找了我们三个女儿谈话，开家庭会议。他对我们提的要求之一就是加强安全意识，因为我们都老了，已经到了为家人、也为自己必须好好照顾身体的年纪……

说了半天个人的生活，其实我是想说，轮岗和支教，甚至日常工作，上了年纪的老师应当量力而行。在安全的范围内应尽最大的努力：在工作上，面对同行不藏私，多提建设性的意见；在生活上，有困难提前跟领导说，一旦接受安排，就努力照顾好自己，尽量不趴下，少给别人添麻烦。这是我对自己轮岗工作提的基本要求。

今天看了我不那么年轻的同事、景山学校教研组长王海兴的朋友圈。因为抽调我轮岗，他必须跨头教八、九年级两个班，加午读和下午课后分层，周课时达 25 节。与此同时，这次交流轮岗，他承担的是到北京市第二十七中学跨校教研的工作，带徒弟，听评课，做讲座和示范课……前几天他给我看过他设计的跨校教研方案，真的特别用心。读到这条信息的时候，我又心疼又敬佩，这就是我们可敬可爱的"景山人"！无独有偶，北京市第二十七中学语文特级教师上官卫红昨夜告诉我，她在高中，也要以某种方式轮岗——而这，就是我们可敬可爱的东城人!

昨天有位教育体制外的朋友问我:"你觉得轮岗好还是不好?"我回复他说:"这要看轮岗的老师能不能真的发挥作用了。真的做事，轮岗就好，走过场，就不好。"

煽情的话不想再多说，啥都不说了，挽起袖子加油干就是了。

收笔，吃饭，备课。

2021 年 9 月

新岗位，第一天

开学典礼篇

今天是新学年的开学日。

昨晚前门外国语学校工作群里通知：开学典礼提前，早晨 7 点 15 分之前到操场上集合。食堂 6 点 20 分开始提供早餐。把要带的东西准备好才敢睡觉：教材、给学生的信、信纸。热水壶、茶杯、茶叶、餐巾纸、消毒纸巾、纸、笔……6 点多在晨曦中出门，路上车和人都很少。

到学校时 6 点 40 分左右。吃早饭，收拾带来的物品。在食堂"意外"地遇到景山学校的书记。我问书记他怎么来了，他说："今天您要上台，我得代表学校再送您一程。" 7 点 15 分准时到操场。因为有上台环节，前外校领导安排我和另一位轮岗的老师在前排坐下。

天气很好，有些微凉。和广渠门中学教育集团派来轮岗的体育老师交谈了一会儿。他和我一样，都在八年级执教。他周课时 6 节，和我不同的是他因为学校工作繁多，每星期二至星期四三天在前外、星期一和星期五在原学校。

进入工作状态没几天，有海兴的工作量对比，我多少体会出全职轮岗的好处来——景山学校管给我发工资，也管给我做后盾，就是不再要求我操心景山学校的事情（当然需要我的时候我也会尽力）。我这人的脾气秉性确实适合心无旁骛地做事，倘若安排我两头跑，我可能先会"一个头两个大"。

前外的开学典礼很有特色，用我的形容就是"小而美"。开学典礼上有三位领导发言，包括东城区委领导、区人大领导和杨梅校长；有数学老师兼七年级组长作为教师代表发言；有七年级新生代表发言。除此，还有几个印象深刻的环节：学生用中英文双语主持，英语发音很地道；朗诵诗歌的学生台风甚好，落落大方，有不错的朗诵功底；建党 100 周年纪念大会和奥运夺冠镜头剪辑的视频令人心潮澎湃。我个人最欣赏的就是在过去的一年中，各级各类获奖的师生上台受表彰的环节。王校长说，让老师们在这样的场合上台，在学生面前展现他们的风采，也有助于提高老师们在学生心里的地位。

我说的"小而美"还不仅是说开学典礼。学校建筑规模、人员编制的体量都不算大，管理流程上似乎也更"轻便简捷"。这两天我和领导、老师已经在策划下周的语文活动。在我的认知中，组织年级活动其实挺麻烦，但在前外，我和教研组长谈了想法后，她直接和王校长对接，王校长就一路安排和协调下去了。再回复我，就是告知我已经敲定好的时间和安排。

又想起杨梅校长昨天短信发我的话："……如果我忙，不在学校，你就发信息给我，向我提任何要求。我很希望让你开心和喜欢上前外，不要不舒服！遇到困难就和我说！"我既能感受"小而美"学校管理机制上的弹性，也能领受到领导和老师们对我的友好、对我工作的支持。

毕业典礼 9 点多结束后，回办公室开八年级备课组会。等了她们一会儿，结果等回来的就是老师们的贴心关怀——帮我领了各种必需的办公用品。八年级张颖老师是备课组长，组员有我、教研组长小曲、两年教龄的张晓宇。先看了看各班暑假做的《昆虫记》《红星照耀中国》的小报，我觉得挺好的，小曲老师挺高兴，说孩子们这是"超常发挥"了。聊了聊可以在七八年级开展什么阅读活动，我赶紧直奔主题，和大家一起备第一单元的课。尽管我已经写了很详细的"简案"，我仍预估到昨天我贴出了新闻单元起始课的教学设计，老师们会感觉到压力。我想在各班开课前尽可能地和几位老师面对面沟通，争取比文字的教学设计解释得更清楚一点。事实上他们也确实有些焦虑，担心"追不上怎么办"。我说不急，你们看我的设计，你觉得哪个方法能用上，那就用；不用也没关系，咱们慢慢来。我简要讲了讲项目学习的特点，讲要带学生做的活动，讲为什么要先带学生以"发现"的方式带动对整个单元的初感知……几位老师听得都很认真。我又举了"我身边的植物"和"北京印象"两个项目学习的例子，张颖老师说："这样多有意思，这就是素质教育啊！"我说是啊，咱们带孩子"玩儿"起来，他们有了学习兴趣，觉得语文学习有兴趣，没准就爱学语文了呢！再者说，做项目搞活动，有好多表扬孩子们的机会，也许有的孩子就被夸奖出来了呢！我跟晓宇说："年纪大的老师我不管，我就管你。无论如何，我回头讲了怎么做项目学习，你就得自己设计方案，我给你修改，你再去实践……"晓宇很乐意，他甚至已经调好了课表，准备尽可能地听我的课……我建议大家教学进度比我错后一两节，这样看了我的课再推进，就不会吃力了。

下午第一节是我在八年级（1）班的起始课。课前，杨梅校长、教研组长小曲（她是这个班的原任语文教师），她们都隆重地向学生介绍了我。轮到我了，正如大家已经知道的那样，我带给八年级（1）班同学们一份礼物——我写给他们的信。一对一地把信交到孩子们手里。我先读信，边读边做补充，和学生即时互动，用时 20 分钟。讲到我的性格，我问学生上课到现在，有什么印象时，学生说：端庄、幽默、可爱。哈，我被表扬到飘。

读完信，让孩子们上来挑选喜欢的信纸，我请他们给我写回信。我请听课的领导和老师们退场，留下孩子们安静地写信。我设计这样一节新学期的起始课有几个用意：

一、增进相互间的了解。我喜欢计算时间成本，教学上常常计较时间等成本的投入和学习成果产出的"高性价比"。45 分钟一堂课，除了我主导的部分，剩余时间倘若让学生口头发言介绍自己或跟我有其他互动，生均不足

1 分钟，"雨过地皮湿"还不如不做。20 分钟，30 名学生如果以书信的方式跟我沟通，相当于"多线程"的齐头并进，写不完就留为作业。这样处理"性价比"是最划算的。

二、我可以用语文的方式了解学生学情。书写水平如何，表达是否通顺、是否生动，有无错别字，叙事能力如何，他 / 她对自己学习方面的优缺点有哪些认识，需要我帮他们什么……诸如此类。打下课铃时，我还让学生标注了字数，要求他们回家后完成作业再统计总字数。这样我能大致估算他们完成作文的速度，判断构思行文能力。

总之，我在这个开门第一节课的设计上费了一番思量。具体情况如何，明天看到孩子们的信就可以分析汇总。

下课后配合区教委融媒体的工作人员录了一段视频，便回办公室，本想小憩一下，七年级两位姑娘结伴找我，她俩也是我要带的徒弟，都是刚工作一年的年轻老师。和张舒茗核对了听课课表，又聊了聊七年级一开始该如何"造势"，激活孩子们学语文的热情。明天上午再和詹雅丽聊。

曲文芳很照顾我，不让我再管课后时段，让我赶紧回家休息。今天特殊，开学第一天，我们都马不停蹄地忙，说了太多的话，文芳本就心脏早搏，我离校时她已经很不舒服，但仍要去上课……我很愧疚，无论如何，明天不能再拖累着她让她陪我忙前忙后了。

百般忙碌中收到北大附中石景山分校龚林林老师的短信，她说："您新闻单元的设计太好了，今天就是这么上的，感觉特扎实。"前外我的备课组长张颖老师也是用这个设计上了新闻起始课，她回来后说，觉得"不一样"了，学生们很积极，以前就是听课，这次"他们有事做了"。

——这是今天我听到的让我最开心的消息。

我的见面礼

——写给前外八年级（1）班同学的信

同学：

你好呀！先做个自我介绍：我叫周群，来自北京景山学校。本学年我参加了市教委部署的教师轮岗工作，来到前门外国语学校。很高兴我能有这样的机会和各位同学共度一年的学习时光。之所以写这封信，是想告诉你们我对新学年工作的一些想法，也想让你们更好地了解我。

接受上级安排的工作后，我就一直在问自己：一学年的时间，说长不长，说短不短，那，我能带给你什么？你又需要我为你做什么呢？

先说我自己。我有 30 年的教龄，教育教学经验丰富。在专业方面，我是很自信的。我希望在接下来的一年中，第一，我能从语文学习方面帮到你。阅读啦，写作啦，学习方法啦，只要你有需求，提出来，告诉我，我都愿意尽力帮你。第二呢，我想从个人成长方面帮到你。说实话，我一直认为，成长对我们绝大多数人来说，是一件很不容易的事。特别是在青少年阶段，"容易"的人只是极少数。关于人生，我有许多自己的想法。比如，成长不易，不等于我们就一定要"躺平"；比如，我觉得每个人都应该成为自己喜欢的、更好的人；比如，人生需要坚持长期主义；比如，我们要成为有思想的苇草，可以接受平凡，但是要拒绝平庸……我并不喜欢讲大道理。将来空闲的时候，我愿意给你们讲我本人"逆袭"的故事。说真的，我觉得做个逆袭者这件事还挺酷的，而我的许多人生经验都来自我应对现实挑战的经历。

我有三大爱好：读书、听音乐、看话剧。我会写歌词，疫情之前还喜欢到处旅行。阅读方面我确实属于博览群书型，平时也一直在做青少年的阅读推广工作。你如果是书迷、音乐迷，或者戏剧迷，那太好了，欢迎你来跟我交流。我也很好奇你是什么"迷"。至于我的性格特点嘛——暂且卖个关子——一年的时间，足够你来慢慢发现。在家人、同行和朋友的眼里，我有一个有趣的灵魂。你们现在年纪尚小，但我依然满怀期待，你也是灵魂有趣的人。希望一年之后，咱们都会发自内心地感慨：与其说我们师生一场，不如说是有趣的灵魂在前门外国语学校这个美好的地方相遇。

好啦，现在轮到你说啦。我很想知道，你是怎样的少年？你需要我为你做什么？写封信给我吧！我希望在你的信中，能得到你对以下问题的回应：

1. 你的姓名、爱好、性格特点。哈，千万别学我卖关子呀——自我介绍的时候务必开动脑筋，写出自己的特点来，让我尽快记住你，尽可能多地了解你。拜托啦！

2. 请你告诉我，你的语文学习现状是怎样的？有哪些优势、哪些劣势？有什么困难或问题？希望我给你怎样的帮助？嗯，你能有一说一、实事求是地写出来，就是帮周老师大忙了。更多地了解你们的学习情况，有助于我更好地备课。在这一点上，我急需大家的帮助。

3. 其他任何你想跟我聊的话题。

好啦，这封信我先写到这里。

祝你在新学年里

学业有成，龙马精神！

周群

2021 年 9 月 1 日晨

23

保持定力，需要"沉下去"

2021年09月02日星期四

昨天早晨5点起床，忙碌一天，到晚上12点多睡下时已经精疲力竭。本想坚持一下，把各种准备工作做完再睡，又想想天亮后又是一天的硬仗要打，还是决定早睡早起。睡呢，其实一点儿也不早；起呢，确实早，我盘算了一下时间，定了4点的闹铃。

闹铃一响，先爬起来洗漱更衣；4点半开工。新闻单元起始课教案的教学设计前几天已经做完，还是又推敲了一遍，做了微调；设计了新闻单元作业任务单，又做了上课的课件——忙完这一摊子事后，继续为下午的讲座做准备。

7点到校吃早饭，7点半和跟岗的记者对接，8点开始上课。前两天已经贴过教学设计，怎么上的课就略过不写了。有摄像机拍摄，领导和同行也来了不少。真得夸我的"前任"给孩子打下了好基础——虽然小曲说学生们有些紧张，但在我看来没啥怯场的，我和学生都沉浸在教和学的状态下。不管听众什么感受，反正我自己先上兴奋了。

说来也是有趣的事，我就是按照景山学校"教育、教学、科研三位一体"的模式发展起来的，并不是"赛课型"老师。从教30年中，1999年开始当教研组长，参与学校课题；2002年开始参与景山语文实验教材编写，和老师一起开展试教试验等，并没有多少赛课经验，反倒是上常态化的语文课、做长线教育很起劲。好像是做项目学习开始，我上课的状态越来越自在……到现在，不管是否有人听课，我都能专注于课堂本身，不被任何外在其他因素干扰，甚至是完全的"旁若无人""视而不见"。我个人觉得自己的状态还是进步的。学生有发展，同行听课有收获，我就觉得可以了。这也是我坚持欢迎同事来听推门课的原因。景山学校的前辈指导我们听课的时候总是说，要看一节课下来，从开始到结束学生的语文知识和技能有无增长，这是看课的关键。用我的话说，看课并不是看老师。教师上课发挥自己的能力，当追求"大象无形"之效。

下课回办公室，我按计划和教七年级的詹雅丽老师聊，然后和记者做对话。刚开学，正逢落实"双减"，特别是教师轮岗工作，这几天媒体来采访，主要是想了解轮岗工作的真实状态，对于我来说，就是配合工作，既不是干扰，也不是什么值得大惊小怪的事。有定力，专注于轮岗工作，每天力争教学和教研都有进展，切忌浮躁——每天写轮岗日记复盘工作，我都要再三提醒自己。

12 点半结束上午的工作时我才发现，左侧牙龈肿了，还很疼。下午 1 点还要继续工作，赶紧扒拉几口饭。张颖老师心疼坏了，忙不迭地给我泡菊花茶。小曲也说，看我忙得脚不沾地，就觉得特别心疼。

1 点 35 分，赶到灯市口小学。星期四是固定的区教研活动时间，全区统一下周开始，所以赶紧安排了原本计划安排在暑假的交流。之前灯市口小学滕亚杰校长和孙彤主任跟我商量给语文老师介绍项目学习，临开学时，滕校长读到我在朋友圈里讨论"双减"特别是作业的文字，就跟我商量想让我谈谈我对"双减"的认识；孙彤主任干脆给我布置了主题："'双减'之下的教学行为"。

说实话，这个节骨眼上讲这个主题，新鲜不假，刺激也是蛮刺激的。怎么说呢？虽然上学期刚给海淀老师们分享过作业设计的专题讲座，我还是那个习惯——一定要再讲些新东西出来。我要求自己同样主题的讲座，要不断做升级版，体现新的思考，有新的实践案例。我很认同这几天听到的领导讲话里的观点，现在已经到了反思基础教育现状的阶段。我这一段的思考实际上也是多聚焦于此。

我的主要观点详见下面方框。市教工委领导说"双减"实际上是要"回归课堂";区教工委领导说要"保持定力",我都深以为然,觉得切中要害。如何保持定力?我的回答是一定要让自己"沉下去",理性思考,做到几个"重新":

◇ 重新学习课标。

◇ 重新审视中国传统教育及百年语文发展历程中的经验与教训,体会教育发展和学科教学规律。

◇ 重新体会课标精神,甚至要学习高中新课标。

◇ 重新审视、理清自己的教学观念、教学主张。

◇ 重新审视自己的课堂教学(满堂灌、以考定教/教学缩水、照本宣科等现象依然普遍存在;我个人的问题是什么),要思考我们要回归的是什么样的课堂。我个人对自己的要求依然是"坚持做理想的教育"。

◇ 重新审视语文教研组的工作方式。

◇ 重新审视教师队伍培养的模式。

——最后这两个"重新"是针对教师队伍培养而言的。

前几天我列过关于作业的 13 个问题。今天的分享中,我从作业到课堂,将问题扩展为 18 个。我的印象笔记里列了 20 个问题还不止。

早晨备课时,我在之前讲座的课件上增添了几页,下午两小时的分享就以这几页内容为提纲"现挂"。开场前花了几分钟和老师们说了说轮岗几天的真实感受;分享的案例也结合了当下的课堂教学和作业设计。从分享过程中的感受和最后互动环节来看,老师们对我的分享还是非常肯定的。老师有所得,我就很开心。

最近做了许多类似"开放源代码"的事,想法就一个:能帮老师们多少算多少。有好几个老师这几天都跟我说,在跟着我的设计推进教学。我既然是做开放源代码的态度，听到这样的反馈当然很高兴。但也想提醒老师们，特别是年轻教师，一是千万不要照搬照抄，因为学情不同；二是一定要自己独立备课；三是不要只关注我怎么做，一定要关注我怎么想的；四是我的设计可能有问题，一定要保持质疑精神；五是我时间精力有限，不能保证有问必答；六是我已经尽可能地挤时间写详细了，目前也没有精力帮大家更多了。嗯，咱们过日子，细水长流。

新闻学习小试牛刀

结合以往的经验，略作调整，将八年级上册教材中第二课《首届诺贝尔奖颁发》提前。目的有三：

一、简要介绍阅读必需的新闻知识，以此课为例，带学生尝试运用。此课篇幅短小，内容相对简单。带读＋笔谈的方式一课时应能完成。

二、第一课两则消息拟作比较阅读。难度提升，此为铺垫。

三、拓展练习的文章曾入选景山版教材，留作作业，让学生相对自主地阅读，落实六要素，难度适中，20 分钟左右应能完成。

结束今天的工作，开学最忙碌的一段应该可以告个段落。下午的课还算顺利，学生适应能力挺强，大部分都能按计划完成笔谈。

昨天的课上我给学生提前打了"预防针"，说今后很多时候要做笔谈，用文字与作家、作品交谈。所以课堂教学中，我已经开始有意加大笔谈的力度。按一节课计，基本上后半节或后 1/3 的课时学生会用来自主学习，完成笔谈题。

关于多读多写的道理，我赞同首都师范大学刘占泉老师 2003 年的观点（大意）：要有大的写作观。多读多写，特别是多写，道理就像是滑冰，你得先溜起来，不用管姿势是不是好看……写也是，要先熟练运用，做到文从字顺。这并不是一个很低的标准。

我们在编景山版教材的时候设计了不少笔谈题，那时候老前辈们教了我们很多好的理念。

比如课堂上要使学生养成"不动笔墨不读书"的良好习惯；要让学生每节课都动笔写点儿什么。

比如要让学生边学边练。技能的形成有个过程，要经过从分解练习到综合练习的过程，才能从"知"转化成"会"。

边实践边思考，我的想法也逐渐明晰：

所谓"给时"，就是一定要给学生充足的学习时间。让学生自己动起来，因为语文学习是他们自己的事儿。关于时间，老师要心中有数：朗读一遍课文需要多久？默读又要多久？写一段 200 字的文字需要多久？在"给时"方面，老师要有合理的估计。

语文课堂上除了有"琅琅读书声"，还应该有"沙沙动笔声"。要让学生写点儿什么呢？——少做机械性、重复性劳动，比如抄写字词之类的。词语书写的落实有必要，但有多种方式。语文学习上"知"和"行"的转换必须经过演练，动笔就是演练方式之一种。

对写作训练要有更宽泛的认识。提高写作能力不能仅仅靠练笔和作文。经常动笔写写，哪怕就是片段练习，日积月累，四年下来，写作也必会大有长进。

动笔的内容要有一定难度，得让学生"踮起脚尖，甚至跳起来才能够着"。在这一点上，我认同法国学者所说的："儿童，他们是多么的清新，多么的精力充沛，多么的好奇不厌，我真不愿人家塞一个剥好的胡桃给他。相反，教学的艺术恰恰在于要儿童吃一些辛苦，把自己提高到人的境界……毫无疑问，儿童有儿童的轻浮，儿童有运动和吵闹的需要，这是游戏的一部分；但是，儿童还必须在从游戏到工作的变化中感到自己的成长。"①

课堂上要适度保持安静，保持"工作状态"，能让学生或沉浸在文字之美中，或陷入沉思中——之后的动笔，才会有质量保证。

当然，强调要多读多写，读什么、写什么，都是需要研究的。

让课堂上安静下来——这两天就是这样。每每学生开始做笔谈了，我就会示意听课的老师，大家可以离场了。教室里只听到写字的沙沙声。

现在作业设计再提要有弹性，提倡分层，二十多年前（2002 年或 2003 年）我曾做过作业分级的实践。原来的分层作业题目没有留存资料。恰好当年我主持《中华少年写作精选》"作文阶梯"栏目时发表过一封家长信，其中记录了作业分层给孩子带来的转变。

印象里，当年分层作业的教学实践做了一学期或一年。去年疫情期间的创意读写方案里有若干题目我有意做了分级，供学生自主选择。这学期争取再做些实践。

要争取每天的教学都有改进　2021 年 09 月 04 日 星期六

早晨起来看到福州的陈海燕老师留言，她想转发昨晚我的轮岗日记里贴的那篇家长的文章。当年的学生现在 30 多岁了，现在从事的工作也和文字相关。

---

① 出自《教育漫话》。作者约翰·洛克，英国哲学家、教育家。

那篇家长的文章是 2003 年发表的，今天读来并不过时，为什么？我理解，因为我们的教学遵循了语文教学应有的规律。

前天在灯市口小学交流的时候，我拟定的发言题目是《重新审视我们的教学》。我一直在想，"双减"的目的是回归课堂。现在需要认真思考的问题，是回归什么样的课堂。所以我提出，应当有几个"重新"思考和审视（参见 9 月 2 日轮岗日记）。我很珍惜退休前上课的机会，愿意抓紧时间，实践我理想的教育。

刚才找出 2003 年给人民文学出版社《中华少年写作精选》"作文阶梯"栏目做的一组稿子，重读依然觉得有冲击力。当年就是有感于作文教学的被动局面而组的稿子，"各路神仙"围绕作文"元点"问题展开讨论。首师大刘占泉老师是我的"高参"，给我支招，帮我定位，还亲自下场参与讨论。

在今天"双减""回归课堂"的背景下，这组文章非常值得再读，从中汲取经验。遂起一念，从今天开始，在"瓦尔瓦拉"公众号上连载当年的这组稿件。

多说一句：我的作文教学乃至语文教学的很多理念，都受益于当年的讨论。

我现在同样也在反思课堂教学，要求自己每一天的教学都争取有改进。我跟年轻老师说，不要光看我怎么做，要了解我怎么想。这不是说我的想法多么重要，抬高我自己，而是说，我的想法很多都是有源头的。我也主张"拿来主义"，那什么是值得拿来的呢？重新审视后就会得到答案。

感谢灯市口小学滕亚杰校长的邀请，也谢谢孙彤主任和语文组的老师们，同行之间交流有很多思想火花的碰撞，这是很美好的。在交流中，我的重点词之一就是"学情"，从公众号里老师们的反馈可以看出，大家对这个"点"是有强烈共鸣的。私下说，我关注学情，可能正是因为我情感里总是很同情学习有困难的学生。

另外，我跟老师们说，也是我常提醒自己的一点，就是不要眼睛总盯着金字塔尖上的学生，要多关心成绩暂时落后的孩子。教学里不要因为有优秀生的案例而产生"错觉"，遮蔽了问题。

真实的学情是什么样的，学情与课程标准之间、教材要求之间的差距究竟有多大？这是要弄清的。不是说学情不好我就一推六二五，说一声"达不到"了事，我之所以做项目学习，有个很重要的原因，就是项目学习中会给学生搭各种支架，拓展资源，又特别重视学习过程，重视学习的真正发生，这实际上是起到了调节难度的作用。学情不好，台阶多搭些，同样能达成目标。老师的主导作用能充分的发挥，能更关注学生是不是会学，是不是学会，而不只是"教了"和"学了"。

说个有意思的事，在灯市口小学的这场分享是我很少有的"现挂"的讲座，连标题页，8 张幻灯片。也算是我"新技能 get"了吧。

我给自己的工作定了位　2021 年 09 月 05 日 星期日

昨晚央视《新闻周刊》播出了《"减"向均衡》的专题片。作为参与轮岗工作的老师，我给自己的定位，就是教好书，给老师们做教研的支持，做力所能及之事。

今天除了补觉和做家务，工作方面做了几件事：

一是和北青传媒《中学时事报》主管领导和记者开线上会，为明天下午的年级活动做准备。

因为八年级上册学期第一单元是新闻单元，学生要做新闻采访，所以特地邀请专家提前"介入"，给全年级做采访和写作指导。这项工作以往教学中也做过，不同的是这次做出了提前量，这样更有利于项目学习的推进。

二是编辑了公众号文章。2003 年这组稿子到今天都没有过时，我自己是一读再读。强调"重回课堂"，也许再做推荐，能影响更多老师重新思考作文教学的问题。

三是和前外王校长做了沟通：前外老师已经开发了利用北京传统文化资源的校本课程，我们商量看看下一步能再怎么努力，包括通过引进资源等来升级课程。我正好可以把我做的"关注北京传统文化"选修课的经验共享一下。王校长还介绍了我要带的徒弟的具体情况，特别是几个年轻人工作以来的进步。前外领导在我看不见的地方为我开展工作做了很多铺垫，我很感动。

之前和七年级的徒弟说好，星期二听课，晚上收到了舒茗老师的教案，仔细看了，明天抽时间面谈。

四是备明天的课。

晚上开课题会，新的一周任务不轻。

下午的新闻讲座很成功　　　2021 年 09 月 06 日 星期一

忙活完开学这几天的事，打今儿起，工作步入正轨。今天值得记录的工作有三项：

一是课堂教学。昨天和江苏省中学语文特级教师丁卫军老师聊了几句新闻教学，很受启发。今天晨起再改教案，将《消息两则》的第一个教学环节设计为要求学生通过听读，理清新闻六要素。课堂上观察学生状态，包括听学生发言、看学生作业单等，感觉整堂课下来，学生的参与度很高。

二是下午的新闻采访与写作的讲座活动做得很成功。

之前的轮岗日记里做过介绍，这个活动是配合八年级上册新闻单元教学举办的。《中学时事报》的两位老师事先做了大量准备工作。下午两小时的讲座，我高度认可的就是他们的专业性。从现场效果看，相当好。

今天的讲座过程中，前外同学的表现令人刮目相看。几个回合的互动中，学生们的发言所表现出的思维的开放性、多元性和敏捷性，思考问题的深度等，都特别突出。后续学生的采访活动由此变得非常令人期待。当问到"哪些事情值得报道"这个问题时，学生们提到开学典礼、轮岗、减负、容貌焦虑等，表现出他们对社会生活的密切关注。

今天两位记者老师还给学生们带来了一份特别的"大礼包"——"学通社小记者"的招募"直通车票"。在后续的新闻采访和新闻写作活动中表现突出，创作出好的新闻作品的同学，将被吸纳为学通社分社的成员。

三是教研备课工作。下午跟七年级的两位老师一一备课，她们都很好学。按计划，每星期二我要听她们的课，然后评课。她们要上的课是《济南的冬天》，我看了看教案，提了修改意见。因为这个单元要求指导学生诵读，我让舒茗当我的面朗读了一遍，又觉得不够劲儿，干脆自己做示范。张颖老师笑眯眯地给我们录了视频，让俩姑娘回家再读。我很喜欢这样我们面对面不慌不忙地沟通，也打心底看好这几位年轻老师。

我成了三位年轻人的师父 2021 年 09 月 07 日 星期二

5 点起床备课、写稿。

上午稍轻松，一节课。继续推进新闻单元的教学，全班全程都聚精会神。

坚持每一节课都动笔墨，学生做事，我就下去检查落实情况。总体来说，感觉孩子们"咬上劲儿"了。学生的学习单批改两遍——他们先写，收上来批阅，再讲评，带着修改，再收上来批阅。这样做的结果就是作业质量明显提升。晓宇听课后，说密度不小，一节课做很多事。但对我来说，这个密度不大，就是夯得实。仍处在开学起始阶段，坚持"慢就是快"，稳扎稳打，也给学生熟悉我的机会。等他们习惯我的做事风格了，还会再调整教学策略。接下来还要盯紧动笔的落实，作业单好检查，书上的圈点批注，还要鼓励几个同学提高质量，手要更勤才好。

下午听舒茗和雅丽的课。两位老师都是工作的第二年，都很踏实、好学，作为年轻教师，也都有比较好的基本功。晓宇和我一起去听课，我嘱他要一起评课。

4点开始全校大会，算是提前过教师节了。杨梅校长和其他校领导很是用心，邀请来老校长当"神秘嘉宾"。前辈回顾了前外的历史，让我对学校发展历程，特别是前外做出的特殊贡献有了更多的了解。

大会对教学大赛获奖者等不少老师进行了表彰。然后就是新学年的拜师会。受学校委托，我成了舒茗、雅丽、晓宇三个年轻人的教学师父。我代表师父们发言时说，聘书拿在手里沉甸甸的，因为这意味着责任。前外和景山建校时间只差两年，也都是非常有特色的学校，不论是景山学校，还是前外，教师队伍都是代际传承的，前辈们给我们做了很好的示范。我们也愿意为年轻老师铺路搭桥，助力前外教师队伍的发展，教好我们的学生。

轮岗不到一周，我也确实感觉到自己已经融入这个大家庭。杨校长讲话时打了一个特别生动的比方，说我和广渠门中学的老师来轮岗，我们就是走亲戚。大家都是亲人。杨校长还讲了很多，句句暖心。

散会后趁热打铁，和三个徒弟评课。曲组长心疼我，说明天再说，要么就限时。我们还是很仔细地做了复盘，聊了优缺点。对待工作嘛，不论老少，我们都是非常认真的。

课堂教学和作业设计都要贴着学情来　*2021 年 09 月 08 日星期三*

刚备完明天早上的两节课，先复盘今天的工作，结合课堂教学和作业写写我的想法。

上午没课，但有年级组备课。到校后第一件事就是看学生昨天在笔记本上完成的作业——《两则消息》品析语言。我提了不同的要求，上课时也带着学生一起找到值得分析的词语，圈出来了——但笔记本上的答题质量并不理想。

很正常啊。我依然是那个观点——"教室就是练习场"，此练习当然不是应试刷题的练习！在我看来，学生"出啥问题"都很正常。如果第一次做没暴露问题，只能说明我题目设置出了问题。

翻阅笔记本，了解了学情，利用中午饭后一小时的时间，赶紧做课件。

我很重视这些即时生成的教学资源。上课时，我带学生先看昨天的两个笔谈题，然后很认真地和学生谈我的想法——

我之所以重视你们的答题作业，是因为作业折射了同学们的思考能力、思维水平以及文字表达能力。写不清楚、说不清楚的根本原因是没有想清楚。答题直接贴标签，没有展开分析，实际上是思维不完善的表现，从证据到结论，没有形成思维链条。从听、读的输入到写和说的输出，中间必须有思考。我希望这样的理念能影响到孩子们——初中生必须重视思维的培养，从小事做起。

不仅要讲道理，还得给方法和例子。赏析的训练要做"分解动作"，分解，降低难度。"缓释胶囊"型，但必须精准投放——上次在灯市口小学的分

35

享中我也讲这个意思，课堂教学的内容设计，特别是问题、训练点都要精准。

我示范完毕，安排学生再照猫画虎，重新找词语练习分析——上课完不成，就留作业。我坚信关于读写与思维的理念传递给学生，还有这样日积月累的训练，对今后会有大作用。

课是下午第一节的，第二节去听了晓宇的课。我俩同头①，他很认真地跟进我的教学，没听成的课都去找录像来看。今天他仿照我的教法上第二课。工作第三年，他上课明显更稳些。今天的课堂推进有点慢，趁课间和他沟通了一下是哪个环节的问题，他后来说，在第二个班再上这节课，推进就顺利了。"过日子。"这是我的口头语，每天常态化的教学就是过日子。哪有问题都正常，特别是年轻人。及时发现，及时提问，及时沟通，及时修正，就行。

再补记几笔备课组活动。

本想着和同头备课的几位老师天天备课，不用开会了，但上午第三、四节课时，我们四个人还是非常认真地开了组会。

张颖老师感兴趣的一是我对新闻单元的设想，二是我列出来的十六讲清单（参见8月26日轮岗日记）。她特别想了解相关写作的几讲，聊到创意写作的话题，我简单举了例子。小曲组长和我说，回头看大家对什么有兴趣，都安排上。大致如此，记录从略。我呢，其实和在景山学校时一样，谁问我我就讲，尽力而为。

借朋友圈发日记的机会，还是想多说一句：我没有精力详细讲每篇课文都怎么上的。有老师让我发作业单，我是觉得，我设计的所有的作业单都是贴着学生学情来的，每天，每一项笔谈，每一个观念，都是为我的学生设计的。真心建议老师们能多考虑自己学生的学情，做符合学情的课堂教学和作业设计。

---

① 指任教同一年级同一学科。

夸学生要专业、具体

今天两节语文课。

先扫尾《消息两则》，然后用了一课时带学生学新闻特写《"飞天"凌空》，再用了 20 多分钟点评第一周的周记。

先复盘《"飞天"凌空》这课的教学——

昨晚找了半天全红婵奥运会跳水视频，看了半天，除了压水花，几乎没有特写镜头。思来想去，我选用了三张照片做导入。照片运用了特写镜头，学生一下子就能说出照片放大、突出了局部和特点。"放大"是关键词，这个有了，再带学生看教材补白，了解新闻特写的特点。全红婵在奥运会上的表现和这则特写刻画的吕伟的事迹如出一辙，简直就是个"加强版"。这个还很新鲜的材料不用有点可惜。我设计了一个环节——告诉学生全红婵从准备站姿到做准备起跳的动作，再到起跳和入水，用时不到 10 秒。我朗读前四段，又让学生默读，分别计时。听读用时最长，默读次之，而吕伟转体三周仅用时 1.7 秒——我以这样的方式处理，主要是想"强化"学生的理解——特写对横截面的"放大"。

了解了特点还不够，还应继续研究作者是怎样运用文学性笔法的。让学生品读特写，找例子，写鉴赏的话，这就和昨天品析语言的练习也接上了轨。

今天我趁热打铁，再次向学生强调了"心到"的重要性，要"以思考促（作业）质量"。理念要不断强化，学生才有可能将之内化。

第二节课周记讲评，事先我花了很多时间准备。先批阅、分类整理。在这个过程中讲评的思路渐渐清晰……

当年《中学语文教学》主编史有为老师提出要"享受表达的快乐",我特别赞同这个主张,甚至成为我作文教学的理念之一。也就是从那个时候起,每接一届新生,我都会和他们宣讲我的写作和阅读的理念——"享受表达的快乐,让阅读和写作成为自己的生活方式"。这些年来,许多学生也确实因为我的引导而爱上读写。

正因为如此,昨天备课时我就在想,我也应该给前外的学生带来这样的理念。我希望为学生后续学习打下基础——但凡我布置自由练笔的作业,就尽量鼓励学生个性化地表达。

补充说明,景山学校的语文教学向来鼓励写放胆文,这是宝贵的教学经验。另外,我很欣赏一位著名作家的提法——"如果不能表达自己,那写作就是一种苦役"。这也是2003年那组作文稿件中表达的观点。史有为老师和这位作家的主张,我都应用在了这节课上,作为学习支架提供给学生。

提倡"享受表达的快乐",教学就必须造势,让学生从写作中获得快乐。

刚开局,不妨就从赞美起步。原本在练笔本上写了评语,在制作课件录入学生练笔句子时,又重写了一句话点评,力求让我的点评也有个性。

能感觉到讲评时孩子们有点小兴奋,也有孩子认同地点头,但能否激活他们的写作兴趣、帮他们释放出写作热情,还需时日。

在鼓励学生这件事上,我是从不吝啬赞美之词的。只要找到值得夸的地方,那就能怎么夸就怎么夸——当然要夸得专业,夸要具体,别空说"好"。这是我的经验之谈,屡试不爽,有兴趣的老师可以试试。

以心换心

今天是我度过的第 31 个教师节，发张上课的照片纪念一下吧。照片是班主任赵雪婷老师拍的，她是物理老师，今天带着新老师听我的新闻课，她听得超级认真，很可爱。

上午市委领导来前外调研工作，下午照常上课，又是充实的一天。开学十天，随着各项工作走上正轨，我也越来越愿意将笔墨聚焦于我的前外课堂上。

复盘今天的课——

课分两部分。第一部分点评昨天的笔谈题作业。在《消息二则》一课训练的品析词语的方法，昨天要求学生迁移运用到《"飞天"凌空》一课的学习中，学生要分析这篇特写的文学性笔法。今天批改学生笔谈，发现大部分学生的分析质量明显提升，基本掌握了方法。分析能扣着词语走，准确，也比较细致。我拍了学生作业的照片加到课件里，及时跟进表扬，对分析不准确之处也做了点拨。

第二部分是学习阅读通讯的方法。我没有处理《一着惊海天》选材的问题，先示范朗读了一遍课文，再带学生梳理六要素、区分叙述与议论。这两个环节完成得比较顺利。

重点是第三题——我设置了创意写作题：以当年编辑的身份写一份申报新闻奖项的推荐稿。

这次要求难度提高了，因为是围绕全篇举例，保底字数从 200 字提高到 300 字。期待学生们笔谈作业以及周末的自由练笔越写越好。

补记昨天工作中的一个小细节：

和领导沟通完工作，出了会议室，刘凯副校长叫住了我："您知道您的发言里哪个词最打动人吗？"

"嗯？哪个词？"

"四个字。"刘校长说。

我猜不出。"为了孩子？"这是四个字。

"不，不是。是'我们前外'这四个字。"

我一时间没明白。

"今天您发言的时候，说了三次还是四次啊，'我们前外'。你每说一次，我心里就跟着暖一下。"刘校长诚恳地看着我说。

原来如此。我没想到刘校长说的是这个。发言时我确实说了"我们前外"，我说得很自然，完全不是刻意的，是连想都没想、无须措辞的那种。在我看来是理所应当的事，刘校长却说"很暖"——我没有问为什么，因为忽然间我就懂了。

以心换心，把自己当作新学校的主人翁，用心建设它——我是觉得，无论做什么工作，都该如此。

我是个幸运儿

2021 年 09 月 11 日星期六

昨天父亲分享了商务印书馆采访他的小视频给我们三个女儿，刚看了视频，很感动。只说一个细节吧。

父亲说，要把职业当成事业来做。职业是被动的，你给钱我干活，养家糊口。事业是主动的，该干好的我都可以自己去做。父亲说，做编辑容易，做个好编辑很难。听父亲讲这话的时候，我真是眼眶湿润。平时我总开玩笑说，父亲是我的男神。实际上，我深知父亲就是我的榜样。父亲总是对我提出很高的要求，特别是关于工作。年轻时我努力按照父亲的要求去做，可能更多是出于对他的尊重和孝顺。现在自己已经是年过半百的人，再看自己走过的足迹，越发知道父亲对我影响至深，他和母亲对我们三个女儿的爱也至深。

这些年我也总和父亲谈心，遇到自己怵头的问题也会主动请教，每每都能从父亲这里吃到"定心丸"。这两年我有些进步，比从前少了毛躁，和父亲的沟通里也多了两个字——"放心"。怀念母亲的时候，我也会在心里对母亲说："妈妈，放心吧。"

我觉得自己是个幸运儿，能做爸爸妈妈的女儿。照顾好父亲，让父亲放心，也为我而自豪，这是我最想、也最该做的事。

我喜欢做能带来美感的事

2021 年 09 月 11 日 星期六

——附给学生的信（2）

开学前一直忙到今天，好不容易到了周末，有机会坐下来安静地做拖了好久的事——整理前外八年级（1）班孩子们开学第一课时写给我的信。

一封一封扫描，又仔细读了一遍。这是第三遍。熟悉我的朋友都知道，我喜欢以书信的方式交流，特别是手写信……此刻，我挑出了一个男孩子的信，决定从今天起，周末，就给同学们写写回信。算了算，这个学期给每个孩子回一封信，也许能做到。试试吧，不敢说大话。信里聊什么，没有一定之规，我喜欢自由的表达。

下午杨校长召集我们骨干教师开了线上会，交流昨天北京市领导来我校视察后的心得体会。我也申请发了言。我想表达的其实就是一个中心意思：我愿尽自己所能助力前门外国语学校的发展。

提前写轮岗日记，是因为今天晚上不打算工作了，某同学给了我芭蕾舞《堂·吉诃德》的票，我要去剧院享受美好的周末。

以下是给一位学生的信。隐去了姓名，会打印出来后手写；也盖好了我的章。喜欢做能带来美感的事。

——给学生的第二封信——

嗨，L同学，你好吗？

收到你们写的信，第一时间把所有的信都读了一遍，只是最近太忙，又思考了很多，所有直到今天才开始动笔，给你们每个人写回信。

先说你对我的期待：你希望我能给你们带来快乐和知识，还希望我能教你写作方法，告诉你文言文翻译的要点和考点。看到你的这些要求，我决定毫不迟疑地回答你：我都能做到。你帮我列了你们在语文学习上的需求"清单"，包括考试要点、教材重点、阅读理解的方法等，这样的"友情提醒"对我来说很重要，谢谢你。

接下来说说你——我从你的信里读出的"你"，以及作业本字里行间、课间短暂接触之间我读出的"你"，好不好？

从其他老师那里，我了解到，你比同龄人经历过更多生活的磨难，说实话，我很心疼，因为我也有儿子。虽然他现在已经长大成人，可他成长中经历的甜酸苦辣，只要当时我在"现场"，此刻都历历在目。再加上我做了一辈子的老师，对你们——我眼中的孩子，我特别心软。我说我知道一个孩子成长不容易，这话是真的。你在感慨成长不易的同时，心疼着父母，想着要孝顺他们，而且你还特别提到，你不喜欢攀比——这些都让我感受到,你是个特别懂事的少年;你对家人的感情又质朴又深厚,我因此特别感动。关于人生,关于未来的生活,你想了不少,你说要努力完成自己的梦想……在你这个年纪,能有这些想法,真是太棒了!

我很羡慕你现在这个年龄就开始思考以上这些很有意义的问题。我少年时代可没你成熟,一直就是"少年懵懂"的状态,三十岁后才开始逐渐成熟。我的体会是:"懵懂"的时间过长,就意味着晚熟。而晚熟有时候可能意味着会多走弯路,比别人多吃苦头。不过,话分两头说:人生是长线的,晚熟未必就是坏事,走弯路、吃苦头也许意味着阅历和经验……

咳,说远啦。归根结底,你的人生之路需要你自己来走。你是个少年人,生活的滋味,你且慢慢品,都要一点点经历,所以,不急。

这封信先写到这里,我和你们要相处一年的时光,咱们师生慢慢聊。

祝

展信愉快!

周群

2021 年 9 月 11 日下午

教学中千万要"两条腿走路"
——附给学生的信(3)

今天照例宅在家中,足不出户。星期日倘若不外出,基本上就是在工作。我习惯于复盘上一周的工作,提前盘算好下一周的安排,尽可能做些准备。

下周教学上要着力推进学生采访活动，安排上要"接得住"上周报社老师讲座时的指导和练习。另外，新闻评论这课的教学可以整合去年疫情期间线上讲座的材料，不仅教新闻体裁特点，还要开启学生思想认识方面，也为后续议论文教学做铺垫。我擅长"长线布局"，一直强调要为学生的发展做全程设计。八年级是特别重要的"发力点"，这段教学中千万要"两条腿走路"，既关注教学，又关注学生思想情感。这段时间必须把学生的思想"推上去"，不然就错过了教育的好时机……即便我是八年级开始接班，教的是前外的孩子，也不妨碍我"发力"，因为我懂得初中学生身心发展的必然规律。

下周还要参加其他年级的备课组活动，听三位徒弟的课，星期二还要给全校老师分享对"双减"背景下重新审视课堂的一些思考，这个内容在灯市口小学讲过，北京市领导视察我们前外之后，还要根据前外的特点再做调整。这么一算，也是满满的一周。

工作满满，元气也要满满才好。且抄录米兰·昆德拉写在作品里的一段话自勉：

> "从现在起，我开始谨慎地选择我的生活，我不再轻易让自己迷失在各种诱惑里。我心中已经听到来自远方的呼唤，再不需要回过头去关心身后的种种是非与议论。我已无暇顾及过去，我要向前走。"

晚饭后给学生又写了一封信。隐去学生的姓名，正文抄录如下——

——给学生的第三封信——

嗨，YX同学，晚上好呀！

读你的信时，我一直在微笑，因为从你的描述来看，你我真的很相像。我喜欢音乐，古琴曲、民谣、爵士、蓝调、大提琴曲、古典吉他曲，甚至重金属，都是我的菜！年轻一些的时候也喜欢唱歌，现在因为咽炎，嗓子坏掉了，所以已经几乎不唱歌。我学过两年多的古琴，工作特别忙的时候不得不放弃了，到现在都是我的遗憾。眼下在学吉他，不过也是因为忙，只能三天打鱼两天晒网的。我还会吹一点点口琴——都属于技艺不精，哄自己开心的那种。

我也喜欢写作。这几天上课，你也听到了我讲我的写作观。我还热爱阅读。对，就是到了热爱的地步：阅读和写作就是我一部分的生活方式。

咳，你看，一说到自己热爱的事情，我就说个没完。

你的性格跟我也很像，敢爱敢恨，敢做亦敢当。咱们要是男性，那应该就是铁汉柔情的类型。因为只想做自己喜欢的自己，（这话像不像绕口令？）在循规蹈矩的人眼里，咱们这样的人可能是特立独行的。可我觉得做个有个性的人没什么不好的。当然，前提是我们对外部世界是友善和有爱的。我们不是耍酷，而是真酷！嗯，在我眼里，你何止是有趣的女孩儿，简直就是一个酷女孩儿！

酷女孩儿当然也会有烦恼，你所说的青春的苦痛和迷惘我也曾都经历过，所以我能懂你说的感觉。我给你的建议就两个词："看淡"和"包容"。对别人的非议，如果我们自己是问心无愧的，就不必介意。我们不可能、也没必要讨好每一个人。要爱值得爱的人，包括爱自己。爱是一种能力，更是一种智慧。走好自己的人生需要更多种的能力和智慧，你要做的，就是趁着青春大好年华，好好修炼自己。你很聪明，我相信你一定能懂我的意思。

一下子说了这么多，虽然意犹未尽，也必须收笔了。我喜欢你的信结尾说的：信要画上句点，但我们的师生情谊才刚刚开始。你不忙的时候可以继续给我写信。

　　祝你

每一天都顺遂如意！

周群

2021 年 9 月 12 日晚

我想试试尽力而为的效果

2021 年 09 月 13 日 星期一

上课伊始，我先当着全班同学的面，把写给学生的信递给了两个学生。我说因为是私人信件，就不在全班分享了。给我写了信的同学以后陆续会收到回信，每个周末两封，晚收到的也不必太在意，因为我对你的了解会更多，云云。能感觉到学生们还是很羡慕收到信的同学的。我听到有学生小声嘀咕："他们可真幸运。"我说欢迎大家继续给我写信，咱们也算多一个沟通的渠道。

昨天夜里，亚滨①读了我给学生的信后回复我说："师生间的书信感觉很走心。这是教育，不是教学了。"我回他："我只有一年的时间，想试试看，尽力而为能有什么效果。教育的事，也能激活非智力因素那部分，进而促进教学。当然，育人也是一定的。"亚滨特别赞同，觉得我这个想法是作用到根本上了。他的鼓励让我更有信心。我觉得，退一万步讲，即便对提高学习成绩没有直接作用，也是我和学生美好情谊的见证。

今天带学生学新闻评论《国行公祭，为佑世界和平》。新闻评论是议论文的派生体裁，统编九年级教材中才有议论文教学，显然，八年级上册新闻单元收录了这篇新闻评论，并不是要老师按议论文教学来设计，我理解，教学的侧重点应放在引导学生通过阅读本文，了解新闻评论体裁的特点上。我处理得比较简化，主要是带学生区分叙述和议论的文字，了解了叙事是为了议论服务的，并且概括了每段主要内容，明确了作者的观点。

以上教学内容用时半小时，便没有再"恋战"，而是将教学重心转移到

---

① 亚滨：吴亚滨，清华大学继续教育学院教育思维课程主讲专家，独立学者。

"如何像新闻评论员那样思考问题"上了。今天上课时简要复述了"高铁霸座"事件，来不及让学生发表观点，明天继续。布置了准备新闻评论素材的作业，详见学习单。

之所以在教学上做这样的调整，出于两点考虑：

第一，学生升入八年级以后，身心发展提速。他们渴望与同龄人、成年人平等交流，也开始关心社会热点、焦点问题。上星期一记者与学生互动，这个特点表现得很鲜明。应该给学生对社会热点、焦点问题发表自己的观点的机会。

之前我在梳理文献时读到过一个很重要的结论（大意）：中学生与新闻之间存在"双向疏离"，简单说，就是他们对待新闻的态度娱乐化，青少年也没有真正地"发声"，新闻传播过程中实际上也是忽略了青少年的。我以为，应当抓住学习新闻评论这个时机，帮学生建立语文和现实生活的"通道"，引导学生关注社会生活，形成参与意识。教材把议论文的阅读和写作放在九年级，我认为有些滞后，和学生思想发展不匹配。现在学习新闻评论，写，可以从一事一议起步。特别是学有余力的学生，不必拘泥于教材要求撰写的消息、通讯等。在这个人生发展的关键时期，能成功地激活学生发表观点的兴趣，就等于激活了思想。

第二，我是觉得成年人要教孩子们怎么思考问题。就像提倡孩子们在面对科学问题时要"像科学家一样思考"那样，面对时事新闻，不妨也提倡"要像评论员那样思考"。以此训练孩子们的思维，帮助他们建立分析问题、解决问题的思维模式。

以上两点，在之前景山学校的八年级教学中我都实践过，效果很好。

第三节有课，第四节的时候参加了七年级备课组的活动。一是向老师们了解了前外"生长课堂"理念在语文学科如何落实的；二是与老师们分享了"笔谈"的原理和简单的例子。方老师、吴老师都说我的课实在，就是"过日子"呢，还说以后星期一组会时间来听我的课，我表示热烈欢迎。我在前外的课都是可以推门听、不用预先告知我的，除非我有特殊安排不方便听课。我跟老师们说，我的课就是家常课。即便是项目式学习，也是一点点推进的。我也想多听各位老师的课，大家一起交流。能和老师们这样坦诚交流，我很开心。

今日复盘完毕，继续整课题材料去。

给徒弟布置了新任务　　　　　　　2021 年 09 月 14 日星期二

今日课堂 45 分钟分成两部分，前 20 分钟我带学生简单讨论"高铁霸座事件"，了解对此事件主流媒体的观点。强调了三点想法：

1. 我们要通过学写新闻评论，关注社会生活、国家大事，要学着发表意见，培养参与意识。要像评论员那样思考时事问题。不要只关注小情小爱小恩怨，格局要大些才好。

2. 学者徐贲说，"说理是摊开的手掌，不是攥紧的拳头"。我让学生配合手势动作，体会说理的特点。攥拳是要打人的姿势，要分输赢；摊开手掌则是把手里的东西给他人看，是分享。说理不以说服为目的，更强调互相尊重和理解。

3. 在我这儿，其实没有青春期叛逆这么个事儿，不要拿青春期当借口。这个时期和家人沟通出问题，一方面是因为大人还没有把你当大孩子来看待，没有做好你成长的准备；另一方面你也没学会怎么和成年人沟通。说到底是沟通出了问题，你们都没学会向对方讲道理。遇到沟通不畅的问题可以来问我，我教你如何沟通。但不要拿"青春期叛逆"做自己的标签。

从表情上看，学生并不抵触我说的这些。

后面 25 分钟学生交流时事评论的素材。只有 14 人完成作业，其他人说忘了。无妨，课堂上先请这 14 人交流（到下课时，还差三人没完成）。我选择的教学策略有二：一是关注学生选择的素材和提炼的观点二者之间是否有逻辑关系；二是学生思考过于肤浅和表面时，用追问的方式，"逼"他们深入思考。

整堂课学生学习兴趣比较高，积极参与，他们关注的焦点与热点问题也比较"打得开"，发散，也有意义。

没完成作业的学生今天须继续准备，每个人都要按照句式要求明确自己的观点。拟明天当堂完成新闻评论，值得期待一下。

上午参加九年级组备课会，"双减"背景下九年级工作怎么开展是个难点，需要边走边看，摸索着来。刚送走毕业班，所以很能理解老师们的压力。

下午听了舒茗和雅丽的课。总体来说，两位老师基本功都比较扎实，但还是讲得太多了。《观沧海》如果给 1 课时，按理说是应当能做到当堂熟读成诵的，甚至可以做一些笔谈练习。因为这首诗无论是内容、思想感情还是写作手法，都没有那么大难度。两位老师不放心，就会掰开来揉碎了地讲解。年轻老师要先学会放心，再学着放手。我的经验是，课堂密度小，反倒容易造成课堂上学生精神"逃逸"。一节课 45 分钟，介绍作家生平、创作背景，在反复诵读中想象画面和品味情感，直至完成背诵。效率高或学生程度好，应该再有景物描写、描述画面的微写作。来不及做微写作的话，可以把它当作业，再复背就好。背诵放到课下，效果未必佳。

今天给三个徒弟布置了任务：每天也要像我一样复盘。不论是听我课还是被我听课，或者自己上课，都要写教学上的得失，写收获体会。可以不发圈，但要给我看。现在开始，为师的要严格要求徒弟啦！

下午全校大会，和老师谈"双减"之下，应如何重新审视课堂的问题。比之前灯市口小学的分享又有细化，多了围绕前外教学实际的追问。我呢，一是知无不言言无不尽，二是内容比较"密集"。我是打心眼儿里希望前外有更好的发展，但愿我分享的内容对前外老师们多少有点儿用。

嗯，下午课间遇到七年级某班的班主任，她教政治学科，说好了星期四来听课。热烈欢迎！

大家结伴而行，多好、多踏实啊！ 2021年09月15日星期三

今天要继续整理课题材料，需要大块时间，故提前写日记，好专注工作。

按计划，今天一课时，学生尝试写新闻评论。考虑到仍会有学生没准备素材，特补充要求，可以围绕班级、学校、自己居住的社区里发生的事情或某种现象展开议论。先叙述，简要介绍事情或现象，再亮出自己的观点，展开来说说，还可以提可操作性强的建议。

我用时5分钟。其余40分钟，全班都处在安静写作状态。3名同学进入状态慢，似有畏难情绪，一对一做点拨。有学生问字数，我没有硬性规定。因为按我的预判，只有极少数同学不会控制字数，一写就长，其余的情况更多是"挤牙膏"，写不出来。我回学生说："咱们不讨论字数，围绕你准备的素材展开议论，我要求你们每一次写作练习都全力以赴，写出你自认为的最好水平。这就够了。现在开始，你只管写，不停笔，不要考虑给多少时间，到下课时真写不完再当作业写完。每个人要统计40分钟写了多少字。"

40分钟到。

4名同学的作文字数不少于800字，题材或观点包括对减负政策的评论、教师节的感想、"9·11"事件评论、"饭圈文化"对体育界的负面影响。

6名同学的作文字数600字左右。题材或观点包括"重拳"整治"饭圈文化"、拒绝"私生饭"行为、防沉迷系统的意义、对学生使用手机应加强管

理、对青少年应该多一点关心等。

4 名同学的作文字数在 400～500 字。题材或观点包括对"我将无我，不负人民"这句话的感受、对运动员多一点宽容、制止"娘炮形象"、对学校环境设施等建设的意见和建议。

2 名同学的作文字数不少于 300 字。一名同学从电竞假赛事件聊到电竞精神；另一名同学提了关于加强班级课堂纪律管理的建议。

综上，共 16 人当堂提交作文。其余明天再收。

先不论写的质量，立规矩更重要。对于不为考试做训练的作文课而言，为写而做的各种准备、铺垫要做充分；一旦动笔，我通常最多给一小时。当堂作文要限时，不能养成学生写作拖拉的坏习惯。以后还要逐步训练，直至能快速构思成文。

明天拟组织学生写采访提纲。这次采访很可能得放宽要求，让学生自由选择是个人采访还是小组合作采访。学生有"课后 330"和晚自习，很难安排课余时间分组活动。星期五能否利用上课时间在校园里采访，还需要请示和商量。如果是让学生周末完成，还得考虑时长问题。

昨天和三个徒弟说，要求他们每天也写复盘笔记。雅丽和舒茗都是私信发我的，也都谈了对昨天课的反思。今天舒茗说，想不好怎么介绍中国古代诗歌的发展脉络和作家作品文学常识。我提示说，要先想清楚，为什么现在要学这个发展脉络？要梳理整个初中古诗文单元的安排、布局，搞清楚七年级上册的第一单元古诗四首教学究竟该怎么定位，梳理脉络这个行为和这四首诗词的学习之间究竟是什么关系。

我让舒茗和雅丽都看看晓宇的复盘。这徒弟做事不惜力，昨晚写完公众号稿子已经很晚，又写复盘日记，快 2 点提交了才睡。我一是赞年轻人对自己的这个"狠劲儿"，二是也提醒他们悠着点。

想起来我小时候的事，父亲总喜欢用毛主席的话教导我们——"世界上怕就怕'认真'二字"。眼下，年轻人越发认真起来，提高教学能力指日可待，他们的未来亦可期。

早晨起来做公众号，贴的是 2010 年的文。想了想，回了趟景山北校取书，把当年的文集给前外语文组老师每人送了一本。这本我自己觉得还有点参考价值。张颖老师说我东西很多，可以好好梳理，可我是懒人，尤其是懒得整自己的东西，更愿意做有意思的事。以后有机会再说吧。

又，上官卫红在兼职轮岗，浙江王毓敏老师在甘孜支教，她们写在朋友圈里的轮岗或支教记录，我也一直在关注。

广东韶关的黄晓莹老师说受我影响，也开始写教学复盘日记了。最近因为我总写教学复盘，私下跟我交流课堂教学的老师也多起来——大家结伴而行，深耕，回归课堂，多好、多踏实啊。

2021 年 09 月 14 日日常复盘

张晓宇

写完微信推送稿，已凌晨 1 点，但师父交办的任务那必须睡前完成！晚上除了语文课的备课，还完成了晨检的构思。写了近一千字的头脑风暴，也算额外备了一节课。

今天师父的讲座容量很大，收获颇丰，特意花了 20 元，将录音转成了两万五千字的文字稿，更能慢慢思考每句话背后的含义，语音转文字着实方便。

今天的三件事还是值得记录的：

1. 经过师父的启发，正在用语文的方式，解决班级的问题。事情从周末一个女孩的"灵魂问题"开始，突然她问我，"老师，你是不是不太喜欢我啊"？收到消息的时候，我更多的是疑惑，这个孩子极其内向，有一些轻度抑郁，一定因为什么事情又瞎想什么了。之前关心她时，她也只说"没事儿"，所以到底是什么原因让她提出这个问题，我如何让她知道班主任老师喜欢她们每一个呢？如何和这样的孩子有效沟通呢？我给孩子写了一封长信，并提出了几个问题，明确写道了期待孩子的回信。今天她把回信悄悄地交给了我，里面写出了她为何越来越不自信，哪些事情给她带来了困扰，同时也提出需要我的帮助。目的初步达到，我也会多加思考后给孩子回信。看来不经意的一个小细节，就开启了和这个极度内向孩子的有效沟通。当然，目前状态是"正在解决问题"，当此事成为完成时后，继续复盘。

2.通过学生的"笔谈"发现，他们原来可以这么优秀。通过和师父学习教学设计，带领孩子们用周老师的方式学会分析词句，仅仅稍加引导，学生就能写出我在分析文本当中都没有注意到的点，逻辑十分清晰。这份惊喜表现在了作业评级上——A+++，我连续写了三个加号。这大概就是所谓的教学相长吧。这不正是师父提到的"想清楚才能写清楚、说清楚"嘛。回想曾经第一年的课堂教学，还是用固有的模式让一个学生口述回答问题，其他同学"看戏"。第二年的教学中，虽然我要求学生准备"课堂练习本"，要求把自己的答案写出来，但没有敢于给学生充足的思考时间。第三年，学着师父的样子，前期充分铺垫，课上充分思考，学生真的呈现出了不一样的自己。

3."以考定教"，可怕。今天师父的讲座让我有了更深入的思考。实不相瞒，在最初的教学设计中，八年级上册新闻单元并没有设计将近三周的课时，我给自己找的理由很简单——中考不考。但是，正如师父所说，假若一名学生没有进入高中学习，那么缺少媒介素养的学习，是一件很可怕的事情。比如，孩子会不会有关心时政的意识？孩子能不能在当前信息爆炸的时代有自己独立判断信息的能力？是能够独立思考，还是人云亦云？能不能分辨是非曲直，还是任由"假新闻"毒害？所以，我更应该不折不扣地完成教学任务，我们只有再加工教材的权利，绝不能将教材缩水。

写完已然凌晨 1 点半，所以如有错字病句什么的，下次注意。

语文教学日常复盘

黄晓莹（广东韶关十四中）

《乡愁》，拓展部分照例赏析了《乡愁四韵》，然后见课堂时间有余，顺带用周深这首歌的歌词分析"举重若轻"的写作手法。在与学生共同观影时又无意中发现在播航天员的镜头，神来一句"大家猜猜假如三位宇航员中秋节在太空度过，他们会用怎样的方式述说他们的乡愁？假如这首《望》的歌词是《乡愁》的另一版本，请从立意、感情基调、意象、表现手法等方面谈谈你的理解"。现在复盘倒觉得这"神来之笔"还非常有课堂教学价值。可惜、下课的铃声……哈哈，留待以后再细细思量，把这歌词剪成几段，倒是可以与《乡愁》对比阅读的。

事情杂乱，我需要调整状态和静心了   *2021 年 09 月 16 日星期四*

今天连堂课，带学生做新闻采访的准备工作，设计采访提纲。用了当年曾浥涵同学贡献的材料——曾同学曾是我的"助教"，学通社小记者，她给同学讲怎么采访的场景我记忆犹新。

学生分了组，讨论了采访提纲，也有单干的，我觉得无妨。明天收上来看了再议质量。

这周练笔看了一多半，明晨起来继续。比起上周，学生的选材和笔法都明显个性化许多。

三个徒弟的教学反思昨晚是第二晚交了，都能发现问题，也会记录自己的思考，试图找到解决问题的办法。挺好的。最考验人的是能否将复盘记录坚持写下去——坦白地说，这事对我都是挑战。

近日事情杂乱，我需要再调整调整状态和节奏，也需要静心了。

就到这里。安。

我要做理想的教育

下午的一节课分成两部分。第一部分学生撰写校园新闻。教材的要求是写消息，这是每位同学的必选动作。我给他们准备了 1000 字的稿纸。左半部分标明"一稿"，等我批阅后每个人再修改写"二稿"。我要求 20 分钟内完成，红笔标注消息的五部分结构和新闻要素。23 人当堂交来（含超时），字数都在 400 字以内。我没有特地做学生的工作，而是每天课上都要让他们动笔写点儿什么。昨天是采访提纲，今天是消息，诸如此类。少数没有交的同学需要回家完成它。后 20 分钟讲了讲采访提纲里的问题，提示学生哪些问题设置不妥，哪些需要细化，要想象采访对象不按自己的预设答案回答时，该如何调整问题。

其实每一天的教学中我都在摸学情。比如我会"探底"：学生对老师各种指令性任务的承受能力，我会观察他们的情绪有什么变化，抗压能力如何。整体来说情况挺好。

之前我和学生强调过，想清楚才能说清楚、写清楚。想的过程和结果尽量都要外显，以保证"想"的行为真实地发生了。想的结果可能是"说"，说得鸡零狗碎、不完整，是因为想得浅、碎，不能条分缕析。"写"要限时，时间要足够学生把对问题的思考比较完整地表达出来。老师在预设的时候，要会合理地估算时间。

每次我都会让学生统计字数，等新闻单元结束，要让学生合计总共写了多少字数。这个数字小不了，可以以此给学生树立学习的自信心。阅读也可以统计：教材多少字，拓展资料多少字。

多读多写，读什么、写什么，怎么指导学生读和写，我希望自己能拿出更多案例来，用事实说话。

下午雅丽来听课，还有英语组组长以及年轻的英语老师。下了课，我们在楼道里聊了好久。很开心，几位老师在教学理念上和我有很多共鸣，英语教研组长的反馈也给我很多信心。校领导跟我说，会尽快安排我再和老师们讲讲项目学习。

这段时间思考了很多问题。至少是一年多到两年前的样子吧，我和上海华东师大中文系的倪文尖老师打电话聊教学。以前景山学校给所有人的印象就是"贵族学校"。其实，我们的学生都是就近招生的，又是小学直升初中，不经过筛选的——简言之，就是普通生源。我记得当时我跟倪老师说的是项目学习，我说我的体会是项目学习有调节功能——对基础薄弱的学生，我们可以多搭设台阶，给充足的学习支架；对学有余力的学生，可以调节难易度，上不封顶。印象颇深的是倪老师觉得很赞，还帮我总结提炼——为了实现教育公平，做公平的教育，实现无差别教学。

倪老师帮我总结的这句话特别到位。之所以在景山北校区学生那里、在前外这里我继续做项目学习，教学上没有打折扣（甚至越来越下力气开发资源和学习支架），说到底，是想证明一点：好的教法适合每一个学校。不敢说适合每个孩子，但我坚信"有教无类"。甚至我愿意这样表达——你有多愿意信任你的学生他／她能行，你也愿意为他／她尽最大努力，结果就是，他／她，真的行。

我要做理想的教育。

我们只管静等就好，花，迟早会开　2021 年 09 月 18 日 星期六

今天一课时安排了三个内容。

部分学生刚开始新闻采访，下周写、改、做报纸。到了这个阶段，在课堂上开展新闻阅读和指导新闻采访的教学重头戏就进入尾声阶段了。所以这节课我定位于最后一次采访指导和阶段性总结上了。

又补充了一篇人物通讯《钢笔爷爷》，以前做景山版教材时被"毙掉"的选文，我个人很喜欢，因为这篇非常接地气。广义修笔店就在东四南大街上，离景山学校很近。钢笔爷爷的事迹我不复述。南大街改建后，广义修笔店招牌倒是更复古了，只是我路过注意看时，十有八九是闭店的，也不知道老人家身体如何……我也不敢去问。

我告诉学生，这篇图文并茂的人物通讯原本发表在网络栏目《活着》中，后来《活着》的优秀文章还结集出版了——很多时候，我上课都会"顺便"这样"夹带私货"。我是有意而为之的。再比如，说到"知识结构"要完善时，特地列举了跨领域阅读的具体领域，现场了解学生阅读面儿有多大……哪怕一句、一个小小的"点"，能激发学生多探究一点的兴趣，我觉得都是好的。说不定他／她对语文或对我，就因为一句"闲篇儿"喜欢上了。让学生喜欢上，这对搞好教学来说特别重要。当年老前辈们带我们教研时就说，老师要把让学生喜欢自己当作目标来实现。这话很对。

《钢笔爷爷》的报道是图文并茂的，这是当今新闻报道的显著特点，教材上没有呈现，有些滞后——已经是融媒体时代，这个空白教学时可以自己的方式补上。我告诉学生，《钢笔爷爷》图文并茂，图和文是相得益彰的。同学

们采访的时候除了用文字记录采访过程，也可以拍照、录音之类，或通过新闻摄影的方式与自己撰写的文章结合。

随后我用了黄山老师之前给我们班讲课的课件，给学生大致讲了讲新闻或纪实摄影的拍摄技巧：特写啦，黄金分割法的构图啦，诸如此类。"前人栽树后人乘凉"——一想起包括黄山在内的这么多好友和同行给我的支持，心里就暖暖的。大部分学生都听得很认真。

讲完新闻摄影，又总结了学习这个单元的意义——用到的观点和材料依然是去年疫情期间线上教学"攒"下来的。我要求自己在这一年里，能对学生从思想和思维培养两个方面持续发力。从教师的"催"，到学生的"熟"，这个过程需要极大的耐心。我的策略就是把自己认同的理念做成"缓释胶囊"，不断"释放"给学生。讲到"安静"这张课件上的理念时，我跟孩子们说"内敛是有力量的"。这话其实也是说给自己听的，嗯，要做有力量感的人。

临下课时，送了学生小礼物——字帖，每人一本，孩子们得赶紧练字了。这个周末留了练字和自由练笔的作业。

下课后一个女生来找我，她想把采访做成公众号，加上小视频等。我一方面夸了她，另一方面也提醒她，这个年纪要保护自己，公众号我可以代发。从这个细节上可以感受到学生对新闻采写是有兴趣的，我挺开心。

简单复盘教研——七年级备课组老师们果然来听我的课了，课后又一起聊了聊，聊得很愉快。

徒弟晓宇病了，我让他缓交反思日记，希望他趁着周末好好休息，赶快好起来。

下午到晚上，借准备讲座之机，复盘了整个新闻单元截至今天的教学，这一轮整体性非常强，各个环节衔接紧密，教学设计上该埋线的，该落实的，该给的支架，该整合的资源，一样不少。我对自己的教学比较满意。学生最终成果如何，我既不担心，也不会过于期待。我想，我们只管静等就好，花，迟早会开。

有苗不愁长

2021 年 09 月 19 日 星期日

此刻已是 2021 年 9 月 20 日早晨 5:30。昨天成心放下了工作，休息了一天，睡得也很早。想着睡个饱觉，醒来一看，才凌晨 2 点。再睡很难，遂爬起来工作。

微信上雅丽 0:21 发给我她第六天的工作复盘日记，说"一不小心，中间睡着了"。我笑了，多可爱的姑娘。

三个徒弟的复盘日记我每天都会仔细地看，能感觉到他们的点滴成长。简单的问题我会及时回复几句，复杂点儿的问题就面谈时再说。平时工作忙，我琢磨，周末的时候我做复盘，可以把三个徒弟的工作一并再做个总结。

徒弟们都很有悟性，也很勤勉。要求他们每天跟我一样写反思，就都照做。不论是听我的课，还是自己上课，反思的态度都很认真、诚恳。得意、困惑都写得明明白白的。这让我对他们有了更多的了解，也便于我指导。

1. 晓宇教龄比雅丽和舒苈多一年，上课的经验明显多些。他教两个班，我注意到他有一个优点特别明显：他在第一个班上课时如果哪个环节有问题，在第二个班上课时立刻就想办法调整，改变教学方法。我的教学设计他也不会完全照搬，而是根据他学生的学情和他对教学的理解进行调整。这就是前外青年教师的悟性，值得肯定。晓宇说，每天的总结真是有用。我作为师父，听了这话觉得很欣慰。

2. 前几天我建议舒苈，七年级学生写第一次大作文前，一定先教学生写写作提纲，要养成学生写提纲的习惯才好。作文之前的铺垫要充分，写作文的时候则需要控制时间。舒茗带着学生做了。她在18号的复盘日记里写道："即便是学生可能并没有完全做到最佳，但写出来的作文比想象的要理想得多"，她因此很欣喜；她又写到自己的不安——"不知道自己的写作能力够不够指导他们写出更好的作文"。

年轻的教师能在教书的第二个年头对自己的教学生出这种担心，这真是太好了！能发现自己的不足或者潜在的短板，有危机意识，就能主动找寻解决问题的路径。舒茗提到的担心，解决办法其实很简单，就是老师自己也多写多练。用景山学校的说法就是老师要写"下水文"。布置给学生的作文，自己先写写，就会估计出学生可能存在的难点是什么，也能给学生提供真实的帮助。如果我没记错，李镇西老师当年上课还会把自己写的同题作文交给学生们评价，当堂交流。我的教学中，也常常拿自己的文章给学生分享，说说我的写作心得。老师写"下水文"还有一个好处，就是避免教学生"伪知识"。语文教学中有不少"伪知识"，老师得有辨伪去妄的能力。

舒茗说这个短假期里要备课，想尝试用项目学习的方式设计第二单元。我嘱咐她先试着搭框架，不必一次写全，给我看过基本思路后再具体设计每个环节。

3. 前几天听雅丽的课，跟她谈了一个问题：向学生发出的任务指令表意不清，会导致学生无所适从。她自己也发现，给学生做事情的时间不够，学生该做反馈的时候，出不来效果。教师上课提问题，表意要清晰，这个能力需要练，既需要在备课时多思考，也需要老师在上课时有应变能力：感觉到学生困惑于自己的提问，要及时改变说法。如果是问题过大，则需要拆解成学生可以理解的小问题，所谓循循善诱，用问题诱导学生思考。不给学生留充足时间这一问题其实是普遍存在的，不仅存在于年轻教师的课堂上。读课文、独立思考、小组讨论，不给学生足够的时间，往往会导致学习没有真正地发生。

雅丽在读我那本书，也写了一些体会。她还记下了她和舒茗之间的交流，舒茗的教法哪里做得比她的好。读到她反思中这些内容的时候我挺感动。她说她有点焦虑、心急了，看到我这个师父做了什么，就想尽快在自己的教学中尝试，但效果有时候不理想。这其实也很正常。舒茗擅长激趣，雅丽则注意教方法，各有所长。两个姑娘性格的差别也体现在课堂教学的风格上。一个更活泼，一个偏沉稳。这种差异不能简单地用"优劣"来评价，各有长处，也各有不足。要紧的是要把握语文教学的规律，根据学情来设计教学，真教，也教真的，不光关注教了什么，怎么教的，更关注学生学会了没有。

雅丽在昨晚的反思里写了她听课过程中对散文的领悟，由此想到散文教学该落实什么的问题，写得非常好。她学习了上海师范大学王荣生教授的《散文教学教什么》一书后，还总结了这样一段话："学习散文，要明确的是，我们学习的不是散文里涉及的客观人、事、物，而是作者用个性化的语言所表达的极具个人色彩的感触、思量。读者要通过客观的人、事物去触摸作者的心灵和情思。教师要做的，是搭建学生已有经验与散文所传达的作者独特经验之间的桥梁，同时又要注意引导学生避免让自己的经验顶替作者的经验。"

"有苗不愁长"——我对三个徒弟，越来越有信心了。

想起来之前听到的质疑声，大意是说像我这样的骨干教师，交流轮岗只一年，能起什么作用——我想说，反正我，我的徒弟们，前外的老师们，每天做的事都摆在这儿呢。一年的时间说长确实不长，但说短呢，我体会，也真的不短。只要我们想做事，能用心做事，一年的时间中，我们每一个人肯定都会有不少的收获。

以上文字，是昨日份儿轮岗日记。今晚继续。

"X"要从"1"里面长出来才好

——附给学生的信（4）

凌晨起来做了两件事。一是继续给八年级（1）班的同学写回信。二是统计了八年级上册第一单元新闻教学学生拓展阅读的文字量，以及汇总了课上课下笔谈的内容。写的字数没有统计，等完成采访稿后，再做部分学生的抽样调查。

之所以要做统计，是想说明我对语文统编教材主编温儒敏先生提出的"1+X"式阅读的认识。"1+X"，"X"有多种类型，一篇带多篇，一篇带一本，一本带多本……一带多的关系还要更具体地划分。关于"X"，我的口头语是"'X'要从'1'里面长出来才好"。意思是要根据教学的实际需要来拓展阅读，不能死守一种模式来整合和拓展。这个单元的拓展阅读材料看起来是为写作提供的学习支架为主，其实不然。例文能够发挥的作用应当是读和写双重的。用了同样的课时，学生的阅读量和写作量都更多，作业并没有超量——这个单元可作为我对"多读多写，该读什么、写什么"这一问题的一种回答。

今天陪老父亲共进午餐时，他很认真地跟我聊起语文教学。父亲说他做编审工作很大程度上受益于语文。在他看来，语文最重要。父亲每天都读我的轮岗日记，他说注意到我在写作上花了很大力气，建议我带学生多练习说话。另外就是提醒我，要培养学生的思维能力。"英雄所见略同！"我赶紧调出课件给老爷子看，并给他解释，学生要高质量地"说"，必须先有较为全面和深入的思考。目前的写很大程度上是为高质量的"说"做准备，这个过程是循序渐进的。（我跟学生提到了有些脱口秀演员上台前要求自己写"逐字稿"，这和我的做法原理是一致的。）感受到老父亲真切的关心，心里暖暖的。有同行问我是"永动机"吗，动力何来？我想说，家人的爱是我做事的最大动力。

收笔。以下是今晨写给学生的回信。

——给学生的第四封信——

嗨，同学！你好呀！

刚拿到咱班同学名条看到你的名字的时候，我就很好奇，因为我之前认识的名字四个字的人，他们往往是复姓，司马啦，上官啦，东方啦……可你不是复姓。你是不是猜到了我会好奇，所以先介绍了你的名字呢？你的名字里带了"韵"字，你说爸爸妈妈希望你在音乐方面有所成就，那你有没有这方面的打算呢？我也很喜欢"韵"这个字，因为中国古代的诗词歌赋就很讲究韵律，一提到它，耳边仿佛立刻会响起和谐悦耳的声音……我相信你将来一定会成为与众不同的人。你的爸爸妈妈真是特别会起名字，看得出来他们对你充满期望。

你说喜欢看文学作品，还特别提到了《三体》，这可真好呀！咱们班好像有好几个同学都在信里提到《三体》，等我把他们都"找出来"，大家可以一起聊聊作品，聊聊科幻！在你们面前，我得算资深科幻迷了。不知道你们为什么喜欢科幻作品，反正我觉得，自打我爱上科幻，我的脑洞都变得比以前大好多，看问题的角度也比以前多多了！

你说你是英语课代表，平时喜欢看美剧，也看双语的小说，对此，我必须表示实名美慕。我英语不好，十多年前带学生去美国交流了四个月，我的英文水平用两个短语形容足矣，那就是"饿不死"和"走不丢"，哈！追剧嘛，我实在不敢，工作太忙，我怕"入坑"太深，时间不够用，再耽误正事。

你在信的结尾说，见到我时，觉得我很亲切，人也很好，因此很高兴。见到可爱的你们，我也很高兴呀！咱们要朝夕相处一学年呢（不是一学期）。实际上，开学20天了，我每天都很享受和你们在课堂上共度的快乐时光！

哎呀，不知不觉写了这么多，得收笔啦！有空的时候写回信给我吧！

又，我发现你在句子的末尾喜欢用"耶"这个语气助词。我一直觉得，喜欢用这个词的人都很可爱，内心里住着一个长不大的小孩子。

　　祝

佳节快乐！

你的大朋友　周群

2021 年 9 月 19 日晚

绕远才是王道

——附给学生的信（5）

2021 年 09 月 21 日星期二

天气晴朗，然而并不得闲。工作忙碌不是值得炫耀的事，当然也不可耻。我是说，这就是生活的常态。什么时间节点做什么事。轻松点儿当然好，但该忙就只管忙。对我来说，现在正好是忙季，那就工作好了。心平气和地说，这是我的选择。

最近大家都关注作业的问题，我是觉得真不能单独讲作业如何。归根结底，过重的作业负担的问题根源在课堂上。一说作业，立马加个"课外"的定语，不妥。课上当然也有作业——这就是要看怎么定义作业了。我主张打通课堂内外的语文学习，作业必须通盘考虑。

所以我不会和同行单聊作业怎么减、怎么设计。我没有办法把作业和课堂教学割裂开来。不论谁，若感兴趣我怎么设计作业，我就得从单元整体讲到课堂上的分解动作，然后才能聊作业。我觉得我的思路是对的。

想起来《全世界都想上的课》一书中所介绍的桥本武先生的教学经验——"绕远才是王道"。桥本武先生的学生黑岩祐治回忆说："桥本先生的课本就总是沿着与《银汤匙》本文无关的岔路不断开掘下去的。只要小说中有零星线索，桥本先生就会由此深入下去，把我们带入完全不同于《银汤匙》的另一个世界。"这种看似"跑题""绕远"的做法带来了教学上的"奇迹"。桥本武先生是这样和学生讲"绕远"的道理的："见效快的，失效也快。不管是什么事物，我希望你们都能沿着自己的兴趣不断挖掘下去。自己调查，自己发现的，就会成为你一生的财富。"这其实不仅是教学之道、教育之道，也是做事之道。

我很怕慌慌张张地就把事做了，不讲道理，不求质量，也不会有效果。解决作业的事，该"绕远"，就不能找捷径。捷径？反正在我这里是不存在的。

以上是反思教学的随手记录。以下是这周末写给学生的第二封信（总第五封）。

我把我和学生的信做成了一个文档，我想，将来可以做个书信集，当成礼物送给他们，也送给我自己。就像去年最后一天，我把《我的 2020》文集送给景山北校我可爱的九（1）班学生当新年礼物一样。

——给学生的第五封信——

嗨，TBY 同学，你好！

见信如晤。读了你的来信，我觉得你一点都不普通，而是一个个性

65

非常强、辨识度很高的男生。还记得我跟你说的话吗？我觉得你的见识比其他同学多，我提到什么社会现象，你都有了解，还能点评几句。从你我不多的接触中我能感觉到，你有独立见解。

你喜欢"刨根问底"，主动了解了非常多的知识，同学们则夸你对卫生委员的工作特别认真负责；我呢，也有"刨根问底"和"把该自己做的事情努力做到好"的习惯，跟你一样。不论是工作还是生活，只要我喜欢或认为值得，就会尽力做到极致。在这个过程中，我也会努力扩大自己的知识面。就拿正在做的新闻单元教学来说吧，前些年我编写教材的时候，主编让我选新闻单元的稿件。当时我把能买到的新闻类图书全买了；为了选适合的文章，花了不少时间，把中国记协网上刊载出来的中国新闻奖获奖作品统统看了一遍……在我看来，你压根儿不是阅读不行，不然你了解的那些军警之类的知识从何而来呢？总不能都靠看视频长知识吧？肯定离不开文字。读文字、看视频、听音频，其实都属于广义的"读"的范畴。你所说的学习上的"读，不行"，顶多就是与初中阶段语文学科相关的阅读不行。我觉得吧，你这个"不行"其实是没兴趣，并不是真不行，因为你就是一个特别性情的人，只要兴趣来了，就没有"不行"那回事！嘿，我说对了没?!

如果我说错了，那就拜托你再解释给我听。如果我说对了，那咱们应该找机会讨论一下怎样才能又保持"性情"又减少"任性"的问题。你是男子汉大丈夫，我觉得这个问题你还是需要正视一下的，因为这个问题直接和你的"梦想"有关——

你说你不想当电竞选手，也不想当网红和明星，因为那并不真实；你也不想在网上当自己不喜欢的人，也不会想把自己最快乐的娱乐当成工作——你的这个态度和观点我特别欣赏，从这点就能看出，你是个愿意对自己的人生负责的男生。你说你的梦想就是能找到一个钱可以不算太多但能乐在其中的职业。我理解你这番话的意思，这个想法也不错。

你说未来的工作"钱可以不算太多"，听这口气，我断定，钱少了肯定不行。那做什么工作好呢？未来的这份工作需要你有什么样的技能呢？时间过得飞快，八年级的大男生，真可以开始考虑这个问题了。

啊，写着写着信，不知不觉中，我的口气就严肃了很多。你的来信结尾很酷，你说："我也没那么多话，那么请多多指教。"因为你是个爽快人，所以我也敢把话说得很直白——我跟你讲了这么多我的看法，并不是因为成年人总是比小孩子想得多，而是我想提醒你，成年人的世界里从来没有"容易"二字，你得从现在做好准备，明白？

祝一切顺利！

你的大朋友　周群

2021 年 9 月 21 日

工作复盘

之前总有老师疑惑，在项目学习过程中，阅读教学特别是课文究竟处于什么位置。以新闻单元为例，实际教学中，新闻阅读和"新闻采访＋写作"其实是双线并进的。为采访做的各种准备被前置——这一轮，每个环节的时机卡点都非常准。今天开始古诗文单元的学习，不妨碍学生们继续做采访和撰写稿件。新闻单元采访和写作有延迟，是因为既要给学生时间，保证采访和写作真实发生，又不想耽误后面单元的教学。

八年级上册第三单元是古诗文单元，提前到第一单元结束后学习，主要是考虑学生古诗文基础的落实需要时间。

古诗文单元学习的导入由课文归类列表开始。这个列表出自人民教育出版社教材编写者的教材宣讲讲座。针对列表文字让学生提问题，主要是"骈文""散文""小品文"这几个"知识点"需要理清。从"骈"的字形特点入手，引出"骈文"特点。问及学生"骈"这个字的造字方法，发现学生只知道象形和形声，遂"绕个远"，顺势教了"六书"。学生理解了"骈文"，再让他们猜"散文"的意思，学生自己就能归纳。理解了骈散，四篇文言短文特点有了，再引出"读"的要求，就很顺当。

我借鉴同行经验，将单元要求分解落实，提出本单元学习要做到"四读"：朗读、品读、鉴读、背读。至此的教学环节用了25分钟。剩下20分钟，3分钟了解作家作品，3分钟注音，然后就是朗读。我范读，学生读了三遍。每一遍我都给新的朗读提示、改进建议。临下课这一遍学生读得已经挺有感觉。

昨天夜里（真是夜里，0:30了），雅丽发我她的教学反思。我看她提到七年级上册第二单元教法，拟采用市区教研员提供的写朗诵脚本、然后朗读贯穿始终、最后开朗诵会的方法，遂找出"感受亲情感受爱"的项目学习方案"丢"给她，说好了今天我们三个面谈。

下午处理好作业，和俩徒弟一起聊了聊，方老师也和我们一起交流。按照市区教研员的建议处理阅读单元教学很好，但这么做并没有整合写作。统编教材读、写两条线，我更倾向于听说读写的整合。因为整合能带来课堂效率的优化。我讲了讲之前做的具体方法，让她俩再根据学情以及她们自身的考虑做调整。做起来，边做边学就行。

放假三天，晓宇烧了三天，这可怜的娃！上呼吸道感染，还是工作太累、抵抗力下降所致。老师们真心不易。

早早写完轮岗日记，我要赶紧休息会儿，晚上好继续工作。

道路千万条

有很多事应该坐下来好好探讨。

比如文言文教法，比如阅读和写作的关系。景山学校的教学传统认为，文言文教学中的文白转换是难点，学生要像"滚雪球"那样不断积累。景山版教材中的文言文比例结结实实地占到了 40%。景山学校教文言的方法也一直很"实"，有一套不同于当下一般教学的方法和体系，能给学生的高中学习打个不薄的底子。景山是课改校，教改的价值就在于我们对自己的主张扎扎实实地实践了——还不是两三年的实践，是十几年，甚至几十年的实践。我觉得这些做法特别有价值，因而在现在的教学中也尽量多实践。

我相信"实践出真知"，也相信"道路千万条"，而不是非 A 即 B，非黑即白。我们证明自己的做法成立就足够了。很多时候我都觉得庆幸，依托教材建设，景山的初中语文教学有完整的理论体系。正因为长期参与教改实践，决定了我现在的教学是这个样子，而不是那个样子。

在前外的教法会针对具体学情做调整。比如学生急需练字，又要控制作业量，我就让学生用字帖落实文言文课文抄写，说抄写，其实是临帖。

今天《三峡》推进的速度比我预设的慢不少。每开启一个新单元，开头都会慢些，因为学生和我之间需要有个磨合。学生上课朗读、讨论、笔头落实等活动占了课堂主体。下课收了作业单，落实情况尚可。

第三节听了晓宇的课。学生写了消息，分小组讨论采访提纲等。

下午和徒弟做了一些交流。昨晚雅丽和舒茗的反思都提到我丢给她们的"感受亲情"单元项目学习方案，她们对为什么要做"家族树"感觉不解。某种意义上说，这个问题上的困惑，可能折射了老教师和年轻教师之间也存在"代沟"。换言之，是我们这一代人对家庭、家族的认识与当下的年轻人有很大不同。再追究，还有社会原因。

之所以让学生梳理"家族树"，了解自己家的家规、家训、家风，是要引导学生思考自己和家庭的关系："用心寻访、构建自己的家史，认识家族人物，回顾家庭生活，设计、编写、整理你的'家族档案'或'家族树'，反思你与家人的沟通与相处之道，思考自己的家庭责任和幸福家庭的要义。"这样做也可以为后续的教学"埋线"。比如到了七年级的"家国情怀"单元，我们可以让学生采访家人，了解家人在各地生活的情况。等到八年级上册传记单元，还可以让学生给家族里的人写小传。这些内容前后都是有关系的。

明天又要讲评周记，今天在学校批阅完，分类做了统计，决定明天就讲"发现力"如何培养。

"道"的追求 2021年09月24日星期五

今天的课调到了上午，下午有会，收工略早。晚上要听读书会的分享——教育科学出版社刘灿主任做《学习力就是生存力》的导读，索性早点写轮岗日记。

今天的课上，15分钟给《三峡》扫尾，半小时讲评练笔。重点复盘后者。

对学生的学情，我有随手记录的习惯。活动的照片和视频，值得分析的、质量或好或差的作业，我都会记录留存。双周讲评一次周记，学生练笔的优缺点，我也都会登记在册。不仅要求学生写练笔，积累素材，练笔点评我会有课内外序列的考虑。

第一周倡导"享受表达的快乐"，接下来做了两周自由练笔。目前比较突出的问题是一部分学生笔下没生活，要么不知道写什么，从网上抄些现成的材料当周记，比如直接"遐"四合院、长征 7 号技术方面的信息、中秋节来历和诗句、"九一八事变"的介绍等，抄了一堆当周记交来；要么就是写出来的文字空洞乏味得很……我分析，这是学生尚缺少"发现力"，对生活不敏感，也缺乏应有的态度和主张的缘故所致。故将第二、第三周的周记讲评定位于如何培养"发现力"上。我大致谈了以下几点意见和建议——

一、什么值得写？

周记里，同学们对有些素材，只用一句话带过，太可惜了。相比于抄来的东西，胡同探幽、中秋节夜晚昙花开放、自己参加"九一八"纪念日的旗前演讲，这些才是周记的好素材，值得好好写。我引了某本《写作课》里的例子，说明写作素材在生活里随手可得。

二、好几个同学写景。

关于写景，我不建议纯描写景物。景物中要有人、有情，或把景当作人，用拟人化的手法来写。

三、关于立意。

文章中要体现态度，表达自己的见解。

有的同学对周记的定位理解不到位，没有记录自己的生活。这样写周记，既不能提升写作能力，也没有办法提高自己的认识。

现阶段要以提升自己的记叙文写作能力为主，建议多写人记事。

有几个学生对写诗有兴趣，但写出来的不是诗，说明他们对诗的基本特点和如何表达还不掌握。这一条今天没来得及聊，打算星期日继续。

印发了几篇文章，作为学生写练笔的引导性材料。也没来得及点拨，星期日备课一并处理。

很多老师私信我说，每天都在关注我写轮岗日记，也学着实践一些他们觉得好的做法。其实，我自己班的教学如何推进，如实记录做法，这样的复盘并不难。我以为，比这些具体做法即"术"更重要的是"道"。"道"就是每位老师教学行为的背后所隐藏的教学主张、教学追求。这个更值得关注。

比如，单说"让学生写周记"这一个教学行为背后的道理，我以为，除了文字的运用要练之外，还包含教师的写作观：

我反对七八年级就备战中考，反对让学生背作文，反对套作（中考前有些不得已的策略，纯粹是为了考试而为之的，是不正常的，绝不应该"扩大化"），反对作文的"假、大、空"……不论是阅读还是写作，我努力让学生知道什么是"好东西"，小心翼翼地呵护着他们的写作兴趣；我甚至以为，要带着学生发现生活、认识生活，进而有更多的思考，教师就要关注他们思想的发展，想办法引导、助推、"催熟"……刚刚送走的景山北校毕业班的学生应该记得，直至升入九年级，我们的作文训练才开始直接对应中考作文的要求。我们平时的写作要求或目标更高，或者说，更符合写作应有的"道"。写作之道，其实包含着育人之道……

问题是，作为老师，我们有没有"道"的追求？！

——为什么从练笔说到育人之道？

因为昨天和晓宇聊到这个话题——所有的教学行为，呈现的是老师的教学观、育人观，甚至三观。我们对教学行为关注得多，对背后的思想关注得少。

我和晓宇谈心。我说，你那么喜欢教书，一定要有自己的教学信念、教育理想。要想清楚，自己理想的教育是什么样的，现在还没想清楚不要紧，但要慢慢想，一直想，直到清晰为止。要坚定自己的教育理想和信念。不随时间和环境的改变而改变，不能被改变的才是信念和理想。

下面是晓宇昨晚的反思日记。年轻人，路很长，漫漫求索，要保持住你的勇气。

2021 年 09 月 23 日日常复盘

张晓宇

今天和师父聊了很多很多，事关教育理想。这些我都会内化于心，有些也不必在公开的复盘中表达。

突然想起初中在文汇就读时是班主任冯丽老师在我心中埋下的那一颗种子，让我想成为一名老师，成为她那样的班主任。自此，我一直为了这个目标努力着。在五十中，我又遇到了茹艳霞老师，同样对我影响甚远。我是东城（崇文）教育人培养出的孩子，我也希望以自己的方式回报东城教育，让自己也可以成为夜空中的一颗星，即使光再微弱，自己也要在夜空中发光、发亮。这份初心，从未改变。

校长曾说过，什么是教育？当学生走出学校后，将教给他们的知识都忘记了，但剩下的那些做人道理，则是我们教给他们最重要的内容。

学生时代，除了对于我来说两位特别重要的班主任，还有很多老师，给予我了莫大帮助，只不过她们在对于我人生的引领上，可能更显特别。

步入社会，我也遇到了对我关怀备至的领导、倾囊相授的师父，还有拥有共同教育理想的小伙伴们、同事们，我想我是幸福的，就像师父说的，理想信念需要坚定，若能被他人动摇，则称不上理想信念。

——分割线，今天似乎重点在给自己写鸡汤。

今天结束了消息写作，明天对于第一单元再进行一个总结；对作业讲评完毕之后，第一单元的教学也要画个句号了。在第一个单元的学习中，我们做到了让孩子们会听新闻、会读消息、会进行新闻评论，会理性、辩证、多元地发表自己的观点，会写新闻鉴赏（推荐）、新闻评论，也让孩子们在小组互动中进行新闻采访（口语交际），撰写属于自己的消息……当一个对游戏钟爱有加的孩子，学会如何进行新闻评

73

论，不再因"游戏监管政策"而自我情绪化地批判，而是理性地提出"应该分级管理，限时而不限制时间段"这样有理有据的观点时，我觉得，这一个月，他们通过语文课，长大了。这大概就是市委领导来校视察时，我汇报自己收获时说的那句话："我和孩子们在周老师的带领下，一起成长。"

晚上要参加线上读书会的交流活动，教育科学出版社新出版的《学习力就是生存力》，今晚是刘灿主任导读。这本书我写了推荐序，下星期四晚由我做读书分享。招呼了几个徒弟一起听，也是希望他们能从这本书里汲取教育的智慧和力量。

说说我的"理想课堂"   2021年09月25日星期六

上午读王月芬老师的《重构作业：课程视域下的单元作业》，又准备了古诗文单元落实基础的练习。自己动手，修好了打印机。

晚上做了一场关于"双减"之下作业问题探讨的线上分享。这一版和之前在灯市口小学讲的已经有了很多不同，依然讲新闻单元教学，例子已经更换成在前外的教学实践。

分享基本顺利，但有让我恼火的时候——有的老师一直不想听我讲如何认识思考"双减"问题，只催我讲具体的例子。等我讲例子，又有老师又强调自己的学情差，做不了……说项目学习只适合好学校、优秀学生……他／她丝毫不关心你做了什么，也不反思自己做了什么，没做到什么……和这样的同行对话，我确实恼火，也觉得无能为力。其实，我们无法叫醒装睡的人；对真睡得死死的人，我同样没办法。对教育已经发生的变革要么视而不见，要么极其抵触，说白了，是不肯、不愿走出自己的舒适区所致。不客气地说，也有的同行是从心里瞧不起"学困生"的。不反思自己的课堂该如何改进，只拿落后的学情做借口，这样是搞不好教学的。

理念决定教法，"理念＋教法"决定了作业的形态。今晚我特别想清楚的就是这一点。单独解决作业过量、作业时长的问题，割裂作业与课堂的关系，属于"头痛医头、脚痛医脚"的做法，很不可取。

上午在笔记里写了一段话，没细打磨，前后逻辑性也不强，就是头脑风暴想到的——

> 我理想的课堂是学生的能力显著生长的课堂。教学内容是大容量的，课堂是饱满的，生动的；是师生的感情源源不断地注入的；教师对课堂、对学生的热爱是外显的；教师是关注学生思维发展、智慧增长的（不仅是知识）；教师是会将全部注意力放在学生身上的（而非关注自己的表现、个人的风采的）；教师会关注学生学会了没有，会学了没有（而不是靠作业量机械训练到"会"）。理想的课堂是教学生做事的同时也教学生做人的。教师是从心里尊重并心疼每个孩子，愿意用心用情去呵护他的。理想的课堂上，老师能发挥专业力量的主导作用，引领孩子们往前走。理想课堂的状态是"打开"的，是面向世界、面向现代化、面向未来的。理想的教育要让学生有能力走向"三个面向"。"学习力就是生存力"的提法不仅适用于教师，也适用于学生。所以，理想的课堂是关注学生包括学习力在内的各种力的发展的——关注"力"本身，而不只是关注前面的动词。

> 关注学习力而不仅是学习，特别不仅是成绩。

> 关注思考力而不仅是关注一时的思考以及思考的成果。

> 关注自控力而不仅是学生一时片刻间能不能自控……

以此类推。

吴泓[①] 老师总说，要多还原人究竟是怎么学习的（大意）。我很赞同。

无意中翻出老相片，是我和丽蓉姐[②] 好几年前假期在云南做支教工作时照的。我们又都老了几岁，可教育的初心一直都在。

今晚早睡，明天早起再工作，还没给学生写回信，明天补。累了。晚安。

学习的"扣儿"要再"拧紧"一些了　　2021年09月26日星期日（调休）

今天学生默写了《三峡》，阅后逐一做了统计，明天继续盯落实。目前看到的问题是两极分化严重。

继续讲评练笔。带学生阅读了上星期五发的几篇文章，着重和孩子们讲了以下意思：

1. 刚上八年级，不要去背作文选。不论中考还是高考，都不值得你用初高中的大好时光去背作文。九年级写作训练应对中考作文足矣。现在要认认真真地培养自己的发现力、感悟生活的能力，好好练笔头，享受表达的快乐。

2. 要多读好的作品，知道什么是好东西，不要读坏了口味。

3. 通讯或特写的稿子需要改。要分析写得不理想的原因，哪些同学是应付的，三五行就交上来，哪些同学是用了心，但不会写的，要反思。这两篇

---

① 吴泓，深圳市新安中学（集团）语文教师，中学语文特级教师，宝安区语文首席教师，深圳市名师工作室主持人，《语文教学通讯》"封面人物"。主持"家园高中语文专题学习网站"，获全国教育科学"十五"规划教育部重点课题成果评比一等奖。

② 周丽蓉，昆明三中语文老师，云南省语文特级教师，正高级教师，云南省首批"云岭教学名师"，昆明市首席高级教师，春城教学名师。

写普通人的文章也可以作为人物采访的辅助例文，借鉴把人物性格特点写出来的方法。

4.想写诗的同学要多读读诗歌作品。

经过这段磨合，"扣儿"要再"拧紧"一些了。目前整本书阅读还没有加上，国庆回来必须加上《红星照耀中国》了。阅读、做读书笔记和交流都需要时间。

下午第四节听的是李梦楠的课。梦楠教龄六年，区骨干教师，在讲台上也果然比三个徒弟更老练。6 点多，梦楠来找我复盘，她很想听我说如何改进的建议，晓宇也在。我帮梦楠逐一梳理每个环节，说了我的想法。一言以蔽之，就是仍需"理头绪，立主脑"。课不是用来给听课人看的，满足听课人的观感要求并不重要。上课时教师教学和注意力的重心必须聚焦在学生身上。怎么把教学每个步骤做"实"，这个最重要。

2015 年，我归纳过对自己教学的要求——努力做到四个字："实、虚、活、新"。其中，"实"，是说作风要务实，状态要踏实，功夫要扎实（实在），教学要真实，教学设计要符合学情实际，教学生实用的技能，课堂要讲求实效……

梦楠、晓宇、我，我们聊到 7 点。梦楠的性子跟我一样，直来直去的，刚听我聊完，就恨不得修改教学设计，再找个班上一回。我笑了半天，太可爱了。跟她说好了，修改完教案再找我看。我打趣她，让她也写复盘笔记。

说到复盘笔记，除了三个徒弟在写之外，今天还收到广东同行老师的私信。她也是年轻教师，今天上完课，主动写了复盘笔记发给我看。读了她的留言，我回她说："如果愿意，就请为你自己坚持下去。"

私信我的老师挺多，或讨论教学问题，或告诉我说我的轮岗日记对她们影响很大，还有的私信是同行鼓励我的。读这些短信，我第一个感觉就是感动。我写复盘日记，本意是给自己一年的轮岗工作一个交代：领受了教委安排的工作，我应该尽可能地留下一手资料。我确实没想到，有这么多老师关心我写的日记，特别是年轻教师。大家不仅关注轮岗，还借这个机会跟我一起同步开展教学。

感动之余，我也很开心，因为大家志同道合。忙碌的日子确实辛苦，但我们每天的生活都很充实，都有意义。

语文教学日常复盘

张晓宇

星期五回家之后，听了读书会洗完澡之后倒头就睡着了，今天补上。

星期五，特别感谢师父邀请我们参加这次读书交流会。来自五湖四海的老师，共读一本书，分组讨论自己的想法和见解。拥有这样的圈子，一起实现并分享自己的教育理想，一起交流学习实践中的感悟心得必然是一件很幸福的事情。

其中有一位老师分享的一句话让我思绪万千。我似乎忘记了她是在什么情况下提到的这个故事：她的学生对她说"老师我喜欢你"。此语一出，我就突然想到曾经一位学生对我说过的同样的话。那是在我大二参加国家举办的国际汉语教师志愿者活动的时候，一位二年级的加拿大孩子边抱着我的腿边对我说的。犹记得当时是我在加拿大那所普通小学任教的最后一天，一个小男孩突然跑过来抱住我的腿，不停地重复着"I love you"。

三周前，初次见面，他的眼神中更多是疑惑，或许有些小小的畏惧，他的主班老师（一位祖籍台湾省的男老师）对我说，你可以不用在意他，他有一些自闭症。我很疑惑，为什么有自闭症就不用在意了？我不相信。在第一周的听课过程中，他不会参与小组活动，这位老师也不会对他有任何关心。第二周，我代课时，我会放慢语速，蹲下来与他沟通，一笔一画带着他写汉字，牵着他的手鼓励他来操作触控白板……再后来，他敢于在我的课上独立举手发言，敢于将自己的作业展示给我，希望我给全班分享；他们听说当天是我的生日，全班用至少四五种不同的语言给我唱生日歌，而这个小男孩，悄悄地从教室角落挪到了最前面，生怕我听不到他的声音……最后分别之际他似乎没有犹豫地跑过来抱住我的腿，不停地重复着"I love you"。

那三周的温哥华之旅，让我收获颇丰，不只是一个人闯荡一座陌生的国外城市，还在异国他乡度过了难忘的生日，更是用自己的绵薄之力影响了一位被当地老师看来"不需要在意"的孩子，让他知道，我在意他。

教育不分国界，对学生的爱对教育事业的热爱，纵使种族不同，语言不通，只要心在，学生也一定会感受得到。遇到问题，不能将"自闭症"当作忽视学生的理由，若你以心换心，尝试去感化，用心去教育，即使付出 100 分的努力最后获得 1 分的收获，那也值得。若找一个冠冕堂皇的理由成为自己不付出的借口，那则是辜负了老师这个称呼。

所以今天又不小心写了篇回忆录鸡汤。明天准备研究一本在我柜子里吃灰多年的作文评价量表的书，师父在群里给我们了一些启发之后，我突然觉得在写作教学方面多加强一些了，三年前看了这本书之后，自己进行了浅显的实践，发现并不尽如人意，当时教学经验也确实不足，明天开始研究之后再说啦，晚安！

附 两则私信：

1. 广东同行

周老师中午好！打扰您了！冒昧想跟您说一声谢谢您，这一个月，每天学习您的轮岗日记，我学到了很多东西，对我影响很大。今天上完课后，我趁热打铁，写了复盘日记。写得很仓促，还需要完善，很惭愧，这是我第一次主动写教学反思。我只是想跟您说一声，真的谢谢您！我会将这份感激化为行动。上好课，是教师的根。可是，有些道理，就是要在某一个时候才能明白，也许这就是成长的过程，因为您，我才真正明白了这个道理。我是一个非常普通平凡的、资历很浅的教师，但我逐渐明白了以后的路应该怎么走。特别想跟您说一声谢谢！周老师，辛苦您了！谢谢您！

2.新疆同行

周老师您好！我是新疆的一位语文老师，很幸运您能到我们偏远的小学校送课，您的"京味朗读"让我着迷，一节课我就成了您的粉丝，更幸运的是，您能通过我的微信好友申请，让我有了一个默默"跟跑"的机会。新疆偏远，我们学校又小，出去学习的机会少之又少。这些年我通过您的微信学习到了很多，只是自己悟性不够，提升太慢。这学期我看到您教八年级，我就很激动，尤其是您的教学复盘和教研复盘，我每天都认真看，用心学，按照您的方法教学习，真的把往年教"死"的新闻教"活"了，我也对教学有了一些新的感悟。您在清理微信好友，生怕您把我清理掉，请您留下我，给我一个学习的通道吧，谢谢老师！周老师您很忙，时间也很宝贵，占用您这么长时间抱歉，您不用回复我，只希望您能留下我。

今天是两节常态课

2021 年 09 月 27 日 星期一

换了课表，上午两节课。

第一节学习《答谢中书书》。简单复习小品文知识，回顾本单元的学习方法"四读",迅速进入今天的学习。

文言文教学,我没有很多"招儿",所以我的口头语就是"老规矩"。

第一步,学生先标注拼音,然后就开始跟我各种读。四五遍,不断跟进读的指导,比如句读、重音、语气、语调。四五遍下来,学生理解大半,程度差些的也能理解一半。

第二步,在三行对译的作业单上抄写词语注释。这个环节要求学生将注释带入句子,尝试翻译。

第三步,或两人一组,或自己出声逐句口译。要求用红笔标出不会翻译之处。

第四步,带学生翻译全文。对学生不会翻译的问题重点解决,学生同步完成三行对译,要求学生之前用红笔标注的问题都有相应笔记,然后再读。

至此,文白转换工作完成,可进入下一环节。本课篇幅很短,全班所有同学均在课堂上完成三行对译。还没来得及背诵和赏析。

第二节课带学生修改通讯和特写。昨天收来一稿,大部分学生完成得不理想。此种情况,必须及时跟进指导。我从学生作文里挑选了完成度比较好的通讯,印发给学生。

我给学生朗读了一遍写班长姚同学的通讯,边读边点评。我现场"采访"了她,让她谈了谈作为被采访人的感想;又让作者谈了写作体会。我同步板书要点,总结了七八条经验。另一篇特写,我边读边提修改意见,学生很服气。这节课的最后 15 分钟,学生都在修改自己的文章。希望星期三再收上来的稿子质量能好起来。

今天很累,先写到这儿。晚安。

我教徒弟做反思

晨起读舒茗和雅丽昨晚的复盘日记，发现两个姑娘的教学遇到了同样的问题：学生分角色朗读《秋天的怀念》，效果不佳。

舒茗说，学生参与的积极性高，都想尝试，但老师自己并不知道该怎么引导学生读得更好，没有达到朗读技能的进阶，还因此耽误了预留的笔谈的时间，所以觉得这个环节"性价比"不高。

雅丽的课堂则是被学生"带跑了"。学生强烈要求分角色朗读，老师就想尝试一下，满足学生的愿望，结果是学生频频笑场，有几个孩子一直在底下发笑。老师中途做了整顿，情况好转，但雅丽觉得，学生的情绪还是没调动起来，不在文本营造的氛围中。

课堂上效果不佳，在我看来也是很正常的事。即便是我，经验比徒弟多得多，课堂上也偶尔会出现效果不佳的情况。当然各有各的原因，不能一概而论或泛泛而谈，但确实就像我说课堂上学生出现问题我觉得正常一样，都在正常的范围内。年轻人教学经验少，遇到课堂的状况一时不能很好地处理，不断反思，不断改进自己的对策，再不断实践，经验值、"武力值"就会提升。年轻人肯于正视自己的问题，肯于反思和不断学习，假以时日，他们一定能成为优秀的教师。这一点我坚信不疑。

我更在乎的是徒弟们的反思态度和反思的能力。

早晨忙里偷闲，分别回复俩姑娘。

回复舒茗："朗读的环节学生参与积极性高，是因为学生把它当作游戏来参与，所以这个环节的设计并没有真正加深学生对文本的理解。而课文平静的叙述中自有感人的力量：母亲的话，和母亲对话时的场景，都是作者心里沉淀下来的最珍贵的记忆，分角色朗读其实会消解掉这种力量。（补：学生不具备还原母亲的语言的能力。老师自身的朗读能力也有待提高。这样的活动教师必须能即时指导，且要有控场能力。）"

回复雅丽："几个学生笑场，其实老师是可以预计的，因为他们在课上一向不严肃。所以你得提前提醒，先讲好规则。比如，一旦不严肃，笑场，活动立刻中断，甚至取消。（补：1. 老师要有威信。切记，新七年级要把规矩立住了，帮助学生养成良好的初中语文学习习惯。2. 威信不是老师靠"高压"手段树立的，靠的是发展专业能力。有两句话很重要：以德服人，以爱服人。）"

我让她们先盘点一下初中教材中的课文，哪些适合分角色朗读，哪些不适合。在我看来，《秋天的怀念》就不适合分角色朗读。分角色朗读确实能帮助学生提高理解力，但前提得是课文的内容适合。

需要做盘点的不仅是这一点。

我希望三个徒弟每个人都有结构化、系统化的思维。课程标准、教材、教学设计，统统需要这种思维能力。这个能力是可以训练的，就是需要勤奋，能花笨功夫。不仅要熟悉初中阶段课标和教材的布局，还应该了解小学和高中阶段的。网上有梳理好的材料，拿来用未尝不可，但不如自己动手梳理印象清晰。我具备结构化、系统化思维的能力，受益于多年在景山学校参加实验教材的编写工作。掌握了方法后，就会自觉迁移。我最近打算把初中语文六本教材的助学系统做个梳理，侧重关注与作业相关的内容。

属于你的美好改变正在发生

—— 附给学生的信（6）

2021 年 09 月 29 日 星期三

这是写给学生的第六封回信。事情太多，忙到飞的日子……昨晚写了一封，忙过这几天再继续。

上午下了课，叫这位学生跟我一起去办公室拿信。聊了几句，她依然话不多。我嘱她回去慢慢看。不急，我是好脾气周老师，咱们来日方长。

晚上复盘写教学，这封回信就单独发一下吧。

——给学生的第六封信——

QL：你好！

周末休息时，我把你的信翻来覆去读了好几遍，本想写回信，但迟迟没能下笔。因为我从没遇到说自己"性格很不好"的人，你还说自己"易怒暴躁脾气倔且软硬不吃"——我就有点犯难，该怎么跟你沟通好呢？我并不是怕你的脾气，而是我从心里不想和你因为硬碰硬，伤害到师生之间应有的感情，甚至伤害到你。

我为什么用到了"伤害"这个词？有点重啊！这是因为我从你的信中察觉到了敏感。你是敏感的姑娘，而且是防御系的，看起来像一只刺猬。对，只是看起来，我知道你不是。

我不喜欢试探别人，那样太累，也不够尊重对方。所以我也不会试探你。明白地跟你说啊，我知道你不是"刺猬"，是因为在你的信结尾处，你夸我来的——

你说我是个"温柔风趣和善的人"，你还说，你很期待未来的一年与我的相处；最后的最后，你还引用了游戏里的话"温柔的灵魂终将相遇"做结。请问，这么有眼光、会夸人，且会友善示好的姑娘，怎么可能真的是"易怒暴躁脾气倔且软硬不吃"的呢？打死我都不信。

读出你字里行间释放的善意，我笑了半天，开心得很。我想，就算你偶尔会有小情绪，也应该是无心之举。

说说你在信里写的其他事情吧：打游戏、抵触学习，还有你自称的各种"懒"。我是觉得这几件事是有内在关联的，甚至是互为因果关系的，而且"因"的部分可能还有些复杂。究竟哪个是因，哪个是果，其实并不重要。重要的是这个被动的状态确实应该改变了。你说你之前想过改变，但就三分钟热度，然后就懒得改了。我一方面很欣赏你的坦诚，另一方面，也觉得这样下去不是个办法——其中的道理我不想展开讲了，我觉得你都懂。在我看来，你现在缺的其实就是一个全新的改变自己的机会。

我不知道你是否留心过，前天还是更早的星期五啊，在课上我特地说了一段话。我说："别放弃，要给你们自己一个机会。周老师来咱们班教一年的语文，这就是机会。只要你们抓住机会，跟紧我，你们一定会做得非常好。"老实讲，这话，我是说给你听的。姑娘，我其实很看好你。因为在我看来，脾气倔的人很多时候都很固执己见，"九头牛都拉不回来"，可他们 / 她们一旦想明白了，说服了自己，做起事来就会特别有韧劲，比谁都能坚持……你呢，就是需要再给自己一次（又一次的）机会。哪次机会你抓住了，抓牢了，都算不晚！

星期一临下课时，我让你补齐三行对译的作业单再交，你并没有跟我发脾气，而是留在座位上，补齐了作业单交给我。在我看来，这就是你和我"温柔的灵魂终将相遇"的明证，而且，属于你的美好改变正在发生。

不早了，就此收笔，以后慢慢聊。

祝你越来越好！

周老师

2021 年 9 月 28 日晚

关于《秋天的怀念》的讨论 2021年09月29日星期三

昨天的工作复盘中，从徒弟教读七年级上册《秋天的怀念》这一课，带学生分角色朗读效果不理想的事情说起，写了我的意见和建议。分角色朗读课文中"我"和母亲对话的两个段落，这是教材课后题的要求。我补充写道："再想了想，还是觉得不大适合。让刚上七年级的学生分角色朗读，还得注意传达出'我和母亲两次对话的不同心情'，这个要求并不算低。"

好几位老师回复我，一起探讨教学。我把老师们的意见转给了徒弟们，这些意见对我亦很有启发。征得各位老师同意，整理留存并转发。

设计流程：

1. 初读课文，说说朗读基调，为什么（读出了怀念，悲痛的回忆）。

2. 浸润文字，我读出了 ＿＿＿＿ 的一个母亲，读出了 ＿＿＿＿ 的"我"。

3. 四个"好好活"。学生能感受到爱的表达和生命的历练。

4. 场景刻画（写作）。

5. 作业，选一个场景刻画人物（亲情、友情）整体走下来。比十年前讲这篇多了几分稳重和思考。

备课时自己还干了一件事，试着能不能在原文上删点啥，结果越删越触心弦，越删越心痛！想想这可能就是经典的魅力吧！生离死别，碰不得！

通州张佑老师：

> 今天刚讲《秋天的怀念》，说实话，不愿意讲这篇课文，尤其经历了生离死别，文章本身就能让成年人泪流满面。但如何给学生？让未曾经历挫折与磨难的十二三岁的孩子们从中读出什么来，值得探讨。

我回复张佑老师：

> 这个设计好，利落。我怕是教不了这篇了，去年母亲离世……前几天梦见母亲和祖母，哭醒，满脸是泪。

徒弟舒茗：

> 感觉张老师的设计是逐渐向内的，最后下沉到写作。这篇文章分角色朗读，就像风里扬了一把沙，把前边铺垫的情感破坏了。

徒弟雅丽：

> 张老师最后的练笔设计也特别值得学习，不仅和读相结合，也引导学生关注自己身边的亲情、友情，为本单元最后的作文打基础。至于分角色朗读……我也要引以为戒。

山西史云波老师：

> 对，这课其实不适合朗读，那些语气，那份压抑，孩子们得多不是自己才能模仿出来呢。

海淀区教研员赵岩老师：

这道课后题也是明显的"把散文当小说教"的设计，散文本身可以说"角色"吗？这也是个需要考虑的问题。私以为，散文朗读，读人物语言，应多是"类转述语气"；小说朗读，读人物语言，是"类扮演语气"；剧本朗读，读人物语言，是"扮演语气"。因此，朗读法也是不一样的。

我回复赵岩老师：

嗯，很认同你说的朗读法。戏剧朗读可能还更复杂，先锋戏剧的台词和人艺这样现实主义风格戏剧的台词，处理起来还有区别。"人物""扮演"的概念可能都需要区分定义。

首师大刘占泉老师：

前几天，听一位教书法的朋友批评语文阅读教学，说你们把教学弄得太花哨云云。他这种看法，是应该重视的。

支教那五六年，全国跑了不少地方，北京的区县也跑遍了，听了许多语文课。发现两个比较突出的问题。

第一，教师本身的语文能力欠佳。教师是一种活的语文教材，你深你浅你高你低直接影响着学生的学习兴趣和学习质量。（这是饶先生的观点。）……

第二，语文课上得不实，看着眼花缭乱，细想没啥大用，所获甚少。

如何解决？很难。这是个系统工程。守正，可能比出新更重要，就当下而言。重调研，对症下药。要让学生，一是学真正需要学、值得学的东西，二是真正学起来、动起来，人人有收获，课课见真章儿。

刘国正先生出过一本专著《实和活：刘国正语文教育论集》，"实"

字当头，"活"才有意义。

祝你们有新的突破，迎难而上。

我回复刘占泉老师：

意见是不错的。但"花哨"具体指什么？"守正"的"正"又是指什么？老先生们对"正"的看法也不都一样吧？大家有时用的词一样，内涵并不同，可能都需要再讨论。

刘占泉老师再回复：

对，"正"这个概念大。纵向审视，可分三大段逐个扫描——

1. 古代的。比较好办。

2. 现代的，叶老① 为代表。也比较好办。

以上两方面，已有较好的研究成果。要甄别提炼。

3. 20 世纪 60 年代前后至今，不太好办，乱，有些甚至难以明说。但多留下一些较高质量的调研资料、研究思路乃至困惑之缘由等，留给语文教育研究与实践的后来者，总归是件好事，功在当代，益于将来。

留给未来吧，也许你们的学生能看到，但愿。

---

① 叶老：叶圣陶（ 1894—1988），原名叶绍钧，江苏苏州人，作家、编辑家、教育家。代表作有长篇小说《倪焕之》、童话集《稻草人》等。

89

祛除"虚火"，老老实实做人做事　2021年09月30日星期四

今天的课上带学生继续学习《记承天寺夜游》。晨起备课时，思考了一个以前至少是在这篇教学时没有细琢磨过的问题：我们常教学生学习古诗文时要会"知人论世"，但如何"知人论世"？是基于对作者和作品背景的深入了解再论，还是泛泛地知道，就用话术去论世？具体说，就是谈及苏轼因反对王安石变法而遭贬谪，以及他遭遇的"乌台诗案"这类背景情况，学生究竟掌握到什么程度合适，才能真的让学生感受到"知人论世"方法的必要性和重要性？

我就想，假如我是学生，听老师介绍作家作品，就这么泛泛地说，会不会感觉"不解渴"？这个环节上会不会悄悄压制自己的好奇心和求知欲？会不会因为老师没深入介绍而导致自己也觉得无所谓……

我觉得学生是有兴趣多了解历史上发生的事的。何况"乌台诗案"对苏轼来说，是思想和创作上的重要转折点呢……那么下一个问题是：我们该不该在这个环节上满足学生的好奇心和求知欲？这个环节要介绍得具体深入，会花时间多些，该不该、值不值得？

我可以肯定的是，如果课堂上没有网络条件，也没必要让学生回家上网检索。对大多数学生来说，既加重作业负担，又不一定有实效。

想了这些，就做了尝试。我估计很多老师早就这么做过——用了半节课吧，我客串了历史老师的角色，给学生比较具体地讲述了苏轼为何反对王安石新政，"乌台诗案"的来龙去脉，甚至引用了苏轼给皇帝上书的原文……

　　结果就是再回来讨论《记承天寺夜游》作者的思想情感这类问题，就变得顺理成章，没难度，学生很容易理解。我甚至是要用这个环节做支撑解决后续一系列苏轼作品，或者更多与贬谪有关的诗文学习的。

　　如果能让学生比较"结实"地感受知人论世这种方法，我就觉得时间花得值。

　　今天是九月最后一天，除了当日课外，当月事也应该做简单总结了——

　　今天王校长跟我转述杨梅校长星期二在学校大会上说的话。杨校长说："周群成就前外，前外也成就周群。"我以为，杨校长这话对我来说更多的是鼓励，是对我来前外这段工作表示认可。我和前外领导、同事一起，努力让前外的工作、前外的孩子们有了一些进步，那我承认，我也确实是很尽心尽力的。但我个人绝不敢说"成就"前外如何，反过来说前外这个平台成就了我，倒是成立的——因为有了轮岗的机会，我得以在教学方面扎得更深，也有更多反省自我的机会。

　　前些天，和我信赖的朋友谈心，他一直密切关注着我们的轮岗工作——我们还不是聊轮岗，而是在讨论具体的教学问题，他说："有时候我们老师身上的'虚火'，特别需要祛除。"

　　这话我觉得特别受用，确似警钟。我比照自己，反思良久。从谈心的那天起到现在，我时时提醒自己说，我要先注意自己身上有没有"虚火"，有没有"骄娇二气"，有没有工作态度上的怠惰，有没有以诚待人，有没有粗心马虎带来的工作损失，还有哪些工作死角……

　　"人无完人。"我写这些，并不是在一味地苛求自己，也不是工作带来什么焦虑。我确实在诚心诚意地反思自己。如果说收获，这个月来最大的收获，就是觉察到自己的双脚扎在泥土里更深了，不论是教课还是带徒弟，还是和同事一起搞教学研讨，我比以前更刻苦了。这是好事，这个好不仅是对轮岗具体工作而言的，更是对我自身的发展有好处。

　　祛除"虚火"，老老实实做人做事，这是我理想和喜欢的状态。

2021 年 10 月

我为什么要给学生写信

前几天，苏州大学的管贤强老师在朋友圈里转发了我写给学生的上一封信。管老师转发时还写了这样一段话：

> "我一直在好奇：为什么在今天的时代，在面对学生成长的关键事件时，周群老师为什么仍然用信的方式与学生交流。我想：一方面，教育是师生生命与生命的交往，信件是交往的重要方式和介质，这里面饱含着教师信任、期待、真诚等美好的教育光辉；另一方面，这是语文教师对书面文字的感受，信件可以让你反复阅读，引发思考，完成既往的自己和当下触动的碰撞。信件更是一位语文教师对学生语文素养的唤醒。"

管老师说得一点儿也不错，对我是极大的鼓励。

开学之初，我给前外八年级（1）班的学生写信，并请他们给我写回信——这个师生写信的行动本身就是我反复思量的结果。但那时候还没有想写回信。可是，孩子们的信交到我手里后，继续给孩子们写回信的念头就冒出来了：我想以此方式建立我和每个学生一对一的沟通渠道，我想在最短的时间里尽可能多地帮到他们，我想让孩子们感受到文字是有温度的……我坚信爱是有力量的，文字也是有力量的。用心写的文字是可以传递爱的。

这也不是第一次我用书信的方式和孩子们沟通。

　　我找出收录在旧文集中写给孩子们的信。那封信写于 2002 年 12 月 19日。我依然记得 19 年前写这封信时的情景。当年的信，我就写得很动情。

　　算了算，那时读信的学生如今已过而立之年。他们是否还记得这封信，是否还记得我，在我看来都不那么重要。说实话，我教书 30 年，做班主任的年头并不长，只有短短六年半，但我自忖我还是懂孩子的。我也庆幸自己是语文老师，可以用各种方式和孩子们沟通、谈心，以我自己的方式关心他们的成长。

　　关于教育，我一直信奉八个字："上善若水，大爱无言。"我想，就在那个初冬的早晨，他们听我读信，感受着我的关爱，哪怕只是一点点温暖，就在一瞬间，如同清水一般弥漫过他们的心灵，也是很美好的啊。

　　——眼下我给前外孩子们写信，亦是如此作想，如此期待。

师父领进门，修行在个人

2021 年 10 月 02 日 星期六

　　今天又休息了一天，补觉为主。平时工作确实紧张，很多精力都放在认真做事和审慎思考上了。有了假期，人一松弛下来，就特别疲倦。不过，算了算手头的工作，明天还是要继续开工才行。

　　九月底放假前，我嘱咐三个徒弟将半个月的复盘日记整理好发给我。这两天已收到雅丽和舒著的文档。晓宇在外面，明后天大概能发我。琢磨着要不要带徒弟每周做一次复盘小会，看时间吧，先琢磨着，看什么时间合适和他们怎么想。

　　连贯起来读徒弟们的复盘日记，他们成长的轨迹清晰可辨。喜怒哀乐，所闻所思所感，彼此的切磋琢磨，尽录于此。读这样的文字，似乎看到了年轻时的自己。但又不尽相同，他们的起点比我要高得多，成长的路也顺得多。

我刚工作的时候，没有正式拜过师。前些年我跟着老前辈们编教材，当年和我同一年级教书的孙老师很认真地说，我不是她的徒弟。

为什么我们没有拜师，我搞不清楚。我只知道我的工作第二年陷入低谷，几乎到了要下岗的地步。而我走出被动局面用了六七年的时间，花了好大力气……

所以我特别理解年轻人成长不易。这道理就和我能理解学习有困难的学生是一个道理，因为自己中学时曾是妥妥的"学困生"。

因为懂得，所以慈悲。

后来的各种进修，我都有导师。每一位导师对我影响都很大。再后来，我越来越清楚地知道，自己的本事很大程度上是景山学校给的，是在这个平台上练就的。

所以我对影响我的导师们，对景山学校，都一直心存感激。

对三个徒弟，我的想法就是尽力带。"师父领进门，修行在个人。"带成什么样，还是要看他们的悟性和付出。现在看，都是好孩子。嗯，他们三个都只比我儿子大两岁，我也确实在心里把他们看成自己的孩子，只是关心的重点是工作罢了。

嗯。就这样，继续休息去了。

"跳出"景山看景山

在翻陈年的资料：我梳理的那篇《北京景山学校语文教师队伍代际传承述略》、景山版教材以及教材的申报材料，一边翻，一边感慨。

我一直说庆幸自己是在景山学校这个平台上成长起来的，是有原因的。只说主要的两点：

一、我自己就是景山学校以"教育、教学、科研"三位一体的教师发展模式培养起来的。

二、我的语文教学很多做法都来源于景山学校几十年语文教改的经验。（当然，我也有自己新的尝试，比如项目学习，比如信息技术与语文学科融合，比如科普科幻教育。）

越发理解已故的语文教育家、人民教育出版社编审周正逵先生写的那首打油诗——周先生 1960 年从北师大中文系借调到景山学校，1966 年调入景山学校，1972 年调离，他亲自参与了景山学校的整个教学改革过程。周正逵先生感到，他无论走到哪里，始终忘不了，也放不下景山学校的语文教学改革经验。而且是离开的地方越远，越感到它的经验可贵，离开时间越长，越感到它的意义深远。他曾经编过这样几句顺口溜来表达自己的感受：

> 身在景山看景山，其中奥妙难看穿。
>
> 远离景山想景山，无限风光在里边。
>
> 三十年前看景山，教改风云布满天。

三十年后想景山，一条大路在眼前。①

我现在也是这个感觉。

轮岗这段时日，我也算是"跳出"景山看景山了。我的体会是，越琢磨景山语文教改经验，就越觉得其中的滋味绵长，"有嚼头"。

前几天跟占泉老师讨论"守正出新"的问题。什么是"正"？在我看来，景山的语文教改理念和教学方法很多都是"正"的。这些年我听到一些质疑声，说我们的教法再好，也没见到语文中考成绩如何拔尖。我是懒得讨论这个的。我并不以为这个"正"一定能出考试"成绩"。"不正"（比如题海战术）也可能出成绩；考试本身亦有值得探讨之处……这个逻辑我觉得大家都懂。

今天不展开写，姑且做一回"文抄公"，摘录自我梳理的《北京景山学校语文教师队伍代际传承述略》一文。我以为，"双减"之下，很有重读的必要。因为今天的课堂，依然充斥着主观主义、形式主义和烦琐主义，尤以形式主义最盛。

六十年代初，全国教育界都在狂热追求高升学率，致使学生的课业负担过重。在中小学领导、教师和家长们为学生的升学正忙得昏头涨脑的时候，景山学校的领导认为，目前课堂教学的情况，是不能令人满意的：从表面上看，是满堂灌，是填鸭式的教学，实际上是主观主义、形式主义和烦琐主义在作怪。

敢峰作为学校领导者，他带领教师们从思想观念上破旧立新，认清烦琐主义和形式主义的表现与危害。大家认识到：教学中的烦琐主义，就是课程繁重，教学中不抓关键，不突出重点。胡子眉毛一把抓，把简单的讲得很复杂，把明白的讲得很难懂，把有用的讲得无用。在教学中不是以"纲"统帅"目"，而是以"目"淹没"纲"。烦琐主义的教学，

---

① 选自周正逵《博采百家之长 探求创新之路》，《四十而不惑——景山学校语文教学改革之路》，人民教育出版社，2004年第1版。

不是少而精，而是多而杂。至于教学中的形式主义，主要是只注重形式，不讲实效。

从语文教学实践中，景山学校的教师一致认为，形式主义和烦琐哲学是语文教改的严重阻碍。要保证改革的顺利展开，就必须从形式主义和烦琐哲学的束缚下解放出来。为此，学校领导者们强调语文教学工作必须从实际出发，务必讲求实效，并针对形式主义在语文教学中的种种表现，在教学工作和教学制度方面，采取了一系列的改革措施：

1）教学评估的标准要全面掌握，课堂讲课水平如何，是一个方面，但不是重点，更不是唯一。重点应该看在教师的指导下，学生的语文水平，特别是作文水平，是否有所提高，这是评估教学的主要标准。

2）作文训练，重在启发兴趣，培养习惯，加强指导，自觉坚持勤写多练，不能勉强凑数，敷衍了事，一般不留课外作业。

3）语文作业要严格控制，要充分利用课堂教学时间，力争各项练习基本上在课内完成，除了课外练笔之外，一般不留课外作业。

4）语文考试，返璞归真，突出重点，原则上只考作文一项，据此可以评定学生语文学习的成绩，必要时可加试一篇文言翻译，考查学生文言阅读能力。此外，一律不考，以便减轻学生课业负担，明确主攻方向，把主要精力用到提高学生的作文水平上来。

针对全国教育界都在狂热追求高升学率的局面，敢峰在《人民教育》1964 年第 5 期 [1] 上发表了一篇犀利的文章，旗帜鲜明地指出"反对片面追求升学率"。他认为："在提高教学质量的掩盖下，宣扬单纯知识观点、单纯升学观点，片面地甚至是不择手段地追求升学率，并以此作为好学校、好教师、好学生（到底什么是好学校、好教师、好学生，值得大家很好地讨论）的标准。一切围着考试转，一切围着升学转，而升

---

[1] 引自《反对片面追求升学率，打退资产阶级教育思想的进攻》，《人民教育》1964 年 5 月。

学率又是围着个人主义和本位主义转。为了片面追求升学率，有些学校在教学上大搞烦琐主义，频繁的考试，过多的作业，不适当的背书甚至背笔记……使学生负担过重，精神极度紧张。"接着，敢峰又在 1965 年的《人民教育》第 1 期上发表了《一定要闯出这条路》，提出了"减轻学生负担，提高教学质量"的重要观点，指出教育界要认真贯彻中央的"减负"精神，精简课程和改革教学方法与考试制度。此文经修改在《人民日报》上发表后，引起了社会的广泛关注与强烈反响。

自觉"打头阵"

2021 年 10 月 04 日 星期一

今天早晨起来就写今日的轮岗日记，因为从昨晚到今晨，读了很多，想了很多。2 点睡，6 点醒，可以了，打算下午再补觉。

昨夜和今晨，下载敢峰、贺鸿琛、崔孟明、陈心五、范禄燕等景山学校历任领导，以及舒鸿锦、龚兆兰等语文学科前辈的文章百余篇。已读大半，有些文献似乎是之前的校庆四十年、五十年文集中没有见过或没注意到的。书没在手边，无法确认。但我确信有些内容今天再学习，我是有新知和受到很大启发的。有些长期困扰景山语文人的教学问题，其成因可能还要通过溯源的方式来"确诊"。我们如果能试着把说不清的问题说清楚，可能就能找到解决问题的对策。

以前我写过的《北京景山学校语文教师队伍代际传承述略》一文，多是从制度上做的梳理。现在看，还不够准确和深入。一些更上位的问题还需要再放进去。另外，当下抓的减轻学生过重的课业负担，比如作业分层等，景山学校是做过体系化的试验的，也遗留了一些问题有待解决。了解前辈如何实践和如何思考的，我们当下的行动或许能少些浮躁和焦虑，会更有实效，甚至可以在用力的方向上校准一些。这个事情我打算抽时间来做。花个一年半载，我觉得是值得的。

今天先说一点。

有些事情是我第一次了解，或者说，以前印象是朦朦胧胧的，有过疑问也没深究，就放过去了。这说明以前（2006 年）的梳理还不完善，研究不够透彻，存在死角。这次一定要补上。

北京景山学校是 1984 年改成九年一贯制学校的（这一年我刚好考入景山高中）。改制之初，领导们其实已经预料到一些问题必然出现。这些问题也正是今天我们景山初中语文人（至少是我）会感觉困惑的。

比如，景山学校陈心五副校长曾在《东北师范大学学报》（教育科学版 1988 年第 2 期）发表文章，题为《北京景山学校的学制改革试验》，文中专门谈到景山为什么要进行四年制初中的学制改革试验：“学制改革首先从减轻学业负担入手，这就涉及了教学计划、教材教法的改革。”

关于当年的领导者如何看待减负，以后再写。1982 年，学校专门组建了试验班，四年的试验，从“入口”到“出口”，获得了扎实的数据，积累了案例，科学支撑“五四”学制能够“减负增效”的结论。

陈心五老师的文章中写道：“学校领导经过几年的酝酿和研究，最后慎重地做出决定：从 1984 年开始，初中不再择优招生，小学五年级的同学只要达到升级水平，全部直升本校六年级（四年制初中的一年级），取消小学升初中时按成绩分校的选优、淘汰制，小学早已实行就近入学的制度，凡景山学校小学的学生，一个也不淘汰出去，实行小学、初中九年一贯制（不包括高中）。”

说实话，我读到这里，内心感受很复杂。首先是感动——景山学校创办之日就定位为改革学校，一代又一代的景山人确实有改革的使命感。在全国率先实行九年一贯制，明知费力不一定讨好，明知因为生源改变，成绩势必不如以前会影响学校的威望……但只要认定了取消淘汰制的就近入学是未来教育必然趋势，景山就义无反顾地承担起可能遭受社会舆论的风险，自觉"打头阵"，启动了九年一贯制改革的试验，直至今日……

就是这种锐意改革的勇敢深深地打动了我。我甚至在很努力地想象，当年景山学校领导是如何下这个决心的……

九年一贯实施中的问题该如何解决，景山学校过去一直在实践。校长和书记在和我谈轮岗的事那天，还特地问了我对初中语文教学安排的具体意见，眼下，小学和初中的同事正在继续实践。我想，"双减"新形势下有更高的要求，而这种实践的意义会更加凸显。

关于"段段清"

2021 年 10 月 05 日 星期二

阅读文献，深受启发。想了一些事情，随手记。

"五四"学制，标志着小学五年教学已经达标或基本达标，完成了小学教育。初中从学制上设置为四年，是用来缓解"六三"学制初中阶段学生过重的学业压力，以及发展个人特长的。如果学制成立，就应有相应课标。"五四"学制的教学没有单独的课程标准，而是需要参考"六三"学制的课标开展教学，这实际上暴露了教育政策制定方面的空白。目前规范办学，严禁超纲超标的要求并不完全适用于"五四"学制的学校，这一点需要从政策面上解决。

在没有"五四"学制义务教育课标的情况下，要根据学生的实际状况，定出各科教学的基本要求，这一点可借鉴之前景山版语文实验教材的做法：严格对标课标，将听说读写的要求分解到九个年级，具体到每一个学期。这项工作很烦琐，需要投入人力、精力来做。不做，工作就理不清，永远是一团乱麻。当然可以再等新课标出台后再做，避免无用功。

义教阶段一部分学生出现的分化首先发生在小学阶段，升入初中后会因学科增加、难度加大而加大分化。以前我们总讲"段段清"，这个提法没毛病。当然，即便是"段段清"，学生依然会分层，不可能齐头并进地发展。有了清晰的分解到学期的标准，就能要求各年级严格把住质量关，这样，九年一贯制的优势就能发挥出来。

学生升入初中后，评价学生的语文能力与水平是否有提升，主要看有没有"增量"。客观分析学生起点和终点，不唯成绩论，能大大提高教师教学的积极性。

应给每个学生建立"台账"，从入学就建立全学科的电子档案。利用大数据关注学生九年中的全程发展，给学生科学"画像"，用技术手段为分层教学提供科学依据。防止学生学情变化出现"温水煮青蛙式"（尽管提法不科学，但仍借用一下，因为意思大家都明白）和"陡坡式""断崖式"下滑。单纯的"五四"分段，实则小学与初中分离的学制并没有这个优势。九年一贯制学校则完全可以凭借技术手段，加强对学生的统筹管理。

关于作业的思考：

1. 弹性作业也罢，分层作业也罢，应"上不封顶下保底"。保底即达到达标线，不达标不能滑过去，要及时补漏。保底作业要发挥诊断功能。

2. 作业分层应对应教学分层。要注意公平原则，指导学生自主选择作业的层级，应以一学期或半学期为限，进行"半动态"调整。

3. 应以教研组为单位，开展相应的课题研究。作业分层实施到位，需要系统化、结构化的设计。目前由任课教师直接分层，属于"过渡期"的做法。各年级齐头并进地开展课题实践，至少需要一到两学年来落实作业布置的科学分层。

"生长课堂"

2021 年 10 月 06 日 星期三

大概是假期没剩两天、要开学了的缘故，夜里又梦到打妖怪。

许是年纪大了，对新名词比较警惕。要接受新名词，非得彻底了解了、理顺了、想通了才行。

晨起再读王荣生的《事实性知识、概括性知识与"大概念"——以语文学科为背景》一文。去年线上听的王荣生老师的讲座应该也是谈的这个内容。这两年除了做项目学习和科普科幻教育，虽然读了一些理论书，但对比较生猛的概念，我多少还是有些"不消化"，只能且学且思。我是赞同王荣生老师在文末的"缓行"建议的。即便是项目学习，我也没有做得那么猛。初中阶段，每个学期能踏实做好三到四个，已经很不错了。好的学习状态，应该是张弛有度的，不能搞得太满，把学生累得喘不上气。是不是所有的单元都是项目学习效果最佳，没有完全的试验之前，我还没有发言权。所谓项目学习"本土化"，我认为除了有中国基础教育的学情要考虑，实际上，还有项目学习模式与学科教学磨合的问题。

上午，我还检索了关于"生长课堂"的论文，也觉得有些问题有待继续厘清。比如"生长课堂"是理念还是模式？"生长课堂"与课程之间是什么关系？以一或两节课为单位设计教学，与单元整体教学设计之间有什么关系？每一或两节课按照一个模式设计，是不是必须遵守的铁律？如果是，为什么？（有答案：不是，之前校领导跟我以及徒弟们做过交流。只要牢牢把握"生长"的核心理念，模式步骤可按需调整）如果不是，有多少种变式？单元教学中不同教学内容的课堂应如何设计？评价的内容到底是什么？评价关注了什么？课堂是问题导向还是任务导向？新课标提倡创设情境与任务，生长课堂是如何设计情境、如何提出任务的？……

已有的论文并不多。从搜集到的文献看，这是某些学校和地区自己研发的模式。我还需要再多向前外老师们请教，多听课，多做思考。

只有一点我可以先说，在我看来，"生长"是理念，学生的学习真实发生，有明显增量，课堂就是生长的。用什么方式保证学生"生长"，既要看学情，又要看教师个人能力。不论是一个单元还是一堂课，关注学生的学情从起点到终点的增量，有明显增量，那课堂就是好的生长状态。没有增量或增量很少，那就是不良的生长状态。这里还是要讲"性价比"（投入与产出，以前写过），"性价比"高，就是良好的；"性价比"低，同样是不良的生长状态。

嗯，今天就写这些，午饭后必须做另外的工作了。

"双师课堂"   2021 年 10 月 07 日星期四

晚上看徒弟舒茗的朋友圈才知道，姑娘这两天是回老家办婚礼去了——所以今天的轮岗日记里，第一重要的事就是送上我的祝福！舒茗，祝你和你的爱人白头偕老，生活甜甜蜜蜜，幸福美满。

我的这个假期，一半时间在工作，一半时间在补觉。又该开工了，依然要打起精神来才是，这一猛子扎下去就得到寒假才能休息了。

今天主要在做项目学习的方案设计。这个没啥可多说的，"磨刀不误砍柴工"，之前我和秋菊做的"我身边的植物"这学期也可以做迭代版了，值得期待。

昨天和今天，还帮梦楠备了课，修改了教案。昨天我们电话里谈了一个多小时，今天梦楠再交来的 2.0 版教案明显进步多了。打算明天上班后再一起继续打磨。我在琢磨的是接下来该如何带几个徒弟以做课题的方式带动教学和教科研能力的提升。这个有了初步想法，还需从长计议：快到年底了，不是申报课题的时候，但是可以先做起来。我这几天读文献也是为这个想法落地做准备。

还有件事需要记一笔：前两天和丁书林老师、李玉顺老师、王珏老师见面。我收获最大——关于理想中的"双师课堂"到底是以何种形式、发挥什么作用，几位老师终于把我聊明白了，绝对是让我顿开茅塞。丁书林老师和李玉顺老师都很看好"双师课堂"，但丁老师强调，"双师课堂"必须改变原有的教学模式。具体的原理弄明白了，细琢磨，确实有搞头，能让更多的学生获得优质师资。"双师课堂"要真正做好，真得下很大功夫，而且是庞大的系统工程。单说备课就不是单枪匹马的模式，需要建跨校的教研团队，更遑论现在做的已经是单元教学、项目学习了呢。只要不是为了作秀，而是真的把长周期的课落实在"双师课堂"上，恐怕就需要准备充分了才行……对我来说，短时期内不能仓促上马。这个事容我慢慢考虑，这个学期不打算付诸实际行动。

晓宇发了 9 月的反思汇总来，半个月，几近一万字。我也统计了一下舒茗和雅丽的反思文字量，舒茗 13000 字，雅丽 8300 字。字数多少当然不是最重要的，关键看反思的质量。

晓宇 9 月 30 日的复盘文字呈现了他跟我学做新闻单元项目学习完整的体会。这也算是我在前外工作的一个侧面写照吧。

2021 年 9 月 30 日日常复盘

张晓宇

第一单元教学结束，对于这样一个特殊的活动探究单元，我有一些不成熟的想法。这个单元，我们用任务驱动的方式，从带着学生读新闻、分析新闻（特写、通讯），到小组制订采访计划、撰写采访稿，学生的主动性体现得淋漓尽致。孩子们为了最终完成大单元的任务——新闻撰写，每节课都在积极主动地学习知识，小组成员间为了达成目标，课上课下充分讨论。学生们自己说："和上个学期比，更有意思，收获更大。"

所以，虽然没有每节课都保证"生长课堂"的环节完整，但其实也体现了学生的主体性，学生读新闻、学生分析新闻、学生完成消息写作、学生组成小组，完成新闻采访、撰写……

那么如何进行项目式学习，如何设计项目式学习，也是我一直希望和师父一点点学习的。星期四听了人民教育出版社中学语文室朱于国主任在区教研会上的讲座，他提到大单元教学里面所突显的整合教学的思想。确实，我们的教学有时候显得比较零碎，一篇课文一篇课文地教，教得很扎实，比如一篇古文，每一句怎么翻译，它表现了作者什么样的情怀、每一个词一词多义的特殊用法，每一个点我们讲得特别细，但是缺乏整合，我们只看到了这一篇课文，而没有看到这一篇课文和作者其他的作品、这一篇课文和同类题材的课文、这一篇课文和作者同时期的作品之间的联系，所以这对于我们理解文本，即使对于我们理解这一篇文本也是有缺憾的。当然这也和教师本身的知识能力有很大关系。古代文学可以说是我大学期间的弱势科目，总之自身能力还要提高呀。

大单元教学对教师来说一个重要的启示就是可以突破教材单元的限制，创造性地运用教材提供的资源，对我们的现在的教材单元进行重新的规划设计，也就是师父提到的对教材的再加工能力。当然也要广泛涉猎，注重日常积累，比如在新闻单元教学中，我们给学生补充了各类新闻材料、特写、人物通讯，还有结合学情（周记撰写）带学生补充阅读的文章……

这次讲座上，朱主任就初中教材"活动·探究"单元和高中语文课本的大单元教学进行了介绍，通过活动探究来组织单元，每一个单元形成了一个综合的实践系统，它的基本设计思路是从文本学习到实践活动到写作，比如刚刚结束的八年级上册第一单元，任务一是新闻阅读，任务二是新闻采访，任务三就是新闻写作，课文穿插在其中，作为完成我们这些任务的材料。到了高中则是以学习任务为核心，突出真实情境下的语文实践活动。

所以，所谓大单元教学，核心是整合。为了达成一个教学目标，设计一系列的任务，这一系列任务串联这个单元所有的课文，甚至还可以增加一些新的阅读材料。甚至还有学科知识的融合，跨学科的教学（比如说明文单元与生物学科的联系，比如古文单元和历史学科的联系）。通过任务的设计，带入具体的情境，不同于过去我们围绕教材单元进行单一、传统的讲授式教学设计。当然，朱主任还谈到一定要解决好整合和分解的关系。他提到：不是说我们现在要搞大单元教学了，我们单篇的教学完全放弃掉，那肯定是不合适。

说到这里，就要提到这个月以来，和周老师学到的比较重要的点：结合实际情况分析，不要"照搬"。我也在想，因为经验上的不足，入职三年，有很多人在帮助着我，但有时候，自己可能将老师们的教法当成了"教科书"……怀疑过自己，抛弃过自己。但现在我更相信自己了。相比之下，只要学生真正的有所得，他们愿意享受课堂，不觉得课堂是枯燥乏味的，我觉得，方法就是对的。就算是同样的教案，同样的内容，听完师父讲的，我也会根据自己的情况有所删减，根据学生的情况有所调整。甚至一个班讲完，另外一个班再讲都会有调整。这里面可能根本不存在什么对错，更多的时候是考虑是否适合学生的学情，是否真正地让学生有所得。

还记得高三时，国家玮老师在最后一节课上和我们说："孩子们，我要跟你们道歉，我教给你们的不是真正的语文，是高考语文学科应试。因为我的课，爱上语文的孩子，如果你想学习真正的语文，请报考汉语言文学专业……"

中学，因为我的班主任老师，我坚定了成为一名教师的理想信念。

高三，因为国家玮老师，我对于语文不再反感，最终填报了汉语言文学专业。

如愿成为教师之后，我迷茫过，怀疑过。但和周老师学习的这一个月，我更坚定、更自信了。我会倍加珍惜和师父学习的时光，带学生学习真正的语文，看了看任务清单，十月无疑忙得飞起，但我也要自己开始尝试设计项目学习、大单元教学，嗯，flag（旗子）立下了，不能倒，先试试看！

给学生的信（7）

记错上课时间，1 点不到就抱着书本准备去上课，被同事叫回来。大家笑着说，我这是七天没见到学生，想他们了。

坐定判作业，翻了翻周记本，有些气结……写作问题比较大，不喜欢写作，不知道写什么，对生活不敏感……晓宇国庆节也布置了周记，他说今天收上来看，果然是周记，都是流水账……看来我们师徒要一起想办法了。

嗯，该上课了，今天先写到这。以下是上午写给学生的回信。

——给学生的第七封信——

同学：

你好啊！你的来信我读了两三遍。你的名字笔画很多，写起来也确实有些麻烦，也难怪你小时候不喜欢写自己的名字。很想知道你爸爸妈妈为什么给你起这个名字。你名字里有个"燃"字。"燃"字，"燃烧"也，父母应该是希望你的人生能"红火""火爆"吧。哈，帮我问问你的父母，我猜对了吗？如果我猜得不对，还请记得找机会告诉我关于你名字的故事。

你说你性格慢热，别人和你不熟的时候总说你"高冷"。可是和你熟悉之后，你就会"人设崩塌"。仔细想了想，我好像和你有点儿类似。平时我有很多工作需要和同行在线上沟通。因为工作忙，和他们在线谈工作的时候，我往往只会只言片语地回复对方，连表情图都不加。熟悉的人不觉得奇怪，没见过面的同行就多多少少会觉得我很"高冷"。等到了线下面对面的交流，大家又会觉得我很外向，那时候我"高冷的人设"也会"崩塌"。有的同行甚至会觉得我就是自带小宇宙的"发光体"。哈，其实我可真没整什么"人设"，一向是该怎么样就怎么样的。我觉得，不整"人设"和一个人做人有原则、有底线之间一点儿也不矛盾，和一个人性格、脾气秉性有多面性也不冲突，你说呢？

你喜欢游泳、滑冰、开卡丁车。在我看来，你热爱的这些体育运动都很酷，可惜我一样也不擅长，运动一向是我的短板。我也会不无遗憾地想：要是我还年轻，只有二三十岁，我应该会去开摩托车。当然只是想想——到了我这个年纪，凡事都必须讲安全第一……所以，少年人，你要好好把握青春年少的好时光。

不知不觉就聊了这么多，最后再说说你的语文学习吧。你说你写作文会跑题，解决这个问题并不难，你得学着列提纲。作文提纲就像一个人的骨架，支撑着整篇作文的框架。掌握了提纲的写法，成文前先列提纲，对照着提纲就不会写歪和跑题了。如果有必要，我可以结合作文讲评，给全班讲讲"列提纲"的话题。我更担心的是你的作业——作业登记表没在手边，我印象里你有缺交的作业。"有则改之，无则加勉。"如果有，务必赶紧补上，切记切记。

好啦，这封信就此收笔啦，来日方长，咱们慢慢聊。欢迎你继续写信给我，聊什么都行，像朋友那样。

祝你

秋天快乐！

周老师

2021 年 10 月 8 日晨

沉住气，慢慢来（补记一笔） 2021 年 10 月 08 日星期五

节前给学生补充了《唐诗简史》①一文，要求学生阅读后用画时间轴的方式，理清唐诗发展的基本脉络。9 月 30 日当堂做，收上来一看，觉得"火候"

---

① 节选自《唐诗》前言，二十一世纪出版社 2013 年版。题目为本书作者所加。

不行，明显是原文没读细致。今天又带着勾画一遍，再给七八分钟修改完善，刚收上来看完，整体情况好很多。

每做一件事都是想着"性价比"要尽可能大。画时间链条也不只是为了了解唐诗发展脉络，还为了教方法。

之所以补记，纯粹是为了那个姑娘……就是说自己特别"懒"，上课什么都不想做，想改变又懒得改变的姑娘。上课我会观察她，她依然没表情（不好看的表情），她知道我看她，也不回应……但几节课下来，她都是和大家同步做事的状态，交来的作业质量也有提高。

——刚才课间和晓宇聊了几句，他的班上也有这样的学生。挺感慨的。晓宇说，一看学生有了变化，就觉得"人间值得"。我也是作如是想：一个办法不行，就再换另一个办法，只要学生有进步，无论怎样都是值得的。

——记录以上，只为自勉。沉住气，慢慢来。

从"学会"到"会学" 2021年10月09日星期六

已经做过几场关于"双减"之下作业问题怎么办的讲座，准备抽空写写重新认识作业的文章，一线老师不仅需要理论，还需要更直观的例子。

打算就以新闻单元项目学习迭代实践为例，重点放在回归课堂和作业设计上，这个九月新出炉的"栗（例）子"，都是新鲜、热乎的。

通过作业检验实效，不仅要发挥作业诊断功能，诊断本身不是目的，是手段，诊断的目的是"治疗"。

学生的采访稿从一稿到二稿，从一稿中发现问题，教师如何介入问题的解决？是什么手段有效促进了二稿的质量提升？又整合了什么资源、提供了什么支架？

我现在确实更关注教学过程中教和学行为的实际发生以及实效。教学上很难做到"颗粒归仓"，但这应该是努力的方向。

我要这个过程，也努力要这个结果。因为我们付出了，这个结果是教师和学生都应获得的，学生有所得，才会有真实的获得感。我对自己的要求是：这个结果我要能看得见。

今天上课开始时，和学生聊了两分钟学法：我说八年级的学习应该是"踮起脚尖"的状态，从"学会"到"会学"，应该追求这个高一级的目标了，关键在"知"和"行"要转换，这个转换应该发生在你的身上，你来完成。

布置了《唐诗五首》的鉴赏作业，希望学习支架能发挥作用，星期一看作业效果再说。

回应舒茗和雅丽

想睡到自然醒，又怕晚睡起晚了耽误星期一早晨的课，结果早早就睡了，2 点钟自然醒。手机上很多留言，一一看过，幸好没大事。

读舒茗和雅丽的教学反思，她俩都在讲《世说新语》的文言文，舒茗的课活泼些，做了男女生的朗读竞赛，学生有积极性。雅丽估计受我影响多，更注重文言的积累，课堂趣味性没有舒茗强。

十月，七年级仍在初中起步阶段，究竟该抓什么？

景山是"五四"学制，六年级上我们基本上定位于"过渡"。一是下力气激趣与造势，二是立规矩、抓习惯养成，三是查缺补漏，复背小学古诗词，适当补拼音，抓错别字的漏洞。学生底子好些，那过渡期基本上就是半个学期多点儿。学生底子差些，那就需要一学期。

三年制初中时长限制，不论学生基础如何，查缺补漏只能在正常教学推进中进行。刚起步，激趣和立规矩是重中之重，"两手都要硬"，但不是两件事。初中学习必须立哪些规矩，老师要有数。怎样听课、如何记笔记、多大音量回答问题、作业行款格式、小组如何合作……林林总总，老师虽无须开学第一天就轰炸式的布置，但必须在开学一个月内落实。规矩要变成学生的习惯，需要老师花力气盯住。

激趣是必要的，"形式感"强的激趣也不能只有形式，必须有明确的意义指向。景山版教材编写的时候，把激活学生阅读兴趣当作重点工作来抓。我们的口号是"打造人生第二次阅读高峰，培养终身阅读者"。教材编写上首先跟进，最有意思的想象力单元前置，第一单元《一调芭蕉扇》(《西游记》节选)、《大难不死的男孩》(《哈利·波特》节选)、《皇帝的新装》、《舞蛇的泪》、《小机》(阿西莫夫机器人小说节选)，甚至最开始那版还选过刘慈欣《乡村教师》的节选。选文里"藏着"一篇带多篇、一篇带整本的编写思想；第二单元都是名人与书的情缘故事，再跟进两篇名著节选——教材如此用心良苦，教学上再配以丰富多彩的读书活动，"我是小小读书郎""我的小书架""我的小书房"微摄影展，"书在我们生活中"的调查活动，"世界上最美的图书馆"展示、读书交流会……老师也不断宣讲"要做幸福的读书人""让阅读和写作成为自己的生活方式"的理念，一个多月的"激趣"与"造势"，学生怎么可能不喜欢语文课？读书的局面一经打开，学习语文的兴趣何愁不来？

毫不掩饰地说，景山版语文实验教材的编写是牢牢抓住了少年儿童心理特点编写的。现在我们按照要求严格使用统编版教材，景山好的理念和教法就会被我们"平移"到统编教材教学中，继续发挥作用。在景山北校教书，六到八年级时，雷打不动的双周连堂读书交流，教材中的整本书阅读和学生自荐好书相结合，从激趣起步，到学生"做终身阅读者"理念的内化，老师们都是持续发力的。具体到每位老师，还有"八仙过海，各显神通"的空间。

"激趣"当然还会因阶段不同而有性质的变化。从外在形式感强的"激趣"，到更注重学生思考、思维的"理趣"的激发，初中必须完成这个"升级"。"理趣"这个词不是我发明的，《科普时报》总编尹传红老师谈青少年科普阅读时常常用这个词。小孩子学科学需要故事包装，读科学绘本、童话故事，看科学童话剧，都是恰当的；到了青少年阶段，自然要在引导他们体会科学之美、领悟科学探索精神上下功夫，而且还要逐步走向深入。激发语文学习的理趣道理是相通的。

我个人会从六年级开始"埋线"，带学生开展科学阅读与写作，这条线至少持续三年，是组成常态化教学重要的一部分。这个过程中，激发"理趣"始终是我的目标。

语文教学，读和写是重点（听说的训练日常更多），激发阅读的兴趣、写作的兴趣，听和说的兴趣自然随之发生，以及和读写"裹"在一起培养的。真读了，真写了，还愁怎么听和怎么说吗？重点就是在交流过程中教学生怎样倾听和怎么表达了。

文言文教法也可以是多样化的。我注意到老师们对文言文教学还是有不同理念的，这一点上，老师也只能各自秉持自己的理念了吧——但无论如何，是应当有理念的。不论语文教学的哪个局部，老师们都应该要有自己的理念，这个是需要一步步、但尽快形成的。

以上文字，专为回应舒茗和雅丽二位徒弟而作。

113

且行且思

早晨第一节听梦楠的课，之前和九年级老师一起帮她备过课。

《敬业与乐业》的第一课时，之前适当做了预习。

整节课比较"实"，有几处处理得可圈可点，但整体来说，"夯实"还有提升空间。

我今天一节课。

《唐诗五首》前两首默写；然后请三位同学做了鉴赏作业的分享。

上课前课代表交来赏析的作业。因为提前给过支架材料和例文，收上来后重点检查两点，一是能否按例文的思路做简单赏析；二是看分析是否能结合具体词句，不空泛，有一定质量。

25 人交了赏析作业，人均 403 字。

500 字以上 9 人，400~499 字 5 人，300~399 字 4 人，200~299 字 2 人，200 字以下 5 人。

字数最多 830 字；最少的仅 100 字左右，只是段落，语不能成文。

总体来说，达不到 400 字的作业就没有质量可言了，基本上也没有按照范文格式写。明天要一对一点评，部分学生需要重写。

结果，等级 A 双★或三★的（第一次做，故标准从宽。相比较而言质量很好的）有 4 人，A★有 4 人，A 或 A⁻有 6 人。到此为止，为合格的作业人数统计。等级为 B 的 5 人，等级为 C 或 C⁻的为 6 人。

前两天晓宇问我，八年级上册第三单元作文的写作实践一，要求围绕"校园一景"写一个 300 字的片段，这个练习与七年级上册第一单元后作文的写作实践一类似。七年级上第一单元后的作文写作要求为：

> 在生活中选取一个场景，写一段文字，描写九月份，由夏入秋，天气转凉，昼夜温差增大，自然景物、人们穿戴等方面也相应发生了许多变化。你注意到了吗？到生活中去细心观察、体验，选取一个场景，写一段文字，描述这些变化。别忘了取一个别致的题目。
>
> 提示：
>
> 1. 关键是要善于发现，你观察、感受到的点点滴滴都可能成为写作的素材，不妨先都记下来，再做取舍。
>
> 2. 注意"九月份"这个特定的时节，写出由夏入秋的各种变化。要写得具体明确，比如你的感受是"秋高气爽"，就要用特定的景物把这个感觉描绘出来。

问题是七年级就写过校园的景色，再写一遍，就算训练重点不同，我仍以为不妥，因为同质化的题目会让学生缺乏兴趣。

所以我决定以改写古诗文写景的作品置换掉"校园一景"的片段练习，这样，既可以锻炼学生的想象力，又可以给《窗外》或《我爱____季》搭台阶，还可以让学生通过改扩写练习，加深对第三单元古诗文的理解。

我补充了支架材料：什么是改写、改写的基本方法、两组例文，甚至还包括王开岭的《古典之殇》。开岭的文章主旨在"人如何与自然和谐相处"上。我引用它则是要借第一、第二段来强调"古典场景不再"，但我们尚可借改扩写练习，尽可能地发挥自己的想象力，来做些弥补现实与古典场景之间鸿沟的工作。至于王开岭这篇文章，我打算找时间让学生写写读后感。

学生今天回去读例文，列提纲，明天上课做改写。（必须放在课堂上做，回家做这类作业效果不好。）

上午下课后和听课的吴老师、方老师还有雅丽交流了几句。吴老师和方老师觉得我力求每节课带给学生新东西。我说了我的想法：课堂上可能还是要多顾及前 2/3 甚至 1/4 的同学，让他们有更多的所得。而后 1/4 的同学学情困难的原因很复杂。

时间紧，没来得及和三位老师说透。我是觉得，这后 1/4 的学生需要多在私下做思想工作，先解决不爱学习的问题。课堂上不能等，得用全班的整体推进"裹挟"着这后 1/4 往前走。而且前 3/4 的同学，必须适度提高难度和密度，不能只抓背默之类的基础，一定要加有挑战性的读写练习，多读多写。要让学生知道语文学习应该是什么样的，他们只要努力，就可以达到更好的水平。而不付出，是培养不了自己的语文能力和素养的。

且行且思，且思且行。

每天进步一点点　　　　　　　

听两个徒弟的课，都讲《〈论语〉十二章》，边听课边琢磨这课怎么才能上得更有意思。

一是觉得课件上介绍作家作品可能不适合字很多，视觉效果不好，不如用知识导图的方式呈现。给学生的当然不用特别细致，不求面面俱到，把必要的、重要的列上就可以，学生历史课上还会再学习孔子生平和思想。

二是觉得混子曰的《半小时漫画〈论语〉》很有意思，可以琢磨琢磨能借鉴点什么。这本书前面有对孔子的介绍，然后按涉及的人物来归类梳理，语言幽默活泼，插图则是俏皮甚至是搞笑的。它以漫画的方式把知识"包裹"起来，学习知识的过程就变得很享受……我建议舒茗和雅丽今晚就通读此书，看看能否学到点儿什么。

还向她俩推荐了刘占泉老师和他人主编的《初中文言读本》。这套读本，其实最好用来开校本课程。语文老师亦可用来做教学支架和教学资源——我是说，书里有很多内容、素材都可以拿来用，更有开展文言文教学多种生动有趣的做法。

刚收到舒茗的复盘笔记，她说已经读了漫画这本，打算明天做些新尝试。我是乐见其成的。

当年我也是跟占泉老师学的招儿，曾带着七年级学生做"少年读《论语》"手册。学生自读《〈论语〉译释》（杨伯峻，商务印书馆），要推荐30~50则对自己有影响的孔子的语录，楷书抄写——翻译——点评：写一段读后感。大略如此。今天看来，这个"少年读《论语》"的活动似乎也有项目学习的影子。

我的课上带学生做改写练习，明天再看结果如何。

嗯，我们都要努力，争取每天进步一点点。

静观其变

2021年10月13日星期三

今天的日记，和四件事有关——

第一，景山教科所袁立新老师看到我写景山"五四"学制，有些情况还不甚了解，特地给我一本史料性强的文集。我甚至萌生念头，希望有机会研究景山20世纪60年代以来教改的档案资料，做系统整理……不知道有没有可能性，先存念。谢谢袁老师！

第二，是景山的同事兼徒弟任秋菊中午发我短信。我俩之前一直在北校区同头。她说她受我影响，也在写教学反思。我鼓励她每天发在朋友圈里，让她勇敢点儿，她答应了。我说我每天会看，她笑称这是"云鞭策"。

第三，是我给学生搭了改写支架性材料。

这两天带学生做的古诗文改的练习的支架材料，主要由两部分构成：

一、关于改写的知识链接：介绍什么是改写，改写的要求和步骤等。

我共提供了7篇例文，分属不同等级。学生下笔前我要求他们做两件事：

一是从八年级上册第二单元三篇短小的文言文和五首唐诗中任选其一进行改写，学生须提前"锁定"篇目，编写改写提纲。

二是必须通读例文，找找感觉。

课堂上借助例文，我先向学生明确了改写的质量评判标准：

分三等：

A★（一星至三星）：坚持"上不封顶下保底"，学生有创意、个性化的表达，给A★；

能中规中矩地改写，有描写的明显"增量"，给A等级，即优良的等级；

能以"大于"或"等于"的程度将文言文改写（译）成现代汉语，没有硬伤，文字能呈现出学生对文本的正确理解，给B等级；

没有设C及C以下的评价等级。如果达不到B，需要重新写了再交来。

我有几个主导思想：

1. 根据学情，3/4的学生能达到A及以上，1/4的学生能达到B等级，教学目标就算达成。

2. 一定要给语文学习中等及优秀的学生以上升空间，要鼓励他们，多给表扬和展示的机会。一定要努力保证学生"学会"的底线。

3. 面对学习落后的学生，一边要坚持讲道理，一边要提要求，力争带着他们到达标线。从诗词鉴赏作业的措施来看，学生能接受这样的要求，且再修改后交来的作业，质量有所提升。

A★等级（一星至三星，待批阅再划分细致），14人；A等级，7人；B

等级，6 人。

对这个结果，我是比较满意的。

教学经常会出各种问题，找出问题再找对策，一次不行就换方法再试，教学经验就会日渐丰富。

第四，学生喜欢"爱豆"怎么办？我觉得需要理解，也需要引导。

孩子在信里写了她对"饭圈"文化的看法，我在回信里表示理解，也提醒她要理性对待。接下来趁给她信的机会，和她当面沟通，了解她追星的程度。她说她会克制自己，因为觉得"爱豆"让她变得更好，所以她也要努力。我夸赞她，再次提醒她注意度的问题，包括之前给"爱豆"买礼物这类的事，自己没有收入，一定要量力而行。

对我的话，孩子没有丝毫抗拒。再交上来周记，她写的就是对"爱豆"的感情。我读了，觉得很美好，然后又做了文字批注。还是那句话，面对学生成长中的变化，我是非常谨慎和小心的，必须蹲下身子来，才可能拿捏得好这个"度"。

静观其变，也乐见学生的健康成长。

相距遥远也能相爱

晨起读到秋菊昨天夜里写的教学反思的文字，从此，每天复盘教学的人又多了一个。坚持做一件事不容易，周末可以放松些，平日里的坚持，全凭勤思和毅力。作为"大姨"，我会尽力督促，也多交流。嗯，"相距遥远也能相爱"，我们可以云研讨，这就是互联网的优势。

文言文的教法，我得向王海兴学，还有北师大二附中的王翔老师。他们信手拈来的功夫了得，还是因为基本功扎实，说白了就是读书多。我的文言文底子薄，教学水平充其量是不至于成为木桶效应里的短板。海兴的古诗文课堂，除了扎实、有深度，情绪还特别饱满。这和他这个人的秉性、骨子里的东西分不开，这个我点到为止就好，反正我是特别欣赏他的。他已经出版了古诗文教学相关的专著，有兴趣的老师可以自行检索一下。

今天学生去国博参加"四个一"活动，只上了一节语文。串了串课外古诗的后两首，又带着学生研读了第三单元两道作文题——这个周末二选一。按部就班地推进，不展开记了。

说说前两天的事，觉得有意义，补记一笔。

在楼道里碰到隔壁房间年轻的女老师，打了招呼，她跟我回我的办公室，自我介绍说，她是数学老师，姓柳。她问我有没有什么书可以共读，她们数学课也要带学生开展学科阅读。我说有，可以读科学家传记、科学史类的书，但具体什么书，得再看。

我们又从书聊到可以一起搞什么教学活动。我笑了，说："当然有可以一起做的事啦，可以做跨学科的项目学习！"

我就在电脑上演示课件，给她讲我和秋菊之前做的"身边的植物"那个项目。柳老师说，数学学科教过怎么做调查，如果有数据，处理分析数据那也是数学的事……物理苏老师进来找其他老师时，我俩正聊得火热。得，改三个人聊啦！

聊的结果就是我们一拍即合，说好了，等到期中后，我来牵头，结合八年级上册说明文单元，设计一个跨学科的项目。物理、数学、语文联手……小柳老师特别可爱，跟我说她课少，没那么忙，有时间多出力。她性子比我还急，说要不要现在就建个群，我笑了，说再等等，容我想想怎么做。

说实话，我挺感动的。

一是感动于前外老师的质朴。我介绍项目学习的时候，老师的态度特别明朗，就是想一起做事，想带孩子们搞活动，没有丝毫怕麻烦的意思。

二是感动于老师们的主动和好学。想起来开学之初杨梅校长说过，说前外的老师特别爱学习。平时常有老师们听我课，我已经有体会，现在体会更深了。

这两天我一直利用上下班路上的时间琢磨这个跨学科的项目学习方案设计，已经有了初步的想法。在景山学校时，我曾和好几位小伙伴共同组建跨学科导师团，给学生开设科幻选修课。现在在前外，有其他学科老师的支持，我对设计和实施跨学科的项目学习还是很有信心的。我特别期待这次的实践能更 "开放"，有更好的实效。我也想在有效整合社会资源上再试一把。

世上无难事，只怕有心人

2021 年 10 月 15 日 星期五

雅丽现在每天清晨发我头一天的反思日记。今天这份我读到就觉得 "有点意思" 了。我只把特别值得点评的做了截图——

轮岗的骨干教师该怎么带徒弟？从我来说，就是摆正自己的位置，把自己做成 "支架" "台阶" 帮扶徒弟。帮扶不是替代，我可以适度点拨，但不能武断地否定对方。之前在景山我们有很好的评课思路，就是先听老师讲，听他 / 她的思路，只要没有大问题，就尽量顺着对方的思路帮着提改进意见。也就是说，要尽量发挥对方的主观能动性。我觉得这点特别重要。

另外，在名师班进修的时候，张彬福老师等几位导师特别让我受教的一点是：如果是人多的场合，要多夸，肯定优点，问题点到为止。在私下里，则是要把问题谈清楚。

当然，徒弟的态度也要端正。无非是这么几点：主动、好学、谦虚，能听得进去意见，不固执。不怕没有顿悟的机灵，只怕不肯花工夫花力气琢磨。在我看来，渐悟甚至是更重要的悟性。

言归正传，我今儿得夸夸雅丽的悟性。

我之前听雅丽和舒茗上《〈论语〉十二章》，确实是直呼过要想办法"激趣"。我向她们推送了作者生平的知识导图，还有混子曰《半小时漫画〈论语〉》的书，具体怎样才能用起来，我还是希望徒弟们自己拿出操作性强的办法。昨天上午问雅丽，她说前天在课上加了漫画的元素，但效果不理想。我说："还是太生了，接触时间短，没来得及变成自己的东西，所以效果不好。"

我猜她是继续琢磨了，所以在昨天课上这篇课文的扫尾阶段，给学生点评了唯一提交漫画的同学的作品。结果呢？就是用生成性资源激活了更多学生的学习兴趣。雅丽答应了学生延长截止时间的请求，还说现在想想，这个活动应该在最开始布置——这是对的，这就是"给时"意识，这也是项目学习"以终为始"理念的一点萌芽。

子曰："不愤不启，不悱不发。举一隅不以三隅反，则不复也。"我们通常觉得这是老师教学生时要做的，其实，师徒之间也是如此。常态化的教学中，师父是负责点拨、助力的那个。笨功夫、实功夫还是得徒弟自己下。徒弟真的提得出问题了，那师父就能用上力了。我很期待三位徒弟有更多的精力放在"琢磨"上。

"世上无难事，只怕有心人。"用心琢磨了，悟性就能提升，这也是我个人成长的经验之谈，仅供徒弟们参考。

课程体系建设

2021 年 10 月 16 日星期六

正在参加中国科普作协的年会，下午特地参加了我们中小学科普科幻人才培养工作委员会承办的"馆校合作助力科普教育发展"的专题论坛，聆听了北京社会大课堂的领导高付元老师、中国古动物博物馆张平副馆长、河南自然博物馆徐莉馆长、郑州金水区经三路小学张仁杰校长、郑州群英中学信息技术学科负责人杨海鹏老师的发言，收获颇丰。

边听发言边做思考：

一是思考如何将优质的博物馆以及专家资源进一步整合，将其转化为优质的教学资源。

我个人的看法："课程化"是最重要的路径。

二是思考学校如何提升课后服务质量的问题。

我个人的看法：任何一所学校要提升课后服务质量，都必须从多门课程的任意开设（任意，指没有经过顶层设计，教师自发申报开设选修课程），上升到经过系统化顶层设计开发的课程体系。这个课程体系应该是有内在逻辑、能自圆其说的。一是要与学校文化高度匹配。再有，很重要的一点，义务教育阶段学校课后服务，还应立足于学生的全人发展。也就是说，在学校特色与学生全人发展之间应当有个合适的"度"。

三是课外教育已经有很多新方案、新形式，也值得学校一线老师们学习、反思和借鉴。

总之，今天我听会关注的重点，都在课程体系如何建设上了，学到了很多。高付元老师的讲话里特别强调了陶行知先生的教育名言："行动生困难；

困难生疑问；疑问生假设；假设生试验；试验生断语；断语又生了行动，如此演进于无穷。"我以前听过这话，但没琢磨，今天受启发，找了陶先生的专著，准备再学习。

晚上回来看会议安排，今天下午其他论坛也有涉及青少年科普教育的，没听到，有遗憾，以后有机会再弥补。

就这样，停笔。

今天只是工作日记 2021 年 10 月 17 日 星期日

下午中国科普作协八届二次理事会上，我代表中小学科普科幻人才培养工作委员会，向理事会汇报了委员会成立半年来所开展的工作。

相比于上半年的规划，当下和今后的工作更需要结合"双减"开展。这两天会上，若干专委会都谈到课后服务，要开发课程。这对教育来说，当然都是利好消息。不过，以我三十年的工作经验来看，新开发的课程要在中小学落地并不是容易的事。

一线教师有得天独厚的优势，因为我们可以亲身参与到学校课程体系建设中。具体怎么做，工作委员会需要进一步研讨，细化方案。

下午参观中科大数据研究院，王元卓副院长的讲解很有冲击力，刷新了我对人工智能的认识。再者，两天的会，让我体会到真是有非常多的专家在努力做事，推动全民的科普教育发展。这是一项蕴藏着巨大能量的事业。能在这个组织里和那么多志同道合的人一起工作，能发挥自己的能力，是很幸运的事。

传记阅读和写作教学

今天开始八年级上册第二单元的教学。

备课时，对开学一个多月来的学情变化做了反思。这个单元起，要进一步和学生做语文学习方面职责的分工、"切割"。对前 4/5 的学生，我希望他们做好自己该做和能做的事，我要尽量放手。对后 1/5 的学生，要盯住"保底"的知识和能力的掌握。

从八年级上册第二单元的单元提示看，一是要了解回忆性散文和传记文文体特点的异同；二是学习揣摩文章记叙典型事例、进行细节描写等写作方法，体会多样化的写作风格。凡此种种，详见教材。

以上是教材上的阅读教学要求。"写作单元二"则要求练习写传记。

通过课上即时互动，我做了简单的摸底：

关于回忆性散文，学生记得他们阅读过《朝花夕拾》，除此，举不出适当的例子。

传记，有个别学生读过罗曼·罗兰的《巨人三传》等作品（三个学生读过传记类作品），绝大多数学生则完全没有读过。

关于写：

学生几乎没有写过回忆性很强的记叙文（或写了也不自知），当然也没写过传记。

结论：回忆性散文的阅读略有基础；回忆性记叙文的写作与传记的阅读与写作，几乎就是零基础。

教学大致分为三个板块：

板块一，整体感知。通过比较阅读，迅速掌握回忆性散文和传记文的异同。

板块二，品读两篇回忆性散文——从读到写，以此带动记叙文写作的升格。这个环节，我会增补一些例文，通过群文＋主题的类型化阅读，带学生从读的收获中提炼写的标准。

板块三，不论阅读还是写作都要强化文体意识——拟围绕传记文的阅读和写作，进一步整合资源，开展微项目学习。

基于以上认识，我设计了本单元整体感知环节的学习任务单。这份任务单是整个单元学习的"底"，对前 4/5 学生来说，是进行归纳概括基本功的演练，更是为后续读写活动打基础；对后 1/5 的学生来说，这就是必须要落实的保底的学习任务。

一课时，连复背《与朱元思书》，加单元学法指导，用时 20 分钟余。剩下的时间交给学生，用于自读课文、自己概括、自填表格。

单元学法指导的环节，除了明白告知学生要做的工作，还讲了回忆性散文和传记的概念、基本特点。这个我不打算让学生讨论再得结论，直接讲清楚，学生再用课文来体会，加深理解。

下课时收上来，看进展也看质量。果然，1/5 的学生几乎没有笔头上的进展；其余的都在进展中。有明显进展的学生共 25 人，占 4/5。其中有 1 人不会概括事例。这个数据与我对学情的分析完全一致。

明天一课时，会继续用于学生自学。今天在课上巡视时又强调，高质量的个人学习是小组合作学习的基础。一定要通过自己的努力，为小组合作学习做贡献，不要做学习伙伴的"熊队友"。

回忆性散文教学梳理

　　晨起工作时，梳理了初中教材中的回忆性散文。其实，除了《朝花夕拾》散文集中的文章，学生还学过《秋天的怀念》《回忆鲁迅先生》《叶圣陶先生二三事》等回忆性文章，只是他们没有这个概念，这时候开展教学，需要老师帮着把这条线"拎一拎"。

　　我想用写人为主的回忆性散文（也可以把《背影》整合进来）带动学生写作能力的提升，觉得"料"还可以更猛些。学习了精读课文，再用一组文本"托住"，让学生有类型化阅读和写作的收获。

　　编辑这个起托住作用的集子，还有一个很重要的目的，就是想帮助学生"打开"。打开视野，打开思路，打开情感的闸门，打开自我的状态……让情感随着文字流动起来。这个方法我之前用在《傅雷家书》的整本书阅读上，效果非常好。这次，我则是想从读到写，走个全程。

　　文集后面列了我的三篇回忆性散文。面对学生如何教真东西，真的写作知识和技能，我以为，老师也要能"打开"自己，给学生展示我是如何"我手写我心"的。

　　当然，怎么从读到写，用好这个集子，还需要进一步细化设计。

　　下午开会，中午离开学校前又校订了一遍。选了米黄的纸，比白纸一本贵两块。复印店老板说骑马钉比胶装省 100 元，页数不多，骑马钉也确实够用。单本价 10 元。因为注重教学的重要环节中有仪式感，也喜欢做的事有美感，所以会这样舍得下本儿和用心思。

　　感冒难受得很，喝点粥就继续卧倒了，晚安。

用优秀带动优秀

学校星期五要举行运动会，学生中午练了队，下午第一节课明显效果不好，七八个孩子都精神不济，有的孩子困得叫不醒。原计划今天上课在自学的基础上进一步开展小组讨论，结果时间不够，没有明显进展，明天上课要提速。

课前看了学生的学习任务单，27 份作业中，自学有质量、完成度很好的 18 人；能完成作业，有一定质量的占 6 人，3 人交了作业，但没完成。18+6=24，占全班总人数的 4/5，再次验证我对学情的判断。

今天我和晓宇再次强调了我的观点：不要眼睛只盯着落后的学生，课堂教学要以发展前 4/5 学生的能力为主，不是说这后 1/5 不重要，而是他们需要以分层的方式强化基础。以这次作业单为例，所有的学生都应该强化概括能力，接下来我就要在小组合作的基础上，"盯死"这后 1/5 学生的落实，作业单的修改必须合格才算作业过关。为此，今天上课提的要求就是小组讨论后，每位同学都必须用红笔修改作业单。每一课我都会再跟进修改，绝不放松。能做到这一点，保底的工作就夯实，概括能力也还会通过后续教学再反复强化。课堂上教学的分层需要"无痕"，至少痕迹不能那么重，还是要多鼓励为主。但我们要给 4/5 的同学打开他们能力和素养提升的上升通道。这一点非常重要。比如周记和作文，接下来要遴选优秀作文，帮学生投稿。以此激励学生向优秀发展。用优秀学生带动更多学生，营造学习氛围，才能形成教学上的良性循环。

上午还和梦楠、李雪聊了聊申报课题的事。梦楠是区级骨干，之前我跟她说，希望她能带着几个年轻教师申请区课题。之前我们已经讨论过，确定了课题要基于前外学校的整体定位和学情，做"双减"背景下语文学科"生长课堂"的深化研究与实践。我建议梦楠带着老师们先研究课标（包括高中语文新课标）、教材，了解已经和正在发生的语文课程改革，也深入研究"生长课堂"的文献，以及充分了解前外已经开展了四五年的实践，从中找到课题研究的问题和生长点，再结合统编教材开展研究和实践。以课题促教学，这是景山的宝贵经验，我也愿意在前外带着年轻人做起来。

最近写教学反思的老师多起来了，作为"始作俑者"，我还是很开心的。中午建了群，制定了苛刻的群规，到现在为止，包括我在内，有 21 位老师进群。智慧共享，平等交流，这是我最期待看到的。有兴趣且有毅力的老师可私信我。

另，看了我选编的回忆性散文的集子，深圳郝玉香老师回复我说，不知道该怎么做选文。我特别能理解郝老师以及和她有同样困惑的老师们的感受，我自己也是从小白成长起来的。明后天吧，我会抽空在轮岗日记里回应郝老师。

以上是今日份日记。

"读书！"

昨天下午几个学生上课睡觉的问题，今天上午第一二节上依旧没有改观，且第二节还有两位外地校长听课。和班主任、年级组长做了沟通，二位老师宽慰了我，也和我谈了谈班级里几个学生的具体情况。听后的印象简言之，就是学情复杂、工作实际难度大。明天就是运动会，期中考试在即，希望星期一回来学生状态能有好转。我也反思了一下自己，重感冒，身体不适，这几天都是强打精神来上课，可能情绪上就更敏感些。还是调整状态，耐着性子做工作。

细想想，在景山学校也不是没有遇到学情的波动，每每艺术节、科学节、运动会，课堂上总会浮躁一段，这是可以理解的，毕竟学生自控能力没那么强。但我不希望这成为学生放松对自己要求的理由……我打算下星期一开始找学生谈话，按照不同学情，分而治之。

当然，要给自己打气儿，眼睛还得多盯着有进步的学生——今天收上来作业单，23人用红笔进行了修订。星期一再盯学生改进质量差的作业。

换个话题，说怎么做选文。

我确实有一些优势：首先，我在景山学校，长期参与初中语文教材编写工作，教材和配套读本我都做过选文的工作。其次，后来商务印书馆2018年那套《中学生阅读行动读本》，我当了主编，更是老老实实当写手，从选文到撰写导语、编写思考题，干得特别苦。但说实话，这锻炼了我的基本功，同时让我对跨领域阅读的价值有了深刻认识，也调整了我自己的知识结构。再后来我又涉足科普科幻教育领域……在这个过程中，我一直在进行各种阅读，从没有间断过。选文对我来说不是难题，因为有大量阅读的功底。不光我如此读，太多的优秀教师、专家，都是这样阅读的，有很多人不仅阅读面广，还有相当的深度，我是自愧不如的。

有阅读的广度和深度，自然会逐渐形成作品的感受力，也会形成自己评判作品的标准。既了解有哪些好作品，又知道如何找到好作品，怎么还会发愁选文呢？

以我个人为例，不只说选文，道理都是一样的吧——不论是新闻教学还是科普科幻教育，看起来我是抓住了教育教学上新的增长点，其实，每个点上的深化研究与实践，都是靠大量（甚至是海量）阅读做的支撑。换言之，教师本事的增长，绝对是用自觉学习换来的。这一点，每个老师都应该做得到，也应该做，关键在于你要不要选择"人后受罪"的路。

所以，教师个人阅读的问题的背后又是什么，每个人需要继续追问、反思。

我在很多场合说过这样的话：做不做项目学习，做不做科普科幻教育，老师要不要选择自我的全人发展，这背后，其实都是教师个人的价值观决定的，价值观决定了我们的行为。这话也适用于老师读书、调整自己的知识结构的问题。这话不是空话，真的，你细琢磨。

我昨天给晓宇提了要求——要反思自己的知识结构：作为教师，自己的知识结构中哪些是长板，哪些是短板？目前领域集中在哪儿，还应该怎样扩展？在教学中，每遇到一个"点"，就做这个专题的阅读。自己先读它一批书，真读了，上课自己立马就会有十足的底气。读的过程中自然就会发现适合整合的教学资源，包括文本。现在，我把这个要求写下来，也打算提给舒茗和雅丽二位徒弟。

不知道这样讲一番，能否解决昨日郝老师的困惑。其实说了半天，两个字足矣——读书！

从"双减"到"双增"　　2021 年 10 月 22 日星期五

今明两天，参加市里组织的"双减"工作培训班。下午，北京市委教育工委李奕副书记的报告干货满满，给我的感觉就是责任重大，任务艰巨。

我参加的研讨主题是"'双减'背景下高质量课堂教学体系建构中学生的个体差异与教学策略"。

如何看待学生的个体差异？我比较认同"超越观"。这种观点认为："在承

131

认差异存在，尊重学生个体差异的前提下，超越个体差异，以最大限度地促进全体学生的全面发展，即树立超越性教学观，就是我们努力的新方向。"①

如何针对学生的差异展开教学？我个人理想的课堂是小班，走班制。我知道一般学校实现起来很难，所以说是理想的。大班授课，就要承认个体差异，允许学生发展可以不同步，有早有晚，给发展慢的学生更长的成长周期。当然，按照区教工委领导的说法，应当是在课后服务部分解决这个问题，国家规定的课程与课后辅导结合起来，甚至要整体备课。回顾带九年级时做的分层教学，我是觉得，每星期一次，还是杯水车薪了。李奕副书记说课后时段做专题学习教学，我倒是觉得这个很好。但这样，似乎就是选修课的思路了？

我还是更看重自己的教学主战场——课堂。来前外轮岗一个半月，以下做法是我特别注重的——

单元教学设计要关注整体性和阶梯性。在一个单元内部、单元与单元之间，均注重循序渐进，提供充足、有效的学习支架。

教学作业设计以基础作业和有弹性空间的作业两类为主：基础作业每个学生都应掌握，基础薄弱的学生以长周期的方式督促其基础知识的落实。而弹性强的作业（灵活考查能力的、拓展和提高的），教师可在完成的作业中考查学生掌握程度，区分学生是否在原有基础上增长。我虽然在2008年就实践过分层作业，但当下不采用、少采用分层，是想最大程度上保证学生有公平发展的机会，减少学生的挫败感，也减少一些学生拈轻怕重的学习惰性。如果学生自主选择分层作业的等级，我则会顾虑学生因此缺失什么——分层作业肯定有能力上的递减。学生不一定能自觉选择需要"踮起脚尖"够一够的作业。

在教学中我会即时利用学生作业中的生成性资源，给更多学生搭建学习

---

① 许英洁老师的观点。

支架。在作业评价上，我会多给激励评价；特别是要盯住学生修改完善作业这个环节，学生只要比原来有进步，就给予肯定。

总之，要努力给各类学生上升的空间。

另外，我认为，"双减"背景下，要实现"双增"，景山学校"五四"学制"九年一贯"的模式值得高度重视和大力推广。"五四"和"九年一贯"，两个要素缺一不可。

"哪来的那么多时间做事"

"你哪来的那么多时间做事？"

每次被问到这个问题，我总是回答说：因为孩子已经大了，不需要我照顾。这是事实，但不是这个问题的唯一原因。其实，除了自己的刻苦，更重要原因，是家人对我的支持——对我的忙碌和不咋地的身体，他们除了心疼就只有心疼，很多时候该我做的事，家人都替我做了。八月下学校领导找我谈轮岗的事时，我提过困难：去年母亲病逝，给我们全家打击都很大，父亲身体大不如从前，我需多照顾年迈的父亲，家里只有不住家的阿姨，两个姐姐都住得很远，有什么问题我都需要第一时间回家处理……

困难的事说归说，轮岗的工作还是要做。非但我没有多照顾成父亲，反倒是父亲给我照顾更多，姐姐们也是如此。每次我抽空回去看望父亲，他总是吩咐阿姨给我做好吃的，他自己工作再忙，也会耐心听我讲工作上的事，帮我出主意，甚至在读了我写的轮岗日记后，从他做编辑工作的角度跟我探讨语文教学的具体问题……每每这样的时刻，我的心里都暖透了。

今天和父亲聊到我建了"教学反思打卡群"的事。父亲一边听我说，一边提问。

"这是好事。"父亲说，"群里有主题讨论吗？""大家谁看到有什么问题，会相互之间展开讨论，都是自愿的。"

"那老师们写的反思，你会点评吗？""不啊，有时候我会帮忙出出主意，但不是点评。老师们看到一份精彩的设计，都会点赞，这个不算是点评。"……

父亲一连问了几个他关心的问题，然后叮嘱我说："你千万要注意，不要去点评别人的反思，高高在上的那样，交流是平等的。"我连忙点头，让父亲放心："我就是个班长，跟大家一样的，我们就是一个学习共同体。"

"嗯。那些不认识你的人，如果听说了这件事，想加入进来怎么办？"父亲又问。"确实有经推荐加入的，也有在公众号后台留言表示想加入的，都可以啊。但也不可能再多宣传，人多了顾不过来啊。几十人的打卡和几百人打卡，要花的精力不一样，我只能顾着身边的同行啦。"父亲听了，又理解，又表示有点遗憾。

我给父亲念了群规，父亲又说："太严格了吧，一周要五天写反思，还是星期一到星期五……一周写两三次不行吗？""不不不，"我摇脑袋，"平时上班，所以要每天反思，也有得可写；正是因为平时忙，反思特别不容易坚持，才有打卡的必要；每周写一两次、两三次，就没有打卡自我监督的必要了。"

"一定要这么严格吗？""嗯嗯，这是规矩。我自己也得遵守。大家星期六日、节日、寒暑假都可以不写，我这可是每天都要写的。"

父亲有点无奈，又拿我的固执没办法："我是觉得应该更人性一些。"我笑了，我太理解、也太了解父亲了：他当编辑多年，在工作上，他总是一丝不苟，严格把关，然而又总会多体恤他人，替大家着想……"不，自愿的事，条件就这么严格。况且，哎呀老爸，你要知道，21天养成一个好习惯……现在我习惯了每天记录，可我第一个月坚持写下来还是挺不容易的，好几次都是困得不行了，硬坚持着写完的……坚持下来就好啦！对自己狠一点，就是对自己好一点。"

我继续和父亲絮叨着，父亲就那样坐在我对面听我讲，看着我笑……

今天的轮岗日记，记录的是我和家人的日常生活。这么多年来，我能安心地把大量的时间都放在工作上，最主要的原因就是家人的体贴、呵护，不论是生活还是精神层面，他们永远是我的动力来源。

跨领域阅读

昨晚从顺义回城，到家已经 7 点，吃了点东西，精疲力竭，直接卧倒。5 点起来，准备国培的线上讲座。河南省实验中学的柴红森主任作为主办方代表给我布置了题目，让我谈"在跨领域阅读中培养学生思考力"的话题。去年四月我曾面向学生和家长讲过这个题目，眼下面对老师，我需要进一步调整——我也不习惯只讲原来的。

晨起头脑果然清醒些，花了一个半小时备课。有新的增长点，一是提炼了如何发现跨领域阅读空白点的步骤建议（给老师们）；二是增加了如何对标高中语文课标，加深对跨领域阅读的理解与认识。

讲座怎么讲的就不复述了。讲到最后我还是强调了之前的观点——是否走出舒适区，教师的三观起决定作用。

这么多内容怎么落实？路径不只是一条。课内外打通，设计校本课程，开展各种校园读书活动，都是办法，我就不一一解释了。

谢谢红森邀请我，让我有机会和更多的老师交流想法。

种下种子

今天一课时，布置学生阅读回忆性散文的集子，完成作业单。

班级的精神状态比上周有好转，得益于班主任赵老师的整顿。阅读时大部分学生比较认真，但阅读速度差异明显。阅读作业单有个别学生抄提示语，或和他人有雷同。有 1/3 的学生能展开谈自己的阅读感受。

读写结合的尝试。谈不上多大的量，只是带着入门，激活。最近喜欢很喜欢一个比方——在孩子们心里种下种子，看能不能生根发芽。

细心和耐心

八年级学生情绪很敏感，处理问题需要格外细心和耐心。

上午上课的时候，后排一个大男生和同座说话，我提醒他，他刚辩解一句，旁边的男生就替他出头，大声解释起来。我原本只打算提醒的，这下得停下来听他们讲。邻座男生说，因为对方没有记完前一刻的笔记，所以在问他……我着实有点恼火，已经进入新话题的讨论，学生怎么不知道先放一放之前的问题，下课再补呢？这样的听课方法，岂不是会跟不上进度，只求表面上完成笔记吗？

我态度严肃地讲了道理，但我注意到，两个男生都很不服气，虽然没有再说什么，但表情上明显"挂相"。不想继续纠缠，耽误上课，我深呼吸调整情绪，继续带学生研讨问题。

下课了，学生们该吃午饭了，几乎都在座位上没有动。我快步走向那两个男生。我不希望学生因此心里有疙瘩，生出对立情绪来，我更想教他们在课堂上该怎样对待老师的批评和意见。之前我就跟学生说过，在我这儿，不存在青春叛逆这么回事，他们缺少的是和成年人有效交流的方法。

"孩子，上课时我只是提醒你，并没有恶意，咱们没怨没仇的，明白？"孩子点点头，没表情。我继续说："我也有儿子，我就在想，遇到这种情况，我怎么教他的。其实不用辩解。咱们往极致里说，老师点了你的名字，咱不辩解，能憋'死'、委屈'死'吗？""不会。"男生说。"对啊，上课不解释，真委屈你了，下课来解释一下不就行了，你说呢？老师提醒你们，都是怕你们落下功课。"学生表示理解。"再有了，你是男生！"其实，我心里在"宽容"这个问题上，没有男女生的区别的。"男生就得心胸开阔，不用计较很多事。明白？""嗯，明白。"男孩儿点头。

"还有你——"我又转向上课替他出头解释的那个男孩儿。"你说你，哎，他的事让他自己解释，你解释啥呢？"我注意到这个男孩不止一次替同学"出过头"，之前新闻采访活动的时候，有好几个同学都采访的他，因为他是破了区纪录的体育特长生。这说明这个男生在班里有一定影响力、号召力，这样的学生更需要引导。在我和第一个男生谈心的时候，他就坐在一边一起听着。"你体育很厉害，这是你的优势。但只有体育特长是不够的。我以前的学生是排球队的，条件非常好，功课也一直很优秀，结果上了清华。你也应该把功课学得更好，但实话说，目前你还没做到优秀。"我说得又诚恳又实在，他很是赞同地点头。"老师，您认识景山的×××吗？他也是体育特长生，打破了区纪录的，现在在读九年级。""不认识。如果不是来前外轮岗，我正好要教毕业班，也许就认识了。"

和两个大男生的谈话结束了，感觉效果还好，还是那句话，慢慢来。只要他们肯听我讲道理，我就能使得上劲儿。

以上是我觉得值得记一笔的细节。上午还听了舒苕《天上的街市》的试讲，中午又分别帮两个徒弟备了课。下午学校大会时间，则与老师们做了项目学习专题的分享。考虑到前外要打造"前门文化"校本课程，特地讲了"北京印象"的案例。真是巧，晨起刚读到"北京中轴线文化遗产传承与创新大赛项目"征集令，我跟王校长说，下半学期可以就带学生参加这个大赛，给"前门文化"课程建构蹚蹚路子，这下子情境和任务都是完全真实的。

啊，还有，我又收了俩徒弟——梦楠和李雪。来吧来吧，一起努力啦！

单元一定要"大"吗　　　　　　　　2021 年 10 月 27 日 星期三

晨起在朋友圈里读到一篇文章，对文中"让单元设计'大'起来"的提法深感不安。

单元一定要"大"吗？我看未必。甚至可以化大为小。一切根据教学的需要来，教学的需要又是根据学情来的。整合是必要的，但体量上不是非要追求大。《藤野先生》和《回忆我的母亲》两篇课文精读，配九篇名家和我自己的三篇回忆性散文做的集子做拓展阅读（仅一课时），再由读拓展到写（一课时做写的指导，回家列提纲，课上写一课时）。我没做成项目学习，但整合的力度不小。接下来两篇传记课文和传记写作还要整合，做成小专题。小有小的好处，灵活处理，不走极端。别用"大"字把老师们吓着了。整合本身倒是值得多研究，整合什么，怎么整合，需要有认识问题和解决问题的方法。

　　温州张寰宇老师回复说，他一篇课文也可以设计成一个单元。我懂他的意思，我们的看法是一样的。他接下来的回复非常精辟，我更是赞同。他说："融会贯通，可大可小，适时而为，皆可深度，皆归语文，皆为立人。"

　　之所以"不安"，我是以为，我们的专家在面向一线老师做培训、宣讲理念的时候，一定要慎重。一线老师很尊重专家，往往很信奉专家传播的理念。但很容易造成误读，造成片面的理解。网络的传播特点会让这样的误读放大。

　　有的老师回复我时问：整合是必要的吗？我的回答是肯定的，这一点毋庸置疑。之所以要"整合"现有的教材单元，是因为要提高学习的效率和质量。拿语文学科来说，整合能让篇与篇、单元与单元、册与册，甚至学段与学段，课内与课外的听、说、读、写，语文与生活……的关联更加紧密与合理，单位时间内的教学经过统筹布局，容量与密度也会提升。这样的"整合"当然不以体量的大小为依据，更不是越大越好。我已经注意到一些公开发表出来的单元设计号称是大单元理念，实则像拼盘，有的板块花头太多，实效性上我是存疑的。我们说实效性，也不是只说"有"还是"没有"，而是说是否"高效"。我们常说"教无定法"，要尊重老师们教学上的创造力，但不是说只要创意，不要其他。说到底，学生的学习时间是有限的，特别是"双减"之下，我们要多考虑方案背后的学理，多考虑怎样的设计更有实效。我从来不敢说自己的教学设计多好，杜绝了这些毛病，但至少我是非常警惕的。

　　"大单元""大概念""大设计"……我很少跟人家讨论这些，一是我需要学习，用自己的脑袋思考，而不是一股脑地接受；二是我在理念上认可了，还要拿到教学中实践。实践整体上行得通，还要看看哪个环节上容易出问题，找到解决问题的对策。我讲项目学习，推科普科幻教育，都经历过长期的实践，不然我是没有这个底气的。

139

过程性写作指导

义教阶段语文课程标准非常重视过程性写作的指导。（2011 版义务教育语文课标中指出：要"注重写作过程中搜集素材、构思立意、列纲起草、修改加工等环节，提高独立写作的能力。"实施建议中提出"写作教学应抓住取材、立意、构思、起草、加工等环节，指导学生在写作实践中学会写作。重视引导学生在自我修改和相互修改的过程中提高写作能力。"）荣维东老师在《写作课程范式研究》中也指出：基于过程的写作策略开发是国外写作教学研究的重要成果。

赞同课标理念，我的观点是：作文指导一要"前置"，二要"实在"。

作文指导要"前置"，搜集素材、构思立意、列纲起草等环节必须强化指导。从老师教、带着做，到学生将之内化为自己的习惯，这是一个需要教师持续发力的过程。开始的时候会慢一些——比如今天，本学期第一次写写人记事的记叙文，我就会慢一些，用两课时——后面我会解释慢在哪里、我们都做了什么。

作文指导要"实在"，要让学生学到真正的写作知识，真实地掌握写作技能。这个"实在""真实"怎么衡量？在我看来，仅仅照着教材上的书本知识教还不够，必须把教师自己的写作经验、对写作的认识放进去，这才能"保真"。换句话说，你让学生写什么，教师必须会写。写得好坏是另一码事——写得好是高要求，教师要不断地通过写来提升自己的写作水平。教学生写，起码自己要敢写、能写、会写。初中阶段要求学生会写哪些种文体的文章，老师自己都应该掌握个八九不离十。

具体说今天的课。我先做了开场白（大意）：明天咱们要写一篇回忆性记叙文。这样的文章怎么写呢？我们一是要把自己"打开"。你们虽然只有 13 岁，但谁也不是孤立存在的，你的生活里一定会有值得回忆的人，现在我们要做的就是把这样的人从我们的记忆宝库里挖掘出来。感情需要打开，我做文集选文时，特地收了自己的文章，就是想让你们能感受到，我在写作的时候是打开的，我会直面自己的感情。教给大家一个理念，要"我手写我心"。

二是可以从阅读过的文章中获得经验。同学们之前已经学了不少回忆性散文，这次又学了《藤野先生》和《回忆我的母亲》，加上我给大家做的《迟叙集》中的 12 篇散文……一篇回忆性的记叙文怎么写、怎么评判这样一篇作文的好坏，咱们先来一起讨论，设立个标准。写的时候就照着这个标准来。

让学生讨论作文写法和评价，我有几个用意：一是以此检验回忆性散文的学习学生是否有实在的收获；二是让他们每一个人都清楚，回忆性记叙文写作应该奔着什么目标去努力；三是形成评价标准。我自己制订标准分分秒秒就能搞定，但我要训练学生有这个能力，教会他们学习。

接下来的环节是先用学生任务单做个人头脑风暴，再小组讨论。个人头脑风暴时不少学生卡壳了，因为之前没做过这种训练。不要紧，哪怕有个别的学生有进展就行。我在教室里巡视时发现有进展的例子，那就用这个即时生成的资源，"借力打力"。这位同学写得还不到位，我就用追问的方式促学生进一步。

这样的方法立竿见影。再经过小组讨论的环节，小组代表汇报的质量明显提升。今晚回去我会根据学生的发言设计本次作文的评价表。

接下来就是趁热打铁的事啦，教学生用作文思维导图构思作文。学习任务单上提供了一个例子，我又在黑板上做了示范，学生照猫画虎去做。这个环节又是进展不一，今天权当作业，学生回家要完成它。从已经提交的思维导图来看，有的同学选材非常好。

期待明天的成文。

写人的回忆性散文写作指南

前外八年级（1）班同学研制／周群老师整理

主题方面：

1. 能围绕一个值得回忆的人展开记叙和描写，人物的特点清晰，性格、精神品质突出。

2. 在叙事过程中，能倾注自己真挚的感情，明朗地表达或蕴含自己对所写人物的情感，中心突出。

3. 不限定题材所表达的感情，伤感、怀念、高兴都可以，但整体必须逻辑清晰，能表达良好的个人愿景。

选材方面：

1. 书写对象：选一个已去世或分别许久、近期没有联系（时间或空间上已远离）的人。

2. 材料可以是有头有尾的故事，也可以是若干片段的剪辑。

3. 必须写真人真事。选材要力争做到真实性强（足够真实可靠），同时又具有文学性（选取能打动读者、有感染力的典型事例，有故事性，甚至戏剧性）。

4. 选材最好从生活中细小的事件中来，以小见大，多角度选材；多写平凡的事例，坚决抵制假、大、空的事例，选材尽量避免老套。

写作手法方面：

1. 回忆性散文要突出"回忆性"，注意把握任何描写都是为丰富人物形象内涵，应广泛使用而非重复使用的原则。

2. 对所回忆的人物必须有正面描写（外貌、语言、动作等），可以辅之以环境描写、侧面描写，也可用正衬和反衬的手法烘托人物形象。

3. 要从细微处下笔，可适当想象，弥补细节之不足，但不能过于虚构，否则无法突出"回忆性"散文的特点。

4.写作态度要真挚，文章的语言要朴素，无需添加华丽的辞藻；运用修辞手法要适当、适量，以避免对感情描写的减少。

5.首尾呼应，写文章过程中要有点题意识，时时刻刻加强主题。

6.题目——可以选用"回忆某某某"或自拟的有深刻含义的题目。

"你们肯定行！"

2021 年 10 月 29 日星期五

上午，听徒弟雅丽的课。讲《皇帝的新装》，总体来说，课上得不错。因为一直跟进备课，我知道她在研读文本上下了相当多的功夫，今天的课也是经过反复打磨精心设计的。下课后雅丽来找我听意见，对课上生成的部分如何更加灵活地处理，我说了说对策。我们更多的是在谈心：既然一心想当个好老师，那就要学着如何从一节课中找努力的方向，看看自己目前的短板在哪里，接下来先解决主要矛盾……

这样的谈话几乎天天都有。除了备课、磨课，更多的是交心。半小时起步，一两小时也不少见。三个徒弟每天都在反思群里打卡，也在群里向更多的老师学习……新收的俩徒弟还没顾上谈心，打算忙完期中后带五个徒弟搞"团建"。教研组长曲文芳和八年级备课组组长张颖老师说要陪着，我说"你们要围观'立规矩'？"哈，"团建"会是真的，至于规矩嘛，平时我多以身作则，不用专门"立"，从态度到治学，徒弟们肯跟我学就行。徒弟们和我儿子同龄，顶多大几岁，所以，在我眼里，他们也都是需要带动的孩子。

143

下午一节课，说好了写作文。昨天集体拟定的写人的回忆性记叙文写作指南人手一份。大部分学生完成了作文思维导图，发了作文纸，啥都不说，开工！有学生说："就40分钟，写不完怎么办？"我说："因为已经完成构思的过程，所以，就给40分钟。不停笔地写，你肯定能写完。"

我说这话当然是留了退路，会有学生写不完，但我不想一开始就让他们知道有退路，他们中的相当一部分人逼一逼是做得到的，所以我坚持说"下课就收"。学生能放能收、从玩儿迅速切换到工作频道，这是需要训练的。

果然，35分钟左右，全班三分之二接近或达到甚至超过600字。学生写作的全程我都在教室里巡视。我必须通过这样的方式给学生以推动力，也想让学生体验到：只要你肯做，你就肯定行！

下课铃响时有十个同学交了成稿，有五六个同学虽然已经写了七八百，但仍想继续写——我以为，这就是"激活"带来的。学生一定能在写的过程中，对文字的宣泄功能、文字的力量有真切的体验。这次作文字数上不封顶（字数无上限，写"美"了为准）下保底（不少于600字）。还有十名左右已写完四五百字，真正成文速度过慢的依然是五六个人。当然，没完成的作文就成了他们的周末作业。上课时我仔细观察了，这些学生写不出来或写得不顺畅，多少是有行为和态度上的懈怠的。比如没提前准备好思维导图，或者导图过于粗略（凑合），也有写作困难的，各种情况。还是那句话：一点点来，我有的是耐心。

下课后和个别同学谈了心。雅烯交作文的时候特意强调，她写的像编的，但千真万确是真的。我还听她和同学兴奋地说："我写了一千多字呢！"

我笑了，"当然，我说就你们行嘛！相信你们自己，你们肯定行！"

孩子，你们专心致志、低头奋笔疾书的样子真美！

基于教学设计的思考（1）

海淀进修学校师训部迟淑玲老师给我布置了个工作，让我和海淀初中语文教研组长们做个分享，题目是"基于教学设计的深度反思与改进"，所以此刻，我正在备课。

"基于教学设计"这个定语强调的是反思和改进的重心，"深度"强调的反思和改进下力气的程度。加定语是为了话题聚焦——我理解。

此刻，我在琢磨我平时习惯怎么反思。我发现我的反思，写出来的，没写出来的，明显比"教学设计"范围广——只要和教育教学相关，我的反思其实是天马行空的（当然，对教育的反思也只是反思的一部分）。程度呢？我自己不好判断够不够"深度"，我确实在努力"扎下去"就是了，甚至有时候我都能觉察自己的较真儿。

一线老师需要经过不断的思考、养成自己思考教育问题的思维方式，才能形成主张、理念、策略，乃至教学思想。当然不能闭门造车，也不能只是纸上谈兵。要经历学习—思考—设计教学—实践—反思—修正—摸索规律—形成教育主张、理念，乃至教育思想这样一个过程。按理说书本知识、专家讲的知识大多经过检验，但书的作者、专家不了解"我的"学情，甚至是我国的学情。再好的理念要落地，都绕不过学情这一关。学情是现实，但不是借口，我们自己对学情的认识也可能带有主观上的偏差，不是说我们在这方面就有十足的把握。认识学情需要有正确的理论做支撑……主张"精英教育"的人和主张"平民教育"的人，对学情的看法肯定不同；为百姓办教育的人和要从百姓身上"薅羊毛"的人，对学情的看法也肯定不同。我赞同平民教

145

育，所以，会反复说"学情"要放大、再放大，学情越不理想，越要在搭学习支架上下功夫，整合什么样的资源也需要花更多的心思。

很多看似不起眼的教学设计、教学行为都折射了我们对教育和教学的认识。经过深入思考，看似做出的只是小小的调整，其实是认识上前进的一大步。我帮徒弟磨课，在做教学设计的时候，往往先要和他们在观念上做探讨。

举个简单的例子：课堂的导入环节。舒茗的公开课讲《天上的街市》，雅丽讲《皇帝的新装》，她俩最先给我看的教学设计，导入环节的构思都被我否了。

舒茗设计的是问题式开头：出示星空的图片，问学生，你仰望过星空吗？仰望星空的时候，你有哪些联想或想象？很明显，这个设计和这首诗的学习重点有关联的。

雅丽设计的是出示四幅插图，让学生猜插图对应的是安徒生哪一篇作品。她想勾连学生小学学过或读过的篇目：《丑小鸭》《卖火柴的小女孩》《海的女儿》……

她们这样设计还有一个共同的目的，就是"激趣"。这么设计有问题吗？当然有。

我问舒茗：咱们的学生抬头真的能仰望到星空吗？他们从小到大，有多少人有仰望星空的体验？

舒茗说，那我给星空的照片呢？

我问：能一样吗？体验是真实的吗？你还让人家联想和想象……

我说的是真的。上世纪七八十年代夏天的夜晚，我在我家朝内大街的院子里乘凉，只要是晴天，抬头就能看到璀璨的星河，满天星斗，那场景我至今难忘。今天呢，灯光污染这么严重，观星几乎都是专业的事了，得去专门的地点、用专业的设备……

再说那四张插图，对学生有任何难度吗？这样激趣的层级是不是有点浅了呢？有啥思维的"含金量"吗？有没有"更高级"的导入，能体现小学和初中在进行童话教学时目标要求等方面的梯度呢?

一节课的导语当然要能激趣，我们设计了这个环节，就得考虑质量，考虑会给学生带来什么样的影响。另外，还有非常重要的一点，就是在今天"双减"背景下，我们这么强调要向课堂要效益的时候，课堂上每个环节的设计，我们是不是都应该算算投入和产出的"性价比"? 哪个设计效果能最大化，我们就选哪个。前提是，你得考虑不同的设计，不能就"一条道走到黑"啊。

你看，就这么点小事，我和俩徒弟就掰扯了半天。

后来她们怎么设计的? 我先不交代，有兴趣的看官不妨先自己琢磨，以后有时间了再说。

平常就是这样，在轮岗日记或什么论文里写出来了一些思考，还有很多没写出来，算不算深度反思我自己没啥标准。我唯一可以肯定的就是我有思考的习惯。

嗯，今天就写这些吧。

基于教学设计的思考（2）　2021 年 10 月 31 日星期日

昨晚和今晨，继续准备迟淑玲老师给我布置的工作——和教研组长们聊聊怎样做"基于教学设计的深度反思和改进"。

我这人有个工作习惯：做一个新的教学设计，写一篇文，准备一个讲座，要表达新思考，必须花很多时间琢磨。琢磨透了才肯"动手"。早晨和迟老师沟通了一下，她觉得很赞。

放了电话，我又进一步做调整。整个准备的过程都是自己一个人做头脑风暴，没有查任何资料。说直白了，就是在围绕这个话题做反思。一边思考，一边做思维导图。哈，简直了，堪称助力反思的"大神器"。

每天都会仔细阅读徒弟的反思。他们三个徒弟是从九月中旬开始写反思的，每星期一到星期五，雷打不动。我对他们的要求就是要真实，真实地面对自己。有问题不怕，就怕没问题；找到问题就要想解决问题的办法。反思不是写给我看，也不用怕丢人。因为没有教学经验，出什么问题都正常，不要考虑面子问题。

平时我也会时不时"点"几句、追问几句：反思要往"深"了走。教学从试讲到今天上课，做了哪些改进？今天的课有问题，接下来如何做？自己的短板究竟是什么？什么对现在的你构成最大的困扰？……

徒弟们肯听我的指点，这是特别让我欣慰的。满打满算做了一个月的复盘，他们的反思能力明显提升。

两位徒弟如何做的反思，有兴趣的老师读了就知道了。我真是觉得她们都是好样的，未来可期！

教学相长

前两天和前外王校长谈工作，我俩一合计（其实都不用合计，太直观了），马上期中了，如果轮岗以一年计，时间已经用掉了1/4。回顾了这半学期的工作，都觉得还好，上课，带徒弟，和更多的老师分享教学经验，为孩子们引进专家资源……工作每天都有推进。

还不够，还得抓紧。之前很多人觉得，一年时间太短，做不了什么事。其实，只要抓紧，一年可以做很多事。我从来前外第一天起就在"倒计时"，正是因为有紧迫感。之前在大会上和老师们说过，我很珍惜每一节课，因为每上一节就少一节……接下来也会如此，甚至还要提速，我和王校长商量要做的工作先不说了，先做更要紧。昨晚已经在着手搜集资料……

我也偶有怠惰的时候，虽然看起来情有可原。上上周末是科普作协年会，上星期五六是市里"双减"培训班，上星期日还有国培，最近又因为换季等原因而严重不适，一直病快快的，扛着上了课，但回家就是卧倒休息的那样……前天和昨天又在处理因病积压的工作，算起来除了生病，几乎有三个星期多没休息过。结果呢，我断了两周给学生的信。今儿中午进班盯改错，小齐问我："老师，这两周怎么没有回信了？"我不想说身体不适，只说了工作太忙，但学生是不了解我忙起来的状况的。几个学生说，在等我的信呢。我笑着逗他们："不用急啊，有时间，慢慢回。反正你们也没人给我第二封。"没想到学生立刻回我："谁说的？已经准备了第二封信！""真的吗？""真的！"他们还真不是开玩笑的样子。

"哎呀，那我抓紧!"说实话，我没想到我给学生写信的举动他们有这么在乎。因为之前送出去的信也就那样送出去了，我没有追问学生感受的习惯，因为想保持一些私密感。我只是在用心去体会学生对我的态度——严格来说，不是对我的态度，是对语文的态度，对学习的态度，对道理的态度……

但是，学生这样的期盼着我的信，真是给了我莫大的鼓励。这几天我多加把劲儿，今晚就动笔。

谁能说，这不是教学相长呢? 我努力工作的动力，也来源于前外的孩子们。说实话，我很喜欢这种渐入佳境的感觉。

给学生的信（8）

2021 年 11 月 02 日 星期二

——给学生的第八封信——

嗨，小齐同学，你好!

现在咱们彼此熟悉许多了，所以我想，给你写信就不寒暄了，直接切入正题就好。

就在昨天，我在轮岗日记里写到了你昨天对我的提醒——

日记里虽说"今晚就动笔"，但昨晚的工作持续到 11 点多时，我已经是精疲力竭。所以，今天早早爬起来写这封信。此刻，还不到 6 点。

为什么在轮岗日记里记录这个小细节? 因为你们对于我来说，越来越重要。我努力工作的动力，也越来越多地源自你们。就拿你来说吧，开学到现在，我有好几次都被你的认真和诚意打动。

其实，最开始读你写给我的信，别的没记住，单记住了你用"城府很深"形容对我的初印象。我当时只觉得哭笑不得，毕竟在大多数人的认知里，这是一个略带贬义的短语，就跟评价人家"老谋深算"有点儿接近。也许你想说我"成熟"，只是词不达意，我猜。第二遍读信的时候，我记住了你的提醒。你希望我跟你在互动中保持距离，"不要过于亲近"。老实讲，我教书三十年，第一次遇到学生这样的提示。我琢磨了很久，再加上学校生活里有限的接触，我觉得我大概能明白你的意思了：你和陌生人交往，会多少感觉紧张和局促。你在信里提醒我，并不是要拒人以千里之外，而是怕我尴尬……是不是这样呢？希望我没有会错意。

我记得有个课间，你过来问我爱喝什么茶。我说"绿茶"。你追问是绿茶里的什么茶，我说"莫干黄芽"啦、"西湖龙井"啦。你没继续问，正好打了上课铃。我本来一直纳闷你为什么要问我，刚才再看信，你说你喜欢品茶论道，我才恍然大悟——我又笑了半天，笑自己的粗心和后知后觉。你在信里还说你喜欢听海观潮、描绘山水、归于田园。字面上我都能理解，可多少会觉得这是我们"老人家"的事，少年人的状态嘛，总该"入世"一些才好，毕竟"人不轻狂枉少年"（哈，这个句子里，"轻狂"可不是贬义！这句是说青春年少应该斗志满满，朝气蓬勃的。明白？）

现在来说说你信里谈的语文学习情况吧。我说你数次打动我，这数次打动我的行为都和你的语文学习有关。

首先我要说，你是在全班同学中第一个让我感受到在为提升自己的语文素养认真付出的同学。你在信里说，自己的作文漏洞百出，没素材，字迹潦草，时时语序错乱、毫无逻辑；因为信的初稿不堪入目，也因为

151

尊敬我，又写了二稿（这个举动还体现了你的教养）。两个月了，我一直留心着你的写作。我的看法跟你完全不同，我甚至认为你写得相当好，尤其是近期写的《窗外》和回忆你外公的《您何时才能再来见我一面》这两篇。前一篇里有少年人略微有一点儿复杂的情绪，让我感受到你的悟性；后一篇里则有爱有痛，有再真实不过的感情，你完全做到了把自己"打开"，"我手写我心"。那种失去外公的痛和思念，因为你的表达而让我感同身受，也感受到你对亲人的爱。要知道这样的感情、这样美好的人性不仅是值得书写的，更是值得坦坦荡荡地表达出来的。

至于你说的表达上的问题，不是什么大事。只要你多读多写多琢磨，下笔的时候仔细斟酌，写后再反复打磨，都可以解决掉。什么是"大事"？写作态度的真诚、状态的"打开"，肯于表达真实的自我，这些才是大事。从这个意义上说，写作技巧也不是大事：你想娴熟地运用什么技巧，只管多读高手的作品，模仿他/她，然后把技巧变成自己的，甚至有朝一日，超越他/她。少年时我读三毛、席慕蓉的作品，青年时我读张爱玲的作品，读得多时，写出来的文章风格就和她们的如出一辙，就是"多读多写"这个简单的道理所致。你信里说爱好钻研物理学，尤其是量子力学，"令人沉醉，无法自拔"。我很羡慕你对物理学的热爱，但我可不知道多读这类书是否有助于提高写作能力——之前推荐给你的《诗词格律》这类书倒是肯定行，哈！

给同学的回信第一次写这么长，收笔，下次继续聊，你有任何问题也可继续留言。很期待你的第二封信。

祝

考试顺利！

周老师

2021 年 11 月 2 日晨

一切皆可思

早晨发了给小齐的信，本想今天偷懒，就不写轮岗日记了，结果下午和海淀教研组长研修班的老师们在线聊教学反思，聊得比较透彻，就想再补几句心得。

下午分享结束时，海淀教师进修学校迟淑玲老师问我，有哪些是新准备的。我回答说，将近三小时的内容，我花了两天半，加一起准备了七八个小时都不止，确实下了功夫准备。这个备课的过程也是重新认识自己的过程——

因为认同自己草根教师的身份，因此会做"日常态"的反思，用图片、文字和视频记录点滴的教育生活；

因为相信长期主义，所以坚持做长线的事，几年、十几年，甚至几十年中持续反思，也不断深耕，改进教学。

我是 20 世纪 60 年代末出生的人，自认为具有理想主义情怀。工作以后又受景山学校几代人的影响，骨子里有教改的使命感。特别是进入成熟期后，能自觉地发现问题，研究问题，并在实践中寻找解决问题的方法。

我受家庭影响很大，父母对我们子女要求很严格，也教会了我关注自身的发展。因此，我在人生不同阶段，能不断反思，修正自己的行为………这方方面面的原因综合在一起，就促使我养成了反思的习惯。在我看来，"一切皆可思"。

153

给学生的信（9）

清晨起来给学生写回信。做这么有美感的事，心情很是愉悦。昨天已经写完的信，我的态度比较严肃，怕影响学生考试的心情，下周回来再送出去。新写的这封信里，推荐了王开岭的书，传递了我对少年人更高的期待。

——给学生的第九封信——

亲爱的 ××：

你好！时间过得好快，新学年相识的场景犹在眼前，却已经是过去了半个学期。在这段时间里，我的语文教学工作因为有你和 ×× 两位课代表的帮助，轻松了太多。心存感激，所以我要先向你和 ×× 道一声"谢谢"！

你给我留下了深刻印象：你是一个非常优秀、也非常可爱的姑娘，我觉得用三个词来形容你足矣：正气、朝气、大气。你是聪慧的，所以我不打算继续夸你，反要提醒你谨记"谦受益，满招损"的道理，提防"骄娇二气"。你说你能听取他人的合理建议，但也有自己的想法，且敢于打破常规，敢于说"不"。一个少年人，能有这样端正的态度和鲜明的主见非常难得。我认为，每个人都要"做自己"。有自己的主见，敢于说"不"，有自己的兴趣爱好，这些都是"做自己"的良好开端。

不过，仅仅做到以上这些还远远不够，要"做自己"，最重要的是要让自己的思想日渐成熟起来。

154

"要让自己的思想日渐成熟"，读到这句话时，你会不会想：我只有十三岁，谈这个话题是不是太早了呢？

这话我也不是只想对你一个人说，更想对你们——前外学校八年级（1）班的全体同学说。你是班长，在同学中有很高的威信。我想，这个道理你懂了，你就一定会带动更多的同学懂。

教书三十年，我带过不少届学生。学生每每升到八年级，我总会在这个"节骨眼儿"上跟他们谈谈心。你还记得我开学时给你们的信里写的话吗？"我们要成为有思想的苇草，不妨接受平凡，但是要拒绝平庸。""成为有思想的苇草"，这个说法源自法国哲学家帕斯卡尔，他有一篇文章专门论述思想对人的重要性，题目是《人是一根能思想的苇草》，被大人们选作了高中语文教材的课文。文章表达的思想很是深邃，十三岁的年纪想完全读懂确实会有难度，但我以为此刻就算是"生吞活剥"它也不会有多少害处，阅读它带来好处却是显而易见的：少年人懂得了人应该追求思想、拒绝平庸，就会尽早努力，不辜负青春好时光。

怎样才能让自己的思想成熟起来呢？读书，思考，缺一不可。我很想给你推荐一位优秀的作家，他就是《古典之殇》一文的作者——王开岭。他的文章里有真知灼见，有情怀，更有思想。他的作品集《精神明亮的人》《跟随勇敢的心》等都值得一读。我曾经在一次初中毕业典礼上发言，发言中我提了三个忠告，其中一条就是"做精神明亮的人"，"面对邪恶会保护自己，是非面前不丧失原则，诱惑面前不迷失自己"。这足见他的思想对我影响之深。你不妨先从《王开岭作品·中学生典藏版》读起，相信我，你一定也会和我一样，喜欢上这位作家大朋友的。（我和开岭是好朋友。我在想，要不要找机会请他来和同学们见面呢？你觉得如何？）

你的来信里另外一页谈的都是你语文学习上的优缺点，可见你在学习方面的上进心有多强，我知道你对我多有期待。其实，对于你的语文

155

学习，我一点儿都不担心。景山学校有个很重要的语文教学理念，叫作"用思想带文字"。思想水平上去了，阅读和写作的能力与水平自然就会上去。你想嘛，思想成熟的路径很重要的一条就是阅读，特别是阅读经典作品。经典意味着品质，你在阅读学会思考，潜移默化中你也会学到表达的技巧，再下笔或说话，怎么可能会差呢？

不知不觉写了这么多！本来我还想和你聊聊话剧、朗诵，你知道这些也是我的大爱，可惜手头还有好多工作，必须搁笔了。幸好咱们相处的时间还久，可以下一封信里继续聊。期待你的第二封信！

祝

考试顺利！

周老师

2021 年 11 月 3 日晨

从前慢

2021 年 11 月 04 日 星期四

我对书信体的表达情有独钟。以前在朋友圈也时常会贴我写给同行或朋友写的信。很多时候，我没有真寄出去，写了，会拍照发给对方。要寄书寄礼物了，再把之前写的信一并寄出。我是觉得心意到了就好，没想着一定要像"从前慢"的做法，贴邮票，找邮筒，让对方慢慢等。那种复古或怀旧，过于强调形式感了。

写信这种形式很容易就让我们回想起上中学时流行的交笔友。但我喜欢写信，并不是因为怀旧——而是因为这种方式能真的交心，传递最真实、最细微的情感和思想。

这样一说，我为什么要给学生写回信，应该也不难理解。这原因就像昨天我在反思打卡群里和同行说的："（和学生们）谈心，做思想工作，其实是老师们都擅长的。文字表达从容些，也能更精准，更有力道，所以我选择了书信的方式沟通。"

中国人民大学家书博物馆副馆长张丁老师的回复我特别认可。张老师说："（书信）可以说是最好的沟通方式了。写信人可以理性、充分地表达，收信人可以得到充分的信息和情感收获。几乎没有什么问题不能通过书信沟通解决的。"

嗯，一封不行，那就两封、三封呗。不过这得有前提，就是对方无论如何，都得是"对的人"，都得是能打开心扉的状态，这样，沟通才可能有效。

昨天下午课间把信递到小姑娘手里的时候，我注意到她的眼睛亮亮的，很开心的样子，我也很开心。

给学生写信的事原本不在轮岗工作的计划内，所以一直打算慢慢来的。早晨起来数了数还没有回复的信，似乎需要调整到每星期三封的节奏才行，那就列到工作周计划里来就是了。清晨是我一天里头脑最清醒、也最有灵感的时候。继续调整状态：早睡早起，在无人打扰的晨光里，写信、备课、写作，做好一天工作的准备。（嗯，晚上的微信留言不保证及时回复）

今天晨起还拆了"双十一"的箱。

伍绍东老师推荐的《重走：在公路、河流和驿道上寻找西南联大》一书，我读完了两篇李海鹏和易社强二位先生作的他序和作者自序《出发：公路徒步的意义》，有心潮澎湃之感。今天起读这本。（伍老师还推荐了崔铭先生的《王安石传》。还买了《十九日谈》。《王安石传》上下册，怕自己一时读不下来。日本三浦国雄的《王安石》，薄薄一册，先读了再说。）

买《版式设计大原则》和《想象力：构图与创作思维》这两本，纯属要满足好奇心。买前一本是因为我不懂排版，又觉得应该多少了解一些才好，免得面对学生冷不丁的提问（如果有的话）心虚。多少知道一些，我也可能能多给学生一些有用的指导。后一本书对我来说和想象力培养有关。我越来越认识到一个现象：有些问题在专业领域其实是有解决之道的，只是我（们）不知道。看看人家专业领域里是怎么思考和解决问题的，我可能就没那么多困惑。

多向专业人士学习，这是我这两年的心得。这个感觉在读《贝佐斯如何开会》时就有。我们总说做项目学习是给学生创设真实情境，完成任务如何如何，总说要小组合作如何，小组合作要有效如何。真实社会企业如何高效率的开会，了解一下，也许有助于我反思小组合作学习该怎么改进……教科学阅读时提倡"像科学家那样思考"，教新闻评论时提倡"像新闻评论员那样思考"，我现在常用这个套路。我觉得这也是建立学科和现实关系的方法，教学生思维……买李欣频的那套也是这个逻辑。我想知道搞创意的人，她的创意从哪儿来的。

赖声川先生的这本我不用解释了，戏剧一直是我的心头好。今年乌镇戏剧节没有机会去，有点儿耿耿于怀。目前看来，也只有等退休才可行吧。

郑国民老师这本《基于学生核心素养的语文学科能力研究》也无需解释，工作之书。

继续工作去。

给学生的信（10）　　　　2021年11月05日星期五

晨起继续给学生写回信。说实话，越写越谨慎，越写越觉得如履薄冰。特别是对情况特殊的孩子，怎样传递我的想法，又不伤害到他们，是我格外花心思的地方。这封信，昨天和今天，用了两个早晨才写完。

——给学生的第十封信——

××同学：

你好！相处两个月，在我眼里，你的优点可不止语文学习上擅长背书、背古诗这么简单。先说你的性格吧，确实如你所说，"活跃而不失分寸"，"出格的事情绝对不会主动去干"。在我看来，能把握好什么能做，什么不能做，这对男孩子来说，已经在很大程度上"妥了"。

"妥了"是我的口头语，稳妥、妥当，接近于"靠谱"的意思。你要求自己不做出格的事，而且是"绝对不会主动去干"（最好也没有"被动"），这说明你不仅清楚为人处世的要求和规则——"小"到"大"包括家规、班规、校规、《中小学生守则》和《中学生日常行为规范》……大到国家的法律法规——你都愿意自觉遵守它，而且你知道行为的边界，有做事的尺度，有分寸感。这一点非常重要。从小到大，不论男孩儿女孩儿，有些调皮捣蛋的行为其实挺正常的，但如果每个人都可着劲儿地撒欢折腾，那就成了"熊孩子"，估计哪位家长或老师都会头大的。所以我说，你有这种分寸感，自我的约束力，就个人成长而言，这就起码"妥了"一半儿。

才一半儿？还没妥的另一半儿是什么？

是责任心。对自己、对家庭、对社会，对生活、对学习、对工作，都需要有责任心。到了你这里，我还需要加个"更"字。我不知道以下这些话算不算交浅言深，但想了又想，我还是决定多说两句，仅供你遇到现实问题时参考。

最近咱们学习了《藤野先生》和《回忆我的母亲》，我还将一组回忆性散文印成小册子给你们读。册子里收了三篇我自己的文章。之所以

159

这样做，我是想教你们在写作时能"打开自我"，"我手写我心"。在课上，我特地跟你们解释说，去年我的母亲病逝，对我和家人来说是很沉重的打击，我写了很多文字悼念她。我的体会是文字不仅能宣泄情绪，还能表达我们对所回忆的人真挚的感情……

我还有一层意思没有明说出来，想让你们自己体会：打开自我，其实需要很大的勇气。打开自我，可能面临着再次揭开伤疤的痛苦。除此，面对现实，直面自己的种种缺点甚至不堪，剖析自己的内心，乃至对自我的灵魂真正的拷问，都会经历痛苦，而下决心纠正错误呢，就意味着要走出舒适区，这很大程度上也会承受痛苦——这也就不难理解为什么有人会选择逃避，逃避现实，逃避自我，逃避责任……

然后，我读到了你的写作思维导图，再后来读到了你的作文。你的作文似乎没有写完就交上来了，但从已经写完的文字看，你的态度很坦诚。坦诚即是勇气。关于你的父亲病逝和你的家庭情况，我在写作文的前几天听其他老师说了，听说的瞬间我就很难过。要知道，我并不是对别人隐私好奇的人；平时，我也非常看重人与人之间应有的边界，因为这代表尊重。我只是觉得你很不容易而格外心疼。应该是因为我也为人母、又上了年纪的缘故，对孩子（包括你们），我的心格外软。特别是一个孩童面临命运不公的时候，我会特别难过。（几年前，我的三姨在短短的两年里先后失去了儿子、儿媳，再失去她的丈夫……彼时，我的表侄刚上小学四年级。我一直担心他生活在失去父母的阴影中走不出来，幸运的是，他在两边老人和其他亲人的照料下长大，现在已经上高一。前一段见到他，觉得他的状态还好，这才放下心来。）

所以，我说你"妥"，也有这个意思吧。在我眼里，你比同龄人坚强太多，我因此而敬佩你：你在小小年纪，承受了本不该这个年纪承受的生活重压；换位思考，如若我在13岁的年纪，在你的处境里，我未必能比你做得更好。那么，作为你的老师，也作为长辈，我能帮到你什么呢？我问自己。想了又想，我决定送你两句话——

第一句："我希望你的一生都能保有善良。因为善良，而让你的生活里多些阳光与温暖。"

第二句（段）："不怨天尤人，不抱怨命运不公，我们能做的唯一的事，就是让自己快快成长起来，尽可能地强大。生活充满了变数，要靠自己。"

让自己强大起来，眼下最当做的事，就是努力把你的学习搞好，提高成绩。需要我为你做什么，除了之前信上写的，还有什么更具体的想法，不妨再跟我说说。需要补什么，咱们可以安排在中午休息时间或放学以后。

做事有分寸，不出格，善良，坚强，再加上有能力，有责任心，在我眼里，这样的男孩子特别"妥"，未来的生活也一定会"妥妥的"。

祝你

一切顺遂如意！

周老师

2021 年 11 月 5 日晨

做有美感的事　　　　　　2021 年 11 月 06 日星期六

在看张立宪老师的读库年会对谈——"大时代的小确定"，他的表达很通透，入心入耳，熨帖。很同意他说的，只有到了他这个年纪，才能做读库。有些事情，注定是生于上世纪六七十年代的人才能做好。陈晓楠老师的主持也非常棒，态度诚恳，又不抢话，很舒服。

边听边拆箱，正好开到读库的《2022日诵》手账。打开看，挺喜欢，自留款。

订的明信片、书签、抢答按铃、贴纸之类的都到货了。囤这么多，这个学年应该够用了。

喜欢做有美感的事。

之前舒茗上《天上的街市》，她的教学设计中有个环节，是问学生"如果给朋友写明信片，你会选这首诗的哪个小节"。听试讲后我问，为什么不真让学生做明信片呢？刚好我带了新买的空白明信片到学校，遂支援了舒茗。

课上完了，学生做的明信片也陆续交上来了。舒茗的反思也写了她的体会。带着读诗，赏析，手绘……书签、好看的明信片，窄条的信纸……带学生以语文的方式"玩儿起来"，说不定哪个小招儿就能"激活"学生的学习状态，多试试，值得。

一直在听读库的对话，今天的轮岗日记就简单写这几句，先这样。

给学生的信（11）

2021年11月07日星期日

昨天在"整大事"，太晚了就没发。今天忙了一上午，刚坐下，先补昨天的，晚上再写今天的。这封信是上星期二写的，怕自己语气严肃，影响学生复习考试的积极性，所以今天才发。现在看看，这么严肃是对的。

——给学生的第十一封信——

嗨，同学，你好！

　　说实话，要不是已经教了你们两个月，你的模样已经清晰地"刻"在我心里，单读你开学写给我的信，我可真是没法把文字里的你和现实中的你画上等号。我为什么会这样讲？听我慢慢说——"前方高能"，接下来的阅读，你得做好被我"打击"的心理准备。

　　我们常常会有这样的感觉吧——你眼中的自己和其他人眼中的自己的形象大相径庭，甚至就像两个完全不同的人。比如有人自我评价内心充满了忧伤，但在别人眼里就是没心没肺的家伙……不多举例，你就是给我留下这样的印象：在信里，你自称自己平淡无奇，我觉得你个性十足，甚至气质上有点像男孩子那样；你说你话痨，这一点我完全无从得知，因为课上你时不时地就趴着睡觉，有时确实在跟同学说小话，但又会被我制止；你说你反应慢，问题很多又不敢问，我是觉得按你的开朗性格来看完全不至于不敢问，所谓"不敢问"还是不愿意问或不会问或懒得问；你说你最大的愿望就是"突然成长，突飞猛进，突然开窍，做个学霸"，我想说，这愿望真的挺好的，少年人就该有梦想。可若是你永远只是梦想着如此，而不付诸行动，那你离实现这个愿望还真差着十万八千里，我也不看好这个"突然"能像"天上掉馅儿饼"一样，正好就发生在你身上。

　　姑娘，你读到这里，是不是有些气馁、甚至恼火了呢？周老师给谁写信都是好言好语的鼓励，为什么偏偏到你这里就没好话了呢？

　　其实，上面的话都是好话，这要看你以什么样的心态来接受这些话。

　　你平时在语文课上的一言一行，都落在我的眼里了，我实在是很替你的学习、你的发展着急。是把话说得温和些你更能接受呢——不仅是入

163

耳，还能让你走心——还是说"响鼓也要重锤敲"的方式更适合你呢？

就以我所感觉到的你那风风火火大大咧咧的性格来论，我更倾向于后者。

"良药苦口利于病，忠言逆耳利于行"的道理我不想多讲，我是觉得一个人的发展，到了哪个时期就该做哪个时期的事情。我是成年人，又是教育方面的专业人士，从我的视角来观察，八年级了，你的个人意识还没有"觉醒"，或者说觉醒得不够（别看你个性十足）。我担心，倘若再不觉醒，就晚了。晚了会怎样？不怎样，只是晚觉醒的人生会比其他人多走许多弯路，多吃更多苦头，仅此而已。问题是，你需要确定：自己能承受这样"晚熟"的结果吗？一个人独处的时候，好好想想。我从心里希望你有这个悟性，能明白我此番话里的深意。

你说希望我多给你上台的机会，这一点我以后会争取再多给你；我也注意到你的文笔还不错。但是，姑娘，这一点点"不错"远不足以支撑你站得更高。要知道，你要努力站上去的，还是你人生的舞台、社会的大舞台——这才是真正的舞台。我的人生经验告诉我，站上真正的舞台，靠的是实力，机会只是一个不那么重要的因素罢了。你有实力，无须别人给，自己就能制造机会。

最后给你个建议：你该着手规划自己以后的人生道路了。真的。

祝

早日"破关"！

周老师

2021 年 11 月 4 日晨

不怕慢，就怕站（2）

期中考试的成绩出来了，情理之中，意料之内。总体来说，能力题得分率偏低，且问题比较集中。一些基础题（非所有）做得还不错，如果单看投入与产出的性价比，这个值还是挺高的。但基础知识做不到应会尽会、"颗粒归仓"，有的学生差得还挺多，所以接下来我还得想办法改进教学。

今儿和小曲说，在景山北校工作的时候，因为"战线长"，我会在六年级时就开始"放手"，并且"舍得"让学生在考试里跌跟头——上了六年级，我就要求学生考前自己复习基础知识，他们要学会"能自己做的事情一定自己做"。"摔打"到七八年级，学生大部分学会自己复习落实基础。

受徒弟潘铁豪启发，我设计了一个试卷分析表。课上教学生逐题提炼知识与能力点，学生须在"应得"与"实得"之间找差距和"错因"，再提出"对策"，用这种方式反思是否有用，需再观察。"让学生尽早学会自主学习"，在这个问题上我有相当大的执念。

作文暴露出几个问题：一是不会审题，只看题目，而无视导提示语；二是详略不当的情况比较普遍；三是选材有问题，空洞或与主题关系不大。后半学期除了完成教材上的作文单元练习，还要强化记叙文的写作指导，继续在打井自我、写真情实感上下功夫。

除了正常的教学、带徒弟，还开始"整大事儿"——本着"凡事预则立，不预则废"的原则，花了不少时间精力琢磨"前门文化"课程体系该如何构建的问题。已经有了初步想法，也得到了王校长和有关专家的支持。对了对时间表，要做的事很多，"不怕慢就怕站"，做起来就是了。

再次感慨命运的奇妙——2008年之前我曾"轰轰烈烈"地做过五六轮关注北京传统文化的选修课，后来在景山北校又带学生做"北京印象"项目学习……包括积累的课程开发的种种经验，我知识与能力的"储备"完全可以用在前外校本课程的建设上。这里有需求，而我刚好就来这儿轮岗了，是不是有点儿神奇？

说正经的，上下班骑行在前门大街上时，我还真琢磨过一个问题：能在北京城这么中心的位置工作，出门抬眼就看到正阳门，这是多么值得前外师生骄傲的事情啊。

办法总比困难多 2021 年 11 月 09 日 星期二

期中考试成绩不甚理想，这两天我一直在做各种反思。我和学生在教法与学法方面需要继续磨合；学生陆陆续续暴露的问题我处理起来办法没有前外的老师多，我也需要进一步向前外老师学习；我本来擅长的是做长线教育，但现在是从八年级接班，时间也有限，原来的"不着急"和"从容"显然就成了"有点儿着急"和"紧迫"，还有很多具体问题，……这些都需要尽快找到对策。

昨天（星期二）下午参加期中考试年级分析会。分小组会时，我谈了这半个学期以来教学上的一些感受以及困惑，也向各位老师求教。不论是刘凯校长还是年级组长肖老师，还是班主任赵老师或者其他任课老师，大家都非常热心地指点我。接下来的教学工作，我也会进一步调整。

如何在课后服务这部分加强对学生的分层指导，我贡献了点子："通过做内容来吸引学生。"这个"内容"既包括校本课程之类，也包括针对学生学习的漏洞针对性强的专题辅导。这个点子其实不是我的，上次市里双减会，市教委领导着重讲的就是这个。

具体来说，目前我们发现的学生漏洞主要是通过课堂教学来弥补的，需要挤时间，正常教学或多或少会受到影响。将这部分问题用课后时间集中解决，配合一些激励机制，也许能有效。

我相信老话："办法总比困难多。"沉住气，一点一点做。

其实，最让我感动的是昨天早晨我和王校长沟通时她说的话——不仅让我感受到前外领导的宽广胸襟，更让我看到了在教育认识上的大格局。这是我在前外踏踏实实做好轮岗工作的强有力支持。

小而美

班主任赵老师的整顿立竿见影，今天下午的课比较顺利。

期中作文暴露了学生不会审题的严重问题，昨天课上除了带学生做复盘，还教学生一步步审题。今天先给学生读了 3 篇期中作文，一类两篇，二类一篇，边读边点评。

然后又教学生列提纲——期中前教了如何用思维导图构思，当时答应他们要再教写作提纲的。时间紧，没来得及举例就下课了，拟明天再补。明天当堂修改（重写）期中作文，故今天作业就是列提纲。

周末给学生买的语文错题本到货了。我带到课堂上，没有按人头发下去，而是采用自愿领取的方式。我和全班同学介绍了这个本的用法，同时说，本用完了我继续提供，我也愿意多帮到大家。本子不能是白领的，领改错本，意味着你和我有个协议：你愿意认真对待学习中的问题，认真改错。

30个学生，有21名学生课间到前面领了本。我让他们每个人都签了名，就算达成协议。之所以这样做，我是在琢磨，平时一直盯改错，但作业纸容易丢，改错不容易转化成学习资料……这种方式能帮孩子们改进学习方法，自愿领本，也应该能强化他们的自主学习愿望。

其他孩子咋办？我其实还买了改错专用活页纸。

下午第二节听晓宇的作文试讲，第四节还要听李雪试讲《故乡》。不得不说，前外抓老师教学还是很紧的。印象里，开学到现在，这是第二轮做课了。第一轮骨干教师，第二轮青年教师。有的老师是骨干加青年，就得做两次。也好，勤练兵，就是这样吧。

最后说说前外午间的"小镜头"，给我很大启发。学校规模不大，如何做到"小而美"？我觉得前外人是用了心思的。

前外的校园真不大，各种硬件条件都没法和大校比。前外教学楼的入口处不大的空间里，摆着两架钢琴，学生可以利用中午时间进行才艺展示。校园里还有一个亭子，也是在中午的休息时间段，学生可以在那里做英文口语的展示。都是当众，周围有不少学生和老师"围观"。

我不止一次驻足观望，心里总是被打动。我们常说"上善若水"，教育如何做到这一点？之前听北京二中钮晓桦校长讲过一个观点："空气养人"，他说要让校园里的一草一木、各个角落都能发挥育人功能。我很赞同这样的理念。育人的工作很多时候都是在一点一滴中进行的，不需要多么的高调，不需要锣鼓喧天的形式，但都是追求用"美""美好"本身去感染学生。前外的学生在这样的展示和"围观"中有自我教育。

一个规模很小的学校，在这样的细节上尽量做到位，真正关心学生，这就是我心目中的"小而美"。学校教育教学中当然有很多地方需要大家共同努力改进和发展，但我能感受到教职员工上上下下都很在乎学生。这种感觉特别好，我对前外的认同感与此有很大关系。

教学生要"实在"

今天课上修改期中考试的作文。

昨天花了 12 分钟，简单介绍了一下作文提纲的基本格式。学生昨天的作业就是撰写提纲。学生写作文提纲，也需要不断练习，养成习惯才好。我特地设置了"自检"，学生写完提纲后要逐项检查。有的学生没有自检，今天课间盯了一部分学生自检，还有没补上的，明天继续。

晨起备课，头脑清醒，效率也高。边给学生整理如何写作文提纲的讲义，边琢磨学生的作文提纲究竟会完成得如何。我的预判是一部分同学能掌握提纲的写法，一部分可能会应付，肯定还会有不做的。

怎么写记叙文写作提纲的事不可能反复讲，那就争取一次整到位，"一击必中"。开个好头，今后凡过程性的作文练习，我会要求必须写提纲。

边做讲义边琢磨作文提纲学习任务单的设计，以前设计过，又做了不小改进。

上课时发给学生四样东西：

"如何与提纲"的讲义，两篇期中考试优秀作文，写作提纲学习任务单，作文纸。两课时（含课间），在任务单上完成作文提纲和期中作文的修改稿，21 人（共 30 人）按时上交。

大致翻了翻提纲，小毛病不少，但总体的进步是很明显的。

不论是传统教育还是现代教育，也不论是一线教师还是国内外学者、教材编写者，关注学生的写作诸环节已成为共识。当下不少老师在作文教学上的指导，注意力放在了写后的批阅和修改上，而我的教学经验则是：不论是教学生做思维导图，还是全班共同研制"写作指南"，抑或是眼下的撰写作文提纲的训练，甚至包括将来要做的审题训练等，将写作教学的指导尽可能前置，在指导的有效性上下功夫，会大大缩短学生"由'生'变'熟'、从'拙'到'巧'的路程"（"缩短"这句，语出郑桂华老师的《从两个维度改进作文训练过程的指导》一文，见《中学语文教与学：下半月初中读本》，2009年第03期：第31-34页）。

等有精力了，再整理我在作文教学中开展过程性指导的案例。还是那句话，我们教学生一定要"实在"。怎么衡量是不是实在？学生照着做，会了，这就够实在。

例文1：

加油，少年

"少年人的岁月就像金子一样宝贵。"老人常对我讲道。小时候的我完全不能理解这样一句话的意义，只会对着"金子"两个字哈哈大笑。望着自己幼年时的照片，我真的让岁月带走了什么吗？

少年时期的我是真的天真无知，但拼搏的日子却一点也不比其他同龄少。记得在9岁考钢琴3级时，我的注意力分散，但在家长的教诲下与老师的指导下，跨过了对于我这个初学者很困难的级别。现在的我惊叹于那时我所拥有的动力，为什么现在的我却无法做到呢？为什么现在的我竟能比那时还注意力分散？为什么现在的我就不能如那时一般，以幼小的年龄跨过艰难与险阻？

当文章从笔尖流露时，我恍惚间想起了钢琴9级的考试与学习，这真是一个很好的例子。

8岁时，我已跨过了7级的门槛，向真正的成就——9级发起了冲锋。第一次考试，我像 5、7 级一样从头练起，然而，事实却与我想象相去甚远。9 级的水平并非只是像 3、5、7 级一般缓缓堆加，所以，以半个学年的练习水平冲击这座"泰山"，无疑沦为了击石之卵，成为了过关率上的分母。当一往无前的势头被现实无情打击时，我参与了第二次考试，以"复仇"之心向着高山再次前进时，我不出所料地头破血流，当一切的信心与承诺化为泡影时，我放弃了。

是的，我彻底抛弃了前进的念头。我不是伟人，每当感慨于伟人们少时艰苦环境与大器晚成或少时名就时，我都会不由自主地想起我的身份——平凡群众。每每想起我将成为什么，什么加油、什么奋斗都只是轻谈。后来，一篇文章映入眼帘，燃起了我心中的热血，"百里奚举于市"这句话萦绕于心头，伊尹不过是奴隶出身、朱元璋不过是农民出身。哪个伟人少年时不是平凡之人？

所以我再次拾起信念，在近一次考试中，成功实现了成为青年前的最后一个梦想。

少年人的品质就如一层保护一般渡我们经过困难，随着时间流动渐渐拨开，我们终要面对更难更险的未来。一句"加油，少年"或许不是我们奋勇拼搏的理由，但它背后所昭示的，是世上每一个少年人如金子般的品质——不畏艰险，奋勇拼搏。

固然，这句鼓励已然变得平凡，但我仍想：加油，少年！

例文 2：

加油，少年

随着一阵清脆的门铃声，我的面前赫然有了一份包裹，剥去无数包装后，只见一张金灿灿的证书羞赧地冲我招手。缓缓拾起，正是我魂牵梦萦的钢琴 9 级证书！当手慢慢抚过这张证书时，五指又跳个无休止，嗯，是肌肉记忆，我确信道。

171

  钢琴是一项伴我行走多年的兴趣爱好。我学琴的起步很晚，但经过多道门槛，达到了 7 级的水平。但又有一道山横亘在前进路上，我决心向 9 级这座高峰发起挑战。

  我的心中忐忑不安，根本没有做好考级的准备，成绩下发那一刻，没有意外，名落孙山。我的心中又有侥幸心理作祟，硬着头皮参与了第二次考试，结果大跌眼镜，5 首曲目没有一首通过！那一刻，我心如刀割，每一个错音犹如利刃划破了一次次假装练习的时刻，从 3 级到 7 级太顺风顺水了，以至于我不能持之以恒地拼搏。几乎要放弃的我走到学琴生涯的边缘。

  这时，老师却鼓励道："你已然很优秀了，你需要一点挫折唤醒拼搏，加油孩子，你没有问题的！"母亲也慰勉道："后悔是不值钱的，我们都看到了你努力的、奋斗的样子，加油，你一定可以的！"我被无数的鼓励与加油刺激，我鼓起勇气，走回琴椅前。

  在此之后，我抓紧暑假中的 15 天准备时间。清早醒来，我一边吃早餐一边背谱，一遍又一遍，不厌其烦地将节奏、容易错的音、强弱在脑海中演练，手指则在空中操演，指法早已烂熟于心，一个个指头，在我眼中竟犹如芭蕾舞者一般跳跃、旋转，灵活地宛如一个个独立个体，这样的"舞姿"确是曼妙无比。到允许弹琴的时间，用熟练的肌肉记忆尽力绘制一幅"音乐画"，一旦出现了错音，我便单手慢练，压制住手指加快的欲望，节拍器成了我日常的伴侣，仿佛那公正无私的摆动也悦耳动听，手指已经练到酸痛，在空气中都不由自主地颤抖，手腕犹似干枯的稻谷，垂头丧气、再起不能。腰酸背痛成了我一个少年的病症，他人享受暑期时，我以每日 6 小时的训练迎向考试。15 天转瞬即逝，我以饱满的精神向前，又以自信的神态迈出考场，泪与汗已分不清了，它们交汇在脸上，成就了我的荣誉。

果不其然，我拔得等级之头筹。

疫情时，一首《少年》"横空出世"，那一句面前再多艰险不退却……唱出了我的心声，恍惚想起了那段逐梦拼搏努力的岁月，那段充满光荣与泪水的岁月，正是无数加油声交织在一起，才铸就了我，一个个平凡少年的梦想！

例文3：

《加油，少年》作文提纲

首部分：

少年的成长，总会经历无数的艰险与困难。

当我们层层冲破艰险，驶近彼岸时，我们就会惊喜，之前我们拼搏的血汗，已经化为了胜利的荣誉，筑成了坚不可摧的前进大道。

中部分：

钢琴是一项伴我多年的爱好。

我鼓起勇气，开始向这"无上"的高峰挺进。

出成绩那大卜了场大雨，冲走我的光荣与梦想。

无数的鼓励声与加油声刺激着我，我下定决心做"最后一搏"。

无数个日夜我熬夜苦练。

考试当天，忐忑不安地心情渐渐平复。

出成绩又一天，我喜极而泣。

末部分：

无数加油声交织在一起，铸就了我，一个平凡少年的梦想。

给徒弟们的信

今天的文字本是写给我在前外的几个年轻徒弟的，但对其他年轻老师也许有用，就写在这里了。

可爱的徒弟们：

这半个学期，我一直密切关注着你们的成长。在我看来，你们有活力，努力，诚恳，也愿意接受师父的意见和建议，这些都是你们的优点。你们每个人性格脾气工作习惯各不相同，我也在努力地体会着，在我眼里，你们都很可爱。我一直坚信，只要你们肯下功夫，假以时日，未来可期。

我也发现了一些有共性的问题，学期过半，我想可以先以文字的方式简单说三点，也为以后深谈（很快就安排）做个铺垫。因为了解你们的性格脾气，我决定开诚布公地直接表达。

第一点，各位都需要苦练基本功。

语文老师的基本功有哪些？首先，你要求学生做到的你必须自己先能做到，而且必须做到出色的地步。听说读写，你只有自己具备相应的能力，才有可能教学生真东西。目前看来，你们的基本功还不够扎实。不是说我们都是中文系毕业的，这些基本功就天然具备。要清楚自己的短板，要在短时间内补上，除苦练，没有别的办法。

在这个问题上，我不信任何"空头支票"，我希望你们能针对短板，找提升自我的具体办法，有真的行动。哪怕是一个学期能突破自己的一个弱项，都是真实的进步。

第二点，除了听说读写的基本功，你们必须提升文本细读的能力。

前几天我让晓宇当面给我讲他对期中考试作文题的解读，就发现了这方面的问题，晓宇也因为我的批评做了深入的反思。

我为什么重视这个问题？试问，如果一个老师自己还不能准确深入地理解文本，如何指导学生？我们平时备课，首先要把文本吃透。雅丽的反思里写过，"浸润式"备课，这一点非常重要。能做到这一点，老师自己要静得下来，坐得了"冷板凳"，"我心飞扬"的状态肯定不行；每天只顾眼前事的状态，肯定也不行。只顾眼前事，很容易"头痛医头，脚痛医脚"，这不是搞教学，也不是搞教育。

做到把教材"吃透"也难也不难，关键看我们肯不肯在这上面下功夫。阅读文本的方法当然不止细读这一种，其他的方法我们也要掌握。我不敢说自己这方面的能力有多强，所以也一直在学习。我想提醒你们的，是千万不能只读教参，只从网上找现成的教案来用。不是不能借鉴他人的方法，但绝不能自己不具备独立进行教学设计的能力——我姑且称之为"原创力"。包括我的做法，都不适合直接拿来用。你们必须有自己的主张，这个能力要加强。有时候课堂上的讨论不能深入，有教法问题，但很大程度上还因为我们自己对文本没有吃透。之前跟你们聊过，针对自己的短板，不妨采用专题阅读的方式，各个击破。每一个小问题上钻研透了，解决的小问题连缀成片，能力就会有明显提升。

第三点，要在讲求教学实效上下功夫。

这个问题其实不是三两句就能说清的，因为也许我们对"实效"的理解都不完全一样。我只说我的理解。

昨晚王荣生老师的讲座我不知道你们听了没有。王老师追问"应该培养学生怎样的写作能力？"我说这个问题追问得好。不只是写作，我们每一天上的每一节课，都意味着老师引领学生向着应达成的目标又走了一步。目标究竟是什么，是不是每个人都清晰？课程标准写得明明白白的目标，我们是不是也明明白白地掌握？这个问题要扪心自问。

如何达成目标？我们要尽量避免"无用功"。学生学情越不理想，越要在有效性上下功夫。我也会有对自己的课堂效果不满意的时候，没有达成自己的理想效果，我会跟自己较劲，尽快找到对策。

如何检验自己的教学策略是否有效？要关注学生的变化。不论是学优生还有学困生，我要琢磨，在我采用了某个策略后，他进步了没有。我会持续观察。

给你们举个典型的例子——肖同学是（1）班语文学习比较好的学生，但他的写作能力需要花很大力气提高。你们可以看到，从期中考试作文，到进入讲评和修改环节，我教大家写提纲后，他学着自己写提纲，再到我用任务单教他们把提纲写到位，再到他修改的作文，再到我在批语中帮他明确的三稿的改进目标……这里面就有显著的变化，这就是有效性的体现。当然，现在做得还远远不够，需要我和学生都持续发力。

互联网时代，学习的资源和路径都很多。我希望你们每个人都能凭借自己的实力做好老师。实力从何而来？唯有苦学，学的过程中多为难自己，多思考，多实践，下真功夫。在我这里，没有更省力气的办法。我自身的教学也有需要改进之处，我愿意和你们一起努力，共同进步。

另，梦楠和雪儿：我一直有顾虑，毕竟你们教九年级，教学任务繁重，但我希望你们每天抽二十分钟到半小时，和另外三位老师一样写教学反思。不然我担心咱师徒一场，你们的收获没有别人多。

你们的师父

即日

享受表达的快乐

昨天课上花了十几分钟，和学生们简单而直接地谈了期中考试作文修改文批阅过程中的初步印象。

我问学生为什么开头有那么多雷同句，他们说是因为印的范文就这么写的，所以照搬照抄。这个理由不出预料。所以我借机讲明**写作初阶的仿写和抄袭之间的区别，告诉他们抄袭是大忌。从作文书上找例文背下来，带成文进考场的做法完全不可取。**

我追问的第二个问题是：为什么大部分同学不敢开门见山，非要选择"穿靴戴帽"的开头方式？

他们说，这样可以凑字数。

这个理由我信。我告诉他们，抄提示语，构思雷同的开头，都是造成"大俗文"的原因。不是说一定不能"穿靴戴帽"，但套路化的表达，整所谓的"话术"，并不可取。

说到底是文风问题。这样写作，肯定与"享受表达的快乐"无缘。

我举了肖同学的作文为例，并告诉全班同学，接下来我们会点对点地讲评，还需要进一步修改，写三稿。

我跟孩子们说，我和你们相处的时光已经过去 1/4。我很希望能帮你们提升写作能力，但能否有成效，取决于你们。你们认真——我认真，我没有办法在不认真写的作文上下力气修改，那样是无效的。

我说这话的时候，不少学生在微微点头。能有一部分同学先明白这个道理也是好的。

星期四晚上班主任赵老师给我的反馈，说学生觉得我教他们的写作提纲很有用，知道该怎么构思了，写作思路清晰多了……得到这样的反馈，我也确实更有信心和动力了。

我一直在反思写作教学有效性的问题，包括我们教学生的方法是不是真方法……原来读国外的写作书比较多，这两年更关注国内作家的写作经验。这两天在读两本书，《赖声川的创意学》和西门媚的《万物写生》，很受启发。

赖声川说，现代教育不负责"智慧"教育，这种"不负责"中隐藏着一种共识：智慧无法或不该被教导。

他所说的"智慧"是指个人对生命的透视力，对宇宙的觉察力。他批评说，现在的学校是学习技术而不是智慧的地方，我们正选择一条与古人相反的路，不自觉地推卸责任，不愿面对"智慧"这门过去唯一的科目。

我以为赖声川的批评很有道理。我们景山学校一直关注"思想带文字"，不能只教写作的技术，必须关注学生的思想、价值观等的形成，无论如何，都要把这 点放到自己的教育教学视野中。

西门媚是个成熟的作家，也教成年人写作。她教学员如何"体察"。无独有偶，前几天读到诗人普珉的访谈，结尾部分也在谈"体察"的重要。

我的追问是，我们教学生的是什么？是观察。那作家们看重的"体察"，和我们中小学教的"观察"哪一个蕴含着写作之道呢？我个人倾向于"体察"。怎么教学生体察，这是我这几天思考的重点。下半学期的作文训练中，可能会把我的思考和策略放进去。

以"双减"促"双升"

周末事情很多：星期六整整一天，贡献给了全国青少年科普科幻教育大会；星期日参加科普科幻作文大赛的论坛，除了准备的时间，论坛本身没花很久……但是收拾老房子，打包物品准备装修，饶是有帮手，也累得我人仰马翻。

一边忙家务一边琢磨下星期六论坛发言的事。

下星期六首师大要召开"首都卓越教师论坛（2021）"，论坛主题是"优质教育实现与卓越教师担当"，我作为名师班第一批学员有发言任务。

怎么界定卓越教师？判断的标准是什么？卓越教师该怎么做？想了想，我还真没琢磨过。

围绕教师成长的话题，分享过景山学校教育教学科研三位一体的育人模式；结合桥本武先生的著作，探讨过教师自身的全人教育问题；再有就是教师如何做教育教学反思，前几天应迟淑玲老师的邀请，和海淀语文教研组长们聊过。再往前回想，给《北京教育》写过"要成为更好的自己"这个主题的卷首语……关于个人成长，我做的思考大致如此。

请教了几位同行和好友，他们的回复对我有很大启发。轮岗两月余，课堂教学既是我工作重点，也存在难点。我就老老实实地谈谈自己是怎样看待课堂教学，钻研学情和备课、反思，有一说一就好。

179

"共情"和"体察"

晨起备课，熟得不能再熟的课文——《背影》。照以前的路子讲还是怎样的？我有点犹豫。

《背影》能够打动人心，归功于作者，也归功于非虚构。正如 1947 年作者自述创作缘由时末一句说的那样："我这篇只是写实。""只是写实"，足矣。

学生怎样才能感受到这种写实文字的力量？

我一把年纪了，对文本的理解比年轻时深了很多。这感觉正好是《背影》里表现的那样——太年轻的朱自清也曾一时间不能理解父亲的举动和良苦用心；被父亲买橘子的背影深深打动，他不仅理解了特殊情境下的父爱，随着自己生活阅历越来越丰富，他也越来越理解父亲在颓唐老境中的心境……

我一个有生活阅历的语文老师能理解的程度，学生肯定达不到，这一点毋庸置疑。怎样稳扎稳打，引导着学生尽可能深入地理解文本？

我想到的是"体察"和"共情"这两个词。

"体察"是作家应该做的，而"共情"是读者应该做的。

西门媚在《万物写生》中提倡"体察"和"共情"。她称"体察"是人间风景的观测方法，不仅要用眼、还要用心，甚至需要身体力行。

她说："写作与阅读，我们都是在培养一种共情能力。共情能力，是非常重要的能力。我们阅读文学作品，看影视作品，代入主人公的境遇，被感动，需要的是共情能力。不只是审美时需要，生活中，人与人的交往中，共情更加重要。共情能力，让我们能设身处地地理解对方的境遇，感受到对方的情感，产生情感的共鸣。"

这些观点或主张对我很有说服力，我就在想，学生在八年级这个年纪，语文学习也好，生活中待人接物也好，确实到了应着力发展"体察力"和"共情力"的时候了。

考虑了许多，所以就在教学开始时略微"绕了个远"，和学生聊了聊这两种能力的意思，提示他们要通过共情感受作品的情感，体会作者如何发现生活中饱含真情的小事、细节，如何描绘它们。不论是读者还是写作者，打开自我，设身处地体会他人（不论是家人还是陌生人），这一点非常重要。

最近一直在提升学生记叙文写作能力上较劲，觉得不跟着《背影》练写作，错过这个机会，实在是太可惜了！景山版教材《背影》后的练笔题目我很喜欢："选择平常而又饱含长

图 1　景山版语文实验教材《背影》插图，王惟震绘

辈对你疼爱之情的素材，写一篇练笔。"这个题目特别接地气，打算当作周末作业布置下去，让学生对如何"体察"有个实践机会，估计能出几篇好文章。

课件首页这幅课文插图，来自景山版教材，作者是画家王惟震先生。我觉得，这是我见过的最好的《背影》的课文插图。

嗯，就反思到这里。

老师最该教学生什么？

老友说：居然引用了西门媚的话！我说，何止啊，还有诗人普珉老师的话呢。

我给学生复述了西门媚在书里举的日本主持人关口知宏在旅行中"异乡有悟"的例子；也讲了诗人普珉自觉大学老师生活在象牙塔里，缺乏对生活的体察；要缩短个体与现实的聚集，就要体情察物，尽量接近身外之物……

今天的课之前，只是个别学生听说过共情能力，似乎都没听说过"体察"。他们对拓展的这部分都表现出有兴趣，这就够了。学生学习共情和体察能力，这应是循序渐进的过程。先带他们了解理念，再创设情境不断进行读写演练，加上这个年龄段又正好是心智成熟比较快的时期……总之，持续发力，应该有好结果。

学习任务单的设置比较规矩。有的题目出自教材课后探究题，有的是景山版教材里的思考题。我基本上是按照带着学生学习的步骤梳理的。根据培养"共情"和"体察"能力的认识，对题目做了局部强化处理。上课时笔谈和随时跟进的讨论交替进行。

我还给学生印了背景资料，上课时一起发了下去。

我并不介意给学生印适合的助读材料让他们自学，不仅因为这有助于学生加深对文本的理解（这也是我们这些老师研读文本的方法），还因为长期以来我有一点认识或曰追问——

学生如果像老师那样拥有教参或类似教参的教辅，他们的自学能达到什么程度？老师还能教学生什么？

　　我的一家之言——老师最该教的就是学生听讲和自学都解决不了的问题。简单说，就是你不教他就不会的问题。

　　陈静老师推荐王荣生先生《散文应该这么教》一书给我，这套《怎么教》系列丛书我很早就读了。再读，温故知新。

　　谢谢陈静老师的分享。

　　多写几句，词不一定达意，我考虑得也不一定都对，希望大家批评指正。

　　睡觉，晚安。

苟日新，日日新，又日新

2021 年 11 月 16 日星期二

　　今天记的都是鸡毛蒜皮的事。

　　上课时我先表扬了刘同学，她用我送的改错本整理期中典型错题，很用心。

　　中午找学生面批期中作文修改稿，要求他们能继续写三稿。今天谈了十位同学，明天继续。

　　计划中后半学期除了说明文和传记的写作练习，再写两到三篇记叙文。这个学期带他们制订过"写作指南"（其实就是某个作文应达到的标准），教了如何写提纲，打算再教他们对照标准自检，自主发现问题。时间紧，审题暂时不做专题训练，写前指导其实就包括审题的训练。

　　很期待他们能把作文改得好一些，期末给他们做个作文合集。我教过的景山学生都很习惯把作文修改好后交我电子版的事，所以之前很容易就做电子文集。前外的学生大概是家长管得严，不让动电脑，今天有学生跟我说：

他不会打字。不是玩笑话。

之前郑同学没领改错本儿，昨天下课来找我要。去办公室路上聊了几句，我夸她这几天状态好多了，问她是不是和上次的"响鼓重锤"的信有关，她说是。今儿中午她又主动来找我背诗。第一次背得太生，没通过，在楼道里背十几分钟又进来。因为中午陆续有学生找我面谈作文和背诗，我的饭总是吃不了两口就放下。趁她们在楼道背的时候我赶紧扒拉完。结果郑同学进来后，第一件事就是主动帮我把盘子送到食堂，我真是觉得挺暖的。再进来背诗顺利过关，她很开心，说以前她背一个星期才能背下来。我说，这是因为你专心——你很聪明的。我能感觉到她的心情很轻松。

和她一起来的另一个女生也主动背了一首。学生能这样努力，一点点进步，我觉得就挺好。

下午听雅丽的课，她讲《诫子书》。下课后和她谈了谈教学环节要连贯以及安排合理的问题。

雪儿举着一张人纸进来，告诉我课堂小组交流要用的表格都准备好了。一会儿得看她新改的教案，星期四要听她第二次试讲，星期五汇报课。

最近没顾上梦楠，我知道她在写课题申请报告。

晓宇呢，我是天天叨叨他，因为他是男生，比我儿子只大两岁，又和我同头，天天见面，我对他的要求应该是最严的。

五个徒弟每星期一到星期五都在打卡群里交教学反思，我是看到谁的反思有问题就直接回复几句。我不担心他们能否坚持，我更关注的是反思是不是走心了。景山学校这边任秋菊、戴雨竹，远洋分校的杨谷怀、朝阳分校的张永雅也都在群里坚持打卡，我们时不时还交流几句。其实每天写反思，能坚持，自己就是最大的受益人，但说真的，确实挺考验人的毅力的。

对我也是挑战——毕竟在前外的工作量比在景山学校多多了，用时间来衡量，大概是两三倍。学情有差别，新情况新问题都是每天动态生成的，所以每天都得琢磨对策。坦白地说，别看只是一个教学班，备课量很大。本来在我也很少直接用以前的教案，现在每天琢磨最多的就是怎么搭学习支架，怎么有实效。身心俱疲的时候写反思脑袋都不清晰，有几次是第二天上午补的，好在没有真的"断更"。

我能察觉到学生在进步。我呢，也算是做到了"苟日新，日日新，又日新"。从某种程度上说，我对自己也有新的认识。

就这样，踏踏实实的状态，挺好。

跳出来思考

有时候会"跳出来"打量自己和教学，也会以怀疑的眼光反思我们教了孩子们什么。

比如，读这本《贝佐斯如何开会》，关联教育的想法就比较多：

亚马逊开会的资料必须以文章的形式呈现，不允许用课件。基本资料"1页纸"，大型报告"6 页纸"。

会议要从"沉默"开始，与会者要认真默读资料。

推新项目时要用新闻稿的形式呈现。

有争议但非主要的话题被记录在搁置区，避免讨论跑题。

参会者必须有主人翁精神，没有主人翁精神就不该参会。

……

关注这些企业里的事，纯粹是因为项目学习。

做项目学习设计，要创设真实情境和任务。所以我会想，社会、企业等到底是怎样运转的，我一个小老师理解多少？

亚马逊的有些理念和我的想法不谋而合。

比如，开展小组合作，必须先有个人的高质量学习做基础。带着个人学习成果参与小组合作学习，才有真正合作的可能。

我们教孩子们要小组合作，可没人告诉他们，你们得用自己的智慧与他人合作，不然很容易成为人家眼里的"熊队友"。

以"沉默"阅读资料做开始，是会议提高效率的有效措施。我们的课堂上缘何就不能多一些让学生安静思考、消化吸收的空间和时间？要知道，想法的形成是需要时间的……

还有，《赖声川的创意学》第 14 页《僵化的创意》一节中，作者强调："发挥创意的重要条件是，需要强烈的个人主义独立思考及行动能力……"，那么我们该如何解决和小组合作与个人独立思考及行动的关系，尽可能保障学生自主思考的空间和时间？甚至，我们挤课堂"水分"的时候，是不是也应该严格地审视一下哪些是无效或低效的小组合作学习，也应该给个人独立思考多些空间和时间？

亚马逊开会的要求当然不是"金标准"，但至少让我在创设"真实情境与任务"时，多想想现实社会的运转是否如我等以为的那样。

记叙文写作教学 2021 年 11 月 18 日 星期四

景山学校初中语文教学提倡"记叙文写作不断线"，这很对。教材有自己的写作体系，教学实施过程中，要根据学情适度调整。

上周借修改期中作文之机，教了学生如何列写作提纲。不能是"一锤子买卖"，还得不断练习，方法方能内化。记叙文写作不断线，学了《背影》后不写点什么实在说不过去，遂用了景山版教材里的练笔题目，让学生写写平常而又饱含长辈对自己的疼爱之情的事。印了两篇范文，一篇是学生练笔，另一篇是我的随笔，都是十多年前的文字。

课上给了写提纲的时间，下课时有十几个学生交了上来。最显著的进步是大多脱去了俗气的"帽子"，简洁清爽多了。(昨天数过《背影》开头的字数，含标点，只有 26 个字。)

今天在做指导时特地提醒他们，避开太"俗"的题材。我还没举例呢，他们自己笑起来，说要么就是下雨我没带伞，妈妈来送伞，自己淋湿了；要么就是我半夜发烧，爸妈带我去看病，还打不着车——我一看大家都知道这些梗了，就没再啰嗦。看提纲里写的素材，个性化特点也比较明显。

明儿下午一课时，写这个练笔。

第三节听雪儿的课。前两天给她出主意，小组讨论要尽量落实，一是全员参与，避免"打酱油"的现象，二是学习过程和结果要能呈现，可视化。在孩子们自己填写少年闰土和中年闰土的对比表的基础上，小组合作，整合大表。从今天上课效果看，做到了全员参与。又提了改进建议：小组代表再到前台来分享，给话题"我眼中的闰土"，让学生有大段分析、综合的机会，避免对人物的分析支离破碎。

记叙文写作练习：

　　选择平常而又饱含长辈对你疼爱之情的素材，写一篇练笔，不少于 500 字。希望你用心选材，斟酌着表达，期待你的文字同样具有动人以及抚慰人心的力量。

例文 1：

倾斜的爱

邵泽华

《倾斜的爱》是某期《读者》上的一篇文章。讲的是一个人发现自

187

己和父亲、儿子之间的爱，是倾斜的爱：父亲肩上的一根扁担是倾斜的，低的那头是自己，自己肩上的扁担也是倾斜的，低的那头是儿子。于是，爱，就顺着这根扁担，一代代流下去，流淌到子子孙孙。

其实，这并不是作者的家庭所特有的，在我们的身边，这样倾斜的爱绵延不绝地延续着。

外祖父母来了，还有二姨和二姨父。

该睡觉了。老妈总是要等到我躺下以后进来一边说我不长记性，这么大了还要人伺候，一边帮我把被子窝成一个窝，说这样暖和。我总是哼哈哈地答应着，把腿略微曲起来一点，等老妈走了以后，再把脚底下的被子蹬开，因为被子窝起来的话就得蜷着腿，很不舒服。

那天，老妈重复完这样的程序之后，回到自己的三人"女生宿舍"。门没关严没多一会儿，我就听见外祖母的唠叨声：

"快点睡吧，把被子盖好啊！跟你说'压上一层压上一层'，就是不压。告诉我在哪儿呢，我拿去。你俩都四十多了还要我伺候你们，嗯？"

听着她们的对话，我想起那篇《倾斜的爱》，忽然觉得自己就在那扁担的最底端承接着从上一辈人和上上辈人流淌下来的爱。我该珍惜这些爱，因为我几乎没有机会也不能让这扁担的倾斜反回去。

于是，我坐起来，把自己的被子窝成一个窝。其实，只要枕头往上点，就不用蜷着腿。

例文 2：

那超越一切的爱

周群

在母亲眼中，我永远是个孩子。

那年 5 月，我已经怀孕 8 个月。因为验血的各项指标均不合格，血小板只有 3.8 万，被医生怀疑为慢性再生障碍性贫血。一连跑了几家大医院，结论都是如此。大夫警告我说："如此下去，大人孩子都有危险。"甚至建议我引产，不要这个孩子……我落了泪，为肚子里的小生命担心。我知道自己是多么珍爱这个即将降临人世的小生命。思前想后，我决定不把大夫的诊断告诉我的父母亲，以免他们担心。我继续辗转于各大医院求医问药。没料到，分娩提前三周到来。而此时，我的血小板下降到 3 万。只有 3 万！这意味着我很有可能因为出血不止而丢掉性命，

分娩自是一番惊险。临产时血小板降到了 2 万 7，医生担心我大出血有生命危险就下了病危通知书。清晨还不到 6 点，两边的亲人几乎全赶到了医院，医院产科所有的大夫、护士都守在我的产床旁。

大家都为我捏一把汗，但其中，只有母亲被蒙在鼓里，所以她还有点诧异：生个孩子怎么就报上病危了？进产房七八小时后，孩子终于呱呱坠地，此时，我的体内已经输入 600cc 鲜血。大家都松了口气——尽管我还面临术后恢复等一系列问题，但毕竟母子平安。

产后两个月，去医院复查，我的血色素竟奇迹般地恢复了正常，儿子更是非常健康。于是，我带着儿子回母亲家小住几日。与母亲说到分娩时种种苦痛，我忽然想起医生曾对我下的诊断，便如此这般地当作笑话告诉了母亲。没想到母亲吃惊地看着我，先是愣了一下，接着便捂着脸抽泣起来："你们怎么都瞒着我，我是你妈妈呀……"我的鼻子也陡然一酸，强忍着眼泪，我劝慰着："妈妈，我真的不想让您为我担心呀！"母亲还在哭着，我轻轻地把母亲揽过来，让她靠在我的肩上……

这是一个真实的小故事，或许它小得只能称为一个片断，但我却怎么也不能忘怀。我知道，在母亲眼里，我永远是那个让她牵挂的小女孩。作为母亲，我同样牵挂着儿子的一举一动，他咿呀学语，他笑，我便快乐；他生病了，他哭，我会揪心地疼……"养儿方知父母恩"，我现在才算是真正懂得，父母对子女的爱是怎样一种深恩！我想，等儿子再大些，我一定要把这段小故事讲给他听。

进步必须是肉眼可见的

上午参加区里的工作，和阿尔山等地区老师线上交流，讲"双减"背景下重新审视课堂教学，虽然已经是"老话"，但仍然要求自己能把最新的思考呈现出来。我和老师们说："今天的教育，要求老师不仅要能教、会教，更要能教会学生；不仅要能教会学生知识，还要能关注学生能力与素养的提升，教学学生学习。课堂是教育的主战场，这就要求我们必须能以主人翁的姿态投入工作。"这是仅就教学而言的，更上位的是立德树人。

中午赶回前外，匆匆吃了饭，就到了听徒弟雪儿汇报课的时间。今天时间把控得好，之前试讲过两次，这次是最完整实施教学设计的一次。第三节雪儿找我评课，整聊一节课。了解了领导的评价，我对雪儿提出反思要求："两次试讲，第三节正式上课，每一次都有进步。那每次改进的究竟是什么？对你今后的教学有什么启发？"然后面授机宜，教了教徒弟如何就着课例写教学小论文。

对徒弟们的要求又提升了——对他们观察、"跟踪"了半个学期，我发现，他们目前的教学设计几乎都是停留在单篇上。虽然领导有单元设计的要求，但他们尚无单元设计的意识和思路，没有明确的方法。这肯定是不行的。要回归课堂，向课堂要效益和效率，从备课到实施，就不能只搞单篇教学。

遂在师徒群里提出要求，让他们跟我报备接下来要学的单元，要做单元整体设计给我看。晓宇第一个被我点将，我让他星期日晚务必把整合后的"传记单元"完整的教学设计发给我。我说："你不要先问我该怎么设计这个单元，你先设计，拿出可讨论的方案来。"

响鼓重锤，只要他们愿意。

下午第二节学生写作文，"体察"长辈对自己的爱，有几篇作文相当好，略加修改就能发表的水平。

我最欣赏小齐这篇。他没起题目，说请我帮他代起。没题目就没题目吧，文章真挺感人的。其他的好几篇都不错。

这次写长辈对自己的爱，下次，我准备让他们写"陪伴""反哺"这个主题的记叙文。嗯，还是用我和黄山合作的那首《趁我》以及关于阿尔茨海默病的其他资料当写作支架，自命题作文。这组材料已经三次用在作文教学里，效果很好，和刚写的作文从题材到主题都也正好衔接。

我准备帮孩儿们修改，做合集，尽量多地发表。

想起来今天上午的分享中我说的话——我要求我自己，同时也要求孩子们，每天的学习，进步应当是显著的，甚至这进步必须是肉眼可见的。

学生习作（小齐）

病房里，洁白的墙，深绿色的病号床，充斥着消毒水味道的空气。

爷爷头靠在床边上，一动不动，好像睡着了。旁边，奶奶正和母亲、父亲聊着，讨论爷爷的病情。我转身望向窗外的景色，下午的阳光透过玻璃照进来，说不出是温暖，还是苍凉。

爷爷今天做手术，等好我放学后赶到时，手术已经做完了，爷爷正躺在床上睡觉。奶奶说，爷爷今天太辛苦了，早上 9 点进的手术室，直到下午 2、3 点才被推出来。老人家都年过七旬了，确实不容易啊。

宽大的病号服罩在爷爷瘦小的身躯上，裤脚和袖口都长出了很多，但都裹得严严实实，或许是奶奶的杰作吧。这样一个瘦弱的老人，如何经得起这样长时间的手术呢？"你爷爷刚从手术室被推出来时第一句话就问：'睿睿来了吗？睿睿来了吗？'问得是那样清楚、那样急切。"听着耳边奶奶的低语，我脱下外套，轻轻地盖在爷爷身上，眼泪止不

191

住地掉下来。

虽然这动静不大，但是他还是醒了过来。"爷爷。"我轻声地唤着。尽管仍很虚弱，爷爷还是把头扭向了我的方向。"是睿睿来了吗？"爷爷的声音低沉而又虚弱，但他问得是那样的清楚和急切。我抹了一把眼泪，向爷爷伸出手去。

长大后，还是我第一次握爷爷的手。苍老而又松弛，布满了青色的血管和粗糙的老茧，这双经历了七十多年风雨的手，被我紧紧地攥在手心。我早已无法顾及泪水，任凭它们在我的脸上流淌。我紧紧地、牢牢地抓着爷爷的手，不想放开。良久后，爷爷用虚弱的声音说道："睿睿，扶我走一走吧。"我一惊："可是您的身体……"爷爷没有再说话。我只好顺着他的意思，俯身，双手轻轻地往上提着。爷爷慢慢站起身来，紧紧地拉着我的手。

病房里，一老一少两个身影，缓缓地迈着同样的步伐走着。仿佛我们都回到了十年前，令人怀念难忘。

关于听评课

2021 年 11 月 20 日 星期六

听课听什么？评课评什么？

景山学校的老前辈教我们，听课主要听的是学生。如果可以，尽量坐在前面，这样能看到学生的状况，表情，肢体语言，诸如此类。

所以，学生分小组活动的时候，老前辈们会下到行间，听学生讨论，甚至也会和学生讨论几句。

这样才能观察到真实的学情。

评价一节课的质量，主要看学生，看这节课有没有增量。也就是说，听课主要看的是学生是不是从不会到会，多少学生会了，会了什么，会了多少。

教师呢？当然会看基本功，不能有硬伤。除此，景山前辈要求我们导入和结尾的环节，老师要格外精心设计。特别是结尾，要有一段有感情或思考的深度、能让学生真正"走心"，给学生带来真切影响的话。当然，这是指听课。

是不是每节课都要有这么一段？我倒觉得不一定。日常的课堂更像过日子，课型多样化，每天的进展也未必是想完整就能完整的，那个语重心长的结尾就得是相机发生的了。

景山学校没有固定的课堂模式，但我们有鲜明的语文教学思想和主张。小学有"三大法宝"；初中一脉相承，又有新发展，有增量。景山"以写作为中心"的提法在当年引起争论，但其实我们并不是摒弃阅读，只重视写作。

景山学校初中强调以阅读为基础，以写作为重点。不论是记叙文还是说明文、议论文，都强调读写结合。在过去十多年的教改实验中，初中形成了记叙文、说明文、议论文、古诗文阅读与写作等四年的序列化的教学目标。当然也有听说的序列。记叙文写作不断线，说明文和议论文都有系列化的写作训练方案。我们认同语文教学要有科学性……

2015 年开始，我们的初中组老师陆续加入项目学习。王海兴等老师更早地开展了诗教的课题研究与实践。我一向认为，有什么样的教育教学思想与理念，就会有什么样的课堂。至少在我看来，听课除了看学生，就是在观察并了解老师教学设计背后的主导思想是什么。帮老师们备课过程中，我也是在帮老师理清认识上多下些功夫。

记得是好几年前了，我和吴泓老师聊天，讨论他做的专题学习。他说要想弄那种出彩的参赛课，是分分秒秒的事，因为他掌握了套路。他自己就是赛课"出身"的，指导赛课真不是难事。难的是语文教学应该怎么搞，语文学习的规律和方法究竟是什么……大意如此吧。反正就是他觉得搞那种赛课没啥意思，想解决真问题，就一头扎进了专题学习里了。事实证明，这是真东西。至少我认可这是真东西，在教学生真本领。吴泓还说，他的课不是用来听的。现在做项目学习，其实也不是用来听的。几年前我特地去听他的课，果然，学生在机房认真上机阅读材料，写各种笔记，要做研究论文，老吴从头到尾就没说几句话。这课，当然不是用来听的。

说这么多，也是因为我这一段时间听了不少课。我一直琢磨，该怎么看待听课和被听课这两件事。

要做的是研究课，那就应该真研究点儿什么才好。突破一个教学难点，解决学生学习的一个真问题，把自己的方案拿出来让大家评评中不中。上完课了，学生有真实的收获，老师也有真实的长进，我觉得就很好了。

如果是青年教师汇报课，则要看他们的基本功有没有提升——在独立完成教学设计上能力如何，课堂实施过程中的掌控能力如何，特别是能否及时、准确无误、实在地跟进对学生的指导，对课标和教材吃透了没有，课上得有没有"致命硬伤"……磨课的意义也在于此——尽量在每个环节上都更熟练，得心应手；方向正确，力求实效。在磨课过程中，我个人观察更多的还是青年教师的态度，是否肯下苦功夫、不惜力。

评课呢？评课的人首先要尊重设计者的劳动。以尽量理解他／她的设计理念为前提，"顺着"对方的设计来看课。发现问题当然也要谈，诚恳、用心，指出问题多帮忙出主意，帮助寻找对策……我以为，这是对做课老师的最大尊重。

关于听评课，我大致就想了这些。

关于单元教学

很多道理我说了又说，自己都觉得好生啰嗦。只是不知道年轻教师听进去了多少，听懂了没，也不知道到底影响几何。我也只好继续啰嗦。因为要求五个徒弟从现在开始，要交单元教学设计给我，所以，我打算分两三次讲讲这个问题。

关于如何进行单元整体教学设计，我先推荐北京教育学院王漫老师在 2012 年时给"绿耕"项目做的讲座，题目是《初中语文单元教学的设计》，她在讲座中呼吁老师们养成单元备课的工作习惯。相关讲义，有兴趣的老师请自寻。

我是在 2010 年之前写的论文《如何削弱语文教学"教师"环节中的"衰减效应"》里谈过这个问题。之所以重视单元教学，一是因为受王漫老师影响，我在教育学院进修时，是她的学员。二是因为景山学校初中语文教学是有大单元教学传统的。我作为教材编写者，也作为实践者，体会尤其深。

上午有老师问我教学目标序列化的问题，我在这篇论文里都写了，明天再摘录分享。咱们今天先梳理备课中的问题。

> 实际教学中，不论使用哪一套语文教材，教师备课环节中"只见树木不见森林"的现象比比皆是。
>
> 对于全套教材而言，教师容易只关注自己手里正在使用的这一本教材；不了解全套教材的编写宗旨和教材编写整个体系，也不了解各册教材之间的关系——

每一册教材在初中语文教学中承担的分解任务是什么？

每一册教材在使学生语文能力与素养得到提升方面有哪些安排？

编写者的用意是什么？

学生的"增量"是什么？比如文言文，九年级的教学目标和教学策略与七年级有什么不同？

对于一本教材而言，教师容易满足于弄清楚全册总共几个单元、每个单元是记叙文还是什么其他的单元之类的问题，而对下列问题缺乏思考：

教材的编写是按照什么方式组成的单元？文体单元还是主题单元？主题单元背后是否隐匿着教材编写者对知识体系的建构？

组成教材的若干单元各自承担怎样的教学任务？

本册单元之间、各册同类单元之间有怎样的内在联系？

对于一个单元而言，教师同样缺乏"分解意识"，容易急于一篇篇课文地备课，心里总想着怎样将课文讲深讲透讲明白。

对于单元教学目标，每一篇课文承担着怎样的教学任务？

我们提倡"一课一得"，突出重点，那么，每一课的教学重点与单元教学目标的关系是什么？

对此类问题缺乏思考，单元教学设计往往被忽略或"跳过"，教师凭着个人喜好制定单元内每一篇课文的教学目标——能够体现教材编写者用意的语文教材助学系统也往往被置之不理——备课环节的任意性直接导致教学环节的任意性。

这样一篇篇课文教下来，当然不能实现单元教学目标。

上述备课环节中的问题都没搞清楚，教师如果再不了解《语文课程标准》对各学段中识字与写字、阅读、写作、口语交际及综合性学习各项的目标要求，势必对初中阶段的语文教学缺乏整体规划，教学过程只能是教师带着学生"跟着感觉走"，而教学结果也一定是学生

"走到哪儿算哪儿"，达不到应当达成的目标。

文章是十多年前写的，可这些问题今天依然屡见不鲜。

我总说要用系统化、结构化的思维去看待课标和教材，培养系统化、结构化的思维该注意什么问题，我想，这部分文字也算做了回答。

创造性地使用教材

2021 年 11 月 22 日 星期一

针对教师备课环节中容易出现的问题，景山学校老前辈们研制了实验手册，除了做出备课程序性的规定之外，还从理念上帮助教师提高认识。

实验手册中明确了景山学校对"学生发展与语文教育的关系""教师与学生的关系""知与会的关系""多与少的关系"这样四种关系的认识，每一种关系的论述都甚为精辟。

在"多与少"的关系中是这样谈论对"课文"功能的认识的：

"名文、美文作为课文，是需要语文的教学目标统辖的，为提高学生的思想水平、语文能力服务的。因此语文课本中选作课文的文章，除了它自身具有的内容和魅力以外，语文教学还要赋予它在某一个年级应承担的特殊任务，作为提高学生某一种语文能力的范例或材料。这些文章是相对完美的，但用它来教学，目的要相对集中、单一、有针对性。教师在指导阅读时，如果处处都难以割舍，面面俱到，势必影响教学效果。"

2017 年之前，我们一直使用自编教材。基于上述认识，景山版教材"将语文教学目标分解后，落实到每一单元、每一课、每一次活动中，积少成多，由部分到整体，以谋求语文教学任务的实现"。

值得关注的是，景山学校初中语文教材采用大单元编排。教材每册分为4~5个单元，每一单元都有语文学习的侧重点，这些侧重点分解着语文教学的总任务，并将任务落到实处；单元内容以某一话题为总领，读写结合。这些话题以人文性话题为主，兼顾语文学科知识性话题。

在景山教材编写者看来，这不仅是教材编写的特点，更是基于"一切为了学生发展"的语文教学策略："单元间学习强度有弱有强，张弛相间；话题多样，方式灵活，不断营造新鲜感，培植语文学习兴趣的生长点，以提高语文课堂教学的效率。"

事实上，景山学校语文教材的编写者还将语文教学目标的分解工作落实到了文字，制订了六至九年级阅读、写作、听说、写字四个教学序列，形成教学纲领性文件。

对于景山学校自编初中语文教材的试教工作而言，这一系列"红头文件"，以及多年试教中同时开展的校本教研，实际上还起到了一个突出作用，即提升语文教师对景山教材编写理念的认同度，保证了试教实验过程中凸显景山学校语文教材特色，乃至新课改背景下的景山语文教改特色。最终不仅培养了一支富有景山语文教学特色的教师队伍，更是保证了学生语文能力与素养的长足发展。

教师的教学过程应具有一定的"规定性"，减少随意性。我认为，这是当前基础教育水平和质量还相对低下的情况下的一种保证性措施。景山学校对初中语文教师教学过程的操作程序等的规定，其意义不仅局限在校内，更在于它具有普适性，值得推广。

值得注意的是，"规定性"并不等于教条僵化，景山学校同样鼓励初中语文教师发挥主观能动性，创造性使用教材，形成属于自己的鲜明的教学信念，总结语文教学的新经验。而要创造性地使用教材——教师只有充分研读《语文课程标准》，研究语文课程内容，清楚自己所使用的语文教材的体系，有能力对教材选文类型及功能进行鉴别，静下心来进行文本细读。

这些基本工作都做得扎实，教师"用教材教"并发挥创造力才能取得成效。否则，则会适得其反。

从小处着眼，教学中有局部的"创造"，比如一堂构思新颖的课，开展一次富有创意的语文综合性学习活动……也有大规模的"创造"，比如使用教材过程中的单元重组，或者大刀阔斧地增删教材提供的教学内容——这些"创造"我们教学实际中是比较常见的。

教师不能满足于自我的"创新""创造"，更应寻求理清学理——我依据什么完成了这样的教学设计、采用如此的教学策略。答案不能是"我喜欢"这样做，也不应当是"拉大旗作虎皮"，生拉硬拽地从课标中寻求支持、为自己的创新贴上学理的标签，而应当切实研究一点"我依据什么这样做"的理论依据。否则，缺乏学理、自以为是的"创造"反倒是容易对已经经过许多人努力形成的教材体系形成破坏。说起来是"创造"，其实性质同属于语文教学"教师"环节中的"衰减效应"。所以，"创造性地使用教材"在某种意义上说，与编写教材一样责任重大，是决定语文课程内容的大事情，需要教帅们谨慎行事。

在这一点上，我非常认同王荣生教授在《探求课例的课程论意义》一文中的阐述："作为一种社会的公共事业，语文教学中的听说读写取向必须加以显彰，而对于取向的任何主张，我们有权利要求主张者作出学理的陈述。""……包括所有语文老师所执教的所有语文课。也就是说，语文教学中的听说读写取向，是必须'有道理'的，并且必须证明其'有道理'。""开发和张扬是有界的，教师并不能取代课程，或者篡改课程。有界，意味着'有道理'，意味着对课程与教学目标的达成；不能代替或篡改，意味着教师对教学内容的开发需要审议，意味着教师的'实践性知识'需要反思。即使是在教学方法这个含义，'教师风格'或'教师个性'也不是'我是这样我就这样'，也有个'有道理'问题，也有适应具体学生学习风格的问题，也需要审议，也需要反思。"

2021 年 11 月 22 日日常复盘

张晓宇

今天身体仍然欠佳，浑身冷，简单记录之后继续睡了。

第一次在师父的"逼迫"下完成了一个完整单元的设计。虽然漏洞百出，师父指出了很多问题，但依然有很多收获。比如：

1. 应该如何给学生搭建支架，选取补充材料。

2. 要明确自读课文和讲读课文区别，不能太过繁琐。

3. "尽信书不如无书。"

课本也可能有不恰当的表达，官方提供的课堂资源也有可能存在问题。一定要细读，细品，有自己的独立思考，多想一步。

4. 明确课堂目标。

就算觉得题目再好，可能和期中考试题型相关，似乎可以迁移训练，但也是编者加的，没有赏析意义，要直指目标，不能偏离轨道。（我看到《美丽的颜色》这个标题值得思考，就设计了这个环节……但从教学目标上看，确为不妥。）

5. 注意语言表述严谨。

师父的严谨我是超级佩服的，有时候自己随手写的一句话，真的禁不起推敲。要想到每一句话背后的含义，到底目的是什么，而不是"随手"写，要严谨。

自己做完之后，再看师父的任务单设计，才能知道自己哪些思路不妥。今天 2.0 版本没有完成，但也比之前直接依赖于师父去听课、学习、"照搬"的收获多。今天也有了一些关于如何写传记提纲的思考，明天上午尽快完成之后，再和师父请教。

不出问题才不正常

2021 年 11 月 23 日星期二

每天都是 4 点半 5 点起，工作叠加收拾老宅，忙到晚上 9、10 点钟的时候已然精疲力竭，所以，这几天都是趁早写轮岗日记。

晨起读到晓宇昨晚的反思日记，有些感慨。

在前外收了五个徒弟，虽说将来他们收获多少，也是要看"缘分深浅"，但总想着，还是能教尽量教。

前几天提要求，要交我单元整体设计。徒弟们都答应了。说实话，知道他们手头事情多，并不放心他们在这件事上的行动力。最近一段时间，我一直在"敲打"徒弟晓宇，这个单元整体备课的事，就先"拎"晓宇做。我俩同头，八年级新内容马上开始，所以就单独给晓宇了一个期限：星期日晚上必须给我两篇传记课文加写作"打包"的设计。

星期日晚上 8 点半收到晓宇发来的设计后，喊里咔嚓，噼里啪啦，从硬伤到问题设计再到病句，我在文档上做了 20 处红色批注，言辞都很直接。

我特别在意单元教学设计的学理有没有逻辑性以及有没有知识上的硬伤。并不是所有的老师对传记文学都了如指掌。作为我的徒弟，是不允许有这个基本面上的知识漏洞的，哪儿缺就必须补哪儿。

我知道晓宇这个周末一定会花时间认真备课。上星期五临下班时我还特地嘱咐过他，要尽量查与传记直接相关的资料，了解传记的特点；研究传记的论文可查，但重点不是查别人的教案有什么好的设计……他也答应了我，一定好好备课。果然，关于传记的特点，他做了比较充分的了解。

但是落到具体的教学步骤和提问设计上，问题就来了。

出问题正常，不出问题才不正常——这是晓宇第一次独立设计单元整体教学的方案，已经有不小的进步，但作为师父，严格要求是我应尽的责任，所以依然硬着心肠"批"他。

这个周末我也在同步着设计。可是时间紧张，只能设计成一个体量不大的项目。星期一上课，晓宇跟我听课时，我让他做一件事：比较他的设计和我的设计有什么不同，想明白了再改他的设计。

"不要直接用我的方案，好好改你自己的！"我对晓宇提出新的要求。

当然不是说我的方案不能用，而是说，青年教师必须具备独立备课的能力。这个"逼迫"的过程，真是有点像老鹰教雏鹰独立飞翔……这个过程中，我希望徒弟是踏实收心的状态，真学习，真动脑子，真自己琢磨清楚单元是怎么回事，听说读写打通是怎么回事，资源怎样整合才是合理的，所谓学理、逻辑性又是怎么回事……从昨晚的反思看，晓宇是"痛并快乐着"的。

从现在开始，到我轮岗结束，至少还能练七八个单元，那单元教学的理念和方法，徒弟们也该掌握了吧？我想。

梦楠、雪儿、舒茗、雅丽，你们四个这个周末也要交我作业啦！

昨天还有两件小事值得记一下：一是昨天上午给教研组做了个小讲座《初中作文教学要重视写作过程的诸环节》；二是昨天我们八年级备课组和领导汇报期末复习工作计划时，史主任说他明显感觉到雅丽进步了，特别是教学上自信了。和学生有进步一样，这些都是让我特别开心的事。

凭本事吃饭

昨天写了怎么带徒弟，某个年轻人跟我开玩笑，说看了几个月我的轮岗日记，读者都挺有压力，更别说徒弟了。我知道他的意思是觉得我对徒弟要求严格，且只是玩笑，但说实话，有时候我也会想，在景山学校，我对年轻人确实不会这样严格。因为从名分上说我们基本上不是师徒，从时间上说确实可以更从容些，容得了"慢慢来"。在前外，从我开始轮岗就是倒计时。时间过得很快，这不，眼见着一个学期过去了一大半……

怎么看待压力，直接影响我们的工作态度。说到压力，我得说家规。

小时候听我父亲说得很多的两句，一句是"人无压力轻飘飘"；另一句是"不准翘尾巴"。我们姊妹三个谁要是不踏实念书，过于浮躁，准得挨批。

相比于外部压力，我更认同自己给的压力。

生活层面上大家都会经历"上有老下有小"的阶段，谁都会有家务负担重的阶段，都只能靠自己扛过来，这个也没啥可多说的。

除了上面说的家规，我从小接受的教育里还有两句话，一是"凭本事吃饭"，二是"关键时候不准掉链子"。

"凭本事吃饭"，没本事、技不如人的时候怎么办？学呗。事情是做出来的，本事是练出来的。

什么是"关键时候不掉链子"？比如我现在轮岗，就是关键时候。

于公，"双减"和"轮岗"是重中之重的工作；于私，我也不允许自己在轮岗的岗位上碌碌无为，虚度一年的时间。

我已经是知道什么是人生苦短的年纪。一年，一个月，一天，哪怕一小

203

时，我都不愿意消耗在无聊的事情上。我不愿意"做一天和尚撞一天钟"，只想凭良心尽本分。如此而已。

昨天听梦楠的课后，找她磨课。我和她还有雪儿算了算时间，我说你们带九年级，项目学习估计是没办法尝试了。咱们师徒一场，别等到我离开前外了，你们连单元整体教学设计都没学会……有问题一定要问在先。你们是有师父的人，我如果忙，顾不上，会直接说。这俩姑娘是听得明白的，晚上就发短信问我，教研员老师布置工作，要她们在区里分享整本书阅读的体会，该咋整……

昨天也在帮晓宇备课，和我谈思路的时候，他有点乱套。我批评他这次的设计有的环节没有任何意义，也看不出学生会有多少增长。

为什么要这么设计？我追问。组长曲老师看我着急，也看晓宇被我问得怵头，就劝我让晓宇先按擅长的单篇教学准备。我知道她是好意，但我没吭声，而是把这个问题交给晓宇自己处理。

晚上，晓宇又发来新设计的简案，明白多了。至少我看到了学生的增量，也看到了老师为引导学生所做的努力。我回他："可。"晓宇正在细化设计，祝他星期五顺利。

昨天还有朋友调侃我，说我是"恶婆婆"，确实有点儿啊。我也不喜欢扮演这么不讨喜的角色。你好我好大家好，其乐融融不香吗？……可为师的不这么"逼迫"，徒弟又怎么真长本事呢？

讲真的，我认为，只是想着要上的这一节公开课怎么才能"出彩"，真不是正道。做单元教学的整体设计，可以找这个设计中自觉最精彩的一节课来上。昨天也写过我和吴泓的聊天——在我们看来，弄点让听课的人觉得好看的招数并不难。难的是老师能否静下心来，琢磨教学该是怎样的。"道"和"术"的位置不摆正，做课的意义又何在？试教点儿什么新办法也罢，汇报点什么教学心得也罢，一节公开课，总要赋予真正的价值才好吧。

徒弟们的公开课这周都能结束，要和他们坐在一起好好谈谈心了，我有很多话想说。

闯过来就好了

2021 年 11 月 25 日星期四

　　昨天早晨的轮岗日记里，我说了说自己在带徒弟过程中的一些想法。这两天我也在反思，自己是不是有急躁情绪，给徒弟太大压力了，特别是对晓宇。

　　昨天上午听课的间隙，和晓宇做了沟通，开诚布公地表达了我的想法，特别是担心。

　　"我说话直……如果觉得我给的压力太大了，务必告诉我。"晓宇说没问题，这个压力他能承受；而且，他还是很享受这个过程的。

　　其他几个徒弟也说看到我的日记了。对我的高要求，她们也都觉得"没问题"。

　　对他们的回应，我有点儿将信将疑，怕他们有压力又不肯直说。直到此刻仔细读了晓宇的反思日记，我才算踏实一些。想起来白天晓宇确实也是这样跟我说的——他说有单元整体设计了，每节课备课都清楚了许多……

　　我为晓宇的领悟而高兴。

　　自己是从人生低谷里爬出来的，所以特别能理解徒弟们的不易。也可能正因为这个原因，我格外希望他们好，能进步得快一些，少走弯路。我忽然意识到，五个徒弟都理解我的苦心，这其实也是我的幸运。

　　顺风顺水完全开挂的人生应该不是常态的。一个人的成长总会有甚至不止一次的瓶颈期——就是卡在那里，进退两难的境地。结合着自己的经历想想，几乎每一次"蜕变"前都有一段或长或短的时光，会有些许迷茫甚至彷徨。有时候是"卡"在自己专业能力提升上了；有时候是"卡"在对人生意

205

义的寻求上；也会经历挫折……

遇到瓶颈期怎么办？我的经验是：勇敢地闯过来就好了，而且，越早越好。不闯，只会越来越煎熬。闯关，就是打怪。要让自己有"奥特曼打小怪兽"的智慧和勇气。

这两天重读传记，对傅雷先生的一段话很有共鸣。他说："不经过战斗的舍弃是虚伪的，不经过劫难磨砺的超脱是轻佻的，逃避现实的明哲是卑怯的，中庸，苟且，小慧小智，是我们的致命伤。"

——今天，我把这句话分享给了（1）班的孩子们，也愿和徒弟们共勉。

"双师"课堂

2021年11月26日星期五

刚和首师大蔡可教授说，能否在朋友圈里分享利用网络平台带动烟台实验学校开展项目学习的事，就读到了前外公众号新发布的这篇《落实"双减""双师"助力——北京市前门外国语学校与景山学校南北校区正式启动"双师"课堂》。真是要向前外和景山学校率先开展"双师"课堂的老师们致敬，你们的行动力令我佩服。

也分享一下蔡可（叫他官称有点儿别扭，还是直接称呼他大名吧）这边做的"双师"课堂的进展情况。我觉得，都是"双师"，路径和方法可以多样化。

确切地说，蔡可推的是"互联网＋项目学习"的模式。这个模式，我在2017年曾带学生用"爱写作学院"论坛做过小说和议论文两个单元的试教。我非常认同这种模式，不仅因为项目学习促进了教与学方式的变革，还因为互联网平台极大提高了课堂效率，性价比远高于传统课堂。这一点不展开谈。即便是互联网＋，也有不同模式：前外和景山的这种模式就明显不同于我之前做的论坛交互模式。

蔡可邀我一起做的"互联网＋项目学习"已经有专用的平台。平台技术开发的老师们前期付出很多心血，这我也不多说了。

实验落地学校是烟台四中。这是一所"五四制"学校，和景山学制一样。他们在六年级开展"互联网＋项目学习"的实践，蔡可前期已经给老师们做了项目学习的培训，到我这里是负责设计方案，和网络平台方一起带老师们在教学中落地。

这次实验的是统编六年级上册教材的小说单元。幸好我熟悉六年级学情，设计适合的方案不是难事。老师们第一次做项目学习，都是"摸着石头过河"。我提供完整的方案后，通过线上为老师讲解方案设计的理念、实操要注意的问题。老师们也提出了一些疑惑，我们又利用点滴时间跟进解决，提供教学的"小贴士"。平台方在实验学校的工作人员也随时与我们分享老师们的进展。从目前的状况看，进展比较顺利，学生的兴趣挺大。有些学生的表现令听课老师有"惊艳"之感。

学生积极性高，兴趣盎然，这不正是语文课堂应有的样子？

在这个远程教研的模式中，大家各有分工。不用我出镜面向学生直接宣讲，我要做的就是带老师。不仅带老师做项目学习，也带老师钻研语文教学。

从长远目标看，我们是要从"授之以鱼"到"授之以渔"，教会老师们自己设计项目学习方案。

爱的"双向奔赴"

刚在"首都卓越教师论坛（2021）"作为学员代表发言。这几天借准备之机，围绕"卓越教师应如何发挥作用"的主题认真做了反思。前天晚上，老前辈、名师班导师薛川东老师与我电话里的一番长谈给我特别大的启发。如何看待轮岗，如何摆正自己的位置，思想认识上有高站位，才能让自己的轮岗工作做得更好，薛老师的指点让我认识到自己有很多不足。

认真思考之后，我确定了发言题目——《走出舒适区，在轮岗中继续成长》。以下是发言要点——

一、轮岗：一场说走就走的旅程

我们都有对党的教育事业的忠诚。作为骨干教师，反哺东城教育、北京教育，这是应尽的义务。确实有责任感、使命感。

二、"动起来"：这更是爱的"双向奔赴"

我能迅速融入前外，有两方面原因：

首先，轮岗学校对我的工作全力以赴地支持。轮岗伊始，杨梅校长说：你就把前外当作你的"半个娘家"，"走亲戚"。我是把前外当自己的家，所以能以主人翁的姿态积极投入前外的教育教学中，我就是学校一分子。

带着诚心加入前外的工作，彼此融合，带的徒弟从三个到五个——深切地感受到前外领导和老师对我的信任。

"我不是一个人在战斗。"我的背后有景山团队，有市区教委的支持，有名师班的亲老师亲同学的关怀；还有社会力量的支持——所以，从更大范围看，社会密切关注着轮岗，只要我们轮岗教师是真做事，大家就都希望轮岗能做好，有实效。

所以，我能全身心投入，是因为各方面给我创造了条件、搭建了平台：我在前外两次做全校范围内的讲座，语文组一次讲座，我的课都是开门课，每个徒弟的汇报课我都把关，帮着磨课。

课堂更是爱的"双向奔赴"：对学生的热爱。

正值双减、回归课堂，向课堂教学要质量：重视学情，在学生会学上下功夫，同时查缺补漏。

给学生写信，确实为学生成长花了很多心思。

杨梅校长说："周群成就了前外，前外也成就了周群。"我不敢说自己成就前外，但确实前外的平台成就了我。我和前外能"双向奔赴"，说到底，是方方面面的力量都想把教育做好。

三、"沉下去"：务实，把小事做好就是大事

1."双减"背景下的课堂教学：以反思促教学质量提升。一切皆可思。

2.我和徒弟同成长。

3.以反思促轮岗工作，坚持每天写轮岗日记：94天，11万余字。

四、反思：究竟什么是理想的教育？

在前外的轮岗工作给了我持续反思的机会。

在我的眼中，前外是一座"小而美"的学校。"小而美"："小"是规模小，是物理空间的"小"；"美"呢？"美"不仅是环境美，更是"人"美——这是一所老师们共同奋力托举起学生的学校：

1.开学典礼上的双语主持。

2.英语演讲台——自信心，当众表达。

3.午间的即兴弹奏。

4.教职员工为学生有活动空间而集体出动，扫操场的雪。

5. 老师们的好学，打卡群里的物理老师；找我主动要求联动的数学老师；变得越来越自信的徒弟……

轮岗促进我对"究竟什么是理想的教育"的问题不断反思，也不断生成新的认识。

五、骨干教师走出舒适区，才能不断成长

轮岗工作让我走出舒适区，面对新环境、新挑战，"逼迫"我发挥作用，个人能力（专业水平与能力，教师个人的思考力与行动力，甚至时间管理、沟通技巧）因此又有了提升。作为骨干教师参加轮岗工作的获得感，很大一部分是来源于专业能力的提升。

最后，真诚地感谢名师培养工程首师大基地的老师们，是你们教会我如何做一名"种子教师"，教会我如何做反思。

"金刚钻"

2021 年 11 月 29 日 星期一

上午听晓宇的试讲，确实有些问题。

这是晓宇第一次做单元教学设计。他从中选择了写作指导的环节来上公开课，今天又是第一次试讲，学生交上来的采访素材都是最新生成的，他完全没有任何经验，课上得有些磕绊，有些不连贯，有些点拨没到位，在我看来，也是再正常不过的事。

同组的小曲老师和张颖老师给他提了意见和建议。晓宇今天再改教案，明天上课效果会怎样，不得而知。

平心而论，这次公开课对他本人来说，甚至对更多有经验的老师来说，都是有难度的。该不该选择这样的课来上，甚至明天上课效果如何，是不是"出彩"，我个人都不认为是个多大的问题。

什么是大问题？年轻教师能否勇敢地迈出突破自己的这一步，甚至敢为人先，这才是大问题。

我们总讲，要重视过程性的写作指导，这不应该是空话。怎么采访家人，怎么选材，怎么写成传记，这些应当扎扎实实地教，也真真实实地练。晓宇这两天和学生一样，在家里采访了姥姥，整理文字稿七千字。这些实在的行动就是他在备课上的进步。我相信这些教学行动迟早会变成他在课堂上教学生写作的底气。

此刻我的想法很简单，就两点——一是希望明天晓宇的课能有进步，能给他自己以信心；二是希望明天看课的老师能宽容。年轻人不这样练，永远不会有真的"金刚钻"。

千万别"翘尾巴"　　　　2021 年 11 月 30 日星期二

晓宇今天的课还不错。

不知晓宇会给自己打多少分，我打 75 ~ 80 分。这分数在我这已经不算低了。

我之前讲过评课看什么，再复述一遍，可能和之前的表述有微调——

第一，通过一节课看老师的教育教学思想，看老师的三观。

第二，看老师对课标和教材的理解，是单篇教学还是单元教学。

第三，看老师如何看待教和学的关系，看老师下功夫教学生的是什么。

第四，看学生的增量，看老师在这个增量实现过程中，究竟扮演什么角色；为实现学生的增量，老师做了什么努力。

从这些维度来看晓宇的课，结论就是"还不错"。

从昨天的问题有点多，到今天的"还不错"，可以说，晓宇确实有悟性。但这进步更是靠晓宇当"拼命三郎""挣"来的。

早晨看晓宇说，教案最后一稿 2 点半才敲定，再读学生的采访稿材料，读完已经 3 点多……

（我并不提倡徒弟熬夜，所以回复他，以后过程性的准备要提前，把时间拉长。下午给他评课时也提醒了他当心拖延症。）

广州教研院谢炆老师早晨转我昨晚的日记时写了这样一段话：

> "每次看周老师的轮岗日记都非常感动，特别是她不遗余力地培养轮岗校的青年教师，指导其开展单元教学，贯彻新课标理念。有这么好的师父在背后支持，年轻人又何惧教学尝试的一些挫败？"

我昨天担心的是听课老师用传统单篇教学的观念来听评课，今天我感触最深的，也是让我"一块石头落地"的，是王校长和刘校长二位领导对晓宇的课的反馈。

二位校长对晓宇的肯定都不是泛泛而谈的。他们都认可晓宇在单元教学设计上的进步，认可这种转变的方向，也都对年轻人提出了更长远的目标要求。

我让晓宇整理了刘凯校长对他的课的评价——

1. 这是一次特别好的尝试。要继续和周老师学习，要有自己的定力，坚持自己认为对的事情。比如反思生长课堂中这些环节，是不是有"真正新的东西"（这句话大概是这个意思）。要关注到高中教学，很少再要单篇课的教案。

2. 年轻人一定要有自己的成长规划，十年后要从教书匠转化成"专家型"教师，有自己的教学方式，一方面要多和师父学习，另一方面也要融入属于自己的方式。十年后，要看到有自己的东西。

其他的是关于这节课细节的地方，例如他说到小组讨论环节，有些混乱，说明以后在课堂中师生都要加强操练，要更好地教会学生讨论。要思考学生最近发展区和教学目标之间的关联，如何达成，要考虑给学生搭梯子，要逐步引导，切勿生拉硬拽。

领导对努力的大方向做出肯定，这一点对青年人来说非常重要。这表明领导的课程观是到位的。

那么，有新问题需要思考：单元教学的理念究竟需要在哪一个或哪几个层面上大力推进？我们要反思的是（大）单元教学并不是全新的理念，何以现在才开始落地？阻力究竟产生在哪里？如何加大这一理念的落地力度，变成每一位老师的必备技能？

从思想到技能的改变都需要时间。晓宇先动起来了，舒茗也已交来设计，其他几位徒弟的方案还在设计中。我要求其他徒弟最迟这星期日中午给我设计的方案，并安排晓宇下星期一与大家分享他这一段时间里的心得。

还剩一个学期带"拐弯"的时间，希望每个徒弟都能掌握单元教学设计的方法，能独立备有质量的课。

最后想提醒晓宇的是我父亲常对我说的话——千万别"翘尾巴"！

下面的话写给晓宇——

这次设计传记读写的小项目，严格地说，还算不得你完全独立运作的。毕竟学习支架是借鉴来的，整个备课和试讲过程中，我也一直在跟进，给你提醒、把关，帮你调整。

如果周老师没有设计方案，或者干脆就假想你自立门户，没有了师父，那你这次实践效果又会如何？再换任意一个其他单元，你知道的——依然会是困难重重。这次不过是知行转换的小小尝试罢了。

所以，师父只允许你放松这一个晚上，补觉，开心。明天，继续努力。

其他几位徒弟也要加油啦！快快跟上！

2021 年 12 月

"轮空"的一天

上午学生外出，下午参加区里组织的活动，所以今天算是"轮空"了。

说是轮空也没真得闲：5 点即起，利用上午的空档，仔细研读了前外办学思想综述以及"前门文化"校本课程开发的相关课题资料，协助校领导做星期五专题研讨活动的各种准备工作，一直忙到 10 点才算告一个段落。

上午还梳理了轮岗以来自己的思想变化。

凭心而论，轮岗真是让我多了许多反思的机会。这段时间里，我会想自己的来时路究竟是如何的，会想我的长板是什么短板又是什么，会回想成长经历中的经验与教训，也会借轮岗的挑战磨自己的脾气秉性。总之，想了很多，想明白很多，也还在继续想没明白的。

我越来越清楚地意识到，我从前外老师身上学到很多。

比如，前外不管是领导还是老师，只要说某个机会对学生发展有好处，就会很珍惜、很主动地把握机会。我每次跟王校长提咱们应该做这个做那个的时候，王校长都会说，支持！然后由她和其他领导来直接安排，工作推进得就格外顺利。"只要是对学生好"，诸如此类的话，在前外我听过很多次。

如果说轮岗之初，我琢磨的是我能为前外做什么的问题，那么，轮岗推进到今天，我又多了一重思考——我从轮岗中学到了什么。

切忌"想当然"

关注"放大"学情，切忌"想当然"——这是我今天给自己的提醒。

上星期五课上用了一课时做传记写前指导。那天的课在下午第二节，学生因为之前的实验课时间很长，回班后情绪有些躁动，我的课上因为几次调整学生状态，耽误了进度，以至于下课时，我只来得及提醒学生，按照之前新闻单元学过的方式写对传主进行采访的提纲。

这个仓促推进的环节导致的结果，就是学生星期一交来的采访提纲质量很差。再细看学生作业，发现他们还把采访提纲与最近训练的作文提纲混淆了。

细琢磨，还有我自己的问题：学生情况出现波动，这其实是正常的教育教学现象。学生周末写采访提纲出问题，说到底，还是我自己的调整不到位。是周末通过微信群温馨提示呢？还是干脆就本星期一再继续——肯定应该有比我之前的处理更好的办法。说到底，是我心急了，我还是不想耽误进度，没有根据学情及时调整策略，才导致被动局面。

怎么办？只能返工，亡羊补牢。幸好这是长周期的作业，原来也预设了修改提纲的环节，只是需要再想办法有针对性地解决新问题。

从学生交来的提纲中可以看出，部分学生已经进行了采访（质量也不佳），大部分连采访问题都需要修改。

昨晚和今晨备课的重点，一是把学生的采访提纲问题分类。今天课上要再强调两种提纲的区别。二是要"退回去"，退到理清思路的环节。上课时再次强调，想清楚才能写清楚——我设计了"传主采访环节备忘录"（见下），

215

前三道题都是要激活学生探寻的好奇心，引导学生理解和思考传主经历与事迹的价值，第四题则是要引导学生锁定传主的精神品质、最闪亮的地方，有目的地选材。引导学生思考自己从传主事迹中受到的启示，这也是对孩子们思想情感发展的引领。上课时也是这样和学生谈的。从学生课上做的前三题的笔谈来看，他们思考的质量有明显提升。

传主采访环节备忘录　　　　姓名（　　　　　）

1. 采访前，你对传主有哪些基本认识？

2. 你最想了解传主的哪些经历？对传主经历的事件有什么特别关注的重点（如与家庭相关的重大事件中传主发挥的作用）？

3. 除了传主，你还计划采访哪些与传主相关的人？想了解什么？你要采访的问题是？

4. 在列写作提纲前，你需要思考：在采访中，传主给你留下的最深刻的印象是什么？哪些事？什么品质？你对传主有了哪些新的了解、新的认识？传主的经历给你带来怎样的启发？

友情提醒：

1. 对传主进行采访的过程中，你的重心要放在聆听上。听懂了，才有可能追问，深化采访，同时，让你和传主的交流真正发生。

2. 采访的问题要尽可能细致，获得的材料要丰富，足够支持你在传记中塑造传主的形象。已经完成采访的同学，如果效果不佳，则必须进行补充采访。

3. 采访之后，要对你获得的原始资料进行整理、记录。

在景山学校，我会在六七年级就结合语文学科做家族家风家训等方面的亲情教育；在前外，则需要根据学情换个方式在八年级推进。这次教学上的补救，给我自己提了个醒——千万不能想当然，以为学生之前在新闻单元学了采访提纲就一定是学会了。有的学生可能是需要反复演练才能学会的。而

这，就是我必须高度重视的学情。这个备忘录的设计在促进学生"想清楚"上作用还是可以的。不论什么样的学情，只有把台阶搭到位，在实践中反复演练，"学会"才不至于落空。

无论如何，教学上不能急躁。要沉住气，切记切记！！

挽起袖子加油干

经过很长一段时间的酝酿、筹备，"前门文化"特色校本课程开发专题研讨会终于在今天召开。

我的"团长"——"牛爷"郝金明大哥，两位师兄——中国书店原总编马建农老师和北京市地方志办公室原副主任谭烈飞老师，一位师姐——原正阳门管理处学术带头人袁学军老师，以及光明日报北京记者站副站长董城老师，他们五位共同组成了我们前外前门文化特色校本课程开发的专家团队。他们其实各自都有好多学术、社会头衔和荣誉称号，略过不提了——在今天，他们都是支持我们打造精品课程、引领前外教师团队谋高站位发展的顶级的专业力量，这就足够了。

足够燃！每一位专家的发言都引得我们老师热血沸腾！

足够专！每一位专家的发言都精准定位前门乃至北京传统文化的特色、教育价值与功能！

足够高！每一位专家的发言都在点拨我们重新认识前门文化特色的丰厚内涵，课程开发以及相关课题研究的重大意义！

足够实！每一位专家都是宝藏，给我们提供的支持能帮助我们直接上楼、

217

上山，不仅是上几个台阶！

足够诚！每一位专家都直奔研讨主题，提具体可操作性强的建议！董城老师很直白地提醒每一位老师——要落地，必须有钉钉子的精神！

杨梅校长为五位专家颁发了聘书，专家引领下的课程开发今天只是起步。我能强烈感觉到的，是在场每一位领导和老师都摩拳擦掌，信心倍增。"天时、地利、人和"，我跟王校长说，"这三样咱们占齐了，一起努力，死磕吧！"

轮岗日记里我几乎不会用这么煽情的句式来表达，但今天，必须是这个风格，才配得上我的心情。谢谢各位专家老师，也谢谢前外的领导和老师。喜欢和你们一起并肩战斗，为东城区乃至首都教育而努力。

今天的活动会有前外公众号的官宣。下午一直在和东城青年成长营的年轻人在线分享轮岗的体会。忙完了下午的事，才有时间上来抒情。哈，坐等官宣，我们只管挽起袖子加油干就是了！

关于作业分层的讨论　　　2021年12月04日星期六

（12月3日晨起关于作业分层讨论的汇总，补。）

我：

> 想讨论一些问题——大家在布置分层作业的时候，是学生自己选择层级，还是指定学生完成某个层级的作业？当我们把学生分为优良、中等、落后三个层级的时候，在后两个层级的学生，他们的心理状态会如何？会很理性对待这个标签吗？会很理性地接受老师分派的层级

作业吗？我们讲学情是动态的，如何在每一天留作业的时候准确判断每个个体的学情进行分层？现实教学中，学习歧视真的不存在吗？想听各位的真知灼见。

追问：

假设作业分为三个难度等级，学生自选——如何保证学生对自己的判断是适合的？如何保证选了三星作业的同学没有损失？一星和二星的知识与能力点——学生不做确定不会造成损失？文理科作业分层的逻辑应该不同。

张军（小学老师，科幻作家）：

自愿选择，作业分成难度星级，一颗星到三颗星。

邰邰老师：

让学生自己选级。自己对自己负责，又不会伤了自尊。动态选择权，可以随时调整。

海淀区教研员赵岩老师：

我知道中国地质大学附中一位年轻教师做作业分层布置有一段时间了，她的原则是学生自选，然后如果学生长期选择某一层次的作业，且这种选择与学生实际学习情况不符的时候（包括成绩领先的学生多次选择难度低的层次），她会和学生做一些交流与建议。最近，她在考虑分层是否可以迭代为分类。具体操作上还有一些可以继续改进的地方，但，这位老师的意识和想法还是很不错的。我打算持续关注一段时间。

我：

> 说白了作业选择是需要教师干预的。中等或落后的学生如果选难度最大的来完成——我们不能武断地判断学生达不成这个层级的要求——他的基础部分的落实又该如何保障？

赵岩：

> 更理想的设计中，每一类作业应对应相同或相似的目标方向。比如基础落实，其实成绩水平优良的学生也需要，只不过可能会设计其他的方式。事实上，我们也经常发现思维较好的学生仍然在基础知识和基本概念上出问题。另外，作业一定不是设计出来就万事大吉，后头还得有跟进评价与反馈。所以吧，作业要和课堂教学一体设计。
>
> 还有一点，就是现在很多作业设计强调"精细"，但其实不精细，甚至"模糊"有时也很重要。比如基础落实的作业，如字音字形的掌握等，有时候也可以用结果要求（比如最简单的某天听写）代替过程要求（比如抄几遍什么的）。

我：

> 非常赞同你的看法。我也是觉得作业分层有很多具体问题有待研究，我不敢贸然分层。但是会力争作业设计本身能下保底，上不封顶，在结果中体现分层。

赵岩：

> 同意！设计固然重要，自然生成也不能丢。

前外赵雪婷老师：

> 学生还是挺介意这个层次划分的，自尊心很强。

我：

> 嗯，我还是觉得明着分层对部分学生是有心理影响的。我自己曾经成绩很差，我就很介意。

雪婷：

> 介意是很正常的。我有时候会布置选作题，也许能保护一下孩子们的自尊心。

赵明（校外阅读推广人）：

> 周老师，我的是小组课，可以给每个学生安排不同的任务，这是班级授课难以做到的，但其中有一点思路或许可以参考：不是将作业分层，而是将作业平行分成不同任务，根据学情分派给不同学生。

这是我布置的一次作业：

> 各位，我们今天解读了各位作业里的外星物种的设定，聊到了你们描述中含着的更多可能性。看了《安德的游戏》和《降临》中关于外星人部分的呈现，了解到这些经典科幻作品中外星人的形象，以及他们与人类的互动方式和发生的故事。
>
> 在这周作业里，需要大家在自己设定的行星上，结合上次的作业，构思出一种外星文明。文明由这颗行星上的智慧物种构建。大家的作业重点会不一样：

元元，目前你的"麦惠格斯"已是智慧物种，但奇特性还不够明显，你需要进一步挖掘，并想象这样一种智慧生物会建立起一种怎样的文明。

俊采，你笔下那些看似可爱的"小块"其实并不简单，他们能分开活动，又能合而为一，他们的社会又是怎样的呢？他们用他们超强的科技能力做些什么？

润良，目前你通过对那透明胶状物的描述，已经初步展现了你那行星上的生态一角。在这样的一颗行星上，会有着怎样的智慧物种，他们有着怎样的文明形态？星际老炮上校降临两次竟然都未发现他们的踪影。

季恒，目前你的行星状态为零，物种为零，需要你从行星环境开始构建你的异星文明。

我：

感觉学生对优中差的分层会是敏感的，所以可以尽量做一个中性的包装。

中科院张智慧：

挺难保证的。

珠海吕曜伽老师：

周老师，我们之前设置过三档作业，学生自己选择。成绩优秀的学生基本选第一档作业，成绩落后的基本选第三档，成绩中等的大部分也选第三档，一少部分选第一档，基本都不选中等难度的作业，后来就变成指定了。

大师兄马建农和二师兄谭烈飞都送了我他们的个人专著，袁学军师姐也送了我"博物馆进校园"的示范项目指南，我都很喜欢。

想一想，人的缘分真是奇妙。2003—2008 年，我连续几轮做北京传统文化的课程。从王炜、龙霄飞等几位老师开始，再到谭师兄、马师兄等几位老师后续的持续跟进——还有好多老师，就不一一点名了——只要知道我在做北京传统文化的事，就二话不说，没有任何条件地支持我。当年结下的情谊也一直延续到现在。

再做科普科幻教育也是这样的情形。所以我说，不仅是一线老师有教育的情怀，很多人都在关注着教育，愿意倾力相助。不论是北京传统文化，还是科普科幻教育，今天我们都赶上了好时机。只要我们愿意踏实做事，就有能迎来各种发展的机遇。

过程性指导（12 月 06 日补）　　2021 年 12 月 05 日 星期日

昨天（星期日）一整天，都在老宅收拾东西，因为星期一施工队进场，必须腾空屋子。昨晚到家已经深夜，只能今天补写日记。连带着今天课上情况，复盘并记录人物传记写作指导的全过程，晚上再写今天的师徒备课活动。

越来越重视写作过程的指导。过程性写作不是空话，作文指导一定要前置。学生从起点出发，经过哪几个"站点"到达终点，需要将动作分解。这个从起点到终点的过程中，究竟设置几站，要根据学情而定。要控制好进程的节奏——要和"长周期"作业结合。车开得过快，有的乘客没赶上车，就

223

得退回去；同此理，作文指导过于粗略，进度有了，有的同学可能就跟不上。过程性指导要环环相扣，老师要能分解动作。

刚布置任务时的指导，从现在来看，还是粗糙了。有的问题没强调到位，结果就是要返工。前两天做过反思，没有根据学情调整教学计划，支架不足，学生再混淆采访提纲和写作提纲，效果不佳时，只能返工。

学生周末要对传主进行采访。为了保证这部分做得能扎实些，星期五虽然我因公请曲老师代课，仍是给学生打印了一份"周末作业的友情提醒"——

1.同学们务必先完成传主采访过程备忘录的第 1～3 小题，厘清自己的思路，再设计采访问题。

2.采访问题应尽量细致，你要对采访结果有个预设，努力让采访的结果对自己写传记形成支持。

3.别忘了采访的时候录音或录像（强烈推荐录视频资料），拍采访照片，留好一手资料。

4.采访结束后，记得以下格式整理传主资料：

传主采访记录

传主姓名：（　　　　　）

采访人：（　　　　　）

采访时间：（　　　　　）

采访地点：（　　　　　）

采访记录正文：

问：

答：

问：

答：

……

5. 在采访记录整理完毕之后，别忘了完成传主采访过程备忘录的第 4 小题，思考清楚自己对传主的认识，再动笔写传记的写作提纲。

6. 完成传记提纲。

设计这个友情提醒时，除了要发挥提醒功能，还要有一个明确的认识，就是要教学生做事。从起步到终点，你应该按照怎样的合理的顺序，先做哪件事，后做哪件事——来，周老师提醒你。

学生在周末要做好写传记的全部准备，一直到写好作文提纲为止。

真实的学情会不会按照我们的期待发展呢？老师也要实事求是——我就算自认为手把手教到位了，能有百分之七八十的同学完成了所有准备工作的百分之七八十就不错。

有了这样的心理准备，在和学生进一步沟通时就会少些急躁。

学生今天在课上（一节）和午间加一起差不多一小时的时间里要写成文，晚上还要把采访的音频视频原始资料发给我。

成文后，学生需要把这一系列过程性的文字连同正文一并装订，再交给我。

过程性指导到位，作文水平自然能有提高。

得与失

2021 年 12 月 06 日 星期一

今天教研组备课时间，我带五个徒弟开了闭门小会。

今儿的主角是晓宇。我请他给小伙伴们讲讲他的第一次单元整体设计，特别是准备公开课过程中的心得体会。他周末花了半天时间准备，个人的反思比之前每天的日记更深入和完整，干货满满，得失都谈得比较充分，为师的今天必须手动赞一个。

我比较关注几点：

> 一、单元教学设计有没有整合意识，教学内容是不是环环相扣，够不够"整"。
>
> 二、经过这一段实践，徒弟的教学观念有哪些转变，教学技能有什么"增量"。
>
> 三、徒弟对自己的认识是否客观、实事求是。
>
> 四、仍然存在的问题。

应该说，前三项晓宇做得不错。在谈问题时，我提醒他，整体的复盘没有提学情。教学设计必须基于学情，学情是动态变化的，如何关注学情，根据学情不断调整教学策略？这是晓宇等各位徒弟需要深思的。

晓宇发言过程中我也在不断点评、提醒。比如，小组合作的规则该怎么制订才能更科学合理？如何从七年级就开始抓小组合作的质量？这些问题后续我们要继续探讨。

晓宇分享后，又请每一位徒弟说了说周末做单元教学设计的体会。梦楠和雪儿教龄长些，做整体设计也更熟练些。雅丽和舒茗的困惑点在于无法摆脱区教研提供单元教学设计的影响。

为什么要摆脱影响？我们和区里给设计方案的老师区别就在于人家能独立设计，我们不具备这个能力。这是不行的。学情不同，个人所长不同，课标与教材虽统一，别人的方案总不能直接落在自己的教学上。今天我提了新要求：凡备课，都要先自己独立细读文本。推荐了孙绍振老师前些年出版的《名作细读 微观分析个案研究（修订版）》作为徒弟们的入门书。

一点点来。一起努力，我们每天进步多一点，学生就多一点收获。"不怕慢，就怕站。"这个学期已经过去大半，是时候思考我们师徒结对以来的得与失了。

"我为家人写传记" 2021 年 12 月 07 日 星期二

昨夜整理了学生交来的传记采访备忘录中两个题目的笔谈文字。这两个小题目，能呈现学生在开展"我为家人写传记"微项目学习活动开始前与采访结束后在思想感情方面的"增量"。

语文学科的立德树人从来都不是空话，也不应是通过套话来推进的。学生的文字虽然简单，但足以证明项目学习的育人功能。（我以为，在初中阶段，应该有几条线拧在一起形成一股绳，带动学生思想情感的培育与思维的发展。比如，科学主题的阅读与写作，能够培养学生科学精神与思维的培养——这一条线，过去四年已经做了实践与梳理；再比如，围绕家庭生活开展一系列教学活动，能够引导学生在潜移默化中传承优良家风，培养爱的能力——有哪些思想情感品质需要长线发展还有待梳理，可以以中国学生核心素养和语文学科核心素养为本来思考和梳理。

以下学生笔谈围绕两个题目展开——

1. 采访前，你对传主有哪些基本认识？

2. 在采访中，传主给你留下的最深刻的印象是什么？什么事、什么品质？你对传主有了哪些新的了解、新的认识？传主的经历给你带来怎样的启发？

生一：

> 传主是我的妈妈，在家里包揽了所有的家务活，可谓"全能"。她年轻时是家乡比较有名的学生，经常在小城的春节联欢会上担任主持人。
>
> 她让我更了解了当时那个年代的人。平凡人的生平没有那么多大风大浪和磕磕绊绊的小事，但经历了挫折后，母亲没有退缩，她依然在积极地生活着。我第一次认识到母亲身上这个不大容易被发现的品质。我觉得人就应如此，面对挫折不屈服、不低头。

生二：

> 传主是我的姥爷，我对他却知之甚少。他是一位杰出的教育工作者，也是一位颇有声望的数学家，是贵州省人大代表、民建会员。在代数领域卓有成就与建树，也是贵州财经大学教授。
>
> 姥爷是一位德高望重的学者。他刻苦钻研学术，不怕困难，不慕名利，放弃升迁。他原来成就如此之高，他的品格如此高尚，这是我第一次了解到的。我应当传承优良家风传统，将这种品质发扬光大。

生三：

> 我的父亲1977年出生，2008年我出生。2017年他开始创业，拍摄纪录片。2019年在青海开民宿，2019～2021年做直播、捐赠。
>
> 通过采访，我知道了父亲创业的艰辛，把负能量都自己来承担，正能量传递给我。

生四：

> 我的姥姥，1951 年生人，北京市出生，下乡（内蒙古、河北、衡水）当知青，中共党员。对外人脾气不好，对家人和善，为人正直，总叨叨。
>
> 姥姥总说学习、勤劳、善良，是人这一生中最宝贵的财富。做人不能不学习，想成功就要勤劳。

生五：

> 我认为他是一个伟大、乐观的人。
>
> 在采访中我才知，原来传主一直把坏情绪都自己来扛，把好情绪留给了我们，什么事儿都自己一个人担着。以后我要为传主分担事情。

生六：

> 我的爷爷是一名老军人、老党员，有较高的文化水平，已入党 50 年了。坚持奋斗，勤奋刻苦。
>
> 爷爷不放弃的品质让我印象深刻。他曾经是一个挖隧道的军人，在工作中，有同志被困，但他从不放弃，运用智慧将其救出。

生七：

> 家里唯一的经济来源是我的父亲，他是非常认真负责的人。
>
> 他给我留下最深的印象，是认真负责、坚持且不服输。在采访过后，我发现爸爸从小就十分懂事，长大之后更是靠自己去拼搏。

生八：

> 传主 1976 年在延庆县城的一个小村子里出生。1983 年在延庆上小学；

1986 年升入初中；后以延庆县第三的成绩来到市中心继续学习。2003 年成为一名导游；2006 年结婚，2008 年有一女；2012 年开始创业开公司。

传主在少年时期一边学习，一边帮父母在店里工作。如翻土、播种，每日皆是如此。所以日复一日，他养成了勤劳、能吃苦的品质。传主小时候住在农村，生活条件无法与城市相比，比较艰苦，也正是因为在这种环境下成长，所以他从小就能吃苦耐劳。而他的这种精神也感染着我，让我立志成为一个能够吃苦耐劳的人。

生九：

传主上进、认真、不服输、不服老，勇于承担责任。没考上大学；在工作中，自学读完大学四年课程。我要学习传主身上的优秀品质。

生十：

传主和我是爷孙关系，我们关系很好。他经常给我讲一些道理，让我去体会。

传主给我留下的最深刻的印象是：一辈子为了梦想而努力拼搏。到了晚年，终于实现自己的梦想。有坚强、努力拼搏的品质。传主的经历给我带来的启发是：无论在什么时刻，都要坚强、努力拼搏、不怕困难。

生十一：

传主是我的姥爷，性格和蔼，但有时很严厉，平常很关心我，在小学时帮助我学习数学。

出车祸后，不能继续工作，也不伤心，心态好。启示我要坦然面对生活，热爱生活。

会歇读书随记

2021 年 12 月 08 日 星期三

这几天在读吴军老师的《吴军阅读与写作讲义》。下单的时候，我心里是有点不服气的。为啥是理工科的人讲阅读与写作？难不成真的成了"我的语文是数学老师教的"？但我又是服气的，我很相信一点：老师自己会阅读和写作，才能教学生真东西。吴军老师是极出色的作者，这一点是显而易见的，他谈如何阅读和写作，也是非常合理的事。（不会阅读和写作的人在教学生阅读和写作，现实中也是常见的吧？）

言归正传。

边读边勾画。吴军的观点是："在各种表达方式中，写作是最正式、最准确的，也是可以将信息和思想长期保持、留给后人的。"这当然不是贬低口语表达的作用。

我们反思语文教学，说起来在阅读和写作上花费的时间最多。这话不准——更确切地说，我们花在作文教学上的时间都不多，甚至这些有限的时间还需要再进一步分解。而实用性写作、创意写作，只是到近年才受到关注……

题外话以后再说。我很想讨论的是，在现实生活中，写作能力究竟有多重要？我们做项目学习，强调为学生创设情境。那么，在现实或未来的各种场景中，究竟需要怎样的写作能力？当年有过语文教学以阅读还是写作为中心的大讨论，我的印象里是阅读教学占了上风。今天是否应该围绕这个话题再议议？

（会歇读书，头脑风暴，随手记。）

"有人管我"是幸福的事

最近有两位长辈对我影响很大，一位是东城的老前辈特级教师薛川东。前几天我日记里写了薛老师的点拨帮我提高了对轮岗工作的认识。

"你去前外要会'发现'。前外是外语特色校，他们有哪些做得好的值得我们景山学习的……"

"你有一个很重要的任务，就是帮前外去发现人才，培养人才……"借着这样的引导，我开始了开学以来工作的回顾和反思。

另一位长辈是我父亲。今天是区政协开幕的日子。父亲是市政协退下来的老同志，政治站位一向非常高，又做统战工作多年……我之前做了十五年市人大代表，现在要切换到区政协的频道上，角色不同，迫切需要学习。所以星期一晚上，我一是看望父亲，二是向父亲取经去了。父亲嘱咐我一定要从北京和东城的功能定位上考虑问题，另外就是结合轮岗工作，多为东城教育发展献计献策，无论到什么时候，都要摆正自己的位置。

两位前辈对我的影响远不止如此。不只是具体事情的点拨，具体某个问题的解决……更重要的是他们有思想，有审视和解决问题的方法。所以呢，别看我一把年纪了，还是觉得"有人管我"是特别幸福和幸运的事。

"前外人"

区政协会，我和我们学校邱悦校长都是教育界别的，分组讨论时同组。

昨天下午的讨论，邱校长发言一开场就直奔"双减""轮岗"的主题，不可避免地，我被他点了名。邱校长说，单论我在学校的作用，他舍不得我去轮岗；但看到我到前外能带动更多老师，帮助前外发展，他就觉得，就应该派我去轮岗。

我笑。会间我问邱校长：到底舍得舍不得？他说："那得舍得。"

确实得舍得，没有"舍"就没有"得"。

我琢磨，从"景山人"到"系统人"再到"教育人"，我们都需要转变观念，调整心态。舍得自己，也舍得一些局部的利益，才能获得教育整体的更大发展。

我是景山人。高中在景山就读，1991 年毕业到景山，工作至今，一辈子没挪窝，顶多就是从南校到北校工作四年。景山教改六十年，我亲历三十年，对景山的感情可想而知。

但我是系统人。东城教育系统的发展需要我轮岗，那我就服从安排听指挥。当然——到了前外，我就成了"前外人"。

（说点题外话：前几天我看到一个年轻人的视频，解释他为什么辞了职，是因为在现在的岗位上只能做一颗螺丝钉。听得出来，说话的人有多么不情愿。当时我就在想："年轻人，你是不是对'螺丝钉'和'自由'都有误解啊？"我尊重每个人自己的选择，但说到底，还真是价值观不同吧。）

我更是教育人。今天上午我给徒弟们分享了储朝晖发表在"新校长传媒"

233

公众号上的文章《今天，我们的时代呼唤怎样的教师?》，我很认同文中的观点——作为教师，我们"要有更大的眼光，要明了人类文明前进的方向"。教育人应该有这样的眼光和格局，站在全球化的大背景下做自己理想的教育。

顺便说一句，作者在这篇文章里写的每一条观点，我在平时分享里也都谈过。

从"舍不得"到"舍得"，从"景山人"到"系统人"再到"教育人"，变化与进步同在。

打样儿

继续说几句对轮岗的看法。

作为首批轮岗的教师，我担负着"打样儿"的职责。在前外，我主要做三件事：教课、带徒弟、参与学校校本课程建设。有的见了成效，有的还没见效，还需要花很多力气，继续摸索。三件事怎么做，我确实有自己的"打法"，具体的做法大部分在预设范围内，也有根据具体情况做了调整的。整体看来，这是不断寻求对策的过程。

上周回景山学校参加调研会时，了解到第二批轮岗的名单已定。大致看了看，都是中青年党员。办公室老师跟我说，有年轻老师说："我们可比不上周老师，不能要求我们达到周老师轮岗的效果。"我说："水平可能比不上，但态度不应该有差别。"轮岗已经是铁板钉钉制度化的事情，参与轮岗的老师的确应该有个端正的态度，不然拧巴的是自己。按我的理解，这个态度还不只是说如何对待轮岗本身，还包括要对困难有心理准备，对个人的长远发展有何规划……

这两天会做个简单小结。

对骨干教师轮岗的建议（1）　2021 年 12 月 11 日星期六

骨干教师均衡配置的轮岗主要是按照需求导向，先期要做的准备和普通教师派位轮岗相比有异有同。相同的是认真的工作态度，前两天说过，此处不再赘言。以下，我侧重说我对骨干教师轮岗的建议。

首先，骨干教师一定要先"盘盘家底"：

1.先盘自己的"家底"：长板与短板。特别要理清"长板"。工作中一方面需要避短，另一方面，能给轮岗单位的发展带来"增量"的是自己的长板。市区不同级别的骨干教师能力水平存在一定差异。俗话说："没有金刚钻，就不揽瓷器活。"骨干教师应量力而行，在自己擅长的点上多发力，不擅长的部分就多请教，甚至可以找"亲友团"帮忙。比如，王海兴擅长古诗文教学；王海兴、刘晓虹的专长既包括文本细读，也包括想象类写作；孟岳的专长是现当代文学，特别是红色经典《红星照耀中国》，他与他人合著了导读本。我对同事们的所长了如指掌，因此，我在轮岗行前制作的"攻略"里，就把王海兴、孟岳、刘晓虹老师的教学特长都考虑在内了。前外不提这几方面需求则罢，如果有需求，我立刻请初中语文教学团队的同仁伸援手。要记得，我们不是一个人在战斗——我清楚地记得景山校领导动员我轮岗时说的：这次轮岗和以前不一样，学校给你撑腰——所以，我们也不应该是一个人在战斗。

2.再盘盘教研组与学校的"家底"。自己学校有怎样的校风、办学理念？

235

本学科的教学有什么特色？教研组日常活动如何开展？学校教育教学有哪些值得推广的经验？在教师队伍人才培养方面有哪些机制？……骨干教师在行前应与教研组和学校领导积极沟通。说白了，我们代表学校轮岗，要把自己学校优秀的文化、教法等传播出去。我是景山学校培养的教师，不论走到哪儿，我都要求自己的一言一行能体现"景山魂"——"一学'孙悟空'，勇于解放思想，敢于'大闹天宫'，敢于破除一切不合理的清规戒律，敢于向一切不科学的世俗偏见和传统习惯宣战。二学'猪八戒'，认准一个方向，硬是往前拱，'不撞南墙不回头'。即使撞了南墙，也不灰心，吸取教训，调整步伐，换个角度，继续向前拱，不达目的，决不罢休。三学'老乌龟'，看清路线，埋头行进，遇有'风吹草动'，就把头伸出来，听一听、辨一辨。说得有理，就当营养，吸收它；说得无理，只当耳旁风，不去理会，把头缩进去，继续走自己的路。"（周正逵语）

3. 最后再梳理一下自己的"人脉"。不论是市级还是区级骨干教师，多少都会有"人脉"。比如进修时的"导师"，工作中结识的名师等。这并不是说你要走什么后门，搞什么关系，而是说，自己能整合的社会资源，包括人力、物力、资源、单位等。我这小半年的经历告诉我，社会各方面力量对轮岗工作都非常关注和支持。

"盘家底"的过程中也要对自己的问题进行反思，这样，有利于自己在轮岗工作中不断学习与实践，不断改进教育教学工作。

"盘"完家底，还得多了解轮岗学校。对方的教育教学有什么理念和特色？具体教学上有什么异于自己学校的要求？学情如何？这些情况要提前了解，可以看看轮岗学校公众号上的文章，网络上也能搜集到一些信息（需要查证，姑且简单了解）；和轮岗学校一旦对接，就尽快投入，熟悉新环境，与新同事尽快建立工作联系。

在进入工作岗位前先行了解情况，有利于自己进一步做好轮岗准备。接下来需要思考的问题就是：我能为轮岗学校做什么？

　　骨干教师均衡配置轮岗，绝不是只是"一萝卜一坑"，只担任教学班的任课教师。我在前外的工作期中前主要是上课和带徒弟，与同头老师一起备课等；期中后我主动请缨，协助前外领导和老师开发前外文化特色校本课程；另外，徒弟申报区级课题，我也尽量提出意见和建议。再则，我在轮岗准备阶段就准备了十六讲的清单，供前外同行选择。骨干老师们不妨也做类似的准备，这样，找到与新学校对接的"点"，能使工作便捷、高效。

对骨干教师轮岗的建议（2） 2021 年 12 月 12 日星期日

　　轮岗对教师的职业生涯而言，可谓大事。轮岗的政治意义不用多言。虽然轮岗的教师很多，责任也不是我一个人担，但我总提醒自己：说破大天去，轮岗工作决不能在我这里掉链子。这就好比江边筑起的堤坝，不管风浪多大，都不能在我坚守的这一段出现溃堤。

　　踏上这段旅程之前，除了"盘家底"，建议骨干教师们多做自我的心理建设。

　　做事有方法，轮岗能否见成效，尤其要讲究方式方法。我很相信两句老话，一是"每临大事必有静气"，二是"谋定而动"。

　　多做自我的心理建设，这一点非常重要。所谓心理建设，就是多给自己讲讲道理，多告诫自己摆正心态和位置。

　　告诫自己踏实。

　　新岗位、新征程，不仅要我们"动起来"，更得能"沉下去"。我刚开始

237

轮岗的头几天情绪也有些躁动，幸好有家人和朋友在一旁时时提醒，使我能在最短的时间里踏下心来。

告诫自己做长线的教育，切忌"过客"心态。

不以"过客"心态轮岗，就要从心里把轮岗学校当作自己的"家"。要肯于交付真心，更要付出心血。

轮岗半年也罢，一年半也罢，三年也罢，都要按照做长线的方式来规划。一是规划自己在轮岗学校的教育教学工作，二是规划个人的发展。

将近四个月的轮岗经历告诉我，新环境、新学情本身就意味着挑战。一旦走出舒适区，当新的环境、新的挑战"逼迫"骨干教师发挥作用的时候，我作为经验丰富的老同志，同样会感受到不小的压力。

熟悉我的同事知道我有句"剽悍"的口头语："我就是打不死的小强。"面对压力不能退缩，只能用耐心、恒心与毅力，把压力变动力。我在前外也是如此的态度——把有压力的事情扛下来，有任何问题想办法解决掉，轮岗的过程就是寻求对策的过程。关关闯过来了，个人能力（专业水平与能力、教师个人的思考力与行动力、甚至时间管理、沟通技巧）就会有较大提升。比如我之前从没在这么短的时间带这么好几位徒弟，这就是新问题、新挑战。再如，学生的学情比景山学生复杂，需要我搭建更多的学习支架，这也是新挑战。怎么办？"兵来将挡，水来土掩"，每一天都在围绕动态的学情变化想办法。

告诫自己一定要利用好轮岗的机会多学习、多实践。

骨干教师前期要做"我能为轮岗学校做什么"的准备，一旦进入岗位，则要思考"我应该向轮岗学校学习什么"的问题。这个思考与发现必须贯穿自己轮岗始终。

轮岗学校固然需要轮岗的骨干教师帮助改进教学，但有很多优点是值得我们挖掘和主动学习的。切忌傲慢的心理和态度，这一点非常重要。

对骨干教师轮岗的建议（3）   2021 年 12 月 13 日星期一

继续说说骨干教师轮岗应该注意的问题。

受北师大未来教育学院年智英老师邀请，晚上在线对北师大第二期项目式教学讲师认证暨未来教育家培训学员做的项目设计进行点评。这项工作本身如何开展并不是我想表达的重点。我想说的是，关于基础教育现状，我了解得越深入，做项目学习、科普科幻教育等越持久，就越觉得教育迫切需要变革。

近两年一些场合里，我常常会谈及我的担心——部分学校牢牢抓住了新课改的机会，但还有相当一部分学校仍停留在原地：教法依然陈旧，教与学的方式并没有本质变化，教学中依然是围着考试的指挥棒转……我甚至担心，校际之间教育质量的高低与教育教学软实力的差距会因教育变革中"不作为""少作为"而被人为地放大。如果真是这样，就是与优质教育资源均衡化的理念和那么多人的努力背道而驰的。

当下提倡以"双减"促"双升"。因此，在新课改的背景下，骨干教师要思考，我们在轮岗岗位上如何发挥引领带动的作用，我们要做这方面工作实质性的准备。

先要扪心自问——自己对教育教学的认识究竟是新还是旧？我有没有能力和水平，把新课改的理念带到轮岗学校去？……

"一切皆可思。"在新课标出台之前，我们依然可以用 2011 版课标来"对标"，找差距，想对策。要切记一点——在"新旧观念"这个问题上，"骨干"的称号并不能保证我们的认识一定就是领先的。保持头脑清醒，正确评价自己，这对做好轮岗工作的准备来说，既是重要的，也是必要的。

舍得

因参与区里混合式课程的研发工作，上午专程去崇文科技馆取经。午后去区教委找领导补课，详细了解课程研发的要求。两项事宜略过不提。

下午应滕亚杰校长邀请，参加灯市口小学轮岗工作推进会，和史家小学崔旸老师一起，向灯市口小学全体老师做了简单的轮岗工作汇报，分享了心得，也提出了工作建议。之前几天的轮岗日记主要就是为今天的发言做的准备。

推进会的后半程是灯市口小学即将轮岗的教师发言。灯市口小学 10 位轮岗教师中，区骨干占了 6 位，还有 4 位是区里命名的特色教师。10 位中有 2 位还是行政干部。这样的阵容不可谓不强大。这一批老师轮岗时间是一年半。送走 10 位骨干轮岗，同时还要迎来 10 位轮岗学校的老师。这个轮岗的力度对输出与输入方的学校来说，都是相当大的。

10 位轮岗教师，都做了或长或短的表态发言。他们的话质朴而有力，听得出也看得出，他们是做了充分的准备的。我坐在台下听，一次又一次被打动。

滕校长的发言掏心掏肺，真挚，诚恳。她结合自身工作经历，谈了对轮岗工作的认识。之前我也追问过她那个问题——你舍得吗？在台上，滕校长说，全校四十多位老师积极报名，在定名单时，她还比较理性，为了推动工作，也给老师们更广阔的发展平台，她舍得；但刚才看老师们在台上发言，她又特别地不舍得……滕校长讲得很动情，最后，她用"舍得"和"再出发"这两个词做结语。

滕校长的发言让我看到了灯市口小学领导的格局，也引发我很多思考。轮岗已经三个半月，对于我来说，这段经历已经近乎一场精神的洗礼。这样的人生体验是难能可贵的。

革命人永远是年轻

今儿不写教学，扯几句闲篇儿。

昨天交流结束后，灯市口小学的老师私信我，问我是不是真的 52 岁了。我说"是啊，52 岁半"。

我一点儿不忌讳年龄的话题，相反，我挺骄傲的——年龄算个啥？咱比比，谁的工作热情、生活热情高？

我没啥年龄的概念，也不会用年龄来约束自己，年轻时喜欢天马行空，现在也没改半分。我觉得一个人的生活和心理状态，无关喝了多少鸡汤打了多少鸡血啥事，只和他／她的价值观有关。

年轻的时候曾困惑人活着的意义。上了年纪，有了阅历，我认定人活着是需要找寻到价值和意义的。价值观不同，寻找的价值和意义当然也不同。

"萝卜白菜，各有所爱。"我尊重每一个人的选择，但我就是我，我有自己的选择。

我是完完全全秉承了父母的价值观的那个，特别是父亲。我随父亲的地方很多，说到底是因为我们的价值观相同。我们都认同：要做对社会、对国家有贡献的人。我从父亲那里学到的工作态度是能吃苦，能坐冷板凳，安贫乐道；我努力学习父亲正直无私、坦诚的品质，也在学习他的工作方法。但老实讲，我的态度接近，但思想和理论水平，以及专业上达到的高度远远不及他。

我的专业起点不高。这么多年来从不敢不学习，总算补上一些漏洞，也算有些特长。我不甘于平庸，做事情也努力做得好一点……这样的经历和结果其实也是价值观决定的。

之前聊怎么听课评课时我说：一节课下来，我基本能判断讲课老师的价值观。这是真的。平时做事，专业领域范围内的事也罢，跨领域的事也罢，我都特别喜欢和志同道合的人在一起。所谓默契，其实也是因为价值观合，才会有的。

对的人终将会相遇，且不会失散。我坚信。

从年龄说到价值观，好像跑了题。那我就再拉回来——和我有着相同价值观的人，都特别有少年感。

"革命人永远是年轻"，真是这样。

"富养"

2021 年 12 月 16 日 星期四

前几天和王校长讨论前门文化特色课程的设计，顺便聊了几句轮岗。王校长说，我刚轮岗的时候，确实以为我就是来走走形式呢，后来发现我是在真干。我俩笑了半天——我们现在不仅真干，还傍在一起整大事。王校长说，前外领导们这次是铁了心要把前门文化特色课程实实在在落地，打造成精品课程。

我挺开心的。做事情，要么就不做，要做就做好。

刚读到景山校友吴兵老师转的帖子——一篇题为《中年以后，请过"低配"生活》的文章。文章倡导中年以后的成年人能降低物欲追求："人到中年，最好的生活状态，就是低配你的生活，高配你的灵魂。"

此话甚有道理。用我的话说，就是"对自己的精神，一定要'富养'"。

我很了解自己：对精神的需求，我是相当大的，口味上又属于"杂食动物"。上了年纪，买衣服少了一些。展览偶尔看，因为时间太紧张。但书啦，话剧啦，电影啦，黑胶唱片啦，这些方面的花费有增无减。

"富养"的投入不只是银子，还有时间。

时间从哪里来？挤呗，提高效率呗。对工作有影响吗？要我说，相当大，还都是正面的。今天做项目学习，做跨学科融合，我对整合资源得心应手，做事有底气，很大程度上是对精神的"富养"带来的。

我顶怕遇见无聊的人，做无聊的事。和有趣的人在一起，做有意思和有意义的事，对自己来说，更是属于浸润式的"富养"。我还特别喜欢和不同学术背景的人来往，因为可以借机多学习，也能多满足一点儿我的好奇心。

"富养"的唯一坏处就是对"无聊"的忍耐度在降低，近乎为零。人过半百，时间成了最稀缺的资源，便越发不肯把时间花在无聊的事上。但有趣的人，有意思和有意义的事，我总是愿意投上大把的时间。

眼下在前外轮岗，和志同道合的同行一起做有意义的事，这个过程中学到很多，也思考很多。这对我来说，又何尝不是"富养"自己的经历呢？

得反复练才行

临近期末，每天的学情都是动态变化的。一直提醒自己，要克服教学上的急躁情绪，绷住劲儿。

昨天先研读的课文，再给学生一课时，分小组画课文结构的思维导图。学生的积极性很高，但他们关注的重点是形式，对导图是否真正体现了文章的结构、能否"覆盖"得住各部分内容等考虑偏少，因而最终成果的水平也参差不齐。

今天我提供的简版导图，非常直观地呈现了课文内容和结果。

先带领学生比照课文与我给的导图，进一步强化对文本的理解。

然后由各小组邀请同学做点评。点评员则比照我提供的导图帮同学做诊断。

"缺项"是最大的问题；其次就是抄录课文原句过多，不够简明；再次就是"小报模式"，有图无"导"，各部分之间没有形成关联。优点则是学生很注意形式上的美化。

得反复练才行。计划下星期一再带学生做《苏州园林》结构的导图。

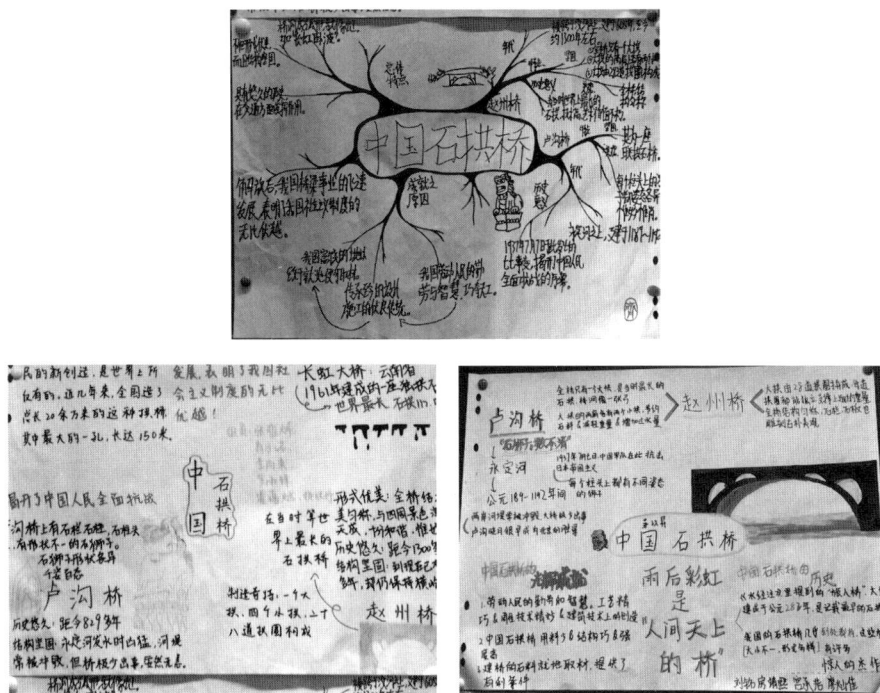

图 2～图 4 《中国石拱桥》导图学生作业

重新审视我们的教学

2021 年 12 月 18 日 星期六

北师大桑国元教授安排我在今天下午的研讨会上做主旨发言，晨起继续准备。

我发言的主题是"'双减'背景下，重新审视我们的教学"。这个题目，这学期是第五次讲了。下午的发言时间有限，我将重点说学情问题。

之前在迟老师主持的海淀初中语文教研组长的培训班上做交流，老师们对我关于学情问题的主张反应最为强烈。我的主张用大白话来说，就是一切不谈学情的教学设计都是"耍流氓"。讲座里当然不会说得这么直白和"通俗"，但"话糙理不糙"，说点"狠话"也有助于体现我对这个问题的认识程度。

对于课程标准和教材提出的目标要求，我曾一度认为应该是保底的水平，但每基于学情进一步思考，就会发现，标准是相当高的。大部分学校的学情与课标和教材之间存在显著落差。这当然是说从学情的起点到终点目标有相当大的距离。我们教书，要做的就是引领学生从起点走向终点。学情差，明显距离就远，同样的时长，要解决的问题就多，且难度大。

教师只有对学情有深入细致的了解，才能准确判断教学的起点，提供学习支架才有可能有针对性，整合什么样的资源才有依据。学情不同，教学设计与实施的方式当然就有可能不同。

近年来我们大力推行项目学习，我本人是积极的实践者。前几年我写过一篇短文:《设计项目学习不求花架子》(《中国教师报》2018 年 9 月 26 第 7 版)。这几年项目学习的设计方案逐渐多起来，里面恰恰有花架子的设计，看着热闹，经不起学理的追问，也看不出和学生学情的关系。项目学习刚开始做的阶段，这类问题可能难免，但进入深耕期，特别是接下来还要颁布新课标，即将迎来更大力度的教与学的变革，不顾学情、轻视学情的问题必须尽快纠正。

我们评估教师教学的质量，也应当考虑学情——基于原有的学情进行判断，看学生的能力和素养方面有无增量；而不是连过程性的教学都要唯分数论。(不实事求是地评价教学，是困扰教师很重要的因素。我们常说要重视学生学习的过程性评价，对教师过程性教学的评价又何尝不是这个道理呢？过早地以终结性评价——考试成绩来判定过程性教学的质量，势必带来"以考定教"的问题。)

记下主要观点，有时间和精力再整理扩展成文。没时间精力的话，写在这里，也算是给自己和同行提个醒了。

一切都是最好的安排 　　　　　　　*2021 年 12 月 19 日 星期日*

昨夜朋友圈被刷屏了——成都赢得了 2023 世界科幻大会的主办权。功夫不负有心人！

在我看来，只要做事出自本心，一切就都会是最好的安排。

昨儿没顾上吃晚饭，校对、排版，赶在 8 点半前，把学生文集的定稿传给了复印店老板。

集子的稿件还是景山学校北校区学生八年级时写的，当时还在做线上教学。因为新冠疫情暴发，先是一月底，我发布创意读写方案，草料堆后台显示近六万的下载量。开学后有一段不能授新课，我连做了五讲"跟着新闻学写作"。等其他老师开课的时候，我又带学生做"今日话题"的创意读写练习，每隔两三天就给学生推送一次资源包和读写方案，学生自愿参加。

"今日话题"做了十期就停了。围绕陶勇医生的素材开展写作，是第九期。

停顿下来没有继续的原因很简单——我的母亲那时已经病危。

再往后，就是经历丧母之痛的人生至暗时刻。有多爱，就有多痛。

我们全家人走出低谷，用了整整一年。这使得我自己主动答应的事一拖再拖——去年八年级同事靳辉和侯晓彤也带着她们的学生写了这个素材的稿子，我许诺她们，更许诺了学生，要把他们的文章结集成册，想办法交到陶勇医生手里。

许诺了，学生宸玉的妈妈是大夫，特地帮我们讨要了陶大夫家人的联系方式，然而我却完全没有力气也没有心情把这件事做完……我食言了。

247

我承诺了没做到的事不只这一件。只要有理由，我原谅自己的时候还比较坦然，毕竟人生不如意之事十之八九。然而这件事却成了我的心事。学生们没有催过我，宸玉妈妈没有催过我。看了看手机短信的记录，我倒是在去年五月中主动短信过家长，请她代为解释……再往后，就是今年科普大会年会前两天，得知陶医生也是科普作协的人时，特地问了陈玲秘书长，大会他会不会来……

然后，就到了昨天。昨天的情形一句话概括，就是我和陶医生直接联系上，说好今天寄给他文集。

晨起，认认真真地给陶医生写了一封信；复印店老板闪送给我印好的文集，我又认认真真连同信和读写方案一起"打包"送走。做了这些有仪式感的事，尽我所能，将我们师生的敬意和迟到的祝福传递出去，我如释重负。

感恩相遇。

想到一直以来的愧疚，又想到昨天到今天的进展，忽然（再次）明白了一个道理：人生过半，此刻再回想那些出自本心固执坚持的事——很多事都不是短平快的，需要以几年、十几年甚至几十年计——就会发现，诚不欺我，只要做事出自本心，一切都是最好的安排。

初中语文如何做出"增量"　　　　　2021年12月20日星期一

人在前外，当然想前外的工作最多，但也会琢磨景山学校初中语文的事。"五四"学制，景山原本的定位是"全面发展打基础，发展特长育人才"。初中阶段语文学科如何做出"增量"？

仅为个人想法，姑且记之。

初中四年，增量的部分主要为三个方向：

一、加强传统文化教育，重视熏陶。

这部分资源近两年出了不少。景山之前做教材，已经有很好的基础，应利用起来。

必修统编教材中的古诗文部分。

必选——可以依托原景山初中语文实验教材的古诗文体系，改编成中华传统文化经典的每日诵读读本，增量部分必学不考。以每星期一课时计，20×8（指 4 学年）=160 课时。

二、加强阅读，统编加拓展阅读。

设立三个阅读层级：2+4+N。

第一级为保底，读必读 2。学生能力较弱的，每学期至少阅读完统编教材要求必读的两本名著。

第二级 2+4。除了阅读教材要求的两本必读书，在课堂上针对每册推荐阅读的四本名著进行导读，指导学有余力的学生拓展阅读。

第三级 2+4+N。两本必读书，四本推荐阅读作品，N 则是指学生自由阅读的书籍。数量上不封顶，鼓励学生个性化阅读，建议以读书会、读书俱乐部、读书社团的方式开展，并融入校园文化建设。

教师推荐与学生自荐结合，建议用好教育部推荐书目。

三、加强写作：除落实统编教材写作序列要求外——

1. 实用性写作课程

（1）科学类实用性文本写作（侧重探究式学习：科学调查，科学论文，科普文写作等）；以创客教育与项目式学习相结合的方式开展，可与其他学科联手。

（2）新闻写作（初级课程：七年级开设，满足一般学生学习需求；进阶课程：八年级开设。成立小记者团，可负责校园新闻的采访与报道，建立学生融媒体中心。）

2.幻想类写作课程

选修课：

（1）童话读写课；（2）小说读写课；（3）诗歌读写课；（4）科幻读写课。

加强分层教学。给成绩中等和优秀生提供上升通道，给基础落后生托底。

作业分层应对应教学分层。不论是补漏还是提高，都应力求课程化、系统化。补漏要分模块：基础、阅读、写作、综合运用。有别于中考复习的补漏。保证学生提升相对稳定，补上漏洞再进入下一模块。

"知知"模式

2021 年 12 月 21 日 星期二

听了香港中文大学蔡敬新教授的报告后，有了新想法，先写下来。

以蔡敬新教授提的"知知"理论九个步骤，反思既往做的"北京传统文化"选修课的案例，居然完全合拍。这个很有点意思了——远的不说说近的，正好为我们正在开发的前门文化特色课程提供了理论依据。

"知知"模式的教学设计与项目学习还是有差别的。或者说"知知"模式关注的重心就是学生建构知识的方法本身，因而学生探究的问题更具开放性。创设情境的目的是激发学生自主产生知识的需求。情境、激活的材料不同，产生的问题和知识的需求也会不同。情境和材料有范围的"边界"，学生的生成和需求也有边界。这就避免了教师的准备漫无边际的被动。

在"知知"模式中，教师帮助学生确定要研究的问题后，再引导学生设计探究路径、方法。我们当年（2002 年、2003 年）的做法是邀请幽燕文化工作室（第一轮）、北京史研究会的专家（第二轮）为学生的开题做指导。在探究过程中，学生一是要实地考察、采访；二是要根据课题研究的需要，不断检索资料；三是接受专家持续跟进的过程性指导。

经历这样的学习过程，学生逐渐形成自己的探究结论，最终学习成果主要以论文方式呈现。

这种模式开发课程，对老师而言最大的挑战是用传统的备课方式绝对应对不了。和高中语文学科专题学习也有区别，因为这样的课程本身需要教师具备跨学科知识和资源。更严谨地说，是需要教师先于学生掌握建构知识的方法。学情是动态的，所需要的学习支架和资源也是动态的。我们当然可以提供一部分，但更主要的应该是学生根据需求不断主动学习。这个过程中，越是跨学科，越需要专业的"外援"。老师的角色当然是多功能的，不过，在我看来，最大的作用就是——"大导演"。

"知知"模式可算得上是我理想课堂之一种吧。它未必要成为模式，内化在项目学习实践中就好。

希望前外的前门文化课程的搭建能一步到位。

"无功"和"平庸"　2021年12月22日星期三

晚上和长姐打电话。聊到工作态度，我忽然想起区政协会上文件里的一句话，就讲给姐姐听："无功就是过，平庸就是错。"

对这句话这个态度，我和姐姐都很认可。特别是在当下教育改革的关键时刻，在我轮岗的这个小小的点位上，必须有所作为。

251

怎样理解"无功"和"平庸"？

在我看来，在不该躺平的年纪躺平就是过，只吃老本、不思进取就是错。

在这一点上，景山学校的教改传统对我影响很大。刚一参加工作，老前辈们教我们的就是"不做看家守院型的教师，要做教改的排头兵"。

今天起得很早，有些疲倦，只简单记录一下今儿的工作进展——

上午组团去正阳门管理处开"前门文化特色课程开发推进会"。又见袁学军师姐，特别开心。第一次登上正阳门，对北京传统文化的自豪感更是油然而生。工作有很大进展，接下来就是要把课程方案进一步细化。

下午继续带着学生练习用思维导图呈现文章。和星期一相比，第二次小组合作画思维导图，学生们有明显进步。

点评环节我做了细化调整，要求学生各小组派代表，先自评，再邀请其他小组的同学点评，最后再谈自己小组有什么打算。学生积极性很高。今天进行了三组，明天早上继续。

坚持长期主义　　　　　　　2021 年 12 月 23 日 星期四

今天中午召集徒弟们开了小会。我请晓宇分享了他听前外内部讲座后对教育的思考，又请每个徒弟谈了谈这个学期自己有哪些进步。内容既涉及新形势下如何高站位的问题，也有方法上的交流和点拨。我跟徒弟们讲了讲我听内部讲座的体会，又结合题为《一切伟大都来自认真、坚持、做透》（作者夏惊鸿，发表于"华夏基石管理评论"公众号上）的公众号文章的内容，结合当前的教育教学的形势与问题，讲了讲我的看法、对他们的期待。我很赞同文章对长期主义的前提、落地的抓手、三大思维的分析，并且以为，这些不仅适用于企业，也适用于学校和个人。

基础教育的战略方向是什么？这问题听起来好大，似乎应该是领导思考的问题，其实不然。这也是我们每一位一线老师应该思考的问题。"回归"的课堂必须符合基础教育战略方向的要求。不清楚这一点，我们说"回归课堂"就是空话。或者，"回归课堂"很可能就是"穿新鞋，走老路"，"新瓶装旧酒"。我们必须想清楚的是：究竟要回归怎样的课堂，摒弃怎样的课堂。说得更具体一点——相信明眼人都看得出来，当前，基础教育正在发生深刻变革。这个变革肉眼可见的是"减负"，是抓"作业"问题，实质上是什么？我以为，是我们的教育必须按照国家和民族长远发展的需要培养人才，教与学方式必须发生变革。这与我们一线教师息息相关。

这个问题清晰了，再来看看我们自己的定位、自己的行为。昨天我的轮岗日记中谈对"无功就是过，平庸就是错"的理解，很多同行都表示赞同。我说"在我看来，在不该躺平的年纪躺平就是过，只吃老本、不思进取就是错"，结合当下教育变革的形势，我还想强调一个观点：我们不能不作为，也不能乱作为。

北京景山学校创办于 1960 年春，是中宣部、北京师范大学和东城区委共同创办的教改实验学校。陆定一当年代表中央和国务院作了《教学必须改革》的报告（《人民日报》1960 年 4 月 10 日，在第二届全国人民代表大会第二次会议上的发言节录）。毛主席讲，凡是重大的改革必须先经过实验。为此，专门成立了进行教改实验的景山学校。我从成为景山学校教师队伍中的一员开始，接受的教育和熏陶就是如此——教改是我们景山人的神圣使命。具体来说，就是我们要对基础教育中出现的问题进行探索，通过一系列教学实践、找寻解决问题的办法，不仅要能做出自己的专属回答，更要能为基础教育提供经得起实践检验的范例。我从来不认为这是空话、大话。因为景山的前辈人就是这样做过的。我一直关注景山优良传统、教改精神、先进的教学理念、教师队伍代际传承的问题，阅读过大量的文献资料。景山的生命力全在于教育教学上的锐意改革。我想，这应该是每一个景山人的共识，也是我们引以为自豪的景山气质、景山风范、景山格局。

"'要做教育家，不做教书匠；要做教改的志愿兵，不做奉命的教改人。'这是景山学校教改先驱者童大林、方玄初和龙卧流三位前辈留给我们的宝贵的精神财富。用我的话说，就是不能做'看家守院'型的教师，只会教教材上课，甚至只关注学生成绩搞什么题海战术。不能仅仅'看家守院'，更不能奉命教改，这就意味着在景山学校，教书只是工作的一部分，我们的工作还包括开展课题研究。课题有大有小，研究的水平有高有低，这些都不是最重要的。最重要的是作为景山人，我们继承了教改精神，以强烈的课题意识，把教学班当作改革的试验田，自觉地用课题研究推动教学的变革。"

这是我在《一线教师怎样做课题研究》一文中写的话。如何做到"同频共振、卡点卡位、落实落细"？我认为，作为一线教师，要坚持长期主义，必须头脑清醒，并且能"抗压"。

头脑清醒，要明白中高考究竟意味着什么。如果只认为或只看重作为终结性评价"成绩"的属性，就会过分关注考试成绩，被应试教育指挥得团团转，多种评价方式就会"缩水"为单一的评价方式，终结性评价替代形成性评价，这种乱作为的危害不言自明。[①]弄清这个问题很重要，因为牵扯到究竟要回归什么样的课堂的问题[②]。

"抗压"，则是要能在各种压力面前尽可能调整自己，既要努力解决当下问题，又要注意尽量不被压力拖住、拖垮。至少要留给自己做课改、发展个性特长的空间和时间。外部能否"减负"，各有各的具体情况，但一定要守住自己的初心。

[①] 详见《如何削弱语文教学"教师"环节中的"衰减效应"》，收录于《让语文撑起生活的一片蓝天》，光明日报出版社 2010 年。。

[②] 周群，《让语文撑起生活的一片蓝天》，光明日报出版社 2010 年。

至于个人是选择"躺平""吃老本"、不思进取，还是选择做教育改革的排头兵，以实际行动做出回应，归根到底取决于一个人的三观。

管不了别人管得了自己。反正我喜欢的人"三观"都和我一样。对照我的标准……保证童叟无欺。

一切伟大都来自认真、坚持、做透 　2021 年 12 月 24 日 星期五

今儿得夸夸我的徒弟。

第一篇是星期二学校政治学习后晓宇写的反思。

第二、三、四篇是舒茗、梦楠、雪儿昨天中午闭门小会后的反思。

作为师父，我特别在乎的就是他们的活思想。因为活思想里有他们的三观。当我的徒弟，三观必须正。什么是正？我的标准比较简单粗暴，就是要跟我合拍。很高兴，字里行间，能体会到，徒弟们的悟性和觉悟都相当不低，最关键的是，不论是思想上还是教学理念上，他们都愿意接受师父的影响。

从这点上说，也是我的幸运。作为师父要做的事，就是交心、交底、以身作则、跟进专业指导、搭平台……总之，想方设法把徒弟们托起来，让他们有能力成为学校教育教学的主力，能够有更好的发展——这是我给自己明确的职责。

想了想，还有几句话要嘱咐徒弟：

年轻人，你们一定要对自己"狠"一点。

昨天推荐给你们的文章——《一切伟大都来自认真、坚持、做透》，你们都觉得很受启发。认真、坚持、做透，用我的大白话说，就是面对

255

自己的短板，面对各种困难和挑战，能不能有狠劲儿？咱就不服了，就较劲了，死磕到底！景山人的改革精神有三个比方，就是要做"孙悟空""猪八戒"和"老乌龟"。除了"有敢为天下先"的精神，还得有定力，"不撞南墙不回头"，"撞了南墙，爬起来，调整方向，继续向前"。

"撞了南墙"也不改教改初心，这态度够狠吧？

年轻人，就要有这个狠劲儿！

还不能只停留在思想上，必须有行动。此时不搏，更待何时？我可以很负责地告诉你们，我认识的有真本事的家伙，都是"狠人"，无一例外。谁都有自己的难处，在难处面前退缩，习惯性地选择舒适区，想得多做得少，都算不得"狠人"，也不会有大出息。

所以我会跟你们要行动——我逼着你们写反思日记，不断提高要求的标准，我逼着你们一遍又一遍地试讲，修改教学设计……以后我也会不断提新要求，作为我的徒弟，我希望你们能抗压，能闯关，也学着做个工作上不惜力的"狠人"。

在专业提升上持续发力，你用了多少力气，将来就能换来多少实力和底气。

相信我。

2021年12月21日日常复盘

张晓宇

今天光明日报社北京站副站长董城老师来校进行的讲座让我受益匪浅，而且真的是热血沸腾。董老师的高站位让我着实佩服。

"同频共振、卡点卡位、走心延伸、落实落细"，这十六个字引发了我无数思考。"筛选出对时代走心的人"——这是我记录最深刻的话语：无论是中考还是高考，这是选拔性考试的终极目标。语文这样的人文性学科，可以说赋予了我们重要的时代任务，夯实基本功的同时，要关注学生对于时代是否走心，走正道，才有最高的收益。

这是对学生的要求，其实，更是对老师的要求。我们要守在这个主阵地，思考如何要让每一节课都能育人，都能让学生"对时代走心"，我想首先是老师要对时代走心，这就需要我们"将坚持教书和育人相统一，坚持言传和身教相统一，坚持潜心问道和关注社会相统一，坚持学术自由和学术规范相统一"。在此时，才更加深入理解了这四个"相统一"，才真的开始了"同频共振"。

除了要对时代走心，我们更要苦练基本功才能"走心"，才能"延伸"。否则，也无法将时代与学科教学融合。这一点，也是师父常在我耳边提醒的。像董老师说的：我们和前外一起，在这一次新的转折点或说是起点上，要实现弯道超车，但对于我来说，有了周老师，更是要"卡点卡位"，抓住机会，超越曾经的自己。

为党育人，为国育才。中高考是为了将"对国家走心的孩子考出来"，那我们的使命之一就是要培养这些"对国家走心的孩子"，而并非培养靠刷分取得成绩的精致的利己主义者，"我将无我"，不负党和国家，我将继续坚定理想信念，坚守道德情操，苦练基本功，增长学识，永怀仁爱之心，勤于思考，提高站位，让每一节课都有育人功能，努力为党和国家培养合格的建设者和接班人。今天对所谓"合格"的建设者和接班人，我又有了一个具体、深刻的理解："对国家走心的人。"

12月23日教学反思

张舒茗

今天的反思分成两部分——

第一部分：上午四节课，两个班分别写了 2021 年海淀二模作文

《我的中国故事》，在写之前，我带着孩子们审题，提出写作要求。首先以小组为单位讨论作文素材，互相交流、启发灵感；其次自己列提纲，及时记录想法；再次班内分享提纲，大家提供思路、想法；最后，独立完成作文。家国时事类的作文近些年成为考点，要引导学生不仅埋头学习，更要关注世界的变化发展，关心国事。

第二部分：中午时在八年级语文组，周老师给我们几个年轻人做指导，周老师分享的《一切伟大都来自认真、坚持、做透》一文给我很大的启示，"认真、坚持、做透"。作为一名教师，我们经常会写反思，但是真正的反思不是流于表面，追问自己是否能真正的自省，并付诸行动改变。在谈及本学期我的改变与收获时，我觉得"课上让孩子多说话""课后不断拓展自己的知识储备"让我不断在课堂教学上前进。

周老师谈及"要做教育家，不做教书匠；要做教改的志愿兵，不做奉命的教改人"，积极地去做课题，把教学班作为"改革的试验田"曾经是我不敢去想的事，如今就在眼前，那就去尝试去做。之前做课题都是跟着学校的教科研老师，等着老师分配任务；这学期周老师来到前外，鼓励我们去申报课题，当我真的去申报课题，一步一步的完善到最后提交课题申报，亲自感受过后，一切看起来非常难的事情就在一步步的坚持下完成了。我相信只要去做就会有收获，正如周老师所说要做一个主动的人，把握好每一次机遇。作为一名班主任，身兼教学管理工作任务很重，但是我离我的教学班距离更近，做起事情来也更得心应手。管不了别人管自己，加油，向着"教育家"的目标进发！

12 月 23 日教学反思

李梦楠

今天两节课，第一节课带领学生进行了书体欣赏这一知识点的复习巩固，第二节课进行了小测。在第一节课中，带领学生回顾了五大书体：篆隶草楷行，学生小学阶段多少也接触过，但初中阶段更要求学生能在情境中辨析书体，考查灵活度更大。课上带学生欣赏了各种书体的书法作品，引导学生从直观上去总结各种书体的特点。

这个阶段学生以形象思维为主，感受不同书体的特点并不难，但细节中，他们区分起来还是有难度。比如说，如果选项中出现了"飘逸"的形容，学生可能就会纠结是草书还是行书；如果说"端正沉稳"时，学生就会纠结楷书和隶书，其实这类问题必须灵活掌握，要根据题目来活学活用，如果死记硬背，肯定会适得其反。

因此我在课上除了带他们概括书体特点，还让他们通过自己的笔去感受。在幻灯片中出示了"厚德载物"一词不同书体的书写方式，让学生"照猫画虎"，去感受其特点。复习阶段，学生渐渐显出倦怠，我也在反思自己是不是给他们施压过多。从上周开始，我会时不时在晨检时强调要开始复习，要静下心来，确实一部分学生开始行动起来。但今天据学生反映，心理课有一大半学生都非常困倦，不得不让我开始反思自己的引导。学习本应是件循序渐进的事情，如果不恰当地过分强调结果，可能会起到反作用，离期末还有两周多，也许下周开始，就要慢慢给他们开始心理疏导，以免整体情绪低落，适得其反。

今天周老师给我们开了小会，给我的感触是：一、要给自己设目标。就好比项目学习以任务为驱动力，课堂上的一举一动都会有方向；生活中、工作中给自己设目标，就不会在许多时候不知道该作何努力；"打工人"每天、每年要向自己要答卷，要用审视的目光看待自己做的每一件事。二、要大胆，说实话，我在工作上有时会被畏难情绪绑架，总感觉很多事情很复杂，很遥远，其实怕的是付诸努力、推翻琢磨的艰辛过程。所以，放胆去做。做了，最差的结果是做得不好，而如果没做，结果就是一事无成。所以，趁年轻，多努力多钻研，别等到黄昏才拉开窗帘，别等到风平浪静才决定远航，别辜负了时光，别辜负了自己曾经的"理想主义"。

12月23日教学反思

李雪

今天是考场作文重写，和孩子们一起梳理了这两年我们国家发生的大大小小的事情，分享了一篇新华网的文章，看到文章中的照片，孩子们有震撼有感动也有温暖，也让他们体会到了中国之魅力。

今日不多写每天的关于课堂教学的反思了，应师父的话，大胆一点写一写今日师父和我们开小会后的一些想法。结合前两天董城老师所讲和今天师父和我们说的，我们这一代是幸运的，我们现在站在了一个教育改革的关键点上，尤其记得在上学的时候我们就是教材改版受用的第一届学生，在教育教学这条路上还算蛮幸运的。在这样一个合适的时间，有些更多的机会，作为青年教师的我们应该去理解更多的新理念新观点，不断地学习，也让我思考在前外我们年轻人可以做什么。说实话，今天听到师父说最近在做前门文化课程的推动工作的时候，我们年轻人对这类课程还是非常感兴趣的。我也是一直在关注着有哪些专家走进了我们前外的课程建设，我是一个北京娃，老要说过去我们也是住在宣武门内的"皇城里人"哩，像最近一直在推广的《最美中轴线》的节目，我也非常有兴趣。……

今天师父推荐给我们的那篇文章里所说的我也很坚信，"一切伟大都来自认真、坚持、做透。"在我们的工作中也一定要这样，同时年轻人真的要不断学习优化自己才能跟上时代的步伐。今天会后还有个小姑娘问了我和梦楠几个问题，她问我们为什么要拜周群老师为师父？我们说我们想像她一样无论何时何地都在发光发亮，不光照亮别人，也是在点亮自己。跟着师父好好学，继续努力干论文！努力努力再努力！耶！

年轻人，要对自己狠一点　　　2021 年 12 月 25 日星期六

开闭门小会的时候，雅丽表情凝重，不知我讲的哪句话让她想出了神。读了她的反思，大致明白了。

很能理解徒弟们的心情和不易，因为我也是从低谷里走出来的。

我在景山学校读高中，高一第一学期数学就不及格，从来都不是好学生。看着大大咧咧，假小子似的，其实又敏感又自卑。

大学更是不堪回首的岁月。

工作第一年开始比较顺利，后来却摔了跟头。简单说，就是我当班主任时，班里校领导的孩子调皮捣蛋得厉害，我非但不懂人情世故，而且一厢情愿地认为，越是领导的孩子越应该严管……这样想了也便这样做了。结果就是几个孩子跟我整天对着干，针尖对麦芒的……再往后，一年结束，班主任就被撤了，只让我教一个班的课。

年纪轻轻就走背字，曾经有一度非常想辞职。

各种原因未果。又熬过一年，领导又让我当班主任，同时教这个班的课。

261

嗯，就是冯觉非这届。

主任找我谈的话，至今记忆犹新。主要意思就是，再给我一次机会，干得好就干，干不好就意味着我不适合当老师，那就走人。

就是这样直白。蛮刺激的，是不是？

确实，我被"挤兑"急了。我脾气倔得很——你说我不行，我到底行不行，我用行动证明给你看！

整整四年，不敢有一丝倦怠和松懈儿。这届学生中考成绩相当不错。

正在我自以为打了翻身仗之际，领导又找我谈话。大意是说，他们觉得我带班可以，但我的语文教学不行……

我知道问题出在哪儿。那时候我胆子很小，一有领导或其他人听推门课，我的大脑立刻就会宕机，一片空白，一节课下来都不知道自己说了什么做了什么……

怎样走出人生的低谷？一件事、一个人对我影响至深。

"事"，是指三十岁的时候参加北京市教师系统首届朗诵大赛。层层选拔，每一轮都是将将过关。不知为什么，那时候心理素质差到一上台就忘词的地步。不只记不住词，还心动过速，缺氧，手脚冰凉。到市里参加最后一场比赛之前，因为完全没有自信，差点被换下……被东城区语委会金主任电话里好一顿棒喝，第二天硬着头皮上台，只拿了优秀奖。紧接着金主任又"逼着"我在灯市西口的十字路口，当着马路上来来往往的人的面主持普通话宣传活动……活儿练得不咋地，但居然就这样治好了我的怯场。

"人"，是指赵彬老师。休完产假回来上课，老组长赵彬老师力荐我接她的教研组长。为了扶持我，她居然整带我一年，开会、组织活动都给我坐镇……

2000年，景山学校搞教改，要求人人有课题。我主动加入了好几个课题研究……

就这样，前后至少花了七八年，吃了不少苦，才逐渐走出低谷。

我不怕讲这段"黑历史"，也无所谓遮掩。有了解我的同行问过我一句话：假如当年真下岗了会怎样？

不会怎样，我觉得，地球照转。我也会像现在一样，活得有滋有味的。

但是，倘若人在低谷，想摆脱被动局面，必须花十倍二十倍的力气去努力。一时间被动落后不可怕，不知如何改变落后也不可怕，可怕的是受了挫折就躺平，有了困难就退缩。

还是那句话——要对自己狠一点。

以读带写，以写促读

1. 我常常复盘我的个人经验——成人的写作都发生在什么场景下。

2. 教学生真的写作方法很重要。目前统编教材有写作的序列，教学过程中，需要根据学情以及我们对写作、对生活需求的认识进一步细化。

除了通用型的作文能力训练以及记叙文写作要重点练习，我们还需要有说明文、议论文、非连续性文本，以及文学性鉴赏与表达等序列化的作文练习……

不论写哪一类实用性文本，都需要研究其规律，给学生引领的方向要正确。要重视仿写，让学生照猫画虎，不能随便写，要牢固树立"写是可以教的"信念。

3. 指向加深对文本理解的写作，要教思维导图，教如何鉴赏的方法以及写鉴赏类的文字。

指向日常生活的写作，要引导如何有效观察、说明的顺序等。

指向创意写作的写作，要教构思的方法，如何积累素材，最后才是创作作品。支架、教学生生成创意的范例都很重要。比如刘晓虹的《带上她的眼睛》课例，比如我做的《流浪地球》《神奇动物在哪里》以及微型小说创作等课例。

目前有不少指导学生进行科幻创作的案例，有的是有比较严重的问题的，如给学生提供的支架材料有硬伤，教的不是科幻小说的创作方法等。

指向思辨能力培养的写作，给学生读的素材里同样包括要支架性材料。比如资深记者如何思考认识一个具体的焦点问题。提供的材料与材料之间必须留出学生思维碰撞的空间，材料要促学生观点的形成。在读写过程中，打开思维的"黑箱子"非常重要。

指向整本书阅读的写作，既可以培养归纳概括提炼能力，也可以培养鉴赏能力。帮助学生建立名著与个人、社会的内在联系，是最重要的事。只停留在"术"的层面，阅读及阅读指导就不具备最根本的意义。

不论哪一种写作，都要真的教方法、教真的方法。不到不得已阶段，不要最后的应试套路指导学生写作。

4. 不论是哪一种写作的训练，指向元认知能力的写作都必须重视，包括过程中的写作、阶段性总结的写作。除了量化评价，质性评价也很重要。景山学校原有的自学自省的做法非常好，值得深化研究以及推广。通过强化练习，以读带写，以写促读，学生的经验内化，能力才能真正提升。

5. 养成写作的习惯、兴趣，培养写作的理念极为重要。我们提倡"让阅读和写作成为自己的生活方式"的理念。从六年级开始，先造势，再养习惯，学生就不至于对写发怵。习惯、兴趣、理念，越大越难养成。

低年级要通过创设情境、游戏化等方式调动学生的写作兴趣和热情。比如，《神奇动物在哪里》的写作练习。高年级要转向思辨，一方面，引"活水"到课堂，话题的选择要和学生有直接联系；另一方面，一定要把学生引入生活中，关注国家、社会、世界。

6.素材方面，要关注跨媒介素养的培养，阅读引入多种媒介，表达方面也要力争帮助初步掌握多种媒介方式。

7.写作的乐趣其实一直存在。越向高年级发展，越要帮助学生在"理趣"上有体验、有感悟。学生作为独立的个体，对外部事物参与度越高，参与社会生活的意识越强烈，越有表达的需求。

8.创意、思辨，蕴含在各种教学之中，要有意识地培养。可以"不显山显水"细水长流地练习，但老师如何全程、全方位的设计，这本账必须清楚。

9.今天的话题聚焦在课堂的写作，其实课内外需要打通，这也是"作业"理念的更新。要为学生的写作提供适合、充足的范例。教师要写"下水文"。要善于利用学生写作中的生成性资源，多鼓励。

10.写作教学理应避免语文教学的空心化现象。虽然无法直接对应考试——考试的写是窄化的，是阶段性的，常态化教学绝不能直接对应考试，不顾其他。初中语文的写作教学，必须立足于义务教育的特点。写的教学行为背后，是教师的三观、教师的教育观；依然需要教师有结构化、系统化的思维。

用我们自己的努力、实践，丰富写的形式、写的内容、真正实现以读带写，以写促读。

压力即是动力

2021 年 12 月 27 日星期一

这几天的忙几乎到了极致。年底，教学收尾和复习双线并行，还有对轮岗工作各种阶段性总结，无一不需要花时间。区教委领导很关心我，发来短信嘱咐我注意身体，也跟我聊对轮岗的认识——压力与荣誉感、价值感并存。

我很认同。对我来说，压力即是动力，即便是接受轮岗任务，在一开始想应对压力和挑战的对策多，想自己的收获少——这几日也算是在做中期盘点，虽然有点儿早，但毕竟是年底，也算是合时宜的事了。

忙里偷闲，居然在近乎连轴转的运转中找出时间，把上周论坛上的发言文字整理了出来。

《"双减"背景下的教师行动——重新审视我们的教学》，这个话题本学期在不同场合讲过，最长的分享有三个小时，这一场的录播用时仅23分钟，是最简短的。想着前几天反思群里有老师问我要关于如何做反思的材料，遂整理了发言的文字稿，分两次刊发。且行且思，每天琢磨的就是这点事，其实之前轮岗日记里也没少说，甚至就是因为写轮岗日记，认识逐渐体系化。我自己读来无甚高论，仅供老师们参考。倘有不当之处，还请各位同行批评指正，不吝赐教。

好脑子不如烂笔头

2021年12月28日星期二

看前几天和徒弟开闭门小会时拍的照片，我笑得眉眼都挤在一起了。当时的情形是：其他徒弟正自信地做简短小结，雅丽却低着头，目光投向斜下方。她戴着口罩，我看不明白她的表情，怕她有什么发愁的事，就停下来打趣她。一时间大家都笑了，雅丽也笑了。

我们确实挺开心的。有时想想，蛮有趣的，当教研组长不算——我从来没有短时间内同时带过这么多徒弟。

徒弟带成什么样，我当然有长远的期待。追求卓越的路上没有止境——

前提是你的价值观决定了你的选择，追求卓越就是一种选择。我们这些老同志都是这样一步步走过来的。成为区级骨干教师是追求卓越之路的起步，区学科带头人，市骨干，市学科带头人，特级教师……追求卓越并不等于功利至上的追求，这个道理是个明白人都懂，不解释。

闭门小会上还有一笔值得一记，就是晓宇的现身说法——晓宇、雅丽和舒茗从 9 月 15 号开始写日常反思。前一段晓宇又因为做课，被我"逼着"自己做单元整体设计，好一顿折腾，没少挨我的批……这一关他闯过来了，我又让他做闭门小会的分享总结。这样一来，他的材料积累得可不少。这不，前几天要交论文交课例的，他就体会出坚持写反思的好来了！他说五千字的论文，起码有两千多字是复制粘贴自之前的日常反思，还"一虾多吃"（我的形容），一个完整的教学设计、实施所积累的材料还可以从不同角度去利用。自己实打实地实践了，反思了，再做撰写论文之类的事就一点儿也不发怵，信心满满的。

我超级喜欢他的这段现身说法。"好脑子不如烂笔头。"这话也适合老师们自己。我记得前些天有老师在我的轮岗日记下回复，说很佩服我每天都做思考，都有得写。我是想说，反思应当成为我们教师的习惯、基本功，甚至是必备品格。这一点在当下尤为重要。

2021 年的工作盘点

2021 年 12 月 31 日星期五

晨起，想着要盘点一年的工作和生活，翻了翻朋友圈，又看了一眼任务清单，觉得要总结的事很多，但又很少。

工作上按照时间段来分，1 至 8 月算上一学年的第二学期；9 月开学是新学期。

7月之前忙着带九年级毕业班；9月开学后忙轮岗工作。

两个时间段都是重头戏。平心而论，我都全力以赴了。

九（7）班中考语文成绩相当不错——确切地说，是北校区四个班的中考语文成绩都相当不错。

在前外的这一学期，带着学生做了不少事。眼下期末复习正在推进中。不敢说一定能体现在期末成绩上，我会尽力而为。

在前外的更多工作每天都有记录，十四万字轮岗日记记下了点滴生活，也没有必要再拿来总结。

所以，算下来，一年里真正可以自行支配的时间就少之又少。

少之又少的时间里，科普科幻教育的推广工作依然是重点。

6月，中国科普作协中小学科普科幻创新人才培养工作委员会正式成立，我任副主任。

上半年在线上做了吴岩、尹传红、马传思三位科普科幻作家的"与作家面对面"的读书交流活动；在线下做了马传思和我主编的《中国青少年科幻分级读本》（小学卷）的推广活动。

7月中，由"科学故事会"搭建平台，继去年16讲，今年继续"科普科幻教学实例分享"活动——我负责组织内容，邀请老师，主持活动。包括我在内，8位老师做了分享，线上收看人次200万。

原本8月在南京召开的第三届全国青少年科普科幻教育大会因为疫情不断推迟，直至11月在线上召开。曹勇军老师和南京十三中是主力，我做了一些辅助工作。

参加市教研中心李卫东、张玉峰老师主持的教育部重点课题，课题进入收尾阶段。我作为课题组成员参与课题研究。

9月底10月初，中国科幻大会期间，参与论坛讨论。

还做了什么？

从项目学习到"双减"背景下的教学反思，再到跨领域阅读，诸如此类，做了一些线上讲座，参与了一些论坛活动。

今年退步的是专业的稿子写得少了，发表了两三篇文章，《科普时报》上的专栏几乎没怎么写，签约的书稿也几乎没有多少推进。时间、精力有限，我也只能如此原谅自己了。

工作之外的生活已经简单得不能再简单，有时间再盘点，没时间就不写了。

那么，简单地做完了 2021 年的工作盘点，就这样画个句号吧。来年再战！

2022年1月

一切过往，皆为序章　　

　　昨晚，收到梦楠和雪儿两位徒弟年终盘点的文字。第一时间读了，很为她们开心——两个年轻人都是九年级毕业班的老师，梦楠还是班主任。她俩能在岁末抽出时间来，静心盘点整一年的工作，分析自己的长板与短板，也为自己新一年的工作立下目标，真是难能可贵。相比于仪式感，我更欣赏她们这样对自己较真儿的态度。希望今天能读到其他三位徒弟的盘点。

　　我和小学部李洁主任都是全职轮岗，昨天我俩双双回了景山学校。许多同事和领导都是四个月没见了，亲切得很。和语文组的年轻人聊了很多，也提了几点希望：要规划自己的发展；找到自己发展的突破口，坚持做深；老同志多搭平台，自己一定不能停下脚步；不要陷在"头发丝儿"的日常事务中不能自拔，再累再难都要留给自己留发展的空间；要对自己狠一点……

　　昨晚到家很晚，收到几份编辑寄来的新年礼物，都很喜欢。

　　新京报记者杨菲菲寄来的报纸最有纪念意义。她还在小卡片上手写了一段话，看得我眉眼带笑。

　　昨夜的时钟秒针指向零点时，我许下的愿望是——期待我的期待都能实现。"一切过往，皆为序章。"真心希望 2022 年，我们每一个人都好好的，有趣有盼，不负心中热爱。

新年自勉　　　　　　　　　　　*2022 年 01 月 02 日 星期日*

新的一年第二日。

昨天，晓宇和舒茗、雅丽悉数交来盘点，一一看过，各有优点。

盘点和计划都做完了，接下来主要看如何做。

这个"如何做"的要求更是提给我自己的：

新一年要做的事更多。一方面尽量多做事，提高效率。切记事是做出来的，不是说出来的；另一方面，做事多凭公心和理性。

欣赏以下三句话，愿自勉以及与徒弟们共勉——

"牢骚太盛防肠断，风物长宜放眼量。"

"不滞于物，不困于心，不乱于人。"

"行止无愧天地，褒贬自有春秋。"

"内卷"自己　　　　　　　　　　*2022 年 01 月 03 日 星期一*

早晨发了个朋友圈，其中一句的大意是，要"内卷"自己，提高工作效率，做更多的事。有同行回应我说，她昨天也是想到"卷"自己……

"内卷"自己，意味着要做更多的断舍离，挤掉各种冗余。

"挤掉"犹豫不决、瞻前顾后、选择困难症、拖拖拉拉，让自己谋定而动，更果断，不拖泥带水。

"挤掉"废话，尽可能省去无聊的行为，不切实际的胡思乱想，多些理性，多些头脑。

"挤掉"物欲，俭以养德，简单生活，把时间花在自己热爱的事情上，富养精神。

"挤掉"虚荣，活出朴素的状态。

"挤掉"芜杂的所有，向内发力，如此"内卷"，让自己的余生更有致密的质感，终是活成理想的样子。

休息一下，马上开工　　　　　2022年01月04日 星期二

黎明即起。

和老师们一样，新年后上班第一天，要带学生冲刺复习，期末在即，要做的事很多。

今天课堂上"瞄着"6分的默写题进行复习。从易错字到直默，再到理解性默写和积累性默写，一点点"抠"，尽量发现死角。绝大部分学生做强化练习时很踏实，也确实发现了"死角"。

午读的时候又带着订正理解性默写，今晚学生要改错，再围绕意象做一轮默写填空。

"到什么山上砍什么柴"，一码归一码。期末复习，该咋地就咋地，我和学生都不能惜力。幸好上学期刚带完中考，这刷题的事儿做起来还真是不

发怵。

收上来学生完成年末盘点后写的文儿，有几篇还不错。但更多的学生需要面谈作文问题，一对一讲评。

几个问题比较突出——总体来说，选择的材料基本都可以，毕竟是今年发生的，都比较新鲜，但通篇以叙述代替描写的情况比较突出；再有就是写的时候不走心，应付，完全打动不了读者（我），当然肯定更打动不了自己；只写人记事了，主旨立意缺乏提炼。

打算星期四星期五一对一面批，帮学生遴选有价值的素材，聊聊该怎么处理材料，哪儿该描写，诸如此类。作文的功夫下在平时，绝非一日之功。一学期的工夫也短，效果未必能直接体现在期末成绩上，我和学生尽力而为之就是了。

晓宇今儿一直在电脑前忙着出模拟题，想让学生有题感，以练带动复习。年前一周他忙疯了，除了年末盘点，停了好几天反思。我提醒他今天开始要继续写反思。另外，我当面嘱咐了他，更是提醒我自己——去年无论做了什么事，有哪些进步，都已经翻篇儿了。今天开始，"从零做起"。

"从零做起"，这当然不是说之前的工作进展和积累归零，而是说心态上"归零"，以"空杯"心态做好每一天工作。

晓宇说"明白"，相信其他几位徒弟也明白其中的道理。

今天要特别谢谢组长小曲。颈椎、腿都疼得厉害，她推荐了电加热的盐袋给我，嘱我到货后务必好好用。之前王校长也给了我特效膏药，只是忙起来啥都会被我抛在脑后……办公室几位老师对我每天都非常照顾，所以，天再冷，心是暖的。

休息一下，马上开工啦！

273

不要假装努力

2022 年 01 月 05 日 星期三

"抢"了午读，连着上下午第一节。说是"抢"午读，大概率是其他老师让给我的，因为小曲说她就"抢"不到。

明知时间"贵如油"，午读时我还是拿出了 8 分钟读了篇"鸡汤文"——去年 9 月 1 日，曾读给九（7）班的那篇人民日报公众号推荐《不要假装努力》。

虽是"鸡汤"，但也算是好"汤"，希望期末节骨眼儿上能多少管点儿用。

这两天正在按期末考纲的题型逐一做专题复习。昨晚 9 点多睡下的，今儿 3 点半起来。到 10 点半，除去晨起的洗漱更衣——整整六小时，只准备好了三节复习课的内容。

贴着自己班学生的学情来，几乎一个学期了，算是比较了解学情。这个节骨眼儿上，哪儿薄弱补哪儿。之所以读"鸡汤文"，很重要的一个原因，就是因为察觉到部分学生对待学习的态度还不够成熟和理性。时间不等人，我只能试着"催熟"。

其实，对初中生来说，适当的压力有助于他们的成长。"人无压力轻飘飘"，这话对大人小孩儿都适用。

给自己个交代

　　反思打卡群最开始有 45 个人加入，后来有一段时间，稳定在 42 人。今儿看，有 2 人退出，变成了 40 人。但实际上，这段时间，每天打卡的人只有从十几人到二十出头不等。

　　且按 20 个算吧，我、前外的五个徒弟、景山语文组戴雨竹、景山远洋分校杨谷怀——我们这几个人加一起已经是"七八条好汉"了。一直坚持打卡的还有人大附中通州分校的张佑老师、上海中学国际部的陈凡老师，还有几位老师，不一一说出名字了。

　　陈凡昨天给我发短信，说要请假。结果回头再看群里，她还是写了反思。用她的话说，就是刚到新的一年就请假，不好。

　　今儿有老师告长假，说期末考试已经结束，下学期再继续写反思，我说，好。

　　我能理解各种原因。

　　和大事比起来，写反思每天坚持打卡也许是连芝麻大都比不上的小事。我说反思打卡这件事，也不是要就事论事——

　　我是觉得，越是小事越不容易坚持下来。不容易坚持，可能和时间紧张有关，也可能因为毅力或内驱力不足，但也许还有其他因素。

　　我在工作上还算有毅力的，特别是擅长做长线。但换了别的事，也常常坚持不下来，比如健身，甚至去医院针灸这种事，也只坚持了半年。

　　两件事有冲突，我不能很好地摆平时，就会有取舍。取舍之间，孰重孰轻，一目了然。

取舍——有些事暂时被放下，可能是因为时间太紧张，安排不开；也可能是时机还不成熟，需要耐心等待；还有些事被彻底放弃，则是因为不适合。

取舍的定夺有时只在须臾之间，完全不需要犹豫；有的时候，花了很大的力气，只为接受不得已的取舍结果。

话说回来，能否坚持写反思打卡不重要，有没有反思的习惯和能力、反思什么，这些都更重要。这一点上，要做个明白人。因为很多时候，无需旁人见证或监督，我们实在是需要给自己个交代。

元旦盘点作文　　　　　　　　　2022 年 01 月 07 日星期五

按复习计划，今天下午安排了模拟考试，这样周末有时间阅卷。结果昨天接到参会通知，只得麻烦其他老师帮忙监考。

人在岗，给学生布置作业时多少能嘱咐几句，心里也会踏实点儿。冷不丁地要请假，就算拜托了晓宇去布置作业，也觉得多少有点忐忑。

索性还是用笨办法，给学生写信。A4 纸满满一页，我也不怕啰嗦，真真是"见字如面"，见信如见我老周了。

元旦前带学生做 2021 年的盘点，这是每到年底我的"习惯性动作"。元旦期间，又安排学生自选其中一个材料写一篇自拟题作文。估摸着是学生没这习惯，学习热情不足，交上来的作文只两三篇可观。我原本想的是一箭双雕——既教学生做回顾，同时也能为期末考试做素材甚至写法的准备。你琢磨嘛，甭管什么作文题，也甭管是写人还是写事，事不离人，人也不能离事。不管啥题，素材最应该来自当下新鲜的生活。做年度盘点，正是要强化、挖掘那些真正对我们有意义、有价值的人和事。作文题再怎么变换，打好生活素材积累的底子总没错，且解决期末考试的大问题才对。

我这么想，按理说是没大问题的。12 月 31 日那天中午，深圳何鑫老师给我留言，告诉我这个点子在她那里用得超好。她原话是这样的：

> "我的 2021 盘点！周老师的点子太棒了！今天我也模仿周老师的操作，学生完全被点燃了！到了下课时间居然连课都不愿意下，要求继续交流分享！让我也看到了孩子们更加丰富的生活！谢谢周老师！"

我的点子人家用得好，我自己用得却不理想的现象说明啥问题我不好说。我只知道我这路子逻辑上没问题。现在落实有问题，那我就得管"售后"，找办法补救——归根结底，还是要力促期末复习工作。

这个周末是最后的机会，所以，我在给学生的信里布置了这样的作业，以及如此这样老母亲一般地唠叨了半天。毕竟是考场作文，再没"套路"也有"套路"，我只是努力想带孩子们做点准备，作文写得尽可能好一点罢了。以下是信的节选——

> ……元旦期间，我们每一位同学都盘点了自己 2021 年中的生活、收获与体会。有个别同学从这份盘点中寻找了素材，写了文章。在此基础上，这个周末，请同学们完成第三项作业，准备一篇期末备考作文。要求写升入初中以来（不一定限定在 2021 年年内），你亲身经历的最难忘、同时也是对你的成长、思想感情发展等最有影响的一件事，题目自拟。
>
> 在选材与立意方面，周老师要提醒你：如果你选择的材料能体现时代特点，能通过你的作文呈现时代风貌，或体现出你的人生进入新阶段——青少年阶段，反映了你们这一代人的精神面貌特点，那你的作文从主题立意上看就肯定特别有"高级感"。

在写法方面，周老师要提醒你的事项包括：

一、一定要"意在笔先"，先思考主题和选材，再构思、写提纲，最后再成文。反复斟酌选材的价值，力争有"动情点"，也就是要想清楚自己之所以选择"锁定"要写的这件事，因为它真正打动过"我"。要确定自己究竟是在哪个情节上被打动，在考场作文中，这个"动情点"也应该能打动读者才对。

二、要认真写提纲。养成了写提纲的习惯，考场写作文，就算没有写作提纲的模板，你也不至于没章法、乱章法。

三、继续保持"开门见山式"开头的好习惯，既干脆利落，引人阅读欲望，又能给后面的文章主体部分留充足的文字量的空间。"亮出"你的个性——千万别抄提示语、别整格式化的、套路化、千篇一律的"幺蛾子"。

四、初中的考场作文，需要你有生动的描写。你的作文中至少采用两种及以上的描写方法。切记"好钢要用在刀刃上"，一定要在最能突出中心（或人物品质精神）的部分进行描写。控制好你的文字，别再犯详略不当的错误。

五、从选材开始，你就要认真思考这件事究竟有什么价值或意义。考场作文需要能体现出你对"价值"或"意义"的深切思考。表现在作文的结尾部分，就是应当有"像样儿"的抒情议论段进行收束或升华。

各位同学务必利用好这个周末在家集中复习的时机，认认真真地准备备考作文。请将提纲纸和作文按老规矩的顺序装订好，星期一一早交上来。

考试在即，各位同学加油！切莫错过全面复习、夯实基础的最后机会！

培养自我反思能力

2022 年 01 月 08 日 星期六

我们常把"反思"二字挂在嘴边。反思什么、怎么反思、怎样才能培养自我反思的能力——关于这些问题，很多人想得却相对少。

反思需要我们耳聪目明。眼睛"闭上"或视而不见，耳朵选择性失聪或充耳不闻，内心不敏感或不愿意操教育的心，都是不可能发现问题的，即便发现了问题，也会装聋作哑。

发现了问题，既不是要推诿责任，甩锅找"背锅侠"，也不应当将问题束之高阁——而是要找到问题的根源，寻求对策，以解决问题。能否看清问题本质，取决于自身的站位、思想的格局、知识的视野，站位越高，格局越大，视野越宽广，越能以"俯视"的姿态审视问题，也就越能"看得清"，而不至于陷在"头发丝儿"里，在细枝末节里纠缠不清，舍本求末。

看清了问题，解决问题则还需要实干的态度和巧干的能力。我常常对亲近的同行说，我们有自主搞教育教学科研的权利，看清了问题，看清了未来发展的方向，完全可以做得更主动些，不必等上面指派了再做……那么，什么样的事值得超前做，还需要具备充分地审时度势之后做出判断的能力。

说到这儿，也许有的老师会心生疑窦：我们就是小小的一线老师，至于这样吗?

我不打算讨论这类问题。因为再说下去，其实又绕回到之前我表达过的意思上来——想和不想以及想什么，做和不做以及做什么，其实都是每个人的三观决定的。

就这样吧，今日事今日毕。晚安。

日积月累

这几天，微信私信或公众号后台留言里，关心轮岗日记的领导和老师比较多。我先要向大家道一声"感谢"。

对我来说，轮岗任务也罢，日记也罢，都是工作的需要，其他的无需多说。包括轮岗，有那么多人在自己的岗位上做了那么多事，没有记录下来而已，不显山不露水的，不代表没有贡献。我平时本就有文字记录的习惯，常把微信朋友圈当记事本用，工作啦，个人爱好啦，点滴感悟啦，一直没少写过，甚至有时都觉得自己话痨了……现在不过就是锁定这一项工作来记录罢了。

唯一值得说的就是为什么要写轮岗日记——

去年轮岗工作启动官宣是 8 月 25 日，我开始写轮岗日记，初心也简单，就是想给轮岗留一份比较完整的一手资料。能想到用这种方式记录轮岗工作，也是因为在景山学校 30 年养成了课题意识。想当年我做北京传统文化课程，就是用博客写选修课开课笔记的。

眼下，我也确实是按照课题研究的规格来对待轮岗的，所以会有目标，有步骤地规划，做了比较充足的准备，还真不是"摸着石头过河"。当然，也会根据进展不断做调整。推进中做种种反思，既是工作所需、课题研究所需，也是正好赶上"双减"，赶上教育重大变革；加之反思是对自己的交代，所以，就写了。

14 万字的文字量，乍一听很猛，其实真没那么邪乎。仔细算算，到 12 月 31 日，轮岗日记一共写了差不多 130 天，平均下来每天不过写了一千来字，相当于一篇作文的文字量，仅此而已。是任何只要人愿意，都做得到的事情。

前几天编辑文档时仔细查了一下，缺写了一天，因为那天晚上实在太疲倦，一不留神睡着了，再醒来已经是第二天。偏巧那天又忙得很，就偷了个懒，直接写当日的了。当然还有一天发了两三篇的时候，我记得就为这个写多了的事，我家老爷子还特地电话我，嘱咐我冷静，慢慢写，细水长流。

前些天看王蒙先生谈创作的公众号文章。他说："**看似燃烧的文学人生，不过是琐碎的日积月累。**"借王蒙先生的这个句式，我也可以说："**看似轰轰烈烈的轮岗生活，也不过是琐碎的教育教学常规工作的日积月累。**"

从北京市教委最近宣布的一系列政策看，轮岗工作制度化、常态化不仅是大势所趋，更是必然。从第一批轮岗开始到现在，我所了解到的，就是市区层面已经积累了许多经验，这项工作的推动越来越顺利。作为首批轮岗的教师，我的轮岗日记中可能稍微有点价值的，还是我作为一线教师对教育教学一系列问题的思考。

前几天区里的座谈会上，我也对接下来的工作做了表态：我会继续做好每项工作。具体工作若干项，下学期肯定要上新台阶。这是我该做的，也是能做好的。

关于轮岗日记本身，想说的就这些。从接到轮岗任务到此刻，一直是四个字高悬在心头——"如履薄冰"。要做的工作还很多，甚至有的还有相当难度，唯有全力以赴。

"不乱于心，不困于情，不畏将来，不念过往。"——切记并自勉。

这回真趴下了

终于病倒，卧床一整天。所以，这篇日记只记生病，没谈工作。

昨天（9号）晚餐后一个多小时，忽然恶心得要命，胃痉挛，虚汗，和前两年吃山竹过敏几乎一个症状。那次更厉害，上吐下泻，还发高烧。关键是过敏症状也很重，西替利嗪还没有了——这个很要命，赶紧下单买药。

不到晚上 11 点，药送到了，服下。缓了缓，11 点多了，给小曲发短信，告知她我很不舒服，估计得麻烦她代课。

卧床，热敷。又想吐又疼得厉害，强忍着，各种不好受，折腾一夜。

躺到 5 点，胃还是很难受。想着今天的安排，爬起来备课，做了课件，准备讲评文言文语段练习。结果一动就是虚汗，精神恍惚得很。小曲短信我，嘱我好好休息，她说她 9 点就到校，能代课。斟酌了一下，如果坚持上课，彻底垮掉的可能性大。和小曲交代了一下工作，喝了点儿粥，继续倒头睡觉。

昏昏沉沉睡了一整天。

中午喝菜粥，吃咸菜。吃药。

晚上喝八宝粥，吃咸菜。吃药。

中间看了两眼短信，杨校长、王校长都发短信问候我，简单回复了一下。

幸亏休息了，终是没烧起来。晚饭后精神就好了很多。

回想一下周末两天，状态就是恹恹的，估计是生病的前兆，那时我不自知罢了，只以为身体劳累，需要休息……这回真趴下了。只是在学生考试复习的节骨眼儿上，生病是件令人于心不安的事，罪过，罪过。

呃，感谢"星教师"编辑老师田佩，转载我的发言稿。

病来如山倒，病去如抽丝　　　2022 年 01 月 11 日 星期二

周末布置学生写备考作文，昨天收了上来。昨儿请假没来，今儿下午赶着忙地批阅完了。只挑出四篇我觉得还不错的作文，打算明儿上课在全班以这几篇为例，再做个点拨。

星期五提了写作要求，一是选升入初中以来的事写。就这一条，几乎一半不合格。二是要写真正有价值的事，能体现或影响到"我"成长的。这一条又筛下去若干不合格的……

相比之下，四篇比较好的作文，选材和立意先过了关：

第一篇写自己临时被老师选了当跳绳比赛的替补，时间紧任务重的情况下，唯有苦练，结果第一名；第二篇写考试失利后班主任和自己的谈心，自己又从樊锦诗的故事中获得动力，进而发奋学习；第三篇写自己作为合唱团成员参加电视台节目录制，之前如何做大量准备；第四篇写新闻采访项目学习过程中的经历和体会。

四篇作文选材共同特点就是"新鲜"，能体现初中生的精神风貌。唯有认真反思自己成长的学生，才能"发现"这些素材，挖掘其价值。

"病来如山倒，病去如抽丝。"现在能确定的是，应该是胃肠型感冒。胃不疼了，只是不舒服，没胃口，再有就是齉鼻子，头疼得很。

再坚持几天，胜利在望。

283

课时与学时（1）

2022 年 01 月 12 日 星期三

一学期的课结束，今天期末考试。回顾这一学期的教学，深感从课时到学时，理念转变不难，实操大不易。

目前八九年级教学与考试有特殊性。不细分析了，结果是学生可支配的课余时间并不充裕。换言之，希望进一步统整，打通课内外时间，变课时为学时，可能还需要再趟趟路子，需要各种层面上的工作理顺。

课时与学时问题的背后，还有一个更加深层的问题，那就是课标与教材究竟是上限还是下限的问题。有专家提过这个问题，但总体来说，研讨得不多。

我是觉得这个问题需要研讨。按理说，课标和教材在全国范围内具有普适性，应该是下限。但同样从全国范围内的教学具体情况来看，则是实际意义上的上限。即便是 2011 版课标和目前的统编教材，想完全达到目标要求，都是一件不容易甚至很困难的事。教学中的"缩水"现象客观存在，最直接的表现就是课时不够。

课时不够的原因，一是讲得太多，不够。这里当然有教法陈旧的问题，但也不能一概而论。学生为主体、在做中学，与教师必要的讲授，并不应该是二元对立的存在。这是目前推项目学习过程中老师非常困惑的问题，比如常常有老师问，课文该怎么处理？目前对讲授式教学认识过于"一刀切"，如何处理好教与学的关系，仍需当作课题进一步研究。

二是学生的知行转换需要时间。我疑心目前我们计算课时数还在用老办法，即按照讲授式为主的教学方式需要的课时数来计算单元教学所需课时数的。这是不科学的。学生在做中学，我们要的是学生的学习行为真正发生，要对知行的转换有转换率的追求。这是需要追加时间成本的。当然我们要对教学进行统整，优化教学的设计，但学情这一方面我们考虑得还是不够。教学目标与任务相同的情况下，不同的学情需要投入的时间成本，也就是课时是不相同的。从这个角度上看，课标究竟是上限还是下限的问题，真是一个大问题。义教阶段新课标尚未出台，我们不妨把学情考虑进去，再把统编教材按照学情实际，特别是过程性学习的实际，再重新梳理一遍，计算计算课时，或者说算算需要多少学时（以及考虑考虑学时从哪里来）。

也不知道我说清了没有，个人的头脑风暴，姑且记之。欢迎各位老师一起讨论。

课时与学时（2）

2022 年 01 月 13 日星期四

接续晨起发的那条，继续做一个人的头脑风暴。

课标和教材的目标要求是基本线，这已成为大部分老师的共识。从今天上午老师们给我的反馈也能感受到这一点。既然是基本线，那就是不管是什么学情，理论上都应达到的。

理论上应达到的标准，实操层面上如何也能实现，或者最大限度地实现？在这个问题上，我目前想到两点——

一是一定要"眼睛要多看中和下"。教学上多多少少存在着"金字塔现象"，塔尖上是学习优秀的学生。学习中等和中下的学生占了相当大的比例。"金字塔现象"只是我的一个说法，塔底的面积和体量也许大，也许一般，也许不大。（当然这个比方也可能不那么准确。）"眼睛要多看中和下"，就是说要对学习水平中等和落后的学生的关注要加权。中和下这个区间的学生语文能力和素养有了发展，整体水平才会真的提升，整体成绩才会有明显提升。多关注这部分学生，也才能体现教育的公平。

二是教学中要尽量给学习项目或单元整体设计"瘦身"，多做体量小的项目。项目的任务活动不要设计得繁复，用我的说法是"够用就好"。不必追求活动多么有新意，但求一猛子扎下去，能在一个点上吃透，让学生一步一个脚印，踏踏实实地学会，进而会学。因为你再怎么设计出新，对学生来说，体验都是新的。

体量控制好，即便是普通学校，一个学期安排三四个项目学习是可行的。体量过大，难度过高，要么会导致战线过长，学生疲惫不堪，跟进乏力；要么容易做得浮皮潦草，缺少实效。

学习项目的体量多大或多小为宜，当然取决于学情。但切记项目学习的设计千万不要贪大。（这也是我比较警惕"大单元教学设计"提法的一个原因——千万不要把"大单元"片面理解为体量大。）

包括项目学习在内，单元整体教学方案的设计"够用"即可，但过程中的学习支架则必须以"足够用"为原则，要保证绝大多数学生通过老师搭支架就能学会。这是我理想的项目学习效果。

其实景山学校的初中语文很早就提倡大单元教学——我们是从2000年开始启动第三套教材的编写，2012年启动第四套编写。印象里，我们一直提倡大单元编写。

但景山的大单元是有"五四"学制做保障的。初中四年，我们有充足的时间把单元做大，体现在教材中，就是一个学期只安排4到5个单元。课文量并不小，印象中每册都在30篇课文左右。教材上大单元编排，不仅保证阅读教学有一定的量，能实现类型化阅读，还能突出读写结合。特别是实用类文本的读写，说明文、议论文、新闻，我们都做得非常扎实，有一整套行之有效的读写结合的办法。当然，其他的也不弱，甚至也是特色，比如古诗文教学……

依托教材实现大单元教学的好处，就是以教材托起教学，保了教学基本面的底。2015 年我带学生做项目学习的时候，用的就是景山版语文实验教材，感觉很好用。

当然，仅仅依靠教材实现大单元教学还不够，还应该有教法、更多优质资源、考试评价等更多方面的整合。

目前的初中语文统编教材是按照 2011 版课标编写的，但从理念上说，已经有和高中对接的鲜明意识，比如八年级上册到九年级下册的每一册，都有"活动·探究"单元。很明显，这是为高中学习任务群做的准备。没有这种类型的单元支持，初中和高中从学法上就很难衔接。总体说来，开展项目学习或单元整体教学的地区或学校依然是少数，且分布不均衡。但我们必须清楚，教改的大方向是什么——教与学方式的变革是一定的；学生做中学是一定的；教师要关注学生的学习过程是一定的；关注学生究竟学会了什么以及会不会学是一定的。

回顾景山语文教学曾经的改革，并不是在自吹自擂。我个人觉得，景山语文教改历程中有太多宝贵经验值得进一步挖掘。如何借鉴这些经验，落实好（新）课标、用好统编教材，今天景山的语文人应该做更多的研究与实践。

给自己做减法   2022 年 01 月 15 日 星期六

前些天和外甥女聊工作，她是职场新人，有些困惑需要向我这当姨的请教。聊的结果，我的判断是，她个人能力很出色，但需要提升多线程工作项目的管理能力。外甥女豁然开朗，觉得我完全可以给职场新人做职业培训。

毕竟咱是"老江湖"。工作 30 年，平时又不仅限于做教学的事。工作头绪多，当然首先要论个轻重缓急。但又要注意，不能陷在眼前的事务中，过分地被事儿牵着鼻子走。许多长周期的工作，需要持续跟进，非统筹不能兼顾。

但说实话，找兼顾的平衡点挺不容易的。不能兼顾，就会失衡，顾此失彼。我对时间和工作项目自我管理的水平充其量只能打七分。

三分减在哪儿了？

一是时间总量有限，不可能突破这个限制。

就拿这个学期来说吧，轮岗工作排在了首要位置，要做的事多，压力也相对大，花的时间就相对多，占了全部时间的大头。那手头其他的事相应就会排在后面，肯定要减分。这一点上减一分。

当然，工作量看起来相同，需要花多少时间取决于标准的高低。凑合当然能省许多时间；不想凑合，不能凑合，那就得搭时间。我平时做事的原则是自己的事可以耽搁，标准也可以低一些，但凡大事，标准就不能低，会排在自己的事前面，尽全力而为之。

二是精力和体力有限。

我这个年纪，优势是做事的经验丰富，劣势是年龄既长，身体状况退步。

我只能平时多加小心，尽量维持，调整好心态，先闯了这一关再说。心态好了，身体零部件出问题的情况虽然频发，但总体上不至于太掉链子，耽误正事。这一点减一分。

三是工作再忙，还是割舍不下个人的喜好。精神的"自留地"绝不能荒芜了，工作忙翻天，看剧、翻书、听音乐的时间不能少。

"鱼和熊掌，二者不可得兼。"轮岗日记坚持写了十几万字，但书稿拖延了，论文也写得少了，总是对各方有亏欠。舍了一部分工作，保全个人的兴趣爱好，从大道理上说应该扣一分，但实话说，我也没打算改。

（当年因为教材编写工作繁重，不得已放弃学了两年半的古琴，至今后悔。这样的"悲剧"不能重演。）

所以，七分。

其实，算起来我去年做的事并不少，甚至是相当多。时间从哪里来？生活简单、纯粹是秘诀。

前一段我老爸问我：周群啊，听说你同一款衬衫会买好几件，是真的吗？我说是啊。

确实是真的。开学初，同款的西服衬衫买了 5 件，黑色 2 件，灰、绿、粉各 1 件，同款裤子黑、灰、藏蓝各 1 件，以前不怎么穿的西服找出来三五件，一周的衣服就妥了。周末洗干净，又能应付新的一周。这打扮既能上讲台，也能应付临时性的工作。这么做最大的好处就是每天出门前衣服搭配基本不用动脑子，省了太多的时间。

享受有不同方面，精神的，物质的。也分时间段，该忙的时候忙，该玩儿的时候玩儿。

对时间"斤斤计较"

2022 年 01 月 16 日 星期日

因为期末考试结束了，所以估计以后会有很多想到哪儿就写到哪儿的文字，可能和轮岗有关，也可能没关系。姑且这样写着，反正都是属于自己的文字。

因为老宅要修，好长一段时间我都是住在东直门的出租房里。

我的腰腿一向不好，所以特别在意上班单位的远近。我的电动车又骑得快——在朝内住，从出家门到景山南校，算上红绿灯，最多 10 分钟。到北校，路上 3 个红绿灯，满打满算 15 分钟。

前外呢？以东直门的住处做起点，按导航走，它提示我应该到东四，再一路向南；或者从金宝街横穿往西后再向南。（见图 5）

导航提示的单程时间从没少于 30 分钟，这很让我抓狂。实际路况更是变本加厉：这一路五六个红绿灯，还得经过协和医院，赶上交通高峰期，单程至少 40 分钟，走走停停，有时还不止这个时间。

同事知道我腿疼，怕我扛不住冬天的风寒，都劝我坐地铁上下班。可我真没法坐地铁。

第一点是因为时间长。徒步一千多米，地铁

图 5

上还要花 40 分钟。这只是理论上的估计，还会有各种并不完全可控的风险。连带着出门本身，来回路上没两小时下不来。

第二点是腰腿疼，不支持我走那么多的路。

第三点，也是最重要的一点——我是相当痛恨把时间花在路上的。因为对我来说，花钱不是多大的成本，花时间才是。

轮岗是大事儿，也是日常态的工作，肯定耽误不得。怎样缩短并精确地控制路上的时间？

骑车走东二环。从东直门到东便门，再一路向西——试了好几个月——这样的路线诚不我欺，最长需要半小时，最快的纪录是 24 分钟。

最合我心思的，是路上单程只需要半小时。虽然天冷有点儿冻得慌，骑车也需要更加全神贯注，但最大的好处就是不仅路况会稳定，而且连呼吸都是自由的啊。

絮叨了半天我对时间的"算计"，一点儿不夸张，我对每一天每一小时每一分钟，态度上都是"斤斤计较"的。

所以，顶怕做无聊的事。

最后，说句"肉麻"的话——倘若我肯为你花时间（而不是金钱），那就是我对你（人、事、物不限）一片真心的明证。愿意为某件事投入大量时间，也就能足见我的诚意了。

话说，还有谁像我这样对时间"斤斤计较"吗？请举手，咱们握个爪！

"真去上海戏剧学院，就没我了"　　　2022 年 01 月 17 日 星期一

有的话看起来挺像豪言壮语的，但是大实话。

比如"我们的视界决定了孩子们的世界"这句，用了个"谐音"，看着有

点儿"闪闪发光"的，但你琢磨，真的是实话。

一个人的阅读视野，乃至与什么人在一起工作和学习，直接决定了他的思想、解决问题的方式以及气质。

从师范学院毕业后的30年里，渐渐地觉出只有中文系的那点儿底子是不够的。不是单说学历，而是说学力。学力不仅取决于知识的深度，也取决于宽度。

曾经听过一个冷笑话，说师范学院所有的系里，中文系女生最不可爱，最神经分分的。

乍一听挺不高兴。毕竟我是学中文出身。但时间久了，确实也从自己身上发觉，只学中文，容易缺少理性思维。所谓感性思维发达，也只是在自己的生活与工作的小世界里有点用罢了，多出来走几步就会碰壁。

这样的认识当然特指自己，完全不能说别的人都像我一样缺乏理性，但我只是极端的例子，道理总是不错的。后来，读的理论书多了，不同领域的书多了，接触不同专业领域的专家多了，跟着长了不少见识，也有了一点点学问。再回过头来做反思，会清晰地发现，这其实是一个不断拓展视界的过程。一个人的知识结构越完整，对问题的思考和判断力才越强，他的认识也才越可靠。很多时候我们想不到，归根结底是因为知识结构不完整，影响了判断。

于是倒过来"翻旧账"，琢磨自己的偏门儿底子是怎么打下来的——

我的青少年时代资讯远没有今天发达。父亲是商务印书馆的地理编辑，原先商务和中华书局一个办公楼，我家又住在人民文学出版社对面，人民文学出版社的书店几乎相当于图书馆……加之长姐喜欢现代文学和港台文学，她买的书我也通读——作为一个晚熟的孩子，读书方面受家里的影响最大。但今天想想，家里的藏书除了《十万个为什么》《赤脚医生手册》之类，涉及科学与技术以及其他学科领域的极少。虽然父亲也搞科普，母亲从中科院到社科院，搞能源经济研究，长姐学计算机专业，二姐学铁路会计——但搞不清为什么，他们统统没影响到我的兴趣爱好和职业选择。对我有影响的主要就是书，而且是文学书。

所以我就在想，倘若我的青少年时代有发达的资讯，最理想的状态应该是怎样的？

小学阶段一定要通过读书以及各种学习，形成浓厚的学习兴趣、强烈的好奇心——这个世界太有意思了，万事万物的原理太奇妙了！

初中阶段理解力加强了，一定要跨领域的读书。不光读文学名著，其他学科的名著也要读。不光读纸质书，也读各种媒介的"书"，多出门转转长见识……

高中呢，逐渐聚焦，找到自己特别喜欢的点，甭管哪个学科，从浓厚的兴趣到形成专业研究的志向……

这样再上大学……哎呀，这样发展，人生岂不是更有意思和更有意义？

扯了半天闲篇儿，我想说，我确实是有点儿为自己的知识结构不完善而遗憾。晚熟，没办法，明白这道理起码得四十岁了。幸好这遗憾可以通过多读书、多学习来弥补。再后来也多多少少补上了一些知识的漏洞。

这些个人经历直接影响了我对跨领域阅读、对科普科幻教育的认识和态度。所以，我们看一个人之所以是这个样子、会采用这个做法，都是有原因的。

说个有意思的桥段当作结尾——

前两天陪老父亲看话剧。去的路上我和老父亲闲聊天，说我对戏剧的热爱，不知道是随了谁。父亲说，他中学时特别喜欢话剧，曾经想报考上海戏剧学院，因为家里穷，掏不起从南京到上海的路费，又怕爷爷奶奶反对，作罢。遂考了南京大学地理系，才和我妈做了同学。

老爷子跟我讲这段的时候，我还有点儿小激动。聊到最后，我爸说，要是真去了上海戏剧学院，那就没我了。那一刻，我整个人都不好了。

因为爱，所以爱

　　前两天陪父亲看国家话剧院的《四世同堂》，出乎预料地好。每一位演员在自己的戏份内都几乎做到了极致，又不抢戏。非常幸运的是恰好赶上冠晓荷由吴彼来演。看完戏，我和老爸都特别心满意足。于是，我就在亲友群里嘚瑟——大爱吴彼！

　　爱上话剧有年头了，但喜欢上吴彼是始于戏剧表演类综艺。

　　算起来，黄磊、赖声川、乔杉、刘晓晔、修睿、吴彼、赵晓苏、刘晓邑、丁一滕、刘添祺、吴昊宸，这些位戏剧人，看戏剧表演类综艺前我熟悉的不过四位：黄磊、赖声川、刘晓晔、丁　滕。赖老师名气最大，可惜没看过现场。前些天华丽丽地错过了《曾经如是》，一直懊恼不已。也没看过黄磊话剧现场版，幸好网上有《暗恋桃花源》等资源可弥补缺憾。最熟悉刘晓晔老师，《两只狗的生活意见》前后刷了五遍，台词都快背下来了。丁一滕的戏之前只在鼓楼西剧场看过《窦娥》和《新西厢》，再有就是周末刚去看的沉浸式话剧《画皮2677》。看完戏剧表演类综艺，喜欢上这一群人不说，对吴彼和赵晓苏、小胖丁尤其上头……

　　没想到，在群里聊了那几句吴彼，把长姐彻底带进了——姐姐看表演类综艺都能被感动得稀里哗啦，比我这个文艺女还"过分"！

　　"这些人这么演戏，对生命的消耗也太大了吧？太累心。"姐姐感叹着。

　　"因为热爱，所以投入。"我说。

　　其实我一直没明白，自己何以就这么对舞台剧有瘾，曾经很单纯地以为是舞台剧的魅力打动了我——剧本啦，表演艺术啦，舞台效果啦，那种即时生成的艺术效果靠的是水平高下立现的真功夫。但姐姐的话点醒我，我忽然意识到舞台剧真正打动到我的点是什么——是真，是诚，是热爱。有质量的生命，正是我欣赏的状态。

再想想，生活真正能打动到我的又是什么呢？我喜欢的人，喜欢的事，也都如此吧！在他们身上，有着极为纯粹的品质——热爱。

因为爱，所以爱。

期末总结

今天在线讲评期末试卷。

与期中考试相比，学生进步突出。卷子讲解完了，特地先邀请了两位语文成绩跻身年级第一行列的学生与全班同学分享考试复习心得，又请了过半的孩子口头总结。我想借这样的方式，帮助他们强化经验，培养元认知能力。

姚同学说，认真听讲很重要；每天回家都要复习。她说她发现作文提纲太重要了。以前会觉得写作文提纲是为了清晰地向他人介绍自己的思路才用得上的，现在感觉到了，写提纲是为了自己。（我点评：对，看来你尝到甜头了。）她说考试的时候，前面的题做起来非常顺利（我心里说，那是因为会者不难），所以，还有很充裕的时间写提纲。因为有提纲的指引，她的作文写的时候每一步思路都特别清晰。期中考试的时候主要问题是详略不当，现在有提纲了，就不会再犯这个问题。

肖同学一开口，先感谢周老师、班主任赵老师和年级组长肖老师。我笑，问他是不是要感谢 CCTV（中央电视台）。他说不是，就是觉得取得了好成绩，是老师们帮助的结果。我点头。他接着总结说，课堂听讲特别重要。另外，不能押题，一定要全面复习。要真的读书——他特别举名著阅读的例子。"大家可能发现了，名著阅读题越来越灵活，不是光看看复习资料、背背典型事例那么简单。这就要求我们真的把书读了。"我特别想为他的现身说法点赞，这觉悟相当不低。他的现身说法帮了我大忙。

这个学期的整本书阅读总体来说做得不好，这是需要在接下来的工作中改进的——去年暑假布置了阅读《红星照耀中国》和《昆虫记》的作业，学生开学也交了小报，我们十二月下旬还邀请了景山学校孟岳老师做导读（因为疫情一再推迟），但不等于学生认真进行了整本书阅读。整本书的阅读必须有过程性指导，必须一个章节一个章节地推进。老师的指导工作做得囫囵吞枣，势必有学生就"逃逸"出去了，阅读就容易走过场……这个学期的教学密度并不小，我的教学也力求能给足支架，促进学生知行转换，但依然缺少时间——这唤醒了我的注意，所以才有前几天我对"课时"和"学时"问题的思考……

齐同学、高同学……有更多的学生发言。总的来说呢，就是"幸福的家庭都是相似的，不幸的家庭各有各的不幸"——成绩理想或进步突出的学生的经验无外乎就是认真听课，认真复习了（初中的考试，"听话"就能解决一大半问题。当然，真正的思维培养不是靠单纯的听话）；成绩不理想的原因无外乎上课没听讲，回家也不复习……

上面说，肖同学的发言帮了我大忙，因为和我的考虑如出一辙——寒假作业很重要的内容就是读名著。利用假期提前阅读《傅雷家书》和《钢铁是怎样炼成的》，这是对的。但要避免重蹈覆辙，就必须强化过程性指导。我做了两本书导读的课件，侧重《傅雷家书》，微调了作业，用我在景山学校用过的作业单，让学生做书信中有哲理的语句的摘评，以此尽量保证阅读的落实。提供了我之前学生的摘评和小论文的范例当作他们的学习支架。打算下学期开学后再跟进读写结合活动，将之完善，做成项目学习。《钢铁是怎样炼成的》也只做最基础的阅读准备，下学期跟进指导，细化落实。

鉴于学生们取得的进步，我今儿还是很认真地夸奖了他们。在复习阶段，我们班花了更多的时间，班主任等老师都给我们很多支持。我也给每个学生提了新要求——在原有基础上的提升和进阶。

网课结束后，和班主任赵老师又沟通了几句。赵老师说，学生拿到语文成绩时，很多孩子都很高兴。他们说还没有太花力气就进步了，那还不如好好念书，这样成绩会更好！

听了赵老师给的反馈，我也很开心。下个学期趁热打铁，继续补漏，给更多的孩子以学习的自信心，唤醒他们的内驱力——内驱力加推动力，再加上适当的压力，孩子们的状态一定会越来越好。

读书频道

学期几近尾声，给自己准备了假期读的书。有上周从雍和书庭带回来的，有订阅的读库套餐新到的，也有探照灯书评人推荐、我觉得有兴趣的，也有大风老师那里订的台版书，电子书阅读器上也下了一批新书。

这几天已经切换到读书频道。忙碌一个学期，其实最不踏实的就是觉得精力不够，书读得少了。输入少，只在输出，就觉得心虚，不安。读书就像喝茶，会成瘾。读上了，喝上了，心里就踏实了，整个人就安静了。

寒假计划

今天大雪节气，果然下了雪。本想抽空回老宅收拾东西，又怕路滑，犹豫再三，终是以此当了借口，猫在屋里一整天，连楼都没下。一天的时光里处理的事有些琐碎，谈不上效率，姑且记下有意义的事。

晨起看到陶勇医生又发来给我们学生的回信修正稿，注意到发送时间，6:15，这么早！心里尽是感动。和姐姐电话里说到陶医生，我们又唏嘘又感慨：两年前的今天是陶医生的人生至暗时刻，然而他心里全然没有恨意，依然那么温润地爱着这个不那么美好的世界，这样的一个人，真的是太有感召力了。

我跟姐姐说，我对陶勇医生心存感激。那时我正处在丧母之痛中不能自拔，而陶勇医生给了我精神的力量。那时他并不认识我，我也没想到今天不仅把学生的文字送到陶医生手里，还收到了他的回信……

上午对接了几项科普科幻教育相关的工作，对工作委员会新一年的工作也有新的想法，还要落在纸上进一步细化。也在跟进"和作家面对面"的建群，整整一天，有二百五十多位老师、家长和学生进群。

其实这个寒假要做的事很多——

首先是备课，想把下学期的教学准备工作尽可能多做些，新学期的工作并不是说就熟门熟路不费力气了，恰恰相反：八年级第二学期的教学得更下力气；前门文化特色课一开，又是一件要投入非常多精力的事；得"验收"一下五位徒弟对单元整体教学或项目学习教学是不是掌握了；轮岗工作也需要再深化和总结……粗略想想都知道依然有硬仗要打，寒假哪儿敢真的松懈呢?

其次老房子得收拾。家具最快星期日晚上前搞定，可仓库里存的书、衣物还得拉回来归位呢。这点儿事也是"大工程"，没有一个星期收拾不完。关键是我得断舍离，扔、扔、扔也不是容易搞定的。

欠着的稿子得写。不能说欠了多少，一细数，整个人就不好了。

过节这几天无论如何得多陪陪家人。和父亲说了，趁过节，赶紧在一起商量商量怎么做他的家族口述。去年国庆的时候动了念头，打算花两年录口述史视频。

再做三场公益读书活动，对接工作也需要时间。还有其他杂七杂八的工作也要处理。

看着就累吧？我也觉得有点儿。但又觉得应该趁着自己有能力有精力的时候多做事。

今天读到杨早老师在朋友圈里写的话。他说:"**不能只停留在'人生多么苦'的感喟。至于'破防'，你们在防什么? 多想想自己能做什么，能影响谁更有意义。**"

特别赞同杨早老师的话。到我自己这儿了，一样的道理——没时间伤春悲秋，自己觉得有意义的事，能做点儿是点儿。

中午还在线开了教研组会，曲组长总结了一学期以来全组开展的工作，每位老师还要围绕"减负增效"，做三分钟发言。认真聆听了同行的发言，我也简单做了总结。一是特别感谢同组的老师们对我的帮助。二是在前外的一个学期，我是和学生、前外老师们同进步的。特别是面对学情，不断调整教学策略，在给学生搭建支架方面，我觉得我有很大进步，经验值又提升了。三是下个学期会继续努力。我和五位徒弟从寒假开始做准备。

当然，一天里最让我舒心的事就是读书。

昨晚 10 点多开始读书，读到凌晨 1 点多时已读了 1/3，一会儿睡前继续读。

可能是年纪大了的缘故，我对非虚构作品兴趣明显大过虚构作品，不过剧本除外。这个月读书作业或许可以谈谈这种体验。

中国科学院动物研究所博士张劲硕老师一大早贴了博物学的年度书单。看着简介，挑自己有兴趣的又下了单。每到这个时候，都有钱包都捂不住的感觉。

白天又一批新书到货。电子书阅读器上还有不少"存货"。前晚收到读库的书，又下了读库的应用软件……这么多书当然读不过来，只能慢慢读，可我就喜欢用这么多书把我"养"起来，我得能随时摸到书，哪怕是随便翻翻，养养眼也好。

说到书，还有一个糗事——

前几天朋友圈里有人贴探照灯荐书人推荐的书单。一看，喜欢，下单。我还真是一本一本挑着下单的。看到《张医生与王医生》这本简介时，也奇了怪了——觉得作者"伊险峰"这名字我熟，可就是搞不清是谁，跟我有什么关系。然后呢，愣直接在帖子下留言，说我就没买这本。结果呢，我这留言就被八百年不看朋友圈的古尤尤看到了。他私信我说，给我地址，我给你寄《张医生与王医生》。我才恍然大悟，古尤尤就是伊险峰！不是不知道，是完全被我忘了。

"'水牛'是张恩超，'浪帅'。'深夏'是李海鹏。"他孜孜不倦地帮我恢复记忆。我们当年都是新浪读书沙龙论坛网友。

我呢，那一刻尴尬得想找地缝儿钻，觉得自己真是离老年痴呆不远了。

不过，伊险峰又安慰到我——签名版今天就送到了。真是好人呐！

关于"二级备课"

上午在线召开了本学期最后一次教师会，杨梅校长对寒假的教育教学工作进行了布置。杨校长要求老师们备全学期的课，并提倡利用假期多读书，加强个人业务的进修。还提醒了许多项事宜，从略。

杨校长特别提出寒假里要开展两级备课——一级是教研组层面，搞好新学期学科资源共建；另外一级就是个人备课，要写好教案等。

我特别欣赏二级备课的理念，仔细思考，觉得这里的要求和做法都可以进一步细化。以下简单说说我的想法——

一、教研组资源共建也罢，个人备课也罢，如何进行教学设计，理念必须更新。语文学科的备课不应只停留在单篇教学的设计上。不论是哪一级备课，都应该有系统化、结构化的设计。

二、个人的备课有必要三步走——第一步，先搭整册教材六个单元的整体教学设计框架，依托课标与教材，建立全学期相对完整的教学"坐标系"；第二步，再进行到某一个单元的整体设计；第三步，再具体对某一篇课文、某个写作单元、某个综合性实践活动的设计。这个设计的过程必须遵循从整体到局部的顺序。缺少整体设计，直奔单篇设计，就会"只见树木不见森林"，也就无法避免过去教学的问题，"双减"背景下，"穿的是新鞋，走的是老路"。

在这三步走的过程中，要尽可能多地统整，这样才有可能在课时总量不变的情况下，多为学生的学留时间。

从这个从"整体到局部"的备课过程中看，以往的备课直奔写单篇教案的居多。

这种备课习惯需要改变。先于写单篇教学设计或教案，我们应该做的是备课标、备教材、备学情。这三"备"不是空话，而是必做的三件事。备课的过程应该是不断反思的过程，从这个意义上说，备课量是巨大的。我比较擅长估计一项工作的"体量"。以我的能力来估算，我在寒假中能保证完成的，是在完成上述三个"备"的基础上，做全册内容教学的整体设计、六个单元的单元设计，以及详细地准备前两个单元。后四个单元只能做大概的准备了。从教学上来说，还要做学生文集，下学期早读、午读、课后分层都准备做啥也需要一并琢磨。再加上其他要处理的工作，包括校本课程开发、读书……这个寒假的安排已经是满满当当的。

我倒不怕寒假要工作。毕竟眼下是特殊时期——前几天北师大出版社的编辑老师跟我在交流中用了一个说法："我们遇到的是 20 年以来教育教学最大的一次变革。"如何能适应这种挑战和压力？也唯有多花时间和精力去提升自我，积极应对。

写下今天这些文字，是希望我的徒弟们能在假期里多花时间和精力备课，不仅要达到学校的要求，更多在转变观念和行为习惯上下功夫，为下学期的教学尽可能打下坚实的基础。希望能在春节后看到他们的备课进展，特别是能体现单元教学或项目学习理念的设计。

关于课后"330 时间段"　　　　2022 年 01 月 22 日 星期六

学习朱永新老师在东城教育工作大会上的讲话，受益良多。

　　我比较关心教育发展不均衡、不充分的问题能否通过"双减"得到彻底解决和怎么解决的问题。这一学期的轮岗让我对学情的认识更加深入。很多时候，我思考问题会有意识地切换到基于学生发展的立场上。由此，想到两个有待思考和理顺的具体问题：

　　一、朱永新老师对课后"330 时间段"目前开展的教学情况做了分类，非常符合实际。据我了解，有的学校确实就是安排学生做作业，老师期间负责答疑；也有的学校的课后就是用来做分层教学。很多学校也开发了优质的校本课程，在 330 这个时间段开展教学。（似乎是小学居多，中学应该是前两种居多，待求证。）我的问题是，学习暂时落后的学生除了补漏，还应该如何督促他们全面发展？我是指特色课程部分。在我心目中，特色课程不应只针对学有余力的同学开展。怎么处理好补漏和特色课学习的关系，换句话说，是处理好课外这部分"内部"的关系，从长线上对学生有益，是我比较关心的。有的时候，学生发展向好的转变，很难说是"补漏"还是因为其他让他有兴趣的事情激发了他的学习热情。这种情况并不少见。

　　二、课后如果是都安排分层教学，查缺补漏，或开特色课程，还能否保证学生作业在校内完成？恐怕不行。我是主张留出学生自主学习和休息时间的（甚至要考虑到一部分学生晚上还可能参加在线辅导）。课后怎么分层，什么时间做作业，330 时间段开什么样的课程，这需要领导和专家从顶层就做好设计，通盘考虑。

　　以上，是今日份给自己出的思考题。刚开始琢磨，姑且记之。

偷得浮生半日闲

当书写成为习惯，以什么名义来书写就成为一件不值得多虑的事。

要紧的是写什么，写了什么，以及一直有写的状态和心情。

老宅交工了，接下来需要花时间收拾。结果验收当天就发现，只要窗户一关闭，甲醛和有机污染物就超标。也难怪，房子那么小，家具那么多。各种"兵来将挡，水来土掩"，找机构除甲醛，约车从仓库拉家具回来，间或处理一些工作。放假了，时间表依然排得满当当的。

再忙也要给自己留精神自由地，在这点上，我是特别不愿委屈自己的那个。我又是给点儿阳光就灿烂的。多忙，多累，只要有那么一小块儿自留地，我就很满足，很快活。

比如今天，就是我之前忙碌时想想都开心的日子。

以前会在电影院连看两场，今儿终于发展成在话剧院连看两场。中间有三个半小时，带了笔记本电脑坐这儿喝茶，结果工作没做啥，光在这儿坐着胡思乱想了。

这就是假期的好处。虽然是"偷得浮生半日闲"，但"偷"得理直气壮。

日子是紧张忙碌的还是自由散漫的，其实不那么重要。重要的是要过有灵性的生活。

说说今天看的剧——

刘添祺的《鸡兔同笼》和《GOODBYE》都是短剧。

前者曾获乌镇戏剧节青年竞演大奖——小镇奖"最佳戏剧奖"。只有两个演员，胜在细腻，肢体语言和表情处理得丝丝入扣，情感火候到位，很打动人。

后者胜在创意。有点"软装"科幻剧的感觉，老化掉的机器人比人有人性，拼着毁了自己也想挽留病床上躺了八年的植物人 K 的生命。

刘添祺演戏不怯，但和观众互动的时候却是笨嘴拙舌的，害羞的，也是温暖的。

这段时间看的三场舞剧都堪称精品。最好的是《永不消逝的电波》，《只此青绿》和《五星出东方》基本是一个量级的，风格不同，《青绿》更细腻，视觉效果越往后越炸。

我亦无他，惟手熟尔　　　　2021 年 01 月 24 日 星期一

上午一早爬起来回老宅，约了师傅来除甲醛。中午回住处已经一点。师傅说，必须再过 5～7 天才能把物品归位。这要求打乱了我的计划，本想春节前收拾利落，春节后专心工作的，遂调整了计划。好在我这个年纪，不像小时候那么盼着过年。过年对我来说，就是能好好和家人守在一起——在一起好好说说话，其他的不重要。

下午和 IB（国际文凭组织）课程的老师在线开了个小会，有收获，需要安排时间再进一步学习和思考。

晚上归置房间，挑出来五六件衣物"断舍离"。又拆箱。一堆书，好友投喂的美食，《科幻世界》和未来局寄的礼物。拆箱的过程很愉悦，感受到关切和祝福。

忙碌到刚才，刚坐下来歇息。看到"曹将"公众号的推送文章《如何快速复盘，这是我编辑部的三个绝招》，借着写日记，转过来分享。做事要有章

305

法，可以把曹将的"绝招"当作职场小白和教学生复盘的学习支架。

顺便说一句，我以前写过文章，说老师要有"支架意识"和"资源意识"。我这样的随手转就是例子——我平时特别注意各个行业上的人是如何做事的，一发现堪称做事的方法，就会特别自觉地想办法转换为学生学的支架。学习资源的整合也同此理。

这样的"整合"再进一步——当我们向学生提倡"像科学家那样思考""像博物学家那样生活""像新闻评论员那样一竿子捅到底"地追问的时候，总得先弄明白科学家是怎样思考的、博物学家是怎样生活的、新闻评论员是怎样追问的才好。教师要先于学生了解这些，甚至是自身得会实操。这可能是很多老师需要补上的技能。我的技能何来呢？就是多读书，跟博物学家、科学家、新闻评论员学呗！"我亦无他，惟手熟尔。"

每一个生命都值得善待　　　2022年01月25日 星期二

这两天，一直关注刘学州的事情。花季少年生命陨落，是让人心痛的事。各种声音在讨论什么是压垮这个少年的最后一根稻草。我只想说，每一个生命都值得善待。我们为人师者，一定一定要做善良的人。

去年上半年吧，一个朋友给我听了他和孩子的老师的对话音频。男孩儿上七年级，顽皮得很。听朋友述说的情形，大概用"顽劣"形容也不过分。但老师言辞的刻薄，还是惊到了我，也刺痛了我。我说，我不会和家长这样说话。朋友说，我简直要疯了，孩子在青春期，他的对抗我们当父母的几乎是无能为力的。可是老师……我该怎么办？作为朋友，我尽量开导和安抚了对方，也指出了他教育孩子中存在的问题和误区……但说实话，我挺为同行的刻薄言辞而羞愧的。

换作我，遇到这样的孩子，也会头大。但我也确实不会夹枪带棒地对孩子和家长说话，一是做不到，二是根本不会。

做不到和不会的底层逻辑是不忍和不愿。

我总说，一个人能成长起来其实是特别艰难的事。这个认知源自个人的成长经历。小孩子没心没肺的是少数，更多的是敏感的。更何况，生活本来就不易呢。我们的眼睛越向下看，看生活最根本的样子，就越应该能体察到这一点。"因为懂得，所以慈悲。"你懂那种艰难，那些苦难，就不会忍心用言语的刀子去扎人，特别是孩子。

刘学州的悲剧令人痛心，但如何防止下一次悲剧的发生呢？不做压垮骆驼的最后一根稻草，靠的是善良。我们自己要善良，也要教我们的学生善良。

理想主义者是不可救药的   2022 年 01 月 26 日星期三

1. 两位同行推荐《令人心动的 offer》第三季。温州的李燕老师评价说："陶医生每集都有精彩输出，只能说优秀的人什么都优秀！"

平时无暇看电视节目，也只有假期才会补习一下。昨晚吃晚饭的时候看了第 1 期，印象最深的是陶勇医生说的那句**"理想主义者是不可救药的"**。陶勇医生还说，学医的人多多少少有点儿情怀，关键在于第一，确实对医学是不是有兴趣，如果是被家里逼的，熬不了多久肯定要撤；第二就是你是只关心这是一个技术活儿，还是其实会看到这个人背后的故事，会感受到它整个能带来的后续的延伸价值……它也是一种支撑，是一个动态的平衡，平均的获得感也很强。

以前有个说法，说医生和教师是社会的良心底线。我一直认为自己是理想主义者，也不羞于承认这一点。听陶勇医生讲话时我在想，还有多少人敢理直气壮地说，自己是理想主义者呢？特别是我们当老师的。

2. 越来越谨慎地表达，是意识到自己可能存在的影响。并不是介意自己有多大影响，而是说自己的表达不应该给他人带来误导，特别是自己"有能力误导"他人的时候。

反过来说，我也越来越警惕各种表达，警惕表达背后的立场。

多用脑子想问题，不是坏事。

3. 开启居家工作模式。陶勇医生的《自造》已到货，抽空读。

十年前的"放胆文"（1）

2022 年 01 月 27 日 星期四

检索关键词"北京景山学校""放胆文"，结果是发现自己在 2012 年一个研讨会上的发言被到处转，下载还要收费。

十年前的文章，读了一遍，对当下的语文作文教学有用，因为当年提的建议并没有做到。索性节选最重要的部分贴过来再提一遍，最后一部分涉及作文教学目标序列的问题，统编教材有内在序列，一般学校可以不考虑，制订"五四制"的教学序列更适合景山"五四"学制九年一贯真正打通。

我认为，针对目前中学普遍存在的作文教学现状，建设作文训练体系还应该着重考虑以下几点：

（一）有必要对作文教学的课时做点硬性规定。

语文教学中必须有足够的时间用于写作与修改。我们按照三年制初中的语文教学课时数做个大致的统计：每一学期按照 20 个教学周计算，每周 6 课时，每学年语文课 240 课时。《义务教育语文课程标准》规定，作文每学年一般不少于 14 次。写作与讲评合起来按照每次 3 课时计算，全年共 42 课时写大作文。即便我们把用于作文教学的课时按照每学年 60 课时计，也不过占了全学年课时数的 25%。统计的结论显而易见——虽然我们都知道，作文是语文能力的集中体现，也是语文教学的难点，还是多年来语文教学的薄弱环节，但我们为作文教学花费的时间确实少之又少。

2003 年，刘占泉先生和我曾经有过一次讨论。他主张重新建构初中语文学科的框架，白话文阅读、文言文阅读和写作各占 1/3，三部分构成"品"字形教学结构。刘占泉老师的主张非常有见地，也有一定的可操作性。单就作文而言，"品"字形教学结构不仅给作文教学充足的时间保障，更重要的是凸显了作文教学在初中语文教学中的重要性。

（二）不仅应在教材中提供可供学生作文模仿的"样本"，还要建立和不断完善以"学会"为标准的学生达标文的样本库。

景山学校初中语文实验教材写作重点单元为学生提供的作文范例，作者都是成年人。建立学生达标文样本库的意义，不仅能继续为学生提供同龄人的范例，更可以供教师批阅作文时参考，以减少教师评判文章时，因个人主观好恶造成的评判任意性。这样也能使《6～9 年级写作教学目标》分年级、分学期的落实具有可操作性。

（三）语文写作教学应强调"保底不封顶"。对于学生没有"学会"，作文教学目标不达标的情况，要有更进一步的对策。

有实际教学经验的老师都知道，有的学生语文学习水平较低，即便一步不落地跟着其他同学一起进行作文演练，也依然会有没"学会"不达标的。对于这部分学生，教师应该有进一步训练的对策。

比如，当大多数学生遵循仿写（例文）—修改（自评与互评）—写放胆文（巩固学习成果）这样的步骤稳步提高写作水平的时候，不妨安排那小部分没有"学会"的学生，反反复复修改，将习作改到达标文为止。这样才能更大范围地实现作文教学的"保底"。

对于写作能力较强的学生，作文教学中要用各种激励评价手段促其"上不封顶"。比如，在作文达标之后，给更多的写放胆文的机会；帮助学生发表作文；创办文学社，使学生个人特长得以发挥等。

（四）应当编制《1～9年级语文课程写作教学目标》

目前，景山学校初中阶段已经编制了《6～9年级写作教学目标》。我们在四年制初中学习的过程中，特别强调按照这个教学目标开展教学，要基本上能做到"段段清"。但是，小学阶段这样一份纲领性文件还没有编制出来。这就导致作文教学的内容在小学与初中大量重复。虽然说学生的语文能力与水平是呈螺旋式上升，但这样的重复有可能导致学生的写作热情骤减。

比如记叙文写作。课程标准对小学5～6年级的要求是"能写简单的记实作文和想象作文，内容具体，感情真实。"小学语文教材中，写人记事写景状物的文章统统都有，也相应地要求学生练习写这些内容。那么这里就牵扯到对"内容具体，感情真实"的理解。在小学同行作文教学经验总结的文章里，我能感受到的，就是他们将"内容具体"实际置换成了"描写生动细致"。而我认为，如果我们按照"会写"来要求，学生习作如果能交代清楚事件的时间、地点、人物，起因、经过、结果，文从字顺地表达，就应该基本能做到把文章写具体。而"描写生动细致"应当是"写好"的标准。我们大可不必担心五年级的学生描写得不生动，因为"能抓住事物特征，描写生动"是初中阶段写作教学目标六年级（下）"会写"的要求。我印象中，我的孩子在景山学校上学，从四年级起，作文本上就出现了"要有生动的描写""要注意详略得当"之类的评语。试想，从小学到初中，这样"眉毛胡子一把抓"的要求是否也是造成作文教学尴尬局面的原因之一？

所以，作文教学中出现的阶段性要求不明的问题，必须通过编制《1 ~ 9 年级语文课程写作教学目标》来解决。不然，表面上看起来初中作文教学要求有序列，从义务教育 9 年来看，依然是严重的无序状态。我认为，如果认为编制《1 ~ 9 年级语文课程写作教学目标》是合理举措的话，北京市作为首善之区，甚至有必要制定出 12 年的写作教学目标来。

十年前的"放胆文"（2）：寒假备课笔记　　2022 年 01 月 28 日星期五

昨晚好眠，一觉睡到 7 点半。平时睡眠少，一是事情多，需要花时间；二是压力大，有心事就睡不着。寒假多多少少可以没心没肺一点儿，至少是不用顾忌迟到。

说正事。我把昨天发的关于景山学校初中曾经做过的编制作文写作教学目标刍议的前半部分做了精简，也贴上来做个分享。当年写这篇，是在 2011 版课标出台之前。眼下新课标又将出台。这一轮课标的新，更多是教和学方式变革上的新，并不一定解决更底层的问题，比如应该建立作文教学写作目标序列、解决写作教学无序化的问题。

正文见笔记，今天又做了一些补充。后续当接昨日那条。

欢迎大家一起讨论。

寒假备课笔记

众所周知，中考作文因为统一命题、统一阅卷的缘故，或多或少地限制了学生写作水平的发挥。这其中的道理，孟起先生早在1935年在《中学生底国文》一文就有解说："所谓'命题'作文，就是教师先有一个'命题'，换句话说，教师自己先有一段意思，缩成一题，学生作文，不过演义罢了。……学生拿到这类题目，实在没有什么话要说，不说又不成，于是废话、空话满纸都是，害（得）教师看了摇头，叹气。本来写不出的，硬要写一些出来，这已经很不容易，再要写得好，不是难上加难！……能说的不许说，不能说的偏要说，哪里会写出给教师看得上眼的东西来！"（《中学生》1935年第55号）

目前学生与学校这个层面的作文教学也存在着大量的问题。

首先，学生的生活面相对狭窄。由于种种原因，不少学生除了家庭和学校生活，对外部世界了解甚少，也缺少了解外部世界的热情。这就造成了作文缺少鲜活素材的突出问题。

其次，学生阅读量太少。我们常说，一个人有"见"才有"识"。学生虽不能够"行万里路"，但至少可以通过"读万卷书"来获得代偿体验，了解社会与百样人生。在过去这十年中，尽管《语文课程标准》（实验稿）早就提出了关于课外阅读的建议，中考也有相关题目考查学生阅读名著的情况，但教学的实际情况并不乐观：只有优质资源校将课外阅读工作落实得相对好，能带领学生开展各种读书交流活动，做读书笔记；而基础薄弱校则普遍对学生的课外阅读缺乏有效指导。而且，受这个时代"浅阅读""泛阅读"的影响，学生个人开展的阅读活动，也多追求时尚轻松的阅读效果，过分关注玄幻、穿越小说一类的作品，不注重经典作品的阅读。

（今日补：统编教材使用以来，整本书阅读课程化的实践普遍推进，很多地方开展了智慧阅读、书香校园等建设，社会对全民阅读也高度重视。当然，依然不均衡。比如，基础薄弱的学校在整本书阅读方面仍存在以考定教，或者以刷题代阅读的问题。还有其他问题，不举例了。）

最后，不少教师迫于中考升学与成绩的压力，写作教学中只教应试作文的写法，不注重学生思考力的发展。不管是素材的积累、文章审题立意，还是布局谋篇的思路，恨不得七年级开始的作文训练都完全照着中考的路子来。

（今日补：比如，实用性文体的写作在初中和小学都是弱项。阅读和写作目前是两条线，需要在创设情境与任务的过程中进一步有序、有目的的统整。）

一方面是学生面临的种种现实问题，另一方面是作文教学处处围着中考的指挥棒转。这样的作文训练，如何能教会学生作文的真功夫，最终达成《语文课程标准》关于写作的种种要求呢？

2001 年，《全日制义务教育语文课程标准（实验稿）》出台。2012 年 9 月，《全日制义务教育语文课程标准》（2011 版）即将启用。时至今日，我们语文作文教学依然存在着这样的尴尬局面，这理当引起我们的高度重视。

那么，此种局面是不是只有这十年才有？非也。据《二十世纪后期中国语文教育论集》（四川教育版）一书记载，早在新中国成立之初，报考清华大学的大部分考生都在"国文"试卷里提到："没有把作文学好，写作能力差。"当时叶圣陶先生审读试卷，仰天长叹：学生写作能力真的是差呀！而 1949 年北京师范学院的刘国盈老师也作过调查，结论是："国文教师几乎是完全失败了，而且是可怕的失败。"由此观之，中小学作文教学的问题实际上是早就存在的。现在解决问题的关键，在于接下来我们的作文教学如何抓。

景山学校的语文教学有三大法宝，其中之一就是组织学生写"放胆文"。我认为，这种做法虽然始于 20 世纪 50 年代，但到今天非但不过时，而且有大力推广的必要。

"'放胆文'，顾名思义是鼓励学生放开胆量去构思，想写什么就写什么，想怎样写就怎样写。"①

一是题材"放胆"。在小学三年级学生作文启蒙阶段，老师先从放开题材做起，让学生写自己熟悉的生活，写自己亲眼见到的，亲耳听来的，亲身感受过的。题材上不循规蹈矩，活跃了学生的思想，让学生感受到生活是写作的活水源头。

二是写法"放胆"。"不限写法，能夹叙夹议，叙事中有抒情的固然好，只能记叙的也放行。"② 一切只要能写出真情实感，老师就要肯定。因为"放胆"，学生的作文即使写同一个题目，"文章的题材、风格会有多种多样，呈现出绚丽多彩的局面"。在交流的过程中，"老师再有意识地鼓励引导，学生会更加努力的创造出更加富有个性，风格奇异、新颖的作文"。（舒风）

三是字数"放胆"。"能写几千字的敞开写，能几百字成文的也很好，能写几句话不成文的也可以，只要努力了，老师都鼓励"。（舒鸿锦）

四是情感"放胆"。"你可以按照自己的愿望随心所欲地写自己感兴趣的事，把自己想吐露的思想，想表达的各种愿望尽情地表达出来。""在这种愿望的驱使下进行写作，没有思想压力，心情十分愉快，是一种精神享受"。（舒风）

---

① 舒风《从"放胆文"谈开去》，下同。
② 舒鸿锦《四十而不惑》，下同。

　　从景山学校五十年的语文教改经验来看，在学生学习写作"人之幼"的初期阶段，"放胆文"这一做法把学生练笔当作开展写作教学的切入点，是颇有成效的。而且，已经在小学、初高中各年级推行多年。因为"放胆"，学生爱上写作的例子屡见不鲜。

　　必须说明一点："放胆"并不意味着教师对学生写作放任自流。相反，"放胆文"的写作是有范围的，特别提倡教师要充分发挥"导"的作用。关于组织学生写"放胆文"的具体方法与案例，有兴趣的老师不妨读一读人教社出版的《北京景山学校语文课程教学改革 50 年》文集。这里恕不赘言。

　　写"放胆文"不仅较好地解决了学生写作文时"无米下炊"的问题，而且还能激发他们的写作热情。但"放胆文"这一招是不是就能包治作文教学的百病呢？随着景山学校初中语文实验教材编写工作的推进，编委老师们对作文教学问题的思考也在不断深入：

　　《义务教育语文课程标准》对七至九年级学生共提出了 8 条写作要求。这是"会写"的要求，还是"写好"的要求？我们倾向于前者。如果是"会写"，那么我们平时评判学生作文以什么为标准？"会写"作文是怎样的标准？写出来的作文应该是什么样子就达标了？我们提倡"放胆文"，那么，教学过程中的训练还要不要遵循一定的程序？这个训练程序的阶段性是否明确？教材该如何呈现这个训练程序？……

　　"如果训练的目标不明确，训练的层次不清楚，只是出个作文题目，每次练习的项目学生不清楚，教师的指导、讲评也是胡子眉毛一把抓；片面强调'潜移默化'，看起来作文的次数不少，写作的要求似乎也都提过，可哪项落实了，哪项还没学会？师生都不知道，都不落实。这样的情况想使学生'会写'怕是很难了。"（孙辅功，人民教育出版社《北京景山学校语文课程教学改革 50 年初中篇》，第 470 页，《谈谈初中语文教材中写作教学设计》）

315

2006 年，初中语文教材编写组开始编制《6～9 年级写作教学目标》，根据"课程标准"（实验稿）的写作要求，也结合景山学校几代初中语文教师的教改实践经验，以及学生初中四年制学习的实际情况，确定每学期的写作练习具体要求。确切地说，是将纲领性的、也是相对笼统的语文课程标准的写作要求加以解析，将写作教学的任务分配到各册语文教材中逐一落实。"本套教材对写作除了一般性的要求如明确写作目的和对象，要写真情实感，写自己熟悉的事物，字数要达到标准等之外，将作文的基本要求细分成二十多个点，如'内容具体''顺序合理''能运用联想和想象''前后照应''有细节描写'等。有关文章中心的要求，又分成'有中心''中心明确''立意较新'等不同等级。如记叙文写作要求中'要有具体描写的段落'，说明文写作要求中'有说明事物特征的句子'等。将这些要求，按难易、复杂程度、不同文体，分别安排在 6～9 年级的 8 个学期里，每个学期力保3～4 个要求基本过关，以促进整体水平一步一步提升。"①

编制《6～9 年级写作教学目标》意义重大。这种"自下而上"的努力，在今天的教改大背景下，尤为可贵。

近来读到北大温儒敏教授《学习语文新课标的若干问题》讲稿。他说："一些老师接触新课标之后，认为很多理念都是好的，但在高考、中考仍然是指挥棒的情况下，'好东西'都很难实施，'可爱而不可行'。""教育状况的根本改革需要整个社会配合，从体制上改。这种改革成本很大，需要较长时间解决，应试教育一时是很难消除的。对此我们要有思想准备。但也不必把教学中存在的一切问题全都归咎于'体制'，自己可以着手改革的空间是大的。每个老师都最好问问自己，如果一时间'体制'未改，大局未动，我们是否就随波逐流，或束手

---

① 周韫玉，《北京景山学校语文课程教学改革 50 年初中篇》，人民教育出版社，2010 年，第 390 页。

待毙？面对当下应试教育的巨大压力，我们能做些什么？""不要抱怨，不能等待，还是承认现实，着眼长远，从我做起，点滴做起，对不合理的教学行为，能改一点是一点。"

对温教授的观点，我深表赞同。在我看来，景山学校编制《6~9年级写作教学目标》，就是"承认现实，着眼长远，从我做起，点滴做起"的做法。我们编制写作和阅读这两个教学目标，把笼统的长远目标变成了可执行的阶段性目标，每学期的教学任务清晰了。不仅如此，我们的实验教材还保证具体落实这些目标。因为编制了这样的教学目标，对于景山学校的一线教师而言，《语文课程标准》既"可爱"又"可行"。

（今日补：2011年版课标颁布后，我们先编制了听说读写的序列化目标，阅读、写作、口语交际均按学期细化。在此基础上编写了第四套初中语文实验教材。先有细化、分解的教学目标，再研发教材，保证了目标和教材的一致性。）

第一，景山学校《6~9年级写作教学目标》是"会写"的目标。"会写"比"写好"更有普适性。

义务教育阶段作文教学强调"会写"，更能保证作文教学达到"保底"的要求，更有利于大多数学生写作能力的提高。那么，如何使学生"会写"？这是教材编写者必须考虑的问题，教材中理应在呈现促成学生"会写"的训练体系。

景山学校语文实验教材共8册，一共安排了8个写作重点单元。每个写作重点单元的"单元提示"中都会明确本单元是写作重点单元，对写作要提出具体要求，使学生在学习之初就对本单元要完成的写作任务和目标心中有数。课文的遴选不求新、不求难，但求便于学生借鉴模仿。王荣生教授根据教材中文本的不同功能，将文本分为"定篇""例文""样本"和"用件"四类。或许可以说，我们的写作重点单元的文本基本属于"样本"一类。

第二，编制了《6~9年级写作教学目标》，实验教材写作重点单元中又给出了"会写"的"样本"，这依然不能等于学生就一定能达成"会写"的目标。作文教学必须通过缜密、成体系的训练促使学生实现"知行"转化。

（今日补：

1. 为什么要强调目标序列是"会写"的标准还是"写好"的标准，背后的逻辑和之前我说应该讨论课标是"所有学校教学都必须应达成的目标还是理想的目标"完全一致。

2. 关于作文教学的支架，昨天我说的样本库的建议，其实有些教辅材料做了这方面的努力，有一些好的经验。比如某发行量非常大的教辅书，单独做出来一套作文本，连教材上的要求，带写作的支架，为学生提供了例文，最后提供了稿纸。这个努力的方向是对的，有支架、有例文总比没有好，这就是将作文的指导前置了。当然，这样的作文本只能管大面儿上的事，它是完全依托教材进行的。至于教材的更大的"空白"，不在其考虑范围内。

所谓教材更大的"空白"，是对教材整个写作体系进行梳理后发现的漏洞。再好的教材也不是完全贴合着自己学生的学情来的。我们做教材的二次开发，一是要进一步听说读写整合，二是要补上学情到教材、课标之间差距的漏洞。）

我以前举过例子：

八年级上册要做采访。教材提了关于礼仪和尊重对方隐私的要求，很对，没毛病。但教材上提的种种要求学生能达到吗？给的支架足够帮助学生完成采访吗？不足够，这就是空白，就需要我们来补。

九年级上册议论文写作，要求观点要明确。要求这么提了，学生观点如何明确？一要想得正确，二要表达观点的方法正确。学生在成长过程中，从人云亦云到自己能想问题，有自己的观点，再到想得正确，得有人教才行啊。我们在作文本上批上"观点不明确"很容易，但责任在学生身上吗？这个责任在我们身上。教材没教，这就是空白，是漏洞，我们教学生时就得补上。

寒假备课，就该这么琢磨学情，琢磨教材，再贴着学情设计教学。

断舍离（1）

2022 年 01 月 29 日 星期六

上午测核酸，人挺多，中午回老宅，收拾书架。边拆箱边计划怎么摆放。估算了一下，肯定放不下，咬咬牙扔了一批书。拆了箱的书大致归了位。隔壁还有 3/5 的纸箱子没拆，老腰要折了。明儿下午继续。

古汉语、古典文学、新诗、散文、小说、文学评论、历史、哲学、传记、访谈、书信、逻辑学、媒介素养、新闻采访、绘画、书法、建筑、设计、雕塑、文学创作、专业用书。屋里的书架上基本这样分类。厨房的书架上主要是科学和科幻类书籍。打算继续装修厨房，把厨房的书架也做成能放里外双层的。

收工。

生龙活虎

感谢教委领导！很高兴能有这样的机会，作为一线教师的代表，参加国务院春节团拜会活动。习近平总书记发表的重要讲话非常振奋人心，也温暖人心。虎年即将到来，一定继续努力工作，拿出虎年的气势来，生龙活虎，虎虎生威。

图 6

图 7

断舍离（2）

下午 4 点多出门，去朝内南小街的菜市场买了点年货，回老宅继续收拾书架。

之前理工大学出版社编辑高坤说让我留着点儿活，他最喜欢收拾书架，说我们姐弟俩可以用一天的时间收拾，边归置边聊聊。聊聊可以，但收拾书架的活儿并不想假手于人。不是怕麻烦别人，主要是因为我很享受这个累并快乐着的过程。

昨天收拾了几乎 12 小时，2/5 的书上了架。今儿 6 小时，收拾了 1/5。

怎么看怎么觉得，剩下的书得比 2/5 多。淘汰的并不多，毕竟这些书几乎都是过我的手一本本添置的。等收拾完搬回来住，再处理一遍。

翻出来韩美林老师 1993 年办画展的请柬。这样的纸片儿当初丢了也就丢了，现在扔不划算。

边收拾边胡思乱想。

之前问过儿子，将来等我不在了，书咋处理?

儿子说开个书店。这个回答当时就安慰到我了。开书店不够卖的，估计连房租都付不起，特别在当下，并不是好营生，但做成私人图书馆的想法可以有。

买这么多书纯粹是为了自己方便。不能跟我讨论看得完看不完，没法聊。懂的人自然懂。

工作 30 年，估计我得有 20 年左右没在学校图书馆借书了。有一次借书忘了还，被罚了钱。后来不罚钱了我也再没借过。我性子急，工作的时候想要查什么资料，必须自己有，立马能查到才行。这些年偶尔去国图，觉得太费时，借书这件事的性价比不划算。

这类书占了小一半，另一多半纯属自己的自留地。

本来呢，我理想的退休生活是做个书院，有茶，有书，邀请各路神仙做做讲座，或者和同行一起聊聊天扯扯闲篇。彭明榜老师的小众书坊和雍和书庭我都挺喜欢。但我其实也不爱操心……

想来想去，我还是应该过最简单、也是最美的生活，那就是宅在家看书。现在的阅读大多为了教学，只想退休在家漫无目的地读读书。

虎年要做更多的断舍离，生活方式越简单越舒心。

嗯，安啦。

过年

2022 年 01 月 31 日 星期一

刚炖好猪蹄儿，马上出门，照例要扛着高压锅回娘家。

今儿是年三十儿，先来波回忆杀整整气氛。年是新的，文是旧的，我是气氛组的。以下是旧文节选——

> 说过年。我们都很盼着过年。
>
> 虽然不是老北京人，没那么多规矩，但一家人还是会早早地做过年的准备。除尘呀，买年货呀，母亲还要给我们每个孩子都缝件新衣服。
>
> 印象最深的是买年货。花生瓜子之类在粮店买，这个没什么可多

说的，反正除夕那天父母会给我们姐儿仨每人发一个装着瓜子花生糖果的塑料袋，分量都一般沉。

有意思的是去朝内菜市场买年货。那时候的朝内菜市场就在朝内大街的路南。是极大的、好像是车库的那种平房，前后两大间。菜市场前身儿靠北的那间主要是卖豆制品、油盐酱醋、烟酒糖茶；后身儿靠南的那间专卖鸡、鸭、鱼、肉和蔬菜。前身儿的这间我常去，都是生活必需品，因此熟得不能再熟，闭着眼我都能指出哪儿是哪个柜台的位置；后身儿的那间每次进去直奔左手最里面的柜台，因为那儿是卖猪肉的。街上菜站的菜比这里便宜，所以也不在这里多停留。

平时朝内菜市场要 8 点才开门，顶多进去后再排队。买年货那两天可不行，天还没亮就得去排队。北京的冬天太冷了，多亏我们家有三个闺女，统统穿着军大衣上阵。办年货的人实在是太多了，北京话叫作"乌泱乌泱"的。买活鸡要排队，买鲜鱼要排队，买细菜也要排队。不单是排队，还得领排队票才行。好容易等到开门，我们也要冻僵了。那时父母和外祖母就会来接替我们姐仨儿。等到一家人办齐了年货回到家中，一上午也就差不多都搭里面了。每当这时候我们全家人就都万分感慨，说还有好多人没置办齐年货呢，排队都不一定能买上，瞧我们这一家能干的，然后就都异口同声地夸我母亲英明，生了这么多孩子，总算派上用场了。

我家通常是除夕的上午买年货。吃完午饭杀鸡，不然晚上的炖鸡汤就来不及做了。操刀杀鸡的通常是父亲，偶尔也会是祖母。事先在煤炉上烧一大锅开水。取一只碗倒半碗水，里面加上少许盐搅和均匀了，也放在一边。父亲先把鸡翅膀交叉着别好，省得它乱扑棱，然后反转鸡的头，把它的喙捏在手里，三下两下拔干净鸡脖子上的毛，就准备动刀了。"三儿，过来。"哎，这"助纣为虐"抓鸡脚的活儿总是我的。父母长辈干活的时候最愿意找我打下手，他们说我脾气好，有眼力见儿。

　　牢牢地抓住鸡脚，赶紧就把眼睛闭上——我最见不得血，杀多少次鸡都会觉得心里膈应。鸡血都被控在有盐水的碗里。我手里使着劲儿，生怕鸡毛掉进碗里。闭了眼杀鸡，心里就开始发愁，因为"打银"（安徽土语，收拾的意思）鸡的活儿总派给我，就因为我的慢性子、好脾气！

　　小孩子总是敢怒不敢言的，于是接下来的时间里我就耐着性子烫鸡拔毛、开膛破肚、清理肠胃……我家算是南方人吧，鸡肠子、鸡心、鸡肝儿、鸡胗子都要留着炒吃的。真是"实践出真知"，打小我就知道什么叫作"小肚鸡肠"，收拾这些弯弯肠子可真是麻烦啊！好不容易把鸡打银好了，人也被鸡的臭气熏得差不多了。还得继续帮厨，真忙完了，这顿除夕晚饭的胃口如何也就可想而知了。

　　年年春节如是，可依然年年盼着过春节。

　　今天的饭桌上，老爸拿出小本本，为我们做了重要讲话。老爸对每个人的2021年做了精准的四字总结，并提出了六字方针——安全，健康，快乐！大姐送我们每人一匹小绿马书包挂件——新的一年，要努力保住我们的绿码——加油加油！

家有一老，如有一宝

2022 年 02 月 01 日 星期二

昨晚 11 点就洗洗睡了。凌晨 5 点多醒了，看到七八十条祝福短信，一一回复完，接着睡回笼觉，再睁眼已经 8 点一刻。

吃了早餐，我们商量了一下，打消了去古北水镇溜达的念头，决定就在家喝茶聊聊天。

阳光明媚，天气晴朗。我们面对面谈心，颇有仪式感。

父亲谈了对我们每个女儿的教育问题，姐姐也讲到一些我不了解的往事。我很愿意听家人讲这些，因为每个人成为现在的自己，其实都有来时路，有清晰的轨迹。了解过去越多，越能够正确地认识自我，悦纳自我。我也再次因出生在我们这个家庭里而感到庆幸和感恩，越来越爱我的家人。

下午睡了一觉，起来继续喝茶和对聊。父亲和姐姐都很关心我的轮岗工作，父亲再次肯定我写轮岗日记的行为。我解释说，目前日记标签是"我的寒假生活"，因为每天所写并不聚焦轮岗，这样的题目更切合实际，开学时会恢复"轮岗日记"的标签。父亲鼓励我，这件事一定要坚持下去，意义很大。姐姐说，能坚持写，这件事本身就很不容易。有家人的支持和鼓励，我的心里暖暖的。我们也都感慨，因为母亲离世，都各自做了许多反思，所以对生活和生命都有了新的认识和感悟，悲痛、抱憾的同时，也有成长。姐姐昨天早晨代表全家去扫了墓，我想，母亲地下有知，也会为我们今天的状态而感到欣慰的。

孔子说："三十而立，四十而不惑，五十而知天命，六十而耳顺，七十而从心所欲不逾矩。"我晚熟得厉害，发展上基本上比同龄人晚个小十年的样子。当然存在各自人生阶段的评价标准不同的可能，我也只能说自我评价——我基本上觉得论真正的成熟、也就是能够安身立命以及思想上的不惑，也就是这几年的事情；对事物本质和发展规律的把握还没有完全到"知天命"的地步；"耳顺""随心所欲不逾矩"也都是需要不断修为的。好在我也不急，因为还"年轻"，来日方长。

吃晚饭的时候，父亲说，今天过得很充实。父亲定了规矩——以后每年都要有这样"正式"的恳谈会。我和姐姐调侃说，一年的大政方针定了，照办就好。

"家有一老，如有一宝。"在我家，父亲是大家的宝。我们都愿意和父亲交心，听他的意见。我也很多次写到父亲对我的至深影响。如今，长姐也像母亲那样替家里的每个人操心，虽然她年纪上并不老，也是我们两个妹妹以及小辈人的宝。

年味儿哪去了？   2022年02月02日星期三

上午和父亲、姐姐去了趟顺义鲜花港。可惜，园子里空荡如也，并没有一朵鲜花。总不能空走一趟，拐去蝴蝶大世界。如此寒冷的天气，虽然蝴蝶的品种不多，爱飞的也不多，能看到小活物，也算有聊的事。想起来曾经天南地北的旅行，恍如隔世。

下午继续补觉，各种疲乏从身体的每个细胞里被释放出来，睡得昏天黑地的。6 点 10 分，爬起来，天已经黑透了，好想冬眠。

在想，年味儿哪去了？年节在今天还有什么意义？

小时候盼着春节，因为有好吃的饭菜和零食，有新衣服穿，还有期待已久的压岁钱。再大一点盼着春节，还因为有好看的春晚。现在，一切都唾手可得。只要你想，天天都能像过节一样吃喝玩乐。没有期盼，自然就没有那个味道。

我问父亲和姐姐，等疫情过去，咱们去南京过节如何？父亲从年少到年轻，在南京共生活了十二年。但父亲说，那只是旅游。过节，就是要在自己家。姐姐也赞同。

如此说来，年节的意义，就是亲人们聚在一起，在家里，好好地相守。

记录宅家生活

去年年底，把 9~12 月发在朋友圈里的文字变成了白纸黑字，原本散乱的片段连缀成章，就像七零八落的拼图变成完整的图画——这个感觉让人愉快。

这两天在姐姐家主要读小说。饭桌上和姐姐扯闲篇儿，讨论我当作家的可能。姐姐说，我的文字很适合写游记。我也认叫，只是有点遗憾地想，可惜写不来小说。我活得状态还是简单了，缺少对生活特别是苦难和复杂的深刻洞察。再提醒自己保持草根身份和心态，生活也还是"轻浮"和过于轻盈的。

下午茶时间，继续我们父女的对话。我说我这几年对非虚构有浓厚的兴趣，书信、传记、口述、对话……收集了不少，也读了不少；在家里也是最喜欢听父亲讲家史。之所以有这样的变化，主要是因为这几年逐渐有了一点自己的历史观。可惜我的底子太薄，做不了更多的研究，但我也知道，记录芸芸众生的历史和当下生活本身就是有意义的。

……

假期在家的特权就是可以心安理得地胡思乱想，一年里最轻松的就是这几天。

明儿回城，准备开工。

春节就是读书季（1） 2022年02月04日星期五

和菜头老师昨天一期的"槽边往事"专门聊了聊春节里读书。他说春节就是读书季，"许多人一年的阅读量，全集中在了这几天"。他猜想"春节对读书这件事情有特殊的加持，大约能达到100倍的程度。春节读三天，相当于读了300天。春节读一本，相当于每周读两本"。

对比着和菜头老师的说法，我估了一下自己的阅读量和阅读习惯。春节连读三天并不等于平时读300天的。忙季里，我有时会突击读书——几天里一口气读十几本甚至几十本专业书都是有过的；闲书一周最多读一本，甚至有时一本都到不了。春节这头几天就是闲季，我是有意放空自己，白天陪家人聊天，下午和晚上聊完天看书，每天能读到三五小时的样子，基本能保持每天一本的进度。这个节奏和密度刚刚好，不吃力，也不虚空。

《文城》的风格"特别余华"，又稳又隐忍，让你时时感受到有那么一股子韧劲儿在书里面，更在人物的骨头里。

今日立春，开学的日子已经不远矣。

这样一想，内心顿时充满忧伤。

春节就是读书季（2）

昨晚睡得超级晚，因为明天要做"和作家面对面"读书交流活动（科幻作家宝树老师的作品《灭绝古陆》专场），冬奥会开幕式后要读学生们的读后感，把在线发言的同学选出来，再把流程做出来。这些事做完，有了基本方案，白天才能和宝树老师、丁倩老师对接。这一忙就是几小时，躺下已经是后半夜。

早晨 7 点在学生读书群里招呼他们补齐个人信息，然后是对接；再然后，沐浴更衣，出门聚会。这段略过不说。

下午回老宅继续收拾东西。随着书不断上架，速度仿佛很自然地慢下来许多。书放不下，得考虑哪些书要送人，哪些不适合送人但可以卖旧书，或者又有哪些一点没有价值，卖废品即可……

这最末一句多少有点伤人，可今天看，有些书也确实没价值。刚翻出一本签名本，我瞪着落款处的签名足足发了三分钟的呆——我的手机通讯录里、微信上、甚至记忆里都没有这位作者的名字。结合各种条件，拼命作想，大致猜测这应该是当年网友见面时对方送给我的礼物。具体到作者是谁，我也不能确定，只能说也许是谁……显然现在和我不熟，因为后来再也没有联系过。

这就有点儿尴尬了。你说，这书我是留呢还是处理掉？

去年跟杨早老师读书，我的表现实在太糟糕，整整一年里，没交几篇作业，几乎成了发红包专业户。今年早老师变了玩儿法，让各位书友自己报选题，自己组局。我想了半天，报了吃食、观剧、读诗三个专题，自觉这样压力会小些，但也未可知。

想着自己自带吃货的标签，围绕吃写写扯闲篇的文儿应该不是太难的事。这一段趁着收拾书架也有意识地把有关吃的书往一块儿整。还没整完——家里还有一堆菜谱，从上世纪 80 年代的《大众菜谱》到《文怡家常菜》都有，最后不够用再凑数。还有饮食广告设计的书，不知道在哪个箱子里……老北京大吃小吃的书也还有不少。吃喝不能分家，我对酒文化没兴趣，茶文化的书倒是也攒了不少……林林总总，整个吃货主题读写，还是有点小把握的。

其实，读啥和写啥都在其次，最重要的是要领悟饕餮精神的精髓，这是作为吃货必须自觉提升的精神修养。

明儿得一早起来工作，今儿早收工。撤。

学习力就是生存力 2022 年 02 月 06 日星期日

年前，"星教师"田佩主编邀我录音频给老师们荐书。我推荐了日本前辈桥本武先生的《学习力就是生存力——百岁教师的人生寄语》。推荐语是从我写的序中摘的，结合"双减"背景，录音频又"现挂"了一小段话。书很值得一读。今儿认真听了一遍自己的音频，田佩老师给配了乐，还挺好听（强烈建议听音频）。我就琢磨，以后闲了，或许真的可以把推荐好书当个正事、大事来做。

　　说到推荐好书，今儿恰好是带着学生们和宝树老师在线做面对面交流。这次《灭绝古陆》共读一共收到的六十余篇稿件，近一半都来自保定冀英一小刘红朴老师的学生。另外就是北京、广东各有十五六名学生参与。上海、新疆哈密、福建莆田等地也有学生参与。因为是寒假期间的公益活动，我只是通过微信转发的方式组织的。活动之后，中国科普作家协会项目交流部主管、中小学生科普科幻人才培养工作委员会副主任周亚楠跟我商量，后续这类的读书交流活动可能会更多地纳入我们工作委员会的计划中。

　　今天的发言中，好几个学生的观点都很犀利。我有深切的感受——随着这几年科普科幻教育的深入，参与活动的学生对科幻作品的阅读能力和思考力都明显提升。

　　深圳市龙城高级中学罗明军老师在友情帮转今天的活动海报时写了一句话：**"读书不是旁观，而是积极地参与。"** 这句话说的正是我发起活动的初心——我希望学生的阅读是真正发生的！

　　我也特别期待这样面对面的交流活动能让来自读者的犀利变成作家创作优秀作品的动力。吴岩老师听了部分交流后鼓励我说，通过我们的阅读交流活动培养起来的孩子，今后一定会在很多方面改变未来的。我也坚信这一点。

　　"不积跬步无以至千里，不积小流无以成江海。"我还是那句话，教育要坚持长期主义。一点一滴，多做实事，能发挥怎样的影响就发挥怎样的影响，能带动多少人就带动多少人，能为孩子们打开一扇窗、一道门，科学之光、智慧之光就能照进现实。

断舍离（3）

　　昨天机构来老宅复测甲醛，指标完全合格，一块石头落地。收拾了好几天书架，想有新鲜感，干脆收拾衣橱。姐姐说，挺好，这也算奖励自己。

　　我还以为收拾衣橱是很容易的事呢，结果远不是那么回事。

　　因为，必须先做断！舍！离！不然那么多衣物，新衣橱也放不下。

　　"兵来将挡，水来土掩。"只是这个寒假比较累。眼见着假期余额不足，还得赶紧收拾，还有好多工作没做呢。也不能拖到开学后再收拾，厨房还要再动动工……

　　啥也不说了，撸起袖子加油干吧。

　　前一段连吃饭都在学怎么断舍离，谁怕谁呢？

　　按收纳师的说法，应当先把所有的衣物集中在空地上，然后再淘汰，再然后分门别类按色系和薄厚不同依次收入衣橱。我的衣服太多，地方又小，腾挪不开，所以我的做法是先分类，再淘汰，最后收入衣橱。

　　第一次淘汰的时候，着实纠结啊，只要还合身，哪件我都舍不得扔了。就算咬咬牙淘汰了一批——足足六大收纳包——还是留下很多衣服。

　　我一边收拾一边在手机上做记录，尽管有心理准备，结果还是挺震撼到自己的。

　　又来第二轮淘汰。反复提醒自己：注意年龄！穿戴的场合和可能穿的频次！

　　于是，又淘汰了两大包衣服。

　　以前常年就是牛仔裤和衬衣、毛衣、卫衣搭，几双板鞋包打天下的。买了正式一点的衣服，除了市人大开会时穿，平时很少穿到单位去，忙起来更是懒得捯饬。幸亏去前外轮岗这套时间里，我养成了穿正装的习惯——现在千挑万选各种大衣、外套和西装，也没多大压力，穿起来就是了。只是今后很长时间里都不会再买这类大件的衣服了。因为留下来的衣物足够我穿到老了。

本质上我也算个会对自己狠的人，所以，一定会说到做到。

（顺带着说一句，穿正装上课和穿休闲装上课，感觉绝对不一样，穿正装的气场显然要强大很多。）

昨天到今天，衣橱收拾了 2/3，胜利在望。等从出租房搬回东西来，还要做第三次清理。特意订了植绒衣架，美衣入橱，我还挺有成就感的。

我并不赞成那种很极端的极简，毕竟家里东西都是自己花了真金白银买的。从现在开始断舍离，要多提醒自己更看重什么。既然自认为适合简单的生活、简单的人际关系，越来越看重精神的富养，那就尽量让物质的欲望造成的羁绊少些、再少些。当年物质匮乏造成的心理阴影和缺乏安全感的历史，也早该翻篇了。再抱着过去不放，总是担心家里没有这个、没有那个的，显然是给自己的坏毛病找借口。

此刻的心情就不同于前几天，这算是断舍离后好的效应？现在满脑子想的都是家里哪些物件该舍弃。前几天收拾的时候，舍不得处理的书都被我收进了书架，尽管我自己都知道，有不少书可能到老都不会再看一眼……看来书架的书也要做二次清理……不管是啥，两次不够就三次，三次不够就四次……

放……放，才能空。

嗯，学到了衣物收纳新技能，抽空继续。

断舍离（4）

这个周末两天，连续要做两场"和作家面对面"公益阅读活动。13日星期日是带学生和科幻作家杨晚晴老师对话；12日这场今晚最迟明天会官宣，海报正在制作中，先卖个关子。13日的活动轻车熟路，孩子们陆续在交读后感。12日的活动策划也有一段时间了，但具体方案一再磨合，还是蛮刺激的。今天6点十分开始坐在电脑前，用了整三小时，写完详细的活动方案。我和承办方、《北京科技报》的杜昉老师说，我必须把各个环节主问题之间的逻辑关系理顺，不然就别扭。这几天会继续做好活动准备。

吃了早午饭，赶回老宅继续收拾。今天一是继续收拾衣柜，二呢，真是要扔扔扔，收拾厨房的各种杂物。昨天有老师说看到了我生活的另一面，也会买买买，放不下了再断舍离。我说我就是个普通人呀，优点缺点兼而有之。

我认同断舍离不是简单地扔，更应该是一种生活态度。但这是我这两年才认识到了——我确实是晚熟的，人又笨拙，成长过程中跌跌撞撞，顾东顾不了西、甚至犯错误的情况也不在少数。不过呢，我是觉得，一是要吃一堑长一智，二是要宽容自己。用时髦的话说，人生就是一个需要不断地和自己和解、和生活和解的过程。

断舍离对我来说，就是这样的和解过程。在老之将至的时候，有这番觉悟，我还挺开心自己的进步的。哈，这话是在奖励自己。

昨天断舍离的工程巨大，今天前半程比较轻松。这些小件的衣物叠好，等快递送来收纳箱再收进去。丝巾、打底背心等已经收好。我给自己叠衣服的水平打80分。再继续练手艺，继续提高打理生活的能力，这就是成年人的项目学习吧？

整理是学问

这几天除了跟进两场"和作家面对面"交流活动的筹备，大部分时间都在老宅收拾东西，真的是要累死我了。

老房子装修，不比新房子来得痛快。除了家具是新的，原来装在箱子里寄存在仓库的东西可都不是新的。家具虽然是订制的，总容量还是少了。学习断舍离，真养成习惯，还得一步步来。

之前卫生间已经清理过一次了，今天又扔了一批不好用的沐浴露之类的瓶瓶罐罐。扔了一个五斗橱和一个边柜。

衣柜里又淘汰了一件有点磨起了毛的外套，两套床品。有烘干机，夏冬床品材质不同，四件套有三四套足够了。

整理确实是学问、是技术、是手艺，还是累死人的体力活儿。

不过也有乐趣。比如我就发现，挂裤子是有诀窍的。我第一次挂觉得乱，把裤子后面的一面调整向里拉，一下子就整齐了。昨天读到收纳师的秘籍，说衣柜是否整齐的标准之一是衣服架子的间距。一试，果然。

今儿去找美发师做头发，给他看我整理衣橱的照片，他说我有强迫症。天知道我是一个多不会收拾东西的人，所以，他的话被我看成了鼓励。

在琢磨，要不要挑战自己，一年不买新衣服？我觉得可以试试。

335

我是幸运的

开学倒计时，时间完全不够用。幸好推进的几件事情都是团队作战，我只需要做好自己的那份工作就行。

丁倩老师整理好了上一场和宝树老师的"面对面交流"，还代表出版社给读后感写得好的九名小读者送出了奖品，获奖的孩子都非常高兴。明天上午带两个学生和陶勇医生做对话，后天 13 日上午和杨晚晴老师对话……这两场做完，再继续就是暑假了。暑假应该也是两到三场，已经有初步的计划。

从去年到今年，搭建青少年儿童与和作家直接"面对面"的交流方式，从效果上看是行得通的路子。大人们"蹲下身来"认真地倾听小读者的表达，让孩子们成为交流活动的主角，在我看来，作家们作为成年人，有这样的姿态和姿势，孩子们也勇敢地表达自己的感受和见解，甚至能提出自己的批评意见和建议，这样双向的沟通，才意味着真正的交流。

从某种意义上说，我也期待通过这样的活动，帮助我们的作家朋友能更多地了解青少年儿童的需求，创作出更好、更适合孩子们的作品。

说点个人观点——中国面向青少年儿童这个群体创作的堪称"优秀"的科普和科幻作品，总体来说，还是太少了。基于校园阅读推广的立场来看，作品的题材或涉及的领域还不够广泛，写作的手法还不够丰富，作品的质量还有待提升。我注意到去年有些论坛探讨过作品分级问题，总的来说谈得泛了，对学生认知的把握还有一些偏差，且更多的是站在一般的市场运作角度来分析的。这个问题恐怕需要再讨论，因为它直接影响作家的创作——有什么样的创作观，才有可能带来什么样的作品，这个道理和教学的原理一样：有怎样的教育观、教学观，就会有怎样的课堂。

和作家面对面（1）

正在参加一个分论坛活动，刚做完线上发言。

分论坛的主题是"'双减'背景下课堂教学改革"。我表达的主要观点是"课堂教学要在学生'学会'和'会学'上下功夫"。"双减"背景下，学情是必须放大考虑的因素，真实的学情意味着教学起点不同。起点不同，课标要求达成的目标应追求一致。从某种意义上来说，基础薄弱校的教学难度要比优质学校大得多，老师们要在为学生提供学习支架、整合优质教学资源等方面花更多的精力，下更多的功夫。

我只举了"我为家人写小传"这一个案例，之前在轮岗日记里写过，在此不复述。

开区政协会时，我带了作文上会，想着会歇和晚上休息时批阅。董城看到后，要去翻看。他对前外学生可是不算陌生的——我在前外轮岗的第一节课他就去听过；前门文化校本课程开发，他是专家团成员；他也一直通过我的轮岗日记了解着我的学生……他说，看学生作文就相当于在做调研。

结果，会歇结束时，他给了我一个小惊喜——送回来的作文上，不仅画上了修改符号，还认真写了评语。

"真是'快手'！"我暗自佩服。仔细读，我又为学生感到幸运——董城老师的评语可谓是循循善诱，既专业，又有十足的耐心。

"这就是咱们家校社协同育人的例子。"董城把作文送过来时半开玩笑地说。

我笑了，深表赞同。

经常有老师回复我说，羡慕我的学生，觉得他们有各种机会，好幸运。

我是觉得首先，我是幸运的，因为总能遇到志同道合的人。

半天的时间里，"和作家面对面"之"与陶勇医生一起开始奇妙的旅程"活动主办方与承办方的小伙伴们以及陶勇医生团队的老师都在紧敲锣密打鼓地做各种对接，更多的筹备工作则是更早就开始的。

听了一下天气预报，明儿雨夹雪，降温，希望直播相关的诸事都顺利。

中国科普作协负责此项活动的周亚楠和我同是工作委员会副主任，她分享带二维码的直播预告海报后，我转发到若干教学群以及寒假共读活动群；山西史云波老师提供了活动阅读材料之一：阿西莫夫的《奇妙的航程》的文本。寒假读书群的学生说已经读完了陶勇医生的《自造》，有的说读了一半。广东韶关黄晓莹老师分享了有关陶勇医生的几个小视频，她提醒自己的学生要提前做点功课，多了解一下陶医生。深圳的邓玉琳老师问我，陶医生是不是那个做精准眼科手术特别好的医生？我说是的。几位大朋友私信我，明天能否带他们去现场，因为是陶主任的铁杆粉丝。我回复说不能去现场。他们又说，他们敬重他，爱他，希望我把他们的心意带到……

特别能理解陶勇医生"粉丝"们的感受。上午和陶医生"光·盲"公益活动的联合发起人张笑老师说，科普作协为了明天的直播活动，投入很多。我个人理解，几重原因都有吧：

陶勇医生是中国科普作协的副秘书长，和我们做的事本质一样，都是在推动科普事业的发展；陶医生是优秀的医务工作者，我们都很敬重他……所以我们也很愿意为青少年儿童搭建这样一个平台，通过师生与陶勇医生面对面的沟通，普及用眼卫生常识、现代医学发展情况等。其实，明天活动的文案里，我们准备聊的话题更多，确实会有点儿担心时间不够。

明天初高中各一名同学跟我去参加直播活动。一位同学来自二中国际部，他小学和初中在景山就读；另一位同学则是我在前外任教班级的语文课代表。这样的交流机会对他们来说，也实属难得。

晚饭后，特地放下手边的其他事，重读陶医生的《目光》和《自造》，结果就是又一次被陶医生的赤诚和大爱打动……

很期待明天的直播交流。

继续读书去，晚安。明天新华网直播平台上见！

和作家面对面（2）

8 点赶到北京科技中心，先和两名学生汇合，再下到地下一层的演播厅，今天"和作家面对面"活动，我们要和陶勇医生对话。

陶医生正在做准备。听到我的声音，他起身笑着和我握手，他的手很暖，很有力，笑容一如我们熟悉的那么灿烂。

"终于见面了！"

之前在线和陶勇医生的几次沟通，我都尽量说得简明，生怕打扰到他。

再回身，又见到了陶勇团队的张笑。

终于见面了。很开心。真的没有一丝陌生和紧张的感觉，就像认识多年的朋友。

不到 8 点半，我们开始做测试。没提前告诉陶勇医生，我特地邀请了原景山学校、现二中国际部的任冰鉴同学。用陶医生的话说，任同学曾经是小患者，但现在是朋友。所以，见面就是一场小惊喜。陶勇医生很细心，也很贴心，他不断找话题，问两位同学一些小问题，看得出，他在帮孩子们消除紧张的情绪。

很暖，很真。这是我对陶医生的第一印象。我大致能理解他的患者为什

339

么那么喜欢他、爱他了。

我来之前，好几位老师私信我，让我给陶医生带话。微信群里有老师说要致敬陶医生；有的老师说，自己是陶勇医生的铁粉，每到疲惫沮丧的时候，就会看陶医生的视频慰藉心灵，然后就会觉得很治愈；还有老师说，让陶医生千万要继续脱口秀的大业……趁着测试的空档，我把这些话一一带到。结果就是，还没开始直播呢，我们几个已经聊得欢声笑语的。

9点整，很愉快地开始了今天的直播活动。

作为主持人，我得说，陶勇医生太会聊天了，绝对的高情商和高智商组合。活动策划我做了详案，包括问题设计。对话的时候当然出不了这个圈，但真的是对话。包括俩孩儿，都很在状态，都很会聊。

将近两小时，我们聊了三个话题：用眼卫生知识的普及，现代眼科医学的发展现状介绍，对挫折教育、生命教育的思考。气氛时而严肃，时而活泼，张弛有度。单看摄像师是看不出表情的，也不知道观众反应几何，不过，我们自己先聊得很开心。而且我觉得，我是先被科普的那个，比如干眼的问题。

直播圆满结束，亚楠她们都说效果很好。看了一下手机，深圳罗明军老师在他的工作室里报了两次观看人次。最新的数据是96.1万人次。

圆满了，达到预期，开心。

台前幕后的小伙伴们辛苦啦!

亚楠说，可以把"和作家面对面"的活动做得更有力度，成更大的系列。我绝对同意。我的想法其实更宏大——还要往更多的领域扩展，借助这样的交流方式，给青少年儿童和作家（不仅是科普科幻作家、科学家）搭建更好互动平台，也帮助孩子们拓宽知识领域，打开他们的视野……"不怕慢就怕站"，只要坚持做，一定能行。

"这世界有那么多人，多幸运我有个我们。"

还要补充几句。今天的活动由中国科普作家协会、《科学故事会》主办，中小学生科普科幻创新人才培养工作委员会、北京科技报社、北科未来传媒

（北京）有限公司承办。陶勇医生团队、科普作协亚楠、北京科技报新媒体团队和报社拍摄团队、科学故事会公众号编辑，还有特别优秀的摄影记者，以及现场做各种支持的团队小伙伴……活动的顺利举办完全是各方通力合作的结果。他们中的不少人早晨 6 点就出门了，7 点已经到直播场地……一直到现在，还在盯数据。燕宏说，一直到现在，依然有很多观众在看今天的直播回放，观看数据噌噌上涨。

我真是挺感动的，加入科普作协几年的光景，得到了强有力的支持。这支持不只是给我个人的，更是给青少年科普科幻教育的。科普作协陈玲秘书长和亚楠不止一次跟我说，周老师，你们想做什么，只管提出来，科普作协帮你们实现。关键是她们说到做到，这一点太重要了，给了我们做科普科幻教育的老师十足的底气和信心。

在这个大家庭中，大家分工合作。我们的工作委员会则发挥了联结一线老师的纽带作用。这也是这两年中小学科普科幻教育进步明显得很的主要原因。

下午发的那条，结尾句引的是一句歌词："这世界有那么多人，多幸运我有个我们。"

谢谢小伙伴们，我们一起继续努力。

和作家面对面（3）

2022 年 02 月 13 日 星期日

今天是寒假"和作家面对面"读书交流活动的第三场，也是最后一场。南方的学校这两天在报到注册，小"神兽"们也在赶作业中，所以今天的活动人数略少——但交流得又特别充分。

不知是不是宝树老师那场刺激到杨晚晴了，反正看得出来，他为今天的交流做了充分的准备。

20位读后感质量上乘的同学做了线上发言。除此，其余同学的读后感我做了精彩观点和提问摘录，以此给更多学生交流机会，给他们以鼓励。

贴孩子们的文字节选给各位看看，我没标注年龄，请注意留心孩子们的年级。

孩子们的思考能力、表达能力都很厉害，是不是？

线上发言里还有很犀利的问题。印象深刻的包括一名小学生质疑作品有创作的"套路"。套路确实存在，这就要看作家的自觉性了——不是说全然拒绝套路，而是有没有对这个问题的警惕和独立的认识。杨晚晴的回答很有启发性，他说，有没有套路不是关键，关键是是否赋予了套路以自己的色彩。这就将文本解读的重点放在作家通过作品呈现出来的认识和自我表达的能力与水平上，我以为，按照最开始的安排，活动结束后解散微信群，下次活动再组群。但还没等我说话，已经有老师和家长请求保留这个交流群，期待我们继续组织活动。得到这样的反馈我和丁倩编辑也很高兴。因为能清晰地感受到来自学生、家长和老师的需求。参与活动的学生虽然算不上多，但阅读是真实的、深入的。家长说，孩子能力有了切实的提升，这我信。印象里，崇文小学的学生还在交流中主动提到，他从上一轮交流中向其他同学学到了读书和提问的方法，所以他在这一次又有了调整。我们说要培养学生元认知能力和策略，这不就是鲜活的例子吗？

和宝树老师一样，晚晴也是特别耐心地回复同学们的问题，他的回答和同学们的发言共同带给我很大启发。在此做简单复盘和小结——

一是老师、家长对学生的引导与指导作用非常明显。

面对小学生，我们首先要做的是引导。把优秀的作品推荐给小同学，只要鼓励他们读起来，读书的兴趣自然有。

我以为，激活了阅读兴趣，读书这件事起码就成了一半。

有的家长就是老师。比如灯市口小学的齐老师，她就能引导自己的孩子读书，虽然有"斗争"，但孩子终究是迈出了主动建构式阅读这一步。两次共读，他交来的阅读成果质量都非常好。

如果平时教学中推荐作品，那老师就该扮演好指导孩子读和写的这个角色。

二是我们推荐的作品对学生来说，要有一定难度。和休闲阅读不同，我们组织阅读的作品一定要让学生踮起脚尖来读，要有一定的挑战性。推荐什么样的作品，前提是对作品价值的判断与挖掘。当然，在这点上，仁者见仁，智者见智。我只能说，我力求推荐的是我认为好的或比较好的作品。

三是激活了学生的兴趣，接下来就要关注阅读质量。阅读质量体现在读后感等成果上，水平是有高下之分的。学生阅读水平的高低很大程度上取决于成年人指导水平的高低。

四是千万不能低估小读者的理解力和思考力。作为作家，切不能想当然地去理解小读者。想当然的结果，最大可能就是低估了孩子们的心智，包括对他们科幻作品的评价能力。"孩子们的眼睛是雪亮的。"他们品得出作品的优劣，特别是带他们见识优秀作品之后。

作为老师，更不能把孩子们想幼稚了。很多时候，我们不相信学生可以到达这样的理解高度，还是因为我们不了解他们。

第五就是这几年科普科幻教育的影响正在这样的交流中显现。学生的阅读成果就是最好的证明，而且后生可畏。

我和丁倩老师说，面向青少年儿童的作品出版一定要高门槛。其中的道理不言自明。

非常感谢宝树和杨晚晴两位作家老师，用好作品和他们的耐心启迪给孩子们带来精神的盛宴。也感谢同行和家长的信任与支持。

春季学期

2022 年 2 月

开工日

这几天一直忙，开会，收拾老宅。两天没写寒假生活记录，今天已然是新学期开工日。

回顾了寒假生活，也只有春节休息了几天，其他时间都有各种事情要做，无一日得闲。工作要推进，就得实在做事情；生活要理顺，就得先收拾，断舍离。单是寒假里三场"和作家面对面"公益活动，就花费不少时间和精力。生活在当下，状态就是这样吧。

晚上有老师问我，对新学期的教学调整单元前后顺序的做法有什么看法。能理解，所以不支持也不反对。

不支持，就是如果单论我自己的教学，我不会这样做。

不反对，就是说如果年级必须同头，老师们又是比较多地考虑学生掌握古诗文比较吃力，需要时间多巩固，我因为理解，也不会反对。

在以往，有过我坚持按正常顺序教学、甚至和别的老师不同步的情况。现在我倒是觉得，教材的处理也是要看学情。

另外，教材使用时的二次开发，也免不了打破教材单元原有的结构，重组单元的情况，此种情形当然会慎重，需要在反复推敲学理上下功夫更多。肯定不能脑门一拍，就这么干了，总要能自圆其说才好。

比如今天和组里老师同头备课时，在古诗文单元被提前到最先教，这个大局已定的情况下，我提了两点建议，其他几位老师都觉得这样更合理——

《〈诗经〉两首》和后面古诗学习的综合性学习整合，设计成一个小规模的学习项目。

《桃花源记》《小石潭记》和第五单元现代游记整合，组成新的读写一体化单元，也是要设计成项目。

今天年级会上，音乐老师发言时特别提到了要加强音乐和其他学科的融合。受此启发，音乐可以和《诗经》、综合性学习活动相结合。

第二单元说明文单元，则要与其他学科老师一起，设计一个跨学科的项目学习活动。这个想法上学期就有，这学期争取实现。

新学期，二期轮岗也开始了。前外来了两位景山的同事，一位教英语，一位教化学。

新学期，依然会很忙，甚至是"更忙"。万物皆有时，又到忙碌季，一起加油干。

课堂是教学的主战场

2022 年 02 月 19 日 星期六

上午开全校大会，杨校长给老师们上开学第一课，"叫醒"大家，赶紧进入工作状态。杨校长讲了"双减"要减的究竟是什么，提了三点：一是要减家长的经济负担，二是要减过重的作业负担，三是要解决学生学习的困境问题。

我特别认同第三点。之前我在轮岗日记里也写过，一个人的成长其实是特别艰难的事。曾经的高中学习的困境带来的难堪与自卑，我的体会尤其深刻和痛苦。

如何帮助学生走出困境？目前很多学校都是在课后分层教学方面下功夫。说起来没毛病，但我以为，这应该是第二步，这是出现问题后的补救方式——当然，"提优"另当别论。还是要追问，漏洞、困境是如何出现的？学生的学习困境问题大致有几类：

第一类表现为没有学习兴趣与热情。这类问题通过分层解决，效果恐怕不会理想。

第二类是基础差，漏洞多。这类问题可通过课后分类辅导专题学习的方式补漏。课后分层教学时间有限，只能是尽力而为，能补多少是多少。如果学生肯用心，也确实可以补上一些。

第三类新知识不掌握，形成新的漏洞。这类问题要多反思怎么堵上漏洞的源头。换句话说，不论是补漏还是提高，课后时间段应该是辅助。补漏必须前置。不仅学生要补漏，我们老师在课堂上也要尽量补漏。课堂教学要尽量减少新生发的漏洞。

我始终认为，课堂是教学的主战场。

我常常反思，很想弄明白一些学生的好奇心、学习兴趣是从什么时候开始消失以及怎样消失的……如果我教小朋友，该如何全力激发和维护他们的学习热情、他们的自尊心和好奇心……我认为，学习要提质，学生的兴趣是非常非常重要的因素。

教学风格

2022 年 02 月 20 日 星期日

下午去参加课题答辩的路上，收到子和的短信。他已经是景山高一的学

生。他说写了篇科幻小说，给爱好科幻的同学们看过后都评价不错。"最近又想起了过去您指导我们写作的难忘岁月，不知能否有幸把小说也传给您看看？"他问。

"当然。"我欣然答应。

我们聊了几句，他说我做的科幻教育对他们的影响很大……

我依然清晰地记得子和六年级时不仅热衷于写科幻小说，还做了公众号分享。有个课间，他兴高采烈地跟我说，已经有多少同学订阅和点赞……

课题答辩后，组长强调了学生素养提高方面要积累数据的问题。做法是否行之有效，应该有证据。我也同意，口说无凭。但一时间也有困惑——比如说科普科幻教育，学生科学素养是否因此有效提升，究竟需要什么样的证据？考试吗？我和小伙伴们所做的打一开始就不是奔着中高考去的。能否提高中高考成绩？能，但并不好检测。即便是说到中考语文中想象类作文的指导，其实和真正的科幻写作都不是一码事，至少很大程度上不是一码事。

组长说，学生的案例也很重要。这个我倒是积累了很多材料。

没有做前测，也许可以设计个问卷调查，请子和他们帮忙对初中的科普科幻主题的学习做个回顾，提提建议之类？

子和说到我独特的教学风格——其实，我还真没仔细定义过我自己是什么教学风格。"大语文观"？有点泛。我一直觉得自己擅长做的就是"小火慢炖"式的长线教学。

可能像子和他们这些年龄大点儿的学生，和我分开后接触了更多的老师，才能评价得了我的教学有什么风格吧？

这个话题还是蛮有意思的。

开学第一课

开学第一节课，带学生做了两件事：

一是了解八年级下册教材目录、学期的教学安排，以及第三单元古诗文的学习内容和基本要求。

二是指导学生做"古诗苑漫步"单元的活动准备。

将《〈诗经〉两首》与本单元推荐的课外古诗词和"古诗苑漫步"综合性学习整合，按照项目学习的方式推进，有些工作就需要提前布置。

备课时在学生的学案中特别加上了"重要的时间节点"。学生了解进度安排，会更合理地安排自己的学习时间。

"分门别类辑古诗"属于长周期作业，学生从小组分工到课后收集，再到加注释和做点评，每人至少两首诗，这需要一定的时间。今天布置下去，学生下星期一交到小组长手中，再做封面和序言等，下星期三才有可能提交有质量的小组合集。

长周期作业配合当日作业，实行总量控制——教学设计需要如此统筹。

"做中学"

2022 年 02 月 22 日 星期二

上午的课在介绍《诗经》前，先请三个组长各自汇报了小组制定的活动规则。

做中学，学生学到的不应只是语文知识与语文能力和素养，还应有做事的方法。上学期搞活动，规定动作多；这学期我会更多地放手，给学生更多自主学习以及小组合作的空间。与一般课堂上小组合作研究老师抛出的问题不同，项目、任务中的小组合作学习，要求更复杂，难度更大。让各小组制定规则的目的就是要训练学生做事的方法和态度。

小组在起始环节制定了规则，后续也将由小组自行制订评价方案。结合小组成员自评与互评，加上对小组的观察，我再给出对小组合作学习的整体评价。

还有两三个小组没汇报，明天再补。今天特地安排肖子诺第一个汇报，他的发言条分缕析，有理有据，起到了示范作用，其他同学就可以有样学样地汇报。教学上的"借力打力"，能事半功倍。

这学期教学需要在日常加以改进的是夯实基础的环节。一开学，已经在做落实基础的各种准备，希望在能力素养的培养与成绩导向的教学行为之间能找到平衡点。

种子教师（1）

邀请海兴来前外给孩子们做古诗词鉴赏的讲座的想法，上学期就有。八年级下册教材里不仅有古诗文单元，还有"漫步古诗苑"的综合性学习活动，很明显，古诗词鉴赏能力的培养需要比之前更进一步，要上个台阶才是。琢磨着现在如果请海兴给学生做讲座，正对着褙节儿。开学前组内备课时和几位老师重提此事，大家都很赞同。

和海兴联系前我不是全没顾虑——他是教研组长，跨着头教俩班课，其中一个还是毕业班。已经是九年级第二学期了，他忙碌的程度可想而知。

顾虑归顾虑，不想错过学生发展的最佳时机，海兴又是自己家兄弟，我就径直和他说了想法。

"没问题，肯定支持群姐。"

果然，他的回复没半点犹豫。

"哪天合适？"我俩一起对表。

景山学校的规律是第一周先过日子，大家适应和准备一下；第二周起分层教学、选修、社团之类全部开工。

海兴告诉了我没有分层指导的时间，和前外语文分层的时间对不上。

第二周海兴的时间就够呛了，不如第一周就请他吧。正好先上的《诗经》（两首）。海兴教学生该怎么学习古诗文，怎么鉴赏——然后学生完成"分门别类辑古诗"。这个时间节点更准确，我想。除了刚一开学就要劳烦海兴，这么安排没毛病。

再问海兴，他回我说："好！"

于是就有了今天下午课后服务的讲座。

讲座快到一半时，校领导从外面进来。

"王老师讲得太好了！我在三楼巡视，发现看直播的班级每个班的学生都看得聚精会神的，再一听，真是讲得太好了！"王校长小声跟我说，比我还激动的样子。她到后排找了座位坐下，一直听到结束，还给学生做了总结发言。

王校长说海兴是孩子们学习中国优秀传统文化的引路人，我觉得这个评价是相当准确的。只要是有心的学生，一定会收获满满。

这也是我力邀景山的同事走进前外课堂的原因。之前有孟岳，这次是海兴，相信今后还会有其他同行甚至专家来前外给孩子讲大课。

不限于语文学科，也不限于请进来是老师还是专家——我是觉得，要想尽办法让孩子们开阔眼界。我们额外为孩子们做了五件事也罢，十件事也罢，我就希望说不定哪一天的哪件事，能做到孩子们心里去，激活他们的学习兴趣，让他们爱上学习。

我觉得，这也是名师、有影响力的骨干教师能发挥重要作用的地方。这也是种子教师——是在孩子们心里播下种子。

（顺便说一句，相比于双师课堂的模式，我个人更喜欢面对面的方式，因为有眼神的交流，又有场域和氛围，互动也更有温度。）

替前外的学生谢谢海兴，也为有海兴和更多优秀的同事而骄傲。

种子教师（2） 2022 年 02 月 24 日星期四

昨天海兴的讲座对学生来说极为难得，现场效果极佳。考虑到对学生的

影响需要帮助他们内化，我决定上课拿出时间来，请学生就昨天王海兴老师的讲座写收获体会。

学生的文字收上来，我逐篇仔细读。我发现，海兴的讲座成功地激发了学生学习古诗文的热情，而且是深层次的。上课时我问学生，对昨天的讲座印象最深的是什么，有的学生说，是"礼"；有的学生说，"用高雅对抗低俗"。我私下还半开玩笑地问了一个上课爱睡觉的学生：这次老师的讲座你全程听得很认真，呼应很积极，怎么不困了？学生很认真地回答我说，那是因为王老师的讲座有意思，互动性好。

这评价够专业！

下课回办公室，我跟同组老师说这个细节的时候，是觉得自己有些汗颜的。因为由此看来，老师讲得有料还不够，恐怕对部分学生来说，还得有趣。有料已非易事，单凭对着教参照本宣科肯定不行，需要下功夫备课。还得有趣——一方面是教师个人语言要幽默（幽默细胞不是谁都有，调侃式表达也不是谁都能驾驭），另一方面课程设计上要从形式化的有趣包装逐渐到内在有理趣……这是更高境界的要求。王海兴的讲座幽默的两个方面都能兼顾，而我呢，课堂总体来说偏于严肃，并不能完全做到幽默有趣……严肃的课堂还是"抓不住"一些学生，因为自愧不如，所以我还是会汗颜。这个可能就是和教学风格相关的因素了。

附记：老宅没收拾出来，还有好几十个从仓库拉回来的箱子里的物品没有归位；租住的房子快到期了，除了备课，还得抽时间忙这些杂事。本周起在七年级开前门文化选修课，要做大量准备工作……每天要做的事情都很多且很累，好几天轮岗日记没按时发布。争取本周内调整好节奏，恢复日更。

让学习真正发生

开学之初，我们八年级各班都布置了"古诗苑漫步"的项目学习活动（将《诗经》的作品与课外古诗词和综合性语文学习活动组合，做成一个小的学习项目）。结合本项目，学生在课上完成第三单元古代诗歌的学习，课后完成长周期作业——在个人制作诗歌赏析小报的基础上，小组按各自主题制作合集。

我教的（1）班学生的集子进入制作封面、写序言或后记、目录乃至最后美编的环节，明天早上交作品集。

刚从曲老师、晓宇二位老师那里讨来他们的学生成果观摩，真是觉得不错。能看得出来，学生们带着极大的热情制作诗歌鉴赏的小报。这几天各个班都会陆续展开古诗词鉴赏的交流会，明儿晓宇打头阵。

本着"给时"的原则，且要保证交流会质量，我们或多或少地会在课上给学生小组做活动准备的时间。让学习真正的发生，这样的安排是有必要的。

新课标颁布在即，教与学观念与方法的转变势必带来课堂上学生学习活动形态的变化。

中午和晓宇谈心，聊到教学理念的转变，晓宇又提到上个学期做传记教学项目学习设计时的收获很多。我说，从现在开始，要多想想师父结束轮岗回去后你会剩下什么，跟我这段时间里究竟学到了什么。我说景山学校有个理念非常好——我们的课堂、我们的班级就是我们做教学改革的试验田。晓宇，你一定要坚持实践，每做一个项目或活动，都做得扎扎实实的，让它成为一个成功的案例。要紧的是，教师要先于学生发生转变。

（特别说明：

我们当然不是把学生当作试验品——这一点我以前也说过，虽说改革允许失败，但我坚持认为，教学要在学理上下功夫，实践不应该有大的方向性错误，更不应该因为教改的失误导致学生成为改革失败的试验品。这段时间我想了很多事情，对一些问题也有自己的看法。总的一句话就是教改的大方向不能出问题，不然，与正确的目标背道而驰，走得越快越卖力气，就会错得越离谱。）

"燥起来"

2022 年 03 月 02 日 星期三

下午的课上先花了 5 分钟，让学生完成《桃花源记》易错字填空的小练习，星期五继续随堂练直默和理解性默写。

这种打法属于化整为零、细水长流式。夯实基础，比上学期多下了一些力气。持续观察中，希望有点效果。

昨天安排好，今天下午的课要给学生分小组准备明天交流展示的时间。先请五位小组长一一汇报了古诗词专题鉴赏合集的进展。小组长汇报后，我特意和所有学生强调，之所以在活动之初以及现在请组长做汇报，不断提醒大家注意进度，每天该做什么事，甚至在项目学习任务单上标明了重要的时间节点，是因为我想教你们做事的方法——同学们一是要学着如何推进一件事，把握重要的时间节点；二是要做好自己的事，尽到职责，这样才能与他人真正地合作。我说我们成年人的社会里，真实的情况就是如此。这次我教你们这些做事方法，以后不会总提醒，可能会直接布置任务，过程中的推进就由你们自己来商量和把握了。

说这些话的时候，特地注意了学生的表情。我看到子诺、雅烯他们在微微点头。这学期还有两三个项目要做，我也确实有逐渐放手的打算。而且我相信，很多时候，慢，就是快。

之后的近 30 分钟，学生分小组做各种准备，临下课的时候，又叮嘱了几句明天交流展示必须有的元素：小组制作诗集的工作汇报，古诗词的朗诵与鉴赏交流，个性化的赏析。个性化赏析是加分项，据说罗雨锋准备了书法作品，还有同学准备了国画。刚下课，有个姑娘说，可能明天要表演一段说唱，看看今晚能不能准备出来。

哈，你们喜欢这么"玩儿"就好啊，我巴不得你们能"燥起来"呢。

今晚他们要对诗集做最后的加工。

学生活动的过程中，或陆续解答了个别同学的问题，也抽空和来听课的刘凯副校长简单聊了聊这个项目每个环节的设计是怎么考虑的。刘校长很认可，也说我们这样做符合课改的理念。

下周区教研员们要来校全员听课，和同组的老师们天天唠叨备课的事。在群里给徒弟们提了要求，尽量按照单元整体设计的思路备课。注意到景山初中语文组里也是在布置听课的工作，都提到要用统一的教案模板。我是觉得目前的教案模板还需要升级，甚至对课堂教学的评价标准都需要再明晰些，我们常说，不只是为了评价而设计量规，要用提前制订的量规有效促进学生的学……这样的方法同样适合老师改进教学。

以前写过听课听什么，再叨叨儿句——如果我听课，我会不满足于看一节课或一篇课文的教案。依托教材单元也好，重组的单元也好，我一定要看完整的单元设计，了解设计的背后老师都做了哪些思考。在这个框架之下，再看具体听的这一节、这一篇怎么处理的，特别是要观察这节课、这篇课文的学习是如何分解落实单元教学目标的。

至于这一节上老师个人表现如何，也不是最重要的事。年轻人的课可能听课观察的重心还要放在基本功上，成熟教师的课大可不必。了解了教师教学设计的思路，课上就要看学生的学有没有"增量"，老师为了让学生有"增量"所做的种种努力是否有效。（之前有老师问过，"增量"指什么。我觉得可以一言以蔽之，就是语文核心素养的四个方面吧："语言建构与运用""思维发展与提升""审美鉴赏与创造""文化传承与理解"。这四个方面，学生有没有提升。）这样的课也许"好看"，也许不那么"好看"，甚至学生出现各种状况，需要老师跟进指导。我觉得这都挺正常的，甚至挺好的——出问题不怕，老师指导跟得上就行。这不就是上课该有的样子吗？

小火慢炖，总能煲一锅好汤。

越"玩儿"越兴奋

2022年03月03日星期四

今天"含英咀华——古诗苑漫步"的展示交流活动中，孩子们越"玩儿"越兴奋。尽管个别小组交流的效果还不理想，但所有人的表现都让我眼前一亮，甚至直呼"惊（艳）到了"。

用几个词来概括我的感受。

一是"认真"。

能感觉到他们在这样用时一周半的长周期的作业里，做了长时间的准备，越到冲刺阶段越努力。孩子们课下是花了时间的。

二是"凝聚力"。

上台前我叮嘱他们，要牢记小组成员都是一个团队的，所以一定要互相支持。绝大多数同学都做得很好，团队合作的荣誉感很强。

三是"高水准"。

从确定主题到选择作品鉴赏，从个人手抄到小组结集成册，从完成规定动作到主动"加戏"，学生的主观能动性被调动起来，才艺也因此得到展示。我说的高水准还不是指他们的作品本身，我是评价孩子们的投入度。

说到个性化赏析古诗词，雨锋和一诺交了书法作品，一诺还录了一段快板，这个惊艳到我了；刘铭带了她临摹的四幅画；霍同学居然真创作了一段说唱。

等各班都搞完活动，我们还要在楼道里展示学生的作品。如果有可能，再将各班优秀作品展示在全年级再做个分享。

今天八年级（1）班的孩儿们太太太可爱啦！刚开学不到两周就这么燃，我很为孩子们高兴！

"做中学"，老师一定要学着"放心""放手"，给学生空间和时间，他们一定会给我们更多惊喜。

"无索为"　　　　　　　　　　2022 年 03 月 04 日 星期五

今天因故语文课不上了，在群里叮嘱学生周末认真复习《桃花源记》。回放学生展示交流活动的视频，有些心得随手记下。

之前写文章提过，项目学习一定要关注学生过程性的表现。其实，学习过程中的古诗鉴赏与汇报交流中的古诗鉴赏，老师关注的重点会有区别。学生在个人准备以及小组结集成册过程中，老师多关注主题的确定，选择的作品是否切题，是否掌握了一定的鉴赏方法（上学期也教过），鉴赏是否有一定的质量等。也关注各小组的分工与协作，活动的进展等。一旦到展示环节，我关注的重点更多的是学生能否共同努力，交流中是否体现团队精神等。

这个环节中还要特别关注两类同学——一是平时不爱回答问题的同学，二是成绩相对落后的同学——老师要善于发现和放大他们交流分享中的"亮点"，务必抓住契机激励评价，以赏识以促学生的转变。这当然不是"眉毛胡子一把抓"漫无目的地夸奖，也不能泛泛地说"好"。评价要尽可能精准，拿捏好分寸。既不能言过其实，你好我好大家好，也不能吝啬赞美之词。点评具体到位，让学生有获得感的同时也有真实的收获。

这个过程中如果发现问题，要及时指出来。比如那天小齐同学的总结里误用了"首当其冲"这个成语，我在点评的时候就直言不讳地告诉他。所以老师在课堂上学生活动过程中，务必要专注听。

星期四本来设计每个小组分享完要做口头自评与互评，但因为时间紧，这部分没有做细，下星期一再在课上补上。

视频里小组长刘铭正在对组员表现做小结。组长解释说，当她们遇到困难时，会采用"无所谓"的态度，不把困难当回事，而是想办法去解决它，所以他们小组会给自己命名为"无索为"（"无所谓"的谐音）。我很喜欢这种个性化的表达。

"教什么" 2022 年 03 月 05 日 星期六

上午在线继续做北大国培的讲座。每次讲项目学习，总是会主动加上最

新的实践案例和近期的思考。多讲干货，少些理论，实操层面该怎么想怎么做，也会把自己的经验毫无保留地分享给同行。当下讲"双减"，讲作业设计，讲单元教学，在我这都是一码事，切入的角度不同、思考和表达的侧重点不同罢了。万变不离其宗，"宗"就是教学的理念和主张。

前几天集中查阅了关于学习支架和资源整合的论文。从这些论文里发现一个问题，就是对学习支架的理解普遍窄了。除了课堂引导学生深入思考，老师要设计问题链作为学习支架，学生怎么写、怎么开展实践、怎么做中学，这类程序性、策略性知识的学习支架仍然稀缺，更遑论有效性。义教新课标即将出台，当我们把重心从关注老师教学迁移到关注学生的学情上，很快就会发现，新的短板将出现在老师对学生跟进指导准备不足上。这个问题需要引起重视，不然学习任务群落得不实，是会严重影响到学习质量的。换而言之，我们不光要"教"，"教什么"需要再认识。我们也不能只创造情境和任务，要先于学生拿得出解决问题的有效对策来。教师的专业性也应该体现在这里。

"兵来将挡，水来土掩" 　　　　　　2022 年 03 月 06 日 星期日

一开学，整天跟教学打交道，想得就多。

在景山参与编写教材的经历对我的最大影响，可能就是培养了我系统化、结构化的思维。当年教材组内的很多讨论都是站在"结束了九年义务教育"这个人生发展的重要时间节点上展开的。

可能是因为我们前接小学，后引高中，还要考虑到有部分学生结束义务

教育后无法升入高中和大学，可能就要走进社会……所以我们对初中承上启下的作用特别重视，对教学序列的事很敏感。

养成了这样的思维方式，再观察社会问题——许多问题或形态都折射了九年义务教育的质量。

我不习惯指责，而会更多地思考我们做基础教育的老师应该怎么办：教育的空白点、甚至是漏洞是什么，该如何弥补？

比如，我们常常指责网民的媒介素养参差不齐，却很少反思这是基础教育出现空白导致的。至少有一部分原因要归在教育上，教育没有在应该发挥作用、影响孩子的重要时间节点发挥作用，有缺位。

同样的问题还表现在科学素养方面。

现实中科学研究的分科越来越细，也越来越深入。研究越发达，越细化，也就意味着相对稳定的基础教育覆盖不住的地方就相应的多。

这就需要做基础教育的人能更为灵活、也更贴近现实的方式去弥补差距，缩小反差。

语文教学也有不少问题需要思考和研究。

例如，当下检验教学质量的标准几乎仍旧是单一的考试。这是有问题的，我们需要新的检验标准。

令人尴尬的地方还包括一些奇怪的现象。比如陈旧的课堂模式和机械刷题的方式未必不能带来考试高分。

"做中学"教学方式的效果在考试中也并不能一定能得到有效检验。更直白地说，做和不做在考试成绩上不一定就谁更好或更差。

部分题目可以通过研究试题就可以解决掉审题—答题的策略问题。（有点儿像不读名著一样能通过刷题拿名著题的高分。）

昨天提到了程序性、策略性知识的开发极为不足的问题。现实教学中，还存在教学课题研究的成果转化率不高的现象。

有的研究和实践在局部用力过猛，以系统化、结构化思维考虑不足，致使部分与整体关系没有协调到位。直到今天，初中教学中实用性文本的读写都偏薄弱，重视不足。

新课标即将颁布。老师们需要从思想到行动上尽可能多地做准备。虽然老话说"兵来将挡，水来土掩"，就怕没有"将"和"土"，应对起来捉襟见肘。

感想芜杂。一己之见，多有偏颇，姑且记之。

读万卷书，行万里路

2022年03月07日星期一

昨晚写完轮岗日记，就直接卧倒了。2点即起，备课到7点半，出门上班。今天是教研员下校听课的日子。上星期五的课临时取消。思来想去，我还是按部就班，继续星期四活动之后的项目总结学法指导。不是常规阅读或写作课，我倒是没啥担心的，教研员都是行家里手。

在我的认知里，过程性指导做实了并不易。星期四"古诗苑漫步"交流活动总体来说不错，但也存在问题。项目学习不能停留在项目或活动本身上，做中学，学的也不仅是该项目对应的语文学科自身的知识与能力。教学生学会学习，培养学生反思能力至关重要。经验也罢，教训也罢，收获也罢，困惑也罢，都需要总结，才能有实质的所得。一句话：必须经历从复盘—思考—总结—提升这样一个过程，才能转化为可以内化的东西。

项目开始之初，有意地让学生自行制定小组公约。今天拟让学生在此基础上，结合分享展示以及学习成果应有的要求，完善成评价量规，再展开自评与互评——所以，评价量表上的量规是空白的。

除了等级评价，量表上还设计了一栏"组员寄语"，这是继续强化小组合作学习良性发展的尝试。

另外，继续景山的优良做法：学生的自评与互评不能只给等级，要让学生写文字的反思。我们以往的经验是老师可以借学生的反思做更多的教学诊断。（个人之见：如果评价的数据无法形成数据库、"大"数据，没有助力对学生学习的持续跟踪，文字的反思效果其实更佳。）

接下来该开展游记的专题学习了。强化文体意识，教学生了解游记的特点，学会赏读游记，发现游记的价值，进而学写游记——秉着这样的思路，我把课文的学习和作文教学做了整合。

这几天我一直在琢磨游记的教育价值究竟是什么。我是热爱旅行的人，读游记也写游记……对我来说，旅行的意义在于发现自我，给我新的视角，重新审视我和世界的关系。如何建立游记与学生个人的关系？

我写了这样几条学习建议：

1. 不论学习哪种体裁的文章，大量认真阅读经典文本，始终是第一步，游记的学习也不例外。多读游记，了解游记的价值和阅读游记的意义，你不仅会发现你的世界因此变"大"，还能领略到世界的五彩斑斓。

2. 在认真地阅读、思考之后，从名家名篇中总结写作技巧，加以模仿、借鉴，着手尝试创作自己的游记，是"我用双脚读世界"的第二步。

3. "读万卷书，行万里路。"身体和灵魂总要有一个在路上，而修炼永无止境。这是在即将开启新的单元学习之际，周老师想送给你们的特别建议。

正在选文，要给学生做游记拓展阅读的文集。拟收录课文后面要求拓展阅读的文章，再遴选适合的文本。这是一个烧脑且有趣的过程。

通过整合单元，拓展资源，提供适合的学习支架，力求让每个单元的教学都饱满、生动；在这个过程中注重学生元认知能力的发展，学生理应有更多的收获。

"谁反思"和"反思谁"

2022 年 03 月 08 日 星期二

今天是"三·八""妇女劳动节"，从早晨起来一直忙碌到现在，除了上课，一直在努力工作。

带学生搞项目学习或语文综合性学习活动，要花心思、耐心地做过程性的指导。这个过程急不得。时间、精力真金白银地"砸下去"，就得明确地要高质量的结果。

1/3 的学生反思有质量。2/3 的学生的反思质量有待提高。细分析，问题的原因有二：一是不认真，二是不会。而"不会"又分为不知道"谁反思"和"反思谁"两个小点。

不知道"谁反思"，就缺乏主动性，就算是写了文字反思，也是不走心的。

不知道"反思谁"，总结就会"囫囵"着说小组表现。在反思文字里既看不出个人对在小组合作中应尽的责任有什么认识，也找不到对自己优缺点的总结——这样的总结其实也是不走心的。

没有丝毫责怪学生的意思。还是那句话——如果认可"教会学生反思"这件事很重要，那学生出现的各种问题就是需要我们解决的问题。眼下学生表现出来的问题是不会反思，我要做的就是教他们怎样做反思。

不能光讲道理，教学生反思这个环节也需要提供真实有效的学习支架。

所以，今天的课上又拿出二十分钟，请"古诗苑漫步"活动文字小结写得好的同学读他们的总结，给更多的同学"打个样儿"。

给这类过程性的指导打个比方，就是盖房子时说的"勾缝儿"。墙体上出现了缝隙，必须想办法填上、抹平整，不能听之任之。这些缝隙大了，就不只是美观与否的问题，还会影响到建筑物的坚固程度。

我也自我评价一下：

这次评价环节，让各个小组自己拟定标准，我认为也是符合逻辑的。各小组拟定公约，有助于学生小团体内部的自我管理和自我协调，也更能体现学生学习的自主精神。

有个小组的组长在总结里说，其实她主张不设置组长，因为组员之间合作得很好，彼此默契，有事都一起做。我觉得这个观点很"高级"，因为它对组员的自觉性要求很高，甚至说"三观"得一致也不为过。这样的小组一旦组成，就是形成了真正意义上的学习共同体。

不抱怨 2022年03月09日星期三

昨天退给学生要求他们继续补充细化的反思，今天再收上来看，多多少少都有进步。

明天投票，选"古诗苑漫步"分享展示的最佳小组。另外，正式开启游记的专题学习。

上星期五没上成的"前门文化"选修课，这星期五应该继续了。

给厨房选了两幅装饰画（原画作：李知弥），周末空时要挂起来。一幅

《又匆匆》，一幅《且慢》。

可选的画挺多，独独选了这两幅，也是想时时给自己提醒和减压。

上学期体重掉了五斤，春节后到现在又掉了三斤。四月中出租房到期，老宅还没收拾出来，家里家外，要处理的事不是一般的多。我能做的只有打起精神来，一件件把事情做掉。

如果说轮岗工作里自己有什么长进，"不抱怨"可能算一条。

我也常常提醒自己，沉住气，慢慢来。

"投喂"

连堂课的课间，在教室里和几个同学扯闲篇儿，也顺便听听他们的意见：票选出古诗词鉴赏交流活动的优胜组后，发什么奖品合适。以前在景山，我给学生买的最多的是文具，还有书。上学期送给过孩子们错题本，书签……

"老师，买薯片吧！"女生笑着说。

"薯片？！发薯片当奖品？……会不会教室里飘着食物的味道，包装纸乱扔，最后惹班主任生气，再违规呀？"我一脸惊讶地问。

"不会不会！嗯，那种纤维饼干也行……只要是好吃的，什么都行。咱们班同学特别喜欢这样的奖励。我们××老师就给大家买零食，只要今天说有奖励，保证都特精神，交啥背啥的都特别快！"她快人快语，给我解释得明明白白。

原来如此！没问题啊！我笑了，想起来其实在景山学校，也很多次给孩子们买过零食。去年带毕业班上课后分层指导，因为怕学生饿，会给孩子们带糖或小饼干。夏天热，还买过冰棍。不光是我，也不光是在景山学校，很多老师都会自掏腰包，在抽屉或柜子里给学生备着小零食垫肚子，或者当奖品发。嗯，多亏学生提醒——用零食当奖品，这个可以有！

我笑着问学生："发零食当奖品，怎么听起来的感觉，有点儿像小猫小狗被投喂，特别孩子气呀！"围观的学生们也都笑了，点着头说："我们都很喜欢这样被'投喂'。"

忽然有点感悟——其实，孩子们是喜欢被老师这样"宠溺"吧？尽管十二三岁了，还都是宝儿。

"前门特色文化"校本课程（1）　2022年03月11日星期五

今天是"前门文化"校本课程第一次上课。这门课是从上学期开始酝酿的，一直在做各种准备。开学后，王校长跟我商量，八年级时间太紧张，而七年级正好有两节自习课，可以利用这两节课全年级上"前门文化"。

初听王校长的话，喜忧参半。既为八年级学生感到惋惜，也为七年级学生高兴。郝主任跟我商量课表时，特别给力地将两节课统一安排在了星期五下午。两节连堂课，从时间上课程有了充分保证：不论是请专家讲座，还是适当安排带学生前门"周边游"，都有了可能性。我比较担心的是年级全员上课，落地比较麻烦。如果不是专门的讲座，120多人上课，场地局促还是小问题，大问题是不容易控场。

下午上课时，先请王校长做了开课动员。应该说，校领导们都非常重视，特地安排六个班所有的班主任跟着上课，加上史主任、晓宇和书茗……今天是起始课，教学设计中很重要的一环就是做开课的前测。

不同于以往的选修课或课外活动，这门课的原本定位于让学生在"沉浸式"的体验中探索发现前门文化的特点，在活动中学习与继承优秀的北京传统文化。加之我们也是要把这门课的设计与实施当作课题来研究，所以前测就变得尤为重要。

我一共设计了 10 个问题，单选、多选、主观答题兼而有之。晓宇帮忙做成了答题卡和答题纸，下课后很快就把选择题的统计结果整理了出来。主观题的答题情况正在汇总中。

在这份问卷中我是"藏了心思"的，比如："你喜欢采用哪些方式学习、了解、体验北京传统文化？""以下北京传统文化专题活动中，你对哪个主题最感兴趣？"课程结束时，同学们需要完成下列任务中的一项，"你倾向于完成哪一项任务？"设计这样的题目本身，就是要告知学生，这门课的学习要采用如此这般的方式。当然，接下来的教学内容与形式的安排，也会充分考虑学生的愿望。

今天的课最大的问题是会议室学生全部坐下后太拥挤了，会场纪律就不能完全保证。下课后年级组长把学生留下来又提了要求，还特地找我来沟通。我也坦承，还是我对学情的预计不足。好歹拿到了前测的数据，为接下来推进课程打了基础。纪律问题是预料中的，后续再安排，如果是讲座，会用现场＋直播的方式，以保证讲座效果。之前跟郝主任沟通，学校两个计算机教室，能装 70 人，如果开课过程中需要上网，每个班安排一课时是可行的。听到这个消息，我还觉得挺踏实——这样，混合式教学也能初步落地。当务之急，是找到适合的网络平台。

留在教室里学习是相对容易的，120 个学生如何带出去搞活动？这门课还不适合扎堆参观，20 年前在景山开课的时候，我和学校领导都还敢放手学生结组，自主出去活动。现在显然已经不具备当年的条件，所以——确实是老同志遇到新问题，得再想办法。

没有"容易"二字 2022 年 03 月 14 日 星期一

出租房就要到期了，得赶紧把老宅收拾利落，所以周末两天就停了轮岗日记。成年人的世界里没有"容易"二字，撒娇和抱怨都没半毛钱用，所以只管闷头忙，连微信朋友圈都极少看。眼下手忙脚乱的情况估计还要持续一段时间，幸好胜利在望。

今天是《小石潭记》第二课时，进展顺利，明天能开现代文游记单元了。

刚上课时，我先宣布了"古诗苑漫步"交流展示活动最后票选的结果。一共五个组，因为出现票数并列的情况，一共三个组获奖。中午让课代表领走了奖品——全班每人一块巧克力，优胜小组的同学每人一包奥利奥。真心希望他们不仅在领奖品时开心，更能享受到学习本身的快乐。

周末收拾东西时翻出来两年前买的热敏打印机，晚上花了半小时熟悉功能，算是收获了新技能——不光做了调料罐的标签，还打印了很简单的作业评语，感觉还挺好用的。记得（好像是）王珏老师举过用热敏打印机辅助教学的例子，比如，为学生一对一提供微课或其他学习资源时，可以将资源上传后生成二维码打印出来提供给学生——等我找机会试试。

刚在网上检索了一下，居然有专门的口袋打印机自带资料库，可以做错题整理之用；有的款还能做绘本和手账，有点意思。找时间下单。

睡了，晚安。

抓住耗子就是好猫

七年级组组长送来学生第一次上"前门特色文化"选修课后画的画儿，一共九幅。

布置这个作业的时候，没有提很多要求，更多的考虑是这样的方式其实也能起到前测的作用。

能从学生的作品里读出很多信息，包括学情，学生的长处与短板兼而有之。

年级组长说，想在楼道里展示这些画，我也是这样想的，一拍即合。给学生表现自我的机会，带着欣赏的眼光看待他们的学习成果和点滴进步，通过交流展示，营造氛围，激趣，给学生提供展示自我的平台，调动他们参与学习的热情——课程的起步阶段，如此造势很重要，也很必要。所谓活动，就是要让学生真的动起来，这样，课堂、课程，才会真的有活力。

另，课间问了课代表昨天发巧克力和奥利奥当奖品，同学们反应如何。课代表说都很开心。今天同样是体育课后的语文课，组织教学很顺畅，是不是和昨天发奖有关，不得而知。

下课后在楼道里遇见班主任赵老师，她也说，不知道为什么，放学发奖品时学生特别兴奋。

哈，"不管白猫黑猫，抓住耗子就是好猫"，调动学生学习积极性，哪招儿有用咱就用哪招儿。

且行且珍惜

　　下午进班上课时嘱咐孩子们说，务必做好防护措施，要"且行且珍惜"来学校上学的机会。下班回家路上，一直在回想这两年上线上课的情形，多少有些感慨。

　　中午路过七年级，看到楼道的墙壁上已经贴出了学生画的海报，有一些是新收上来、我昨天没见过的，下午下课后特地去一一拍照。

　　学生热情还很高，课间在楼道里能看到学生的围观，听到他们简单的议论。星期五的"前门文化特色"课原本已邀请马建农师兄来校讲北京中轴线的讲座，不料疫情一起防控要求骤严，教学计划被打乱。我也只能随机应变，重新安排。初步的想法是利用好学生的这一批生成性资源，既给学生展示空间，又以此作为抓手，引出对前门特色文化的整体介绍。下午王校长嘱咐我，开课要严格落实防疫要求，可先印纸质阅读材料，必要时用网络平台在一个教学班主上，其他老师在其他班同时调度学生参与——听起来有点像校内的双师课堂。原本全年级的大活动探究课就是难上的，疫情又增加了上课难度……今明两天得抓紧备课，想个可行的办法出来。

课上笔谈

　　景山初中语文教学中，读书动笔墨是一以贯之的要求。学生从六年级开始，课堂上经常要用大段的文字表述。可能是进了初中就开始训练，加之又一直提倡享受表达的快乐，我在课上安排学生笔谈，很少听到谁叫苦。

　　在前外我也带着学生做笔谈。以读带写和以写促读兼而有之。平时上课我有个基本原则，就是学生应该通过自读、自学就能会的，我尽量不讲或少讲，学生自主学习掌握不到位的，我再点拨和强化。再则，我的习惯是任务的安排和时间分配尽量"整"。时间是写的保证，也是充分交流的保证，就是我常说的"给时"原则。从学生自学反馈中能判断学情，确定教学的起点，甚至能明确教师自己该做什么，比如：学生漏洞在哪儿，欠缺什么学习支架，还需要在哪个环节上拓展，以及应该如何进一步整合资源。白纸黑字写出来了，我的判断才算有依据。

　　前天和昨天各大半节课，学生自读四篇游记，梳理填写表格（完不成就当家庭作业）。今天二刷《壶口瀑布》，带学生读课文，圈点勾画，又进一步完善表格。第二课时则带学生练习游记的赏析。题目就是课后的探究练习，落到纸上笔谈，我将之分解为两个步骤。一是用楷书抄写所要赏析的句子和段落，二是写鉴赏文字。字数要求是上不封顶下保底（150 字）。

　　有几个孩子没交，还有 2 人病假。其余的学生 200 字以上 9 人，130 ~ 200 字 6 人，7 ~ 130 字 7 人，2 人几乎为空。

　　学生有了文字反馈，便于我据此做基本的学情诊断。接下来就是跟进指导的事了，今儿收工，明儿继续。

"名家笔下的老北京"

—— "前门特色文化"校本课程（2）

怎么上今天的前门特色文化选修课，一度犯愁。昨天北大汪锋老师建议我说，可以做"名家笔下的老北京"专题读写。之前做了老城市丛书的选文，恰好有这个专题，又针对前门特色文化，调整了选文。

"读什么"解决了，怎么读，怎么输出阅读的成果，却是费了不少脑细胞。

结合七年级阅读方法的培养，学习任务单的第一项，让学生默读并圈点批注。作为选修课，这项任务的落实并不好检查。

所以又设计了第二题——用二三百字，写最喜欢或最有共鸣的文章读后感受。字数不必多，八年级下册才教读后感的写作，现在要干货，能写出真实的感想来就好。在各班巡视的时候，有学生说，太喜欢谢冰莹的那篇了。嗯，期待学生的更多反馈。

回忆老北京的文章往往有共性——有很多老北京的事物已经消失了，只留存在记忆中。想起桥本武先生带学生读《银汤匙》时的绕远，又设计了第三题，让学生写下他们很想再继续探究的问题，了解他们的兴趣点，再做后续设计。

输入的目的是为了内化后的输出，激活思考和表达的兴趣与能力——基于这个认识，继续设计"爬坡"的、有一定挑战性的笔谈题。肖复兴老师在前门生活过很长时间，曾是汇文的学生。这次我特地增选了他的文章。开始设计的是让学生给同龄的笔友写信，介绍前门文化；但转念一想，在我没有把课程开设成跨地区的课之前，同龄的笔友肯定是虚构的，不如写给作者本人。虽然出版社编辑老师帮我联系肖复兴老师未果，我依然保持了方案没再改。怎么交给肖老师，我再想办法就是了。

下午上课我在七年级（2）班主讲，其他班看直播。小半节课，对今天的安排逐条做了叮嘱和提示，还带学生复习了书信的基本格式。然后的时间就都交给了学生自己读写。

刚下课，一班送来了他们的学习任务单。七年级和八年级的表达能力确实有差，不过，从他们的文字里我读得到具体可以触摸的生活，也读得出情感——这就够了。

多读，多看，耳濡目染，他们会像我们一样，对生活，对人，对脚下的土地越来越多的感情。

课的灵魂

2022 年 03 月 19 日星期六

今天是加班工作的日子。选修课一开，一让学生读写，备课量和批阅量便陡增。大半天先处理八年级（1）班的作业，每一份都贴了评语。接着便是批阅七年级昨天在"前门特色文化"校本课上完成的学习任务单——学生们这个周末，还要给作家写信。个性化的作业再有类型化的特点，也需要配个性化一些的评语。幸好有标签机的大神器，整整一天的加班倒也有趣。

刚读完七年级（1）班的笔谈，我还有点小开心——从学生的文字里，多少能捕捉到一些鲜活的东西：有的孩子说，某篇文章特别有共鸣，因为自己的童年也是如此这般；有的孩子为自己在前门上学而自豪……从（1）班的文字稿里挑出了三四篇还不错的，这个结果已经让我很欣喜了。不论学生写的水平如何，我都逐一贴上了评语。

必须有资料意识——最近在轮岗日记里加上了校本课程的设计与实施的记录，随时张贴学生的文字，也是想尽可能多地留下这方面的一手资料。阅读过程中时时能感受到，很多学生对北京传统文化的学习热情和自豪感被激活了。

还要记录另一件对我来说很有意义的事——

今天凌晨起来，看到周益民老师发了两张照片给我，仔细看，原来是成尚荣先生《上有灵魂的课》这部新作中，收录了成先生在前年给我的疫情背景下的创意读写设计教学案例所写的点评文章——《一份价值照耀的语文学习方案》。我的教学设计再次得到专家的认可，又荣幸，又开心。因为疫情之故，我至今未能拜见成先生，但我又因成先生和周老师的鼓励，获得精神的力量，特别行动方向上的肯定——这后一点非常重要。所以，我的内心充满感激。

成先生在书中说："人应当有美丽的灵魂，课也是有灵魂的。课的灵魂在教材中，也在教学中，最终一切都在教师的理解和把握之中。"我深以为然。人有灵魂，上有灵魂的课，当是我们教学生涯中持之以恒的追求；而工作与事业之外呢，就是要努力过好有灵性、美感的生活。

我身边的红色

2022 年 03 月 21 日 星期一

今天收到了七年级学生上了"前门特色文化"选修课后写给作家的信。

精力不够都读的，所以拜托方老师、舒茗、雅丽挑选了写得好的交给我。大致翻看了一遍，有我期待的效果。想到某同学给我布置的阅读策略方面的作业，我是觉得，用什么样的文本"触发"写作行为，激活写作兴趣，这里是有门道可言的。

晚上回家和父亲吃饭。这个学期家里家外事情很多，累得人仰马翻的。和父亲见面，哪怕只有短暂的两小时，对我来说，也像是给我充电一般。

我其实已经很多次写父亲了。我笑称他是我的男神，他给我的永远是有益的能量，教我的也都是人生的大智慧。

晚饭后父亲拿了《我身边的红色——中国出版集团纪念建党百年访谈文集》与我分享。商务印书馆一共四位专家接受采访，另外三位都是党员，只有父亲是民主党派成员。父亲的这篇专访题目为《对商务负责对读者负责对国家负责》，访谈中父亲谈了他的职业选择，谈了他以往所做的经历，特别是当下他以八十多岁高龄主持编纂的《中华人民共和国标准地名词典》的工作。采访对话后面还有叶竞开写的采访后记《自热爱而始》。

读写父亲的文字，心里又骄傲又感动。为父亲的成就而骄傲，更为父亲的家国情怀而感动。叶竞开在采访后记中写到，父亲说他对地理学的感情自中学开始，兜兜转转，他做了多年统战工作，晚年又回到这个轨道上。在我看来，对事业的热爱只是父亲 84 岁高龄仍坚持工作的一部分原因，更重要的原因则是父亲这一辈老知识分子对国家、对人民的热爱。除了工作态度，父亲对我影响最大的正是在三观上。

我身边的红色——我的父亲，是我人生的引路人。

旅行的意义（1）

2022 年 03 月 22 日 星期二

上课进教室后，发现班主任赵老师也在。原来，为了保证顺利上课，特别是兼顾居家隔离的学生，我们上课的同时，要用腾讯会议进行直播。这段时间，最最重要的工作就是战"疫"。领导和班主任最辛苦，我能做的就是尽职尽责，教学不松懈。

星期四要写作文。周末学生在家写的作文提纲质量不高，星期一课上做了修改，但仍需要在教学上跟进指导。

我给每个孩子印发了我的"下水文"——三篇游记。我一直认为，语文老师必须是个写作者，不能只教学生书本知识，要能向学生提供自己的写作经验。这一点听起来苛刻，但我觉得是必须的，这个姿态非常重要。老师需要在学生面前展现专业水平，自信地向学生传递这样的信息——我是专业人士，你跟着我学，没错的，我能教会你写作。

除了提供我自己的"下水文"，对学生的提纲还要进一步提出修改意见。这就是写作指导的前置。前置环节做得越充分，作文写出来越有质量。当学生能体会到构思的重要性，尝到甜头后，也就会越发重视构思环节。这样，帮学生养成构思的习惯，才能逐步促进其写作的思维链条的形成。能感觉到，一个学期多下来，八年级（1）班大部分学生在通过提纲构思立意这个环节有明显进步。

随着学生年级的增高，课堂上一定要多动笔。不只是要写作文，要用动笔的方式，让学生将思考的过程和结果外显，这样也有助于我们教师及时发现学生思考中的漏洞，及时调整教学，提前补上这些漏洞。

旅行的意义（2）

刚进门，第一时间翻阅了科学出版社编辑鞠思婷老师寄来的《科学新生活·青少年创新研究特刊》。7 篇学生论文中《一种智能路灯系统》是出自小学生之手；另外 6 篇是中学生论文。在专家或老师的指导下，学生开展专项研究，有的课题相对高精深一些，有的则很接地气。其共同点是课题研究非常规范，论文撰写也明显受过训练，虽然有专家点评仍需要提高文字表达能力之类。受到的启发远不止如此，特刊后面还有关于科技创新人才培养的教师论文。联系到这几年参与的科学读写课程的开发课题和青少年科普科幻教育工作，这一组文章对我有新的启迪，容我再学习、消化、思考。

前天刚和学生谈了谈我们为什么要学游记的读与写。对我来说，旅行的意义，是认识自我、认识世界、认识我和他人和世界关系的一种方式。自己的旅行，以及阅读他人的旅行游记，通过他人的眼睛看世界、也看他与世界与他人的关系……都可以帮助我们认识这些问题。所以我们不仅是当作一种文体来学阅读和写作。意义，我的课上确实常常会谈及。我一直认为，我们必须帮学生建立起教学文本的真正价值与个人生命的关系。

批阅前门特色文化校本课程的作业，又累又愉悦。开课本身就是个大工程，距 2008 年最末一次开北京传统文化选修课，已经过去十多年。之前也在轮岗日记里写过，开课条件在变化，有新的有利条件，也有不少新的困难与挑战。尤其最近疫情之故，生生地改变了课程的属性——我原本是按照探究活动式来做整体设计，现在只能是以读写结合的方式推进。不是说读写课程不能做，而是这不是最理想的课程形态……但困难再多也必须往前推。所以，随机应变吧。

幸好有学生的反馈——他们每一周的作业反馈在给我鼓劲儿，让我觉得，精心选择文本，以读写结合的方式落实，既能体现读的成果，也能促进学生生成思想情感的"化学反应"——用文字激活他们对前门文化、对北京传统文化的探索欲和情感。

读学生的信，我常常被打动。

有个学生读了肖复兴的《前门外》，就按着作家的足迹重走了一遭前门；另一个学生的姥姥就是瑞蚨祥的老员工，孩子从姥姥那里听过许多前门的故事。还有个学生，忘了我们要求的主题，没讨论前门文化，但是写了非常多他从作家其他作品中学到了什么……看得出，他是真喜欢肖复兴老师的作品，阅读的也不仅仅是课文。

写给作家肖复兴爷爷的信

亲爱的肖复兴爷爷：

您好！

在我校的前门特色文化课程中，我们品读了您所著的文章《前门外》。从这篇文章中，我了解到您也是一位地道的"老前门人"。读了您的文章，我感同身受，因为我也是一位土生土长的"前门人"。虽然我所了解的前门文化比不上您丰富，但我也想要聊聊我眼中的前门。

我眼中的前门是古老的，是热闹的。早在明清时期，前门地区就发展起来了。这里毗邻皇城，是中华民族文化的蕴藏之地。每到假期，我都会去参观前门一带的名胜古迹，尤其是在冬日，因为冬日的前门更能体现出北京的文化底蕴，会让人"别有一番滋味在心头"。

在前门，最热闹的地段当属大栅栏了。街道边，烤鸭、冰糖葫芦、驴打滚儿，橱窗里或摊位上陈列的各种美食琳琅满目。书店、理发店、茶叶店……店铺鳞次栉比，休闲娱乐场所也到处都是。实际上，吃并非是整条街的主角儿，玩儿才是重头戏。各种各样的玩具：溜溜笛、竹蜻蜓、风车、水枪……别看它们只是玩具，但都满载着我童年的回忆。

古老与热闹，这两个词是前门最佳的写照，不知道您是否也有同样的想法。现在我对前门的历史和文化特色文化的了解还不丰富，但相信在结束前门特色文化课程的学习后，我的知识和体验一定会越来越多。

对了，肖复兴爷爷，我们全校师生都真诚地邀请您来学校做客，期待您抽时间故地重游。

祝您

身体健康，万事如意！

北京前门外国语学校学生 ×××

2022 年 3 月 18 日

我给交到我手里的学生的信（老师们挑选过）每一封都写了评语。例如——

◇ 很喜欢你的文章，字里行间满是对前门生活与文化的热爱。你准确地抓住了前门地区的两个特点："古老"和"热闹"。对热闹的描写尤其好。但你没展开写冬日的前门，看实可惜了。另，你的字很好，书信格式也正确。只是需要注意，不要涂黑疙瘩，要赶紧学会使用修改符号。

◇ 你的信写得真好啊！特别喜欢你关于五老胡同一天中的早、中、晚三个时辰里生活场景的描写，有着浓厚的生活气息和浓浓的人情味儿。当然，还有可爱的小狗铲子。正是这样的人间烟火气，让你心里暖暖的，也让我这个读者心暖暖的。

◇ 你的信既写了自己对前门文化的兴趣，也写了对前门文化的一知半解……很真实，也很质朴。我想，不管作家是否能与我们见面，通过阅读和实地探访，你就会越来越多地了解前门，了解北京传统文化，也会越来越热爱咱们的北京。

◇ 这封信写得真好！有非常鲜明的读者意识。而且我发现，你是个彻底的行动派，读了作者的文章立刻就沿着作家的足迹去探访前门。不仅探访，还时时比较！这个行动力、学习力不得了！建议你再多追问，多探究现状的成因。这样你就能自主探究啦！

◇ 这是一封让我读后动容的信。字里行间，满是你作为土生土长的北京孩子对前门文化的热爱。这种热爱是骨子里的。你不仅爱老北京，更爱新北京，我在你的文字里读出了"传承"。大赞！

◇ 很想能带你们一起采访你的姥姥，亲耳听她讲瑞蚨祥的故事，能帮我跟姥姥先递个话吗？

嗯，就这样。

"三足鼎立"

2022 年 03 月 24 日 星期四

上课前有班主任对学生的叮嘱做加持，今天语文课格外顺利。

事先预告的内容——当堂写游记。我要求学生必须提前写提纲——不仅写了，还批改过——但并不准提前打草稿、带成文进场，而是要求必须当堂现写。

考虑到游记所记叙的内容可能有的体量，所以鼓励学生先敞开写（先放后收），字数要求上不封顶下保底，不得少于 600 字。

学生已经写了提纲并做了修改，昨天又要求他们为作文查资料，今天课上我要求在 60 分钟内完成。

又提了新要求——写完作文对照游记写作要点清单自查，写自评的评语。

构思成熟且手快的学生半个多小时就交上来了。有三两个写得慢的，用足了一小时还申请了延时，齐同学想明天交，他上课已经写了一千多字，还有一个小标题的正文没开始写，我特批了。

现在这个阶段，对有的同学来说，能写比会写还重要。

以前交作文是"两件套"：提纲加作文，从今往后是"三件套"：提纲加作文加自评。

上一个"古诗苑漫步"的项目学习活动，我们更注重组内互评。再往后作文评价，自评加互评的方法就可以逐步用起来了。这一次，"所至、所见、所感"，有这三点，游记写作就算基本达标。"感"贯穿始终，有特别的经历、小故事、历史文化资料恰当融入，这三点是加分项。

作文写得如何，批阅过再总结。

记两个有意思的细节，都和我的课代表有关。

第一个小细节是写完作文后我们播放了同学父亲拍的青海旅行的纪录片。课代表前天就找我做了推荐——她父亲一直在青海开民宿，也做公益项目。虽说这些信息在"我为家人写小传"时就了解到了，但同学父亲拍的片子还是让我感到惊艳。我想，也好，让学生看同学父亲拍摄的纪录片，能从中感受到普通的成年人的人生态度和生活状态——这很难得。

看视频的过程中学生们都很专注。最后他们各自能收获多少，全看个人造化。可惜有疫情，不然找机会邀请家长来和同学们聊旅行，岂不是更有意思和意义？

第二个有意思的细节是同学做的手帐。因为她正写作文，我不便打扰她，只翻看了两三页，拍了照。从手帐中能感受到孩子对生活的细致体会和热爱，甚至还能体察到家长对孩子的引导……我是第一次看到学生做的手帐，真心觉得不错。我嘱咐她作文交流的时候用手帐做配合进行展示，她答应了。

我正在搜罗旅行地图，准备在地图上标记上每一位同学的游踪。我就喜欢好玩儿的事，包括教书。

我的日常状态就是"三足鼎立"，语文教学、科普科幻教育、北京传统文化。后两者和语文教学也有交集，比如给七年级开前门特色文化课，捎带手向八年级（1）班的同学推广一下，把选文也分享给他们。星期四铁定要为星期五的校本课程做准备。嗯，继续干活去。

开弓没有回头箭
—— "前门特色文化" 校本课程（3）

2022 年 03 月 25 日 星期五

今天是前门特色文化校本课程的第三次课，艰难挺进中。

说艰难，是因为年级大课实在太难开了。要考虑学生的认知和能力水平，考虑前门特色文化与北京传统文化的关系，还要考虑课程对学生在当代文化方面的引领作用，考虑学生以哪种形式"输出"最有效，以及对学生学习效果的检验与评价……开张是开了，但如何把"买卖"进行下去，也是颇多困难的——实操层面再有班主任以及其他语文老师辅助，我也有分身乏术的问题，只能"罩得住"自己主教的班级……

备课量很大。说起来我亲自讲的东西并不多，但选择与整合资源，设计学习任务单，都是难上加难的事。幸好有长期的积累——不仅是课程资源的积累，还包括自身在设计作业方面的经验和能力的积累。即便有多年的积累，现在我也每周都要拿出大量时间再读资料，设计课程，处理学生交上来的学习成果。

总之，很烧脑，很刺激。而且，"开弓没有回头箭"。有多少前外孩子能因此受益，看将来的成果吧。

"八仙过海各显神通"

2022 年 03 月 29 日 星期二

昨天胃疼了大半天，痉挛，除了工作，基本都在卧倒状态，所以没写轮岗日记。今天缓过来些，那就继续。

不同的游记所呈现出来的作者的态度甚至主张其实也是各不相同的。

对马丽华的《在长江源头各拉丹冬》这篇文章主旨的探讨，我最终将其落在作家对自然的态度，即生态主义或生态意识上了。检索论文我们不难发现，在谈中国当代的生态文学时，马丽华的名字是绕不开的（哪怕是被称为有些"另类"）。这一篇不仅是写景物的壮美和作者的自豪感，更是有见解和主张在其中。

上学期没能带学生做《寂静的春天》整本书阅读，一直有遗憾。这次借探讨《在长江源头各拉丹冬》这篇课文的主旨，讲清楚了生态主义和人类中心主义，讲人类是自然之子，被大自然抚育，应当有敬畏之心，等等；接下来拟借《一滴水经过丽江》和《大自然在说话》的比较阅读以及创意写作练习等，多多少少渗透一些绿色可持续发展的理念。

受领导召唤，下午回景山学校参加小学部的语文教学研讨活动，也和老师们谈了谈我的一些想法（根据发言提纲大致复盘）：

> 景山小学部的同行勇于直面教学的难点问题，通过实践蹚路，很

385

不容易。

今天的研讨恰逢其时，因为新课标即将出台。

在这个节骨眼上，如何认识评价的导向作用呢？不是简单地说题型如何变化。考试评价的变革，从小学到中考和高考，这种变革很多时候是领先于实际教学的。我看小学连续两年的试题，特点都相同，都特别突出情境和任务。这意味着什么？这是引导我们在教和学方式上要发生转变。任务和情境都不能纸上谈兵，只在作业和考试里设计，要落实在我们的课堂教学上。

新课标颁布后，我们会发现，义教阶段要落实的是语文核心素养中最基础的，学习任务群则是要从小学一直做到高中的。新课标叠加"五四"学制中小衔接，再叠加"双减"回归课堂等，我们要迎接在这个背景下的挑战，五年级毕业时达到或基本达到小学阶段的课标要求，只能通过"整合"来实现。

要在过程性、策略性知识的开发上下功夫，另外就是要学会整合资源。扩大阅读量，"读什么"的问题很重要，不能只读文学的名家名篇。

再有，就是我们还是要"盘家底"，看看过去景山学校几十年的语文教改中哪些做法是有效策略，再看看新形势、新背景之下，还需要有哪些改进。

"八仙过海，各显神通"一直是景山教改所提倡的，要让老师们通过试教，拿出有效的办法，创造出新经验来。

我跟老师们说的大略如此。参加这样的校内交流，也是促使自己有针对性地做点儿思考的过程。

十年是起步

2022 年 03 月 30 日 星期三

重读 21 年前的资料，感慨颇多。

一是感慨景山初中语文教材编写的前辈们当年做工作之细致，研究的风气之正，方法之过硬。

二是感慨专家们的真知灼见，其中可能就藏着当下问题的解决之道。但其价值并没有被我们充分重视：比如，1985 年就提出构建九年一贯的语文教学体系。这个体系的构建是通过教材编写进行的，是否构建起来、构建得如何另当别论。

三是当下的问题何以成为痼疾？研究了不下二十年依然没有解决好，这个问题以及过程本身就值得反思。

回顾过去，景山留存下来的好东西非常多。以我在景山工作三十年的经历观之，景山最厉害的就是她曾经的大规模教改是真实发生的，过去沉淀下来的经验无一不是经过多年的实践检验过的——"多年"，不夸张地说，任何一项实践，十年是起步。

当然，今天看，过去研究采用的方式和手段还有待改进。人手不足，有些该做的事还没做到位，今天想起来有些遗憾，比如数据的采集。

但有的地方做得特别突出，正如这个专辑目录中呈现的——第三套教材编写启动之初，做了一系列的访谈。不知道有没有录像，要问问。就算没有，这些文本的资料也弥足珍贵。

还是欠缺时间，不然，真是该对景山语文教改经验好好地做个梳理。

387

不惧高标准

前几天被八年级（1）班的同学们气到了，今天又被他们惊到了——"气"是生气的气，"惊"则是惊喜的惊。事过了就不生气了，所以没啥好解释的；惊喜呢，则是要好好记下来，因为这代表学生的进步和成长。

昨天的作业一是让学生比较《一滴水经过丽江》和《大自然在说话》在立意、选材、写作手法等方面的异同，学生需自行设计表格完成对比。再有就是要继续检索濒临灭绝的动植物的资料，为今天写《××在说话》公益广告词做准备。

这个练习在景山学校做过，疫情期间也放在战疫主题的创意读写练习中和老师们分享过。景山学生是在七年级写的，好几个孩子的广告词还发表在期刊上了。这次在前外用这个创意写作练习结果会如何，我有点吃不准。

上课又强调了一下写作要求：

> 一是要用第一人称，有对象感。
>
> 二是最好选择中国濒临灭绝的物种。这个建议里有我对现实意义。特别是培养学生参与意识和社会责任感的认识。
>
> 三是要像个公益广告词。不能有科学性错误，知识的硬伤。

给了二十分钟，学生实际用时半小时，几乎都交了。大致翻看，质量不差。

令我惊喜的是我提出哪位能做到中英文双语来写公益广告词时，有四位同学做了响应！课间时他们还凑在一起做口头翻译。就在刚才，姚同学短信我说，她和肖同学已经找了英语老师，修订完翻译，已经把双语的作业放在了我办公室桌上。

这当然是今日份的惊喜啦！我要准备四份小礼物送给他们，以资奖励。

很想再试试，让孩子们配上图片或视频，再来个配音秀，做成公益广告片，不知道有没有学生会"应战"。前年深圳何鑫老师带学生做过，效果很好。

谁说不能用景山学校的标准来要求前外的孩儿们呢？他们只要认真，高标准也不惧，肯定行！

2022 年 4 月

北京中轴线
—— "前门特色文化" 校本课程（4）

早晨 7 点开始到此刻——11 点，整整四小时，备下午两节选修课。还不算读本选文的时间。

上次布置的作业是这样设计的：

> 北京中轴线，是指北京自元大都、明清北京城以来北京城市东西对称布局建筑物的对称轴。明清北京城的中轴线北至钟鼓楼，南至永定门，直线距离长约 7.8 千米。北京中轴线是北京老城的灵魂和脊梁，保护、传承、利用好这份宝贵的历史文化遗产是首都的重要责任和历史使命。从 2009 年开始，北京市委、市政府高度重视中轴线申报世界文化遗产，将之作为北京老城保护的 "一号工程"。2022 年，北京中轴线申遗进入加速阶段。北京中轴线申遗已确定了 14 个遗产点。请你围绕申遗点检索资料将结果记录下来，并绘制一张带有中轴线遗产点的北京手绘地图。

大部分学生照学案画了老北京四九城的地图，只有为数不多的学生画的是中轴线地图。挑选了两幅比较好的作品，下午展示。中轴线申遗对北京来说是大事，做通识教育，以这样的方式将相关的知识渗透给学生，我以为是必要的。一点一滴地培养学生对北京文化的自豪感，不靠口号。暂时不能带学生外出沉浸式体验，那就尽量用好的视频资源加读写结合的方式推进。

所以我自己就得看大量的纪录片，再从中遴选。文本和视频资料搞定，再根据内容和学情设计学案，也是烧脑得厉害。

其实活动探究的课更适合选修，给少部分学生上，这道理我也懂。但又认同通识的理念，所以，继续"摸着石头过河"吧。

期待形势彻底好起来，这样，才能让专家走进来，学生动起来，课也才能"活"起来。

第三次课学生观看《北京中轴线》纪录片后的一句话体会摘录如下：

◇ 加深了对北京中轴线的了解，知道了更多关于紫禁城的历史事件。不禁感叹北京故宫建筑的精巧、宏伟、壮观。

◇ 明清北京城充分反映出我国古代在城市规划和建设的成就，它既继承了历代都城的成功经验，也结合了当时的政治、经济、军事情况，规划平整，一气呵成，具有宏大的气魄。

◇ 我了解了更多关于北京中轴线的知识，知道了更多史实，认识到了一个完整的北京中轴线。

◇ 看完之后，我感觉很壮观、宏伟。

◇ 看完《北京中轴线》视频，我觉得八国联军特可恨。

◇ 我本以为每个门的用途就是用来通行的，可是看了片子后，了解了每个门的不同用途，如运水等，也知道了中轴路。

◇ 看完两部纪录片，我了解了更多的历史，也被北京的历史给震撼了。

◇ 看完后，我感受到了我现在的生活有多幸福，我也要努力学习，长大报效祖国。

◇ 今天我看了这个片子后，感觉到北京的布局十分厉害，体现出中国古人的想象十分丰富，不由得感到深深敬佩。

以下是"前门特色文化"第四次课学生写的小结。

◇ 今天老师带我们学习关于胡同和四合院的知识，观看了视频，比如我们学习了四合院大门的门簪、门钹、门阶、门槛等，还有关于胡同的知识，让我感同身受。这次课上我感受到了北京"老的样子"，在纪录片中有三个北京人，一个热爱在胡同跑酷，另两位分别是邮递员和地图制作家。在他们身上，我看到了对北京的热爱和对胡同的怀念，感受到了胡同的神秘感和曾经热闹的场景，让我不禁想亲自去胡同转一转，了解胡同的奥秘。从现在开始，我就已经被四合院、胡同和其他老北京文化深深地吸引了。

◇ 今天我们在前门文化特色课程中学习了一些关于胡同和四合院的知识，比如门簪、门阶的数量与主人曾经官阶的联系。门和门槛儿的来历和作用，四合院的朝向与规格等。

◇ 从这些老北京胡同曾经的印记中，我看到北京人严谨的态度和不变的信念。在胡同中，不论是跑酷的爱好者，又或是一些居住其中的普通人，都在这胡同的包围中。一家一方有难，八方支援。在这如血管的胡同中，人们拥有了对这里共同的情感，如同血脉相连，将北京的文化和一些精神甚至只是一个个小的传闻和故事传承延续下去。经过这次课程，我还想再多了解一些关于胡同与四合院的往事，希望通过它们来追溯北京的历史。胡同与四合院就像一部立体的历史书，让我们能够触摸到它的脉搏。

◇ 经过了这次课，我学到了很多知识。读了阅读材料，我知道了胡同取名的方法，还知道了四合院儿的结构特点。复杂的分布，较大的面积，整个四合院被一道道门分隔开来。同时，我也了解到了北京四合院中的家庭等级划分。看了纪录片儿后，我了解了四合院儿的奥秘。门簪、门钹、门墩儿、门阶……各式各样的图案透露出人们对美好生活的向往。门簪的数量，门墩儿的图案，都透露着这家人过去的身份。对此，我感觉新奇而又有趣，对历史上北京的地图，我也产生了浓厚的兴趣。

这次课后布置了以下任务：

放学后以及清明节假期中，邀请你的家人与你一起，运用本次课学到的知识，实地考察北京的一条胡同（最好是前门地区前外学校周边），并完成相应的实地考察报告。下次课上，我们将在班级内进行展示与交流。很期待通过你的探索与发现，展现你眼中的北京之美，体现你对北京的情感。在探索过程中别忘了拍你与胡同、四合院的合影，一并交上来。

又：《大自然在说话》公益广告词，四个学生主动交来双语作业。说好了下星期三他们当堂双语分享——我的今日份开心。

不论是学生还是我，扎扎实实做下去，一定有收获。

见字如面

2022 年 04 月 02 日星期六

学生在安静地阅读，我特地站在教室后方拍了十几秒视频记录这一刻。

不是为了夸学生纪律好。我是想说，语文课堂也应该有大段的安静的时刻。这样安静投入的学习，标志着教室确实是个学习场，阅读正在发生。

学生们在读《见字如面》小册子里我精选的十五封家书。这个册子上一届学生就用过，前几天雨竹特地帮我从北校区闪送到家的。

配套册子的学习任务单也是之前用过的，昨晚备课时对个别词语做了微调。

我一直相信文字是有力量的。只要阅读是真正发生的，文字的力量就能激活学生的感情和思维，也能激发他们的表达欲。输入—输出，学生与文字的对话、与作家的对话就能真正启动。

再则，我依然坚信，我们要给教学内容一个更上位的定位，要为之建立坐标系——今天的阅读首先要给《傅雷家书》的整本书阅读搭建"坐标系"。所以，一开始上课，我就跟学生讲了我对家书的认识。《傅雷家书》本身是学习的对象，同时，作为是家书这类作品的优秀典范，它更是范例。所以，要让学生能通过拓展阅读，自主体会到家书的价值，也为接下来《傅雷家书》的阅读造势。

学生安安静静地阅读。我讲了十三分钟，包括对小册子内容的简单介绍，提学习任务，提前布置周末作业。学生阅读用时二十五分钟到半小时之间。阅读速度快的学生能在课上完成任务单，没有写完的，任务单就一并计入周末作业。

前门文化校本课的二百字小结，昨天交了一个班的。今天又收到五个班的。一一批阅，拍照存档，抽时间整理成文字稿。能从学生的文字小结中感觉到我为这门课开发的资源，正逐渐对他们产生影响，有不少学生说，对这门课越来越有兴趣。有的学生会用上所学的知识去实地探访上下学路上经过的胡同。

每周至少要有三天准备这两节课，这么看来，值。

为父亲庆生

今天是父亲八十五岁的生日，我们一家人聚会，为父亲庆祝生日。父亲很高兴，我们请父亲发表生日感言，父亲说我们家有长寿基因，大家都要有好心态、豁达的心胸，也要多注意安全，健康、快乐地生活。

我特地邀请了我的好朋友、摄影师凌风老师给父亲拍照。父亲说，要预约五年后他九十岁的拍照。

作为女儿，我们都深爱着父亲。父亲是我们大家的男神，也是我们这个家庭的主心骨。为了国家，父亲到现在还承担着繁重的工作，他的头脑极其清晰、敏捷，见地深刻，我向来自愧不如。祝他老人家福如东海长流水，寿比南山不老松。

做"朗读者"

按照既定计划，今天起，每天安排一名同学做"朗读者"，配合教学内容做朗读分享。今天房同学打头阵，他选读的是《傅雷家书》中的书信。学生朗读后，还要谈谈推荐的理由和收获体会。

上课做的第二件事是请四位用双语写了《大自然在说话》的同学朗读了他们的中英文作品。他们不仅公益广告词写得好，朗读的语气也很不错，发音地道，有同学的朗读还读出了配音秀的感觉。

十五封家书读了之后，发现学生完成的学习单质量参差不齐。根据这大半年的观察，学习质量优劣的关键还不是语文学习的水平与能力的高低，学习的态度和习惯才是第一位的因素。挑出几份质量较好的，准备在班里给所有人做展示的同时，再谈谈态度问题。

教材第三单元写作安排的是写读后感。教材上对读后感的写作指导有些单薄，重新设计了讲义，提供了例文，照例放上我的文章。上学期做新闻单元教学时，专门带学生练过一事一议，写简单的新闻评论。上课时做了前后的勾连，并反复强调，读后感最有价值、最重要的就是感受部分。这部分成文后的文字比例必须占到百分之七十到百分之八十。

读后感的写作我计划安排三次，一是在完成十五封家书的阅读和写学习单的基础上，再写一篇读后感；二是《傅雷家书》整本书阅读后要写读后感；三是写观后感（教材要求）。

在我看来，轮岗半年以来的磨合，使学生有个明显的变化，那就是不那么拒绝动笔，大部分学生有了用文字表达自己的习惯。这个状态类似我在景山北校区的感受，但欠缺的还是高质量。这是一个艰苦漫长的过程。养成写作的习惯，需要从文从字顺到言之有物，再到有思想以及有意识地运用写作手法，逐步训练。这是循序渐进的过程。只有阅读量和写作量上去了，在这个过程中教学生思考问题的方式方法，学生的思考力和表达能力才会有提升。

春天到了，让我们读书去 　　2022年04月07日星期四

读库的书如约而至。拆开包装的瞬间，深觉幸福和幸运。张立宪老师说："春天到了，让我们读书去。"是呀，还有什么比读书更美好的事呢？

我的"私房菜"

—— "前门特色文化"校本课程（5）

今天的前门特色文化校本课程所用选文，是我为前外学生特定选的。这是一组关于老北京特别是前门传说的材料，包括文本和视频两类资源。我尽量遴选读起来很有趣的材料，以保护他们的学习兴趣。一课一小结已经成了惯例。这次，我有意在第二、第三题上做出了难易度的区分，详见学习任务单。有点期待学生星期一的反馈。

学习任务单

班级_____姓名_____质量等级：_____

一、阅读前门特色文化选修课读本第四编"老北京的传说"的十二篇选文，观看《这里是北京：传说——前门》的视频，对有关于老北京建筑、地名等的丰富传说有初步的了解。

你觉得哪个传说最有趣？你从这些传说中又增长了关于北京传统文化的哪些知识？请你做个简单的归纳总结。不少于 200 字。

"前门特色文化"课程第五次课小结

以下两个题目二选一完成。

二、你还了解和老北京有关的哪些传说？检索相关资料，试着写下这个传说。

三、这一组文章绝大部分都与民间传说有关。你有没有思考过这样的问题：

（1）民间传说和史实有什么区别和联系？

（2）以上民间传说对我们了解前门文化特色，了解北京传统文化有什么帮助或意义？

（3）古今中外，人类流传下来的神话与传说有哪些宝贵的价值？

这三个题目中，有的题目比较具体，有的题目又很"宏大"，但毫无疑问，都是很值得思考的问题，对你的思考力是个挑战。请你认真思考，利用业余时间与同学、老师以及家长进行探讨，并写下你的见解，题目自拟。我们将邀请你们当中对上述问题很有见地的同学在年级交流会上发表看法。

星期三时收到七年级各班语文老师遴选过的作业——学生先要"锁定"一条胡同，检索相关资料，了解胡同历史，还要实地考察这条胡同，图文并茂地用"细节"展现胡同与四合院的美。题目起得大纯属故意的，某某胡同实地考察报告，听着就是很牛的事。我就是想让学生觉得自己这样的考察很牛。我们现在又不能带学生出校门参观，孩子们自己能把事做到这个份上，我已经很知足了。

怎么利用好学生作业的生成性资源设计下周的阶段性展示活动，是这个周末我的"私房菜"。

学生前门特色文化第5次课小结

（一）

今天周老师带着我们了解了四合院和胡同的文化，让我感触颇深。

四合院成"口"字形，冬暖夏凉。我印象最深刻的就是四合院大门两侧的石墩儿样式和台阶讲究的文化：圆形石墩儿代表着四合院是武将之家；而方形石墩儿则意味着是文臣之家。台阶的数量越多，象征着家主人的身份越高贵。

在观看表现胡同生活的视频中，我体会到的则是主人公穿梭在胡同里的那份快乐：主人公坐在胡同四合院的房顶上，金色的阳光照在屋檐上，是那么耀眼灿烂；借助主人公的眼睛眺望北京胡同，则感到壮观。具有悠久历史的北京胡同每天都在不断变化中，但它永远是我们最为熟悉、最为亲近的。

这节课使我更加深刻地了解到了北京胡同和四合院生活的点点滴滴。

（二）

在本节前门文化课程中，我们学习并了解了胡同及四合院的相关知识，曾经困扰我"为什么叫四合院"的疑问终于被解开了。

原来，"四"是指东、南、西、北四面，"合"是说合在一起组合起来。东、南、西、北四面的房子围在一起，形成"口"字形，也就是四合院。

通过阅读文本、观看纪录片，我了解到，青砖灰瓦是胡同的主色调；胡同里种植最多的要是国槐和洋槐。院子前所种植的槐树的树龄，基本上就是这个四合院的建造时长。

80 分钟的学习，让我对老北京的胡同和四合院有了更深入的了解。我们要珍惜这存在于身边的宝贵的地方文化资源。

时间！时间！时间！

周末继续忙家务，下周要搬回老宅。备课，处理了教学和工作上的其他杂事。年纪大了，多少有些力不从心，实在顾不了更多，而且越发觉得时间不够用。

今天是星期一，收来七年级上册星期五下午选修课的大部分学生作业，下午没挪窝，花了三个半小时批阅。

感慨时间不够用，是因为倘若时间充裕，每周选修课作业收上来后，都值得写一份文字报告，将有价值的内容做一番梳理。不论是我自己的设计，还是课堂上的推进，或是学生的反馈，有很多值得挖掘……时间就这么多，眼下只能尽可能地通过轮岗日记记录几笔，多少有些可惜。

说令我欣慰的事吧——

做了微调查，学生已经提交的作业中，完成上次任务单第二题（检索相关资料，讲老北京传说）的，有 35 份优质作业，涉及 23 个老北京传说的故事。

上次作业的第三题是有难度的题，要求学生围绕民间传说和史实做些讨论，共三个小题。原题如下：

> 三、这一组文章绝大部分都与民间传说有关。你有没有思考过这样的问题：
>
> （1）民间传说和史实有什么区别和联系？
>
> （2）以上民间传说对我们了解前门文化特色、了解北京传统文化有什么帮助或意义？

（3）古今中外，人类流传下来的神话与传说有哪些宝贵的价值？

这三个题目中，有的题目比较具体，有的题目又很"宏大"，但毫无疑问，都是很值得思考的问题，对你的思考力是个挑战。请你认真思考，利用业余时间与同学、老师以及家长进行探讨，并写下你的见解，题目自拟。我们将邀请你们当中对上述问题很有见地的同学在年级交流会上发表看法。

作业原本就是分层布置的，有 14 名同学选择了这道题。虽然也出现了一些"硬伤"，比如表达过于绝对，有些表述不准确，但总体来说，他们写得质量很高。我分析，出现问题的原因主要是他们的学识有限，思考问题难免不全面或偏颇，这也很正常。

我比较看重的是我给的材料或问题抛出后，能否有效激活部分学生的思考。有个同学特地在文末注明，这是他和妈妈共同讨论后写的（见下文方框），这让我很感动。这也是我开课，特别是设计具有思辨性的问题的出发点——我希望这样的课能打通课堂内外，也希望家长的共同参与。在这样的讨论中，学生能增长的不仅是知识，更是能力。

北京民间传说问题的探讨 1

关于民间传说、神话和史实三者异同的比较与思考

民间传说属于口头叙事文学。它由历史事件、历史人物及地方风物有关的故事组成，是世世代代传承的文化传统，对人类文化多样性文明的发展有巨大贡献。民间传说中多半掺杂着当时的人们天马行空的想象，表达着他们美好的愿景。

史实和民间传说不同。虽然两者都是一些关于当地发生的事情或奇妙现象的记载，由于民间传说是老百姓口口相传的，一传十、十传百可能就"传变了味儿"了。史实却是经过考证并记录下来的真实历史事件。

对于历史，我们自然是无法穿越到过去进行考察的。由于年代过

于久远或保存不到位，一些珍贵的历史材料被遗失，就造成人们对过去的了解多了层障碍。而传说正是打破了现在和过去这层障碍的"利剑"——人们可以根据传说进行考证，提取出正确的部分，并结合现有史料作出结论。此外，民间传说的内容虽有不同程度的幻想成分，但其主题、角色与主要情节都符合生活逻辑。民间传说是具有强烈的生命力的。认真阅读民间传说，就会感受到广大劳动人民的智慧。

我们平时总爱说"神话传说"，因此，说到传说，就不能不提神话。神话是"通过人民幻想，用一种不自觉的艺术方式加工过的自然和社会形式本身"，对于神话的特点，马克思做过很精彩的阐释："任何神话都是用想象和借助想象以征服自然力，支配自然力，把自然力加以形象化。"在现代人看来，神话似乎是荒诞不经的，但对古人来说，却是对许多问题的合理解释。神话堪称一个民族和国家宝贵的精神财富，其题材内容与远古生活和历史有密切关系，是研究人类早期社会婚姻家庭制度、原始宗教、风俗习惯等的重要文献资料。我们了解人类的起源往往是从神话开始的。

一个个耳熟能详的神话传说既体现古人的智慧，又兼备艺术色彩与现实意义。我们应该多阅读了解中国神话和民间传说，传承中华优秀传统文化，赋予这些瑰宝更加生动的活力，使之成为我们不竭的灵感源泉和有益的精神养分。

以上是我和妈妈结合检索的资料进行讨论后整理出来的想法。

期中考试前至少还有两次选修课，计划中，至少有一次要用来进行学生的交流展示。单论这次作业的 23 个传说，以及 14 篇讨论，已经足够支撑起两节课的。

时间！时间！时间！

收笔，去做饭。饭后还有工作。

"服人"

2022 年 04 月 13 日 星期三

今儿得写写（1）班学生们最近的表现，他们好像忽然就开窍了，而且越夸越有。

事情是这样的——

其实前一段他们气着了我一次，那次，我狠狠地批了他们一顿。我琢磨着发一次脾气管一个星期也行啊，总好过天天说纪律。

没想到最近出奇地乖。连着几天的课前读书分享，每一天的状态都有进步。最开始做分享的时候，乱糟糟的。发言的同学站在前面很认真地读，坐在下面听的可就太没样了：趴着的，低头的，忙自己的事的，专注听的没几个人。

对此，我认真地讲了道理。我说如果我们在公众场合，该专心听的时候不听，不给予表达的人以应有的尊重，别人就算不说出来，也会认为你的教养有问题。当众表达需要练，怎样聆听也需要练。所以，现在开始的交流我要盯你们这个事。

要求讲清楚了。第二天开始的交流，一点评发言同学的现场表现，二总结听众听的情况。

表扬过宫同学分享声音洪亮；表扬过房同学推荐语写得认真；表扬过霍同学台风好，遴选书信花了心思……

听的学生们表现得如何呢？

星期一得有七八个没好好听的；星期二有四个；到今天，只有一名同学不够专注。偶有松散，我只需以目示意，学生就会立刻收敛。真是每天都有进步，每天都给我赞美他们的理由。

今天我是下午第三节的课，按理说，下午的课不好上，学生容易疲沓。但今天非常顺当，简直出我意料。所以今天借着夸奖之机又跟他们讲了讲道理，当然，也都是我的心里话——

我说初中是你们成长变化特别大的时候，我觉得你们最近越来越懂事。为什么这么说呢？你们越来越听得进道理，能"服理"，而不是只会"服人"了。

什么是"服人"？哪个老师厉害你们就听谁的，不厉害你们就折腾，这服的就是人。老师品德好，学问好，该服就服，没问题；但听得进去道理，打开自己，道理只要正确就听，这是理性的表现，说明你们在成长。这一点我最近感受得特别明显。我很欣慰，教你们大半年书，终于感受到了。大家能服理，特别好。你们这样的表现对我来说很重要，也给我很多动力。

这就是良性的师生关系。我喜欢。

昨天跟班主任赵雪婷老师聊过学生们的进步，雪婷老师也很高兴，我们都觉得，（1）班的学生们是越夸越有。

之前在轮岗日记里写过学生们在课堂上阅读家书时非常安静。上周连堂课写读后感，课间大部分学生主动留在座位上继续写，头都不抬的，教室里也是安静极了。那时候我心里就在想，哎，（1）班的学生这样发展下去，真是未来可期。坐得住，并不是容易的事，可是他们做到了。

（顺便记一下——在写了作文提纲的前提下，当堂写作文，绝大部分学生能在50分钟左右完成，不少于600字。和学生们说好，这学期要练快速构思成文。学生已经养成习惯，形成规矩，提交"作文三件套"——提纲，正文，文字版自评。）

家书交流完成一轮后，每日课前的分享除了"朗读者"活动，还想再做一轮好书推荐。

——希望学生们纪律状态稳定住，这样，我就能带他们做更多有意思、有意义的事。

"前门文化"校本课程（6）　　2022 年 04 月 14 日 星期四

今天两件事值得记录——

一、上课时带学生看了《大师·傅雷》，以此推进《傅雷家书》的深化阅读。

原来带景山的学生看过，这次带前外的学生看之前，思考了许多。

这几天读书交流过程中，学生读傅雷的信后，要简要说明推荐理由。学生的推荐理由左不过两点：一是父亲对儿子的爱很感人；二是有傅雷与儿子之间就艺术等进行的探讨。想听到他们更深刻些的感受，并没有等来。对学生来说，《傅雷家书》的创作背景虽然书信里有体现，但仍离学生比较远。阅读缺乏深度，责任不在学生。但要引导学生读得更透彻些，不泛泛而谈，不仅读出情感，更了解作者的思想和人格，就需要再给点"推动力"。

从课堂上对学生的观察来看，是有效果的。说实话，我很怕学生习惯轻易地给作品和人物贴标签，不加思考地下结论。越了解傅雷的一生，越让学生肃然起敬，《傅雷家书》的思想与情怀才能真的影响到他们。

二、今天雅丽和舒茗二位徒弟帮了我大忙，把上星期五前门特色文化校本课程的十五份讨论题作业录成了文档。明天要作为第六次课的学习材料印发全年级学生。

这也是课题研究必须积累的一手资料。我晚上又重读了一遍这些作业，亦有新的认识。

语文学科的跨学科学习，地方的历史文化资源理应重视起来，融入课程中。

她俩还帮我做了漂亮的课件——明天由学生上台讲老北京的传说，分享对于传说的认识。

我安排了晓宇主持明天下午的展示活动。前期准备工作我已经做了许多，明儿我要做"甩手掌柜"，只管坐镇和作业点评。

下周学生要介绍他们实地考察的胡同，和雅丽说了，由她主持。

开始给年轻人派活儿，是希望我轮岗结束后，前门特色文化的课也能继续开下去，而且由他们担起来，越做越好。

北京民间传说问题的探讨 2

思考题：

一、这一组文章绝大部分都与民间传说有关。你有没有思考过这样的问题：

（1）民间传说和史实有什么区别和联系？

（2）以上民间传说对我们了解前门文化特色、了解北京传统文化有什么帮助或意义？

（3）古今中外，人类流传下来的神话与传说有哪些宝贵的价值？

这三个题目中，有的题目比较具体，有的题目又很"宏大"，但毫无疑问，都是很值得思考的问题，对你的思考力是个挑战。请你认真思考，利用业余时间与同学、老师以及家长进行探讨，并写下你的见解，题目自拟。

生 1：

民间传说和史实两者之间有联系：传说中有某些比较可靠的历史资料，是真实的历史，并已被考古发掘所证实。

两者之间又有区别：传说是在文字发明以前，人们口耳相传的故事，是一种对过去时代的理解和想象；史实则是真实存在的客观事实，史实就是历史上确实发生过的事。传说有可能发生过，也有可能没发生过。

生 2：

（1）民间传说和史实有什么区别和联系？

我认为，史实是在历史中确实发生的事，传说则通常有大量的主观认知，甚至有的不合实际。但是传说和史实也相互联系：史实是传说的源头和基础，而传说是史实的延伸，若是没有史实的依靠，则传说就不会形成。所以传说是有赖于史实的。（周老师点评：请再斟酌。周老师的具体意见参见其他点评。）

（2）以上民间传说对我们了解前门文化特色、了解北京传统文化有什么帮助或意义？

首先，民间传说能帮助我们更好地理解北京传统文化形成的原因。北京传统文化有许多，但他们绝不是凭空出现的，民间传说就是传统文化的重要组成部分。像"八臂哪吒城"的传说，我们或许起先不理解北京城为什么设计得这么复杂，为什么有这么多城门，但读了这个传说后，我们便容易理解了。其次，民间传说促进了文化的发展，日积月累就形成独特的民族特色。此外，民间传说还能使北京文化显得更加神秘，吸引我们去探索。

（3）古今中外，人类流传下来的神话与传说有哪些宝贵的价值？

我认为最主要的价值便是这些神话是人类文明的结晶，它们反映了人类历史，是人类历史的宝贵产物。除此之外，它们还能让我们了解古代人类丰富的想象力，认识当时古人的思维方式；同时，这些神话与传说也促进了各类宗教的形成。

生 3：

一讲到传说与历史，许多人就会说，这两种是不沾边的，没有联系。其实不是的，如果说历史是地基，那么传说就是依靠地基的家具，

407

点缀着地基（周老师点评：这个说法很形象，但二者是不是这样的关系，需要再斟酌）。所以，传说与历史是相辅相成的，就比如宋朝时期的许仙与白娘子，也许是世人所编造出来的，但是宋朝不是；又比如秦朝时期哭倒长城的孟姜女，孟姜女哭倒长城也许是编造的，但秦朝却是真实存在的。（周老师点评：1.同意你的看法，并做点补充：古代战争频仍，徭役繁重，征夫离妇之怨是传统主题。孟姜女哭倒长城是传说，但徭役对百姓所带来的深重痛苦是真实存在的。2.据考证，孟姜女所哭的是现如今山东齐鲁大地上的齐长城遗址一带。这要比秦长城发生时间提前了近二百多年。）这就是历史与民间传说的联系：传说之中蕴含着历史的真实性，而同时也有着一些点缀。

传说与历史的联系是相辅相成的，但这并不代表它们之间没有区别。举个简单的例子，《三国演义》不等于《三国志》，所以不能把传说当作真实的历史，否则就失去了历史的真实性、科学性。（周老师点评：能举例证明自己的观点，讲道理的方法很好。不过，《三国演义》不是传说，而是小说。所举的例子要准确才好。）另一方面，也不要用历史事件去衡量民间传说，我们应该从那些民间传说中找到合理的成分，并从点滴中寻找历史事件的客观存在。

综上所述，历史与传说是相辅相成的，同时它们并不相同，有所区别。

生4：

在上一次的前门文化课程中，我们学习了相关传说的知识。课后的三道题引发了我深入的思考。

说起神话与传说，大家都会想起各种各样的神仙，千奇百怪的法术，以及美轮美奂的仙境。但这些我们都无法在现实中找到一些物证证明他们的存在，这就是神话与史实的区别。史实有真实物证证明，但神话与传说只是人们从古至今口口相传的故事。但神话与史实是两条平行线吗？我认为不完全是。神话中往往有史实的影子，而且它们都是讲述发生在过去的事情。

那么，传说仅仅是一个故事，对我们毫无价值吗？当然不是，相反，传说对于我们学习前门文化、了解北京起到了相当大的作用。作为初中生，我们学习的历史并没有深入，所以在学习老北京传统文化时，往往有些困难，但传说却可以帮助到我。它就像我们在探索时的一个放大镜，帮助我更好地发掘北京传统文化。除了课上提到的传说，从古至今流传下来的传说对我们也有宝贵的价值，就比如说夏朝，至今为止，我们都没有找到物证证明它的存在，可许多的神话与传说又描述了这样一个是充满魔幻色彩的时代，还可以为我们学习历史开辟新的通道，帮助我们记忆。

以上就是我对三个问题的回答。希望通过同学们的交流与分享，共同完成一份完美的答卷。

生 5：

民间传说对史实有一些历史帮助，通过一些民间传说可以进一步考究历史。以上的民间传说，让我们知道了很多关于前门和北京的知识，例如：八臂哪吒城的传说就对如何建造北京城和古人对建造北京城的构思有所说明；而鲜鱼口的传说则讲了它的来历和一些小故事！还有正阳门门匾为什么没有钩的传说等故事。这些故事不一定是真的，不过肯定对考究和证实历史有所帮助。

神话是我国人民的精神寄托和宝贵的精神财富，这些在文学上也有很重要的影响，远古的生活和历史都有着密切的关系，而传说是古时民间一代人传下一代人的故事。这些是把历史稍加改编，让人们更容易记住，不一定准确，但对现代人考究历史有一定的帮助。

生6：

历史是真实、确切的，传说从历史中汲取养分，生根发芽，在一代代人中口口相传。但你看不见，摸不着，只需用耳朵听就行了。就像电视剧里"据真实事件改编"一样，史实和传说也是这个关系。（周老师点评：表意还要更明确。你是认为史实和传说是一个根据另一个改编的吗？如果你的答案是肯定的，需要再思考。）

传说富有故事性、戏剧性、趣味性，让你一读就停不下来。历史做包装，而包在里面的是精华，是情，是北京人对于脚下这片土地的热爱。我们心中有的一份热爱，影响着聆听这故事的每一个人。

传说的虚实结合是恰到好处的，影响着人类的未来。

生7：

（1）区别和联系

区别在于民间传说有虚构；但史实是历史，是真实的。

联系在于不管是民间传说还是史实，它们都能论从史出，都有一定真实性，可以结合起来考察历史。（周老师：你说传说也有一定真实性，该怎么理解这个真实性呢？愿闻其详。）

（2）帮助或意义

民间传说和史实都可以帮助我们了解历史和当时的社会背景。

（3）价值

民间传说和史实为我们考察历史和一系列历史事件做出重大贡献。

生8：

（1）区别：传说是有一定虚构成分的，是老百姓口口相传下来的。史实是真实存在，可以作为依据的。

（2）联系：传说是劳动人民在史实的基础上发挥想象得到的，补充了史实中间的空缺。

（3）这些传说增强了我们对北京文化的兴趣，让我们对北京文化有了一些基础性了解。

神话传说让我们了解了古人对世界的了解程度，也让我们得知了古人的思维水平，它们让我们国家的文化更加丰富多彩。

生 9：

民间的传说对我们了解前门文化特色，了解北京传统文化有什么帮助或意义？民间传说能让现在的人们更好、更方便地理解一些地名，即使这个民间传说有一定的虚构成分，也会传达出一些有用的信息。就比如鲜鱼口，假如第一次来到这个地方，听到这个名字就可能会产生"这个地方为什么要叫这个名字？"的疑问，而在这时，流传的民间传说就会帮助人们更快理解地名的来源，也让人从民间传说中感受到趣味，从而对前门文化和北京传统文化产生兴趣，这样就会使更多人了解这座城市啦。

生 10：

首先关于民间传说的概念。所谓传说，是指先人对历史的一种叙述，并通过口口相传的方式流传下来。其中一般寄托着民众对美好生活的向往，但史实则是历史上真实存在的事情，而它们之间的联系则是，传说一般会有较可靠的历史资料为基础。（周老师点评：这个观点需要斟酌。试想，牛郎织女的传说以什么历史资料为基础？确切地说，牛郎织女的传说是由古代先民对星宿天文的观测发现逐步演化而来。）

民间传说算是中国传统文化的一个组成部分，所以了解民间传说，

411

可以让我们对前门文化及北京传统文化有更具体的概念及更丰富的内容。

神话和民间传说是一个民族及国家的宝贵财富，它们为后世的创作提供了丰富的题材。不仅如此，神话还具有丰富的美学价值。人类最早的故事往往是从神话传说开始的，当一个民族渐渐发展，开始对世界和对自己的来源问题感到疑惑，并做出各种不同的解答时，这正标志着文明的产生。

生11：

思考了这三个问题，我要分享一下自己的见解。

第一个问题，民间传说和史实有什么区别和联系？我觉得史实是有依据的，表明真实发生的事情，而民间传说不一定真实。可能只是人们对美好事物的向往与寄托，或与事实不完全一致，较为夸张，但他们都有一定真实性为基础。

第二个问题，我觉得了解民间传说也能了解前门文化特色，了解北京传统文化，它们能让我们更好、更全面地了解北京传统文化，了解前门文化特色。

第三个问题，我觉得这些神话与传说反映了当时人们的向往与精神寄托，能帮我们更好地了解当时的情况。神话与传说也能让我们学习其中的精神。

这就是我对上述问题的见解。

生12：

民间传说有虚有实，相比史实，更加虚幻。但能让大家在故事中理解道理或了解知识，所以民间传说一部分是故事，一部分是史实。

这些民间传说别看是故事，但给我们普及了许多前门文化。例如：北京城的地理位置，北京的老住宅以及每个位置的特色历史文化，借助它们，我们对北京城有了初步印象和理解。

神话传说和民间传说是一个民族和国家的宝贵精神财富，在文学史上有着很重要的地位。它反映着一个地方的风俗习惯，原始宗教是很重要的文献资料，神话还具有丰富的美学价值和历史价值，为后世的创作提供了丰富的题材，如女娲补天、后羿射日，都反映了当时的人对自然的认识和征服自然的愿望。这些用奇丽的幻想来组织的神话，富有浪漫主义色彩。

神话和民间传说反映了人们当时的想法，具有一定的史料价值。

生 13：

中国民间传说是中国民间口头叙事文学，由与历史事件、历史人物及地方风物有关的故事组成，是世世代代传承的文化传统，对人类文明多样性发展有巨大贡献，是中华文化中的一颗璀璨明珠。

民间传说是老百姓口口相传，一传十，十传百，可能就传变了味儿了。其中，多半掺杂着当时人们天马行空的想象和美好愿景，史实则不同，史实是经过考证并记录下来的真实历史事件。但两者都是一些关于当地发生的事情或奇妙现象的记载，只不过一个"夸大"变为想象，一个真实变为记录，不难想到，人们自然是更喜欢听有神秘色彩的，传说也就广泛流传开来，以至于一代传一代，一直流传到了今天。

对于历史，我们自然是无法穿越回去进行考察的，而因为年代久远或是保存不到位，一些珍贵的史料遗失，人们对过去的了解就多了层障碍。传说正是打破现在和过去之间屏障的"利剑"，人们可以根据传说进行考证，提取出正确的部分，并结合现有史料做出结论。（周老

413

师点评：更深入的研究以及科学技术的发展都有助于考古，会带来新发现。）此外，民间传说的内容虽有不同程度的幻想成分，但都着眼于现实生活，其主题、角色与主要情节都符合生活逻辑。神话传说是一个民族和国家的宝贵精神财富，它的题材内容与远古生活和历史有着密切关系，是研究人类早期社会婚姻、家庭制度、原始宗教、风俗习惯等很重要的文献资料。

民间传说是具有强大生命力的，认真听取民间故事，就会感觉到广大劳动人民的智慧。人类最早的故事往往是从神话传说开始的，在现代人看来，似乎都是些荒诞不经的神话传说，可是对古人来说，却是合理的解释，他们对这些故事不断地进行不自觉的发挥。

马克思做过很精彩的阐释："任何神话都是用想象和借助想象以征服自然力，支配自然力，把自然力加以形象化。因而，随着这些自然力的实际被支配，神话也就消失了。"神话是"通过人民幻想，用一种不自觉的艺术方式加工过的自然和社会形式本身"，因此，神话可以说是人类早期的不自觉的艺术创作，它往往借助想象和幻想，把自然力和客观世界拟人化。

一个个耳熟能详的传说，体现了古人的智慧又兼具现实意义与艺术色彩，中国传统神话和民间传说，传承了古典文化并赋予其更加生动的活力，使之成为不竭的灵感源泉和有益的精神养分。

"以思想带文字"

景山学校作文教学重视"以思想带文字"，学生年纪越长，年级越高，这条经验越有法宝的功效。

我们要求学生观点要正确，却不管学生如何想才有可能正确。我们要求学生表达要深刻，却似乎忘了，学生需要先能想得深刻，才能写得深刻。我们说学生幼稚，理解能力差，却不琢磨应该利用什么样的教育契机帮助他们走向成熟……

诚然，语文课不是道德与法治课，不是历史课，不是科学课，但如果我们不在思想上引导他们思考，不在视野上开拓他们的眼界，他们何时才能成熟起来呢？都是其他学科的责任吗？

我们得自己主动上手，以语文的方式管，以听说读写的方式管，在输入与输出上下功夫。输入的质量越高，越能促进思想情感的培养；输出的方法越教得清晰，输出的质量也就越高。

学生第一次正经八百写读后感，挑选出来五份，下午讲评用。

这个周末，让学生结合《傅雷家书》和昨天看的纪录片《大师·傅雷》再写第二篇读后感或观后感。我重点抓读后感的写法学生是不是掌握，但密切关注他们的认识。

作文教学的功夫真应该多下在平时，"临时抱佛脚"的做法万万不可取。

415

一个共产主义者的思想觉悟

——读《这是我给你的最后的信了》有感

肖子诺

"我们正是为了救助全中国人民的父母和妻儿，所以牺牲了自己的一切。我们虽然是死了，但我们的遗志自有未死的同志来完成。大丈夫不成功便成仁，死又何憾！"

这段振奋人心的话，出自于陈觉烈士在临刑前给爱人赵云霄的家书。这封临终前写下的遗书，没有什么华丽的语句，却洋溢着深挚浓厚的亲情，读来令人感动至潸然泪下；也没有什么豪言壮语，却充斥着凛然浩气，令人悲痛而催生力量。

这封家书有着一股为国为民的家国情怀，使人心生敬重。"在天愿为比翼鸟，在地愿为连理枝。天长地久有时尽，此恨绵绵无绝期。"人非草木，孰能无情？但为了民族前途，人民解放，陈觉烈士义无反顾地选择了舍小家而顾大家。侠之大者，为国为民。陈觉烈士将共产党人的初心与情怀诠释得淋漓尽致。

这封家书透着一份时代脊梁的使命担当。谁无父母与有情人？他们正是为了救助全中国的父母和妻儿，牺牲了自己的一切。一个时代有一个时代的主题，一个时代的人有一个时代的人的使命和担当。他为了全中国人民的光明前景，选择了勇挑时代重担，将革命进行到底，直至牺牲性命。我们这一辈"新青年"当以陈觉烈士为榜样，学习他的担当精神，主动挑起时代的重任，以点滴行动为全面建成小康社会、实现中华民族伟大复兴的中国梦而不懈努力。

这封家书洋溢着一腔革命主义的道路自信。"我们虽然死了，但我们的遗志自有未死的同志来完成。"这是何等的共产主义自信，又是何等的革命道路自信？共产主义的信仰就如那夜空中的启明星，指引着一代又一代像陈觉烈士这般的共产党人前仆后继、勇往直前。我们也应当从中汲取信仰的力量，始终做到相信共产主义、听党的话、跟党走，做共产主义的忠实捍卫者。

　　信件总是会在时光的不断流逝中褪去色彩，湮没痕迹，所以还有许多像这一封一样的红色家书尚未被我们看到。但我深知，每一封红色家书中都饱含着先烈们革命的澎湃激情。我们不敢忘，我们也绝不能忘，也正是他们，用热血和生命换来了今天的安宁盛世。

　　红色家书，带给我们每一个青年信仰的力量、真理的力量。

"前门特色文化"校本课程小结　　2022年04月17日星期日

这些是上星期五下午，前门特色文化校本课程交流活动的照片。

图8

　　严格遵守疫情防控的要求，没有组织学生全年级开会。而是用物理实验室做主会场，参加交流的学生集中在一起，以直播的方式分享。

交流分两部分：一是学生们讲老北京的传说；二是 3 个学生当代表，讲对传说价值的认识。

图 9

晓宇老师主持，我负责暖场和补充说明。我们邀请了王校长和郝主任等领导，一起给学生们鼓劲儿。

学生们态度都很认真。因为是过程性的活动，提前一天布置下去的，没有让他们做更多的准备。对于是否要排练，我是觉得，若不是终结阶段的汇报，平时的交流中让学生练习的功能更强。当众表达，倾听，小组合作……这些都是需要专门教以及长期训练的。

行止无愧天地，褒贬自有春秋   2022 年 04 月 20 日星期三

和好友兼同行谈心。说到轮岗工作已经大半年，他提醒我，要思考我

"究竟为前外留下了什么?"的问题。

确实是好问题——我该怎么回答?

我一直觉得,我只能用自己的实际行动作答。不论是教学,还是校本课程,或者教研、带徒弟,我都尽力而为了。时间和精力,还有健康的成本,我知道自己付出了多少。教书是良心活儿,轮岗工作也不例外。摸摸良心,心安即可。还是那句话吧,"行止无愧天地,褒贬自有春秋"。

这两周雅丽和舒茗帮我很多。今天她们又帮我做了胡同专题的统计——学生交来的作业中,实地考察了哪些胡同,查阅资料了解的又有哪些胡同,她俩都分别做了细致的统计。

整个年级的作业前几天我已经看过一遍,今天又花三个小时遴选,才确定星期五交流学生的名单。我将学生的优秀作业都拍了照,存了档,继续积累原始资料。

晚上和徒弟们开了线上小会,简单叮嘱了他们,五一前要把做课单元敲定,五一要备出课来。节后好好磨课和试讲,初定五月中下旬,我们师徒齐上阵,他们上青年教师汇报课,我贡献一节研究课。

我并不怕被谁听课,我怕听课的人只听一节"孤零零"的课。

"富养"学生 　　2022 年 04 月 21 日 星期四

备课的时候我就在想,过程性的作文教学一定要"富养"学生。

啥叫"富养"?就是不仅要让作文指导尽可能前置,还要在这个环节中提供足够的支持,让学生一起步就有小试牛刀的成就感。这样,学生才能越写越不发怵。

如何保证课堂效率和教学的效益？我特地写了指导性文字。教是为了不教，我现在写得细致，也是为了以后不写。

我们班练过的作文提纲至少十几份了，作文的"三件套"已经成了习惯。但每次作文除了有针对性，还都会再提新要求。

这次，我正式宣布，进入训练当堂快速构思成文的阶段。以下是给学生写的指导，此刻读，我发现自己有做"女唐僧"的潜质。确实苦口婆心，心理工作没少做。

见字如面·给挚爱亲人写信

这一次，我们要给挚爱的亲人写一封信，这项任务，在上学期期末线上课布置寒假作业时就提过；这学期我们开始启动"见字如面——《傅雷家书》"的项目学习时，我也说过。期中考试在即，是时候动笔写了——这也算是期中考试前记叙文的强化复习训练吧。更重要的是，从现在开始，我要带你们进入作文教学的课堂快速构思练习阶段了，这个学期会练习两到三次。就这样，不提前通知，当堂命题，现场构思写提纲并撰写成文。当然，从老师提供学习支架到你完全独立完成，咱们会循序渐进。

有的同学可能会说，从小学到中学，我们以前就会做当堂命题的作文呀，这种方式本来就有。确实，这种方式的确一直都有，但这种本领你是否具备，这需要扪心自问。即便有，也需要自我评估一下——从选材到构思立意，再到一气呵成，写出一篇比较像样甚至优秀的作文，这个本事我究竟有没有？有几分？

教你们大半年了，以周老师对你们的了解，我的回答是：咱们必须练，本事越练越有，咱要有真本事，练的过程就别糊弄自己。

"认真对待每一次写作。"这是上上星期四你们写读后感时我写在黑板上的话，从交上来的作文来看，不是每个人都做得到，咱们班还有极大的提升空间。

帮你们做好了写作文的精神准备，以下提本次作文的写作要求：

1. 给挚爱亲人写一封信，不少于 600 字。

2. "文章不是无情物，唯有真情最动人"，请你打开心扉，让感情自然地在文字中流淌，以真挚的情感和坦诚的态度打动读者。

3. 时间 60 分钟（含课间）。老规矩——交作文提纲、正文、自我评价"三件套"。

友情提醒：

1. 老师为你准备的学习材料包括任海林、肖尧老师的文章《文章不是无情物　唯有真情最动人》，原景山学校八年级学生的五篇同题作文。你只要认真读了，读进去，一定会受到启发。

2. 务必注意信件格式要正确。搞不清格式要求的同学可参考例文。

3. 期中后还要修改作文，召开班级的"见字如面"项目学习成果展示会。

很客观地说，学生现在上道儿多了。又是安静的课堂，学生们奋笔疾书，只有少部分学生表现出卡顿没思路。

两节课加课间 90 分钟，我思想动员加布置任务加写作指导 15 分钟左右，剩下的时间由学生支配。

下课铃一响就收了作文。结果，一人病假，一人未交。两人字数偏少，只四五百字。其余的同学，至少字数和时间都是合格的。

又，晕死了，上课时姚同学一直在擤鼻涕，我还问了问情况，以为她感冒了。结果刚读到她的自评——"在作文纸上便能看出在写这封信时，我已哭得无法自拔。速度不错，按时间顺序写。"

现在，轮到我担心自己了——上一届学生给挚爱亲人的信就读得我眼泪婆娑的……

又及，昨晚备课时琢磨这次的作文要求该怎么提——肯定不能只是强调书信格式，必须强调真情实感，脑袋里挥之不去的就一句话——"唯有真情最动人"。没有精力再为学生写专门文章讲其中的道理，又觉得他们的真情不仅需要情感的激活，还要教方法……于是就检索知网。果然英雄所见略同，有老师已经写了同题的指导文章，读来也甚合我意。再一看作者，我乐了。原来是海林和另外一位作者2011年合写的。

嘿嘿，果然是我兄弟，什么叫"心有灵犀"呢！

很多思考（4月24日补写）　　　　2022年04月22日星期五

累到不想说话。

此刻是4月24日的下午，上面这句话还是22日星期五傍晚写的。现在写完了它，晚上再写今天的。

星期五那天上午听了三节课。下午先上语文课，再上前门特色文化课……回家后，就是已经累残的状态。

听三节课，由此引发了很多思考。我想的问题包括——新课标已经颁布，我们有没有开始学习？读懂了多少？从传统课堂到新课标提倡的课堂，究竟有多远的距离？究竟应该怎样落实新课标的精神？

学习任务群是否能解决语文学习的所有问题，是不是解决问题的唯一方法和路径，同样也值得研究。再则，如果更多的学科都以任务群方式推进，是否会导致学生学习活动的"叠床架屋"，加重学生负担？需要通过更顶层的设计才有可能避免此种问题的发生。

下午语文课上小齐向同学们推荐了《两地书》。征求过我的意见，他给同学们读的不是书信，而是鲁迅先生撰写的前言。不论是读前言，还是讲推荐理由，小齐都慷慨激昂的，发言特别有感染力，也有深度，很赞。

下午前门特色文化课还是晓宇来主持。今天的交流主题是雅丽她们做了大量准备工作，活动交流比较顺利。

五一后前门特色文化课进入后半程，七年级组长来找我商量，我们打算设计一个跨学科的项目学习活动。

补记这几笔，晚上空了再写。

生活会越来越好　　　2022 年 04 月 24 日星期日

昨天是读书日，我只在下午转过公众号的文章，没有说更多的话，因为，昨天是母亲病逝两周年的祭日。

我们一家人照例去华夏陵园扫了墓。去年祖父祖母的遗物和骨灰也迁至此，与母亲一起合葬，这里已经是真正意义上的家族墓了。将来，我们也会长眠于此。

同样是照例，在父亲的引领下，我们和长眠于地下的亲人说说心里话，汇报一下这段时间以来的生活状况和对他们的无尽思念。这思念是绵长的，在梦里，在不经意间的回首中，多少次想到他们，特别是我们的母亲。两年了，我们也还会感伤，黯然落泪，甚至是做梦哭醒……

我跟母亲说，这一年来，也因为疫情的缘故，我对"家"的体会更多了。

父亲是我们的"定海神针",有父亲在,我们就特别踏实;长姐则越来越像母亲,为我们每一个人操心;我们一家人都很团结,孩子们也越来越彼此亲近。我说请母亲放心,我重新装修了老宅,这对我来说,也是振作起来生活的方式……

扫墓之后我们沿着来时路折返,我的心里平静了许多,因为我相信祖父、祖母和母亲,他们一定都在天上看着我们,也在时时庇护着我们。今后的路不论是平顺还是坎坷,我们一家人守在一起,用爱呵护彼此,就总能应对过去,生活会越来越好。

常态化 2022 年 04 月 25 日 星期一

此刻是 26 号的清晨。昨天下午去打了第三针疫苗,晚上 7 点多就睡了。2 点醒来,看到几位外地的好友和同行因为关心我而发来私信,或叮嘱我多加小心,或问我是否需要寄吃的来,很感动。跟关心我的好朋友们一并交代一下——我们现在正常上班中。防疫工作有统一部署,都是按部就班地执行。物资供应充足,家里也有各种储备。且不说"一万",只说"万一",也是没问题的。(对照上海好友发来的清单,我家好像只没有可乐,因为原本也极少喝碳酸饮料。)个人出行也确实也多了小心,戴口罩,勤洗手。我原来一日三餐比较凑合,现在也注意加强了营养,乖得很。

期中考试在即,这周主要是带学生练习非连续文本的阅读。课前围绕家书展开的交流一直持续着。昨天田同学着实令人惊艳了一把。他朗读的是第一次世界大战时期英国士兵写给妻子的信,声音洪亮,语气语调都惟妙惟肖。

为了讲清楚为什么推荐此信，他还特地列举了战争中的死亡人数等翔实的数据，看得出他精心做了准备。

田同学的表现再次证明一点：我们一定一定要在课堂上多给学生展示的空间，而且是每一个学生。千万不要将我们关注的重点只放在成绩优秀的学生身上。分享展示活动是常态化的听说训练，再平常的活动中也存在激活学生学习语文兴趣的机会。

关于课标的"立体坐标系"   2022 年 04 月 26 日 星期二

学习新课标，最"笨"的办法就是比较阅读，一和 2011 版义教课标比较，二和 2017 版高中语文课程标准比较。结合教改的大背景，以系统化、结构化的思维来读课标，注意小学、初中、高中五个学段要求的递增和贯通，头脑中就能形成关于课标的"立体坐标系"。

如果一直关注高中课改，现在再学习义教新课标，也不会是难事。怕就怕眼光和脚步一直原地踏步，那理解新课标、新课改的"新"可能就会费些力气。

前几天和晓宇说教学上要做长线安排，整本书阅读与阅读教学、写作教学"多线程"齐头并进，教学设计与安排上必须学会统筹。整本书阅读的导读和分享展示等可以集中处理，但学生的读应该给足时间，所以一定要做长线的教学。一是长线，二是要整合。做项目学习以来，我一直强调"课内课外，听说读写，线上线下，三位一体"的整合，就算网络的整合受限于软硬件以及现实的制约，那还有读、写、整本书、综合性学习等可以整合——以项目学习的推进，是"投入"和"产出""性价比"非常高的方式。当然，怎

425

么整合，还真不是照着模板就能整好的，要考虑语文学科自身的规律。

下个月，最迟六月，计划和徒弟们一起做研究课——我不喜欢把要做的课命名为展示课或示范课。我喜欢研究课。不求完美，但求能一起研究点儿真问题。

研究什么呢？

我的想法就是研究新课标，先学习，再实践。以项目式学习或八、九年级教材中"活动·探究"单元呈现的方式那样进行单元整体设计。上个学期推了一下单元整体设计，徒弟们有进步，但离真正掌握尚有距离。

又，五一假期要彻底地收拾家。搬回来之后完全顾不上整理，家里一片狼藉。还要备课，写稿，和家人吃个饭。算了算，五天完全不够用。

下午参加景山学校的大会，和老师们分享了义教语文新课标的学习所得。一点儿一点儿与 2011 版义教课标以及 2017 版高中语文课标做过比对，因为时间有限，表述也只能择其要。多亏景山校领导督促，老老实实做了点准备。

之前交作业时写了文字稿，摘一段做学习总结：

> 通过比较我们不难发现，从小学到初中再到高中，语文课程标准已经形成了完整的结构化的序列。通过学习新课标，我们应该形成这样的共识：语文教学关注的重心已经从过去关注教师的教转向了学生的学——不论是老师还是家长，不仅要关心学生的成绩，更要关心他们在语文学习过程中表现出来的学习态度、参与程度和核心素养的发展水平。比如，是否有强烈的求知欲、好奇心，是否有探索精神，是否有与他人沟通、合作的能力以及想象力、创新能力等。这一系列品质与能力都具备了，考试取得佳绩是水到渠成的事。成绩当然很重要，但不是唯一重要的，甚至不是最重要的——不论是学校教育还是家庭教育，抑或是社会教育——我们的教育立了什么的德，树了什么样的人，这才是最重要的。

从"有趣"到"理趣"　

凌晨起来，看到头天晚上前外工作群和学生家长群里，领导和班主任们有序而紧张地安排防疫工作，工作到那么晚，着实感动。特殊时期，冷静是最要紧的。五一后期中考试，无论如何，线上还是线下，教学该怎样做就怎样做。回想两年前，我也是带八年级，那一段我们在线上围绕战疫开展创意读写，很多学生一下子成熟起来。现在这些学生能不能也在这样的环境中培养自律意识，提高时间管理、自学能力，甚至也因为特殊背景多思考呢？我很希望如此。（微信加了好几个前外的学生。上课没机会多讲道理，很希望他们看到我写的这几句，能引起他们的深思。）

上午和同行围绕单元教学做了一些交流。之前讲这个话题，到如何根据教材做单元教学设计，特别会介绍项目学习的做法，也就打住了。现在开始，则要继续延伸——与新课标对接。

教材单元与教学单元有别，单元教学的设计有若干种路径和方法，今天我们需要更加明晰，要以学习任务群的方式来设计单元教学。

是不是有一系列学习任务就是符合新课标理念的学习任务群呢？我看不然。需要看看有没有为这一系列任务创设情境。

义教阶段，情境和任务要有挑战性的同时，还需要有趣。"有趣"这一条课标里没有提，是我们的实践经验。借助我们做科普科幻教育的经验，是要从形式感强的有趣，逐步"进化"到"理趣"。

"理趣"这个词是跟《科普时报》主编尹传红老师学的，特别"好用"。不仅体现思维发展，还显示了其魅力。

再有，还要看任务群的任务与任务之间关系是否紧密。教材上的综合性学习各项活动有的结合紧密，是一体化设计；有的还有些散乱，几个活动各是各的，需要重整。

好的学习任务群有个明显标志，就是统整性好，一气呵成，环环相扣的感觉。不是 1+1+1 = 3 的那样，而是 1+1+1 还 = 1，等于很完整、很有力度的一个"1"。

以这样的标准来看老师们已有的设计，很多需要改进。

八年级上册到九年级下册教材中的"活动·探究"单元，这四个单元的设计明摆着是和高中学习任务群做对接的。不知道该怎样做单元教学设计的，特别是不知道如何创设情境与任务的老师，照教材学就行。

朋友圈教学备忘录 2022 年 04 月 28 日 星期四

网络是个好东西，如果用得好的话。

像我这样习惯拿朋友圈当教学备忘录用的人，找以前学生做的复习计划，搜关键词就行。用三年前教的学生的例子给前外八年级（1）班的学生们看，对什么是"可行性强"的计划的呈现，还是很直观的，希望能启发到现在的学生们。

再唠叨几句。

1.还是有很多老师把教材单元和教学单元混为一谈了，完全按照教材单元设计，不敢越雷池半步。

其实教材编写者都没这么要求，他们在培训中明确说，老师们有二次开发的权利。

二次开发并不是说我们就可以不要或轻视教材了；相反，我们要认真揣摩教材是如何落实课标精神和目标要求的。

二次开发最主要的是要结合学情。

2. 景山教材里有我认为比较理想的助学系统。

举个例子：

景山教材编写时主编周韫玉老师反复强调，课后探究练习要起教学质量"保底"的作用，类似学案。不管业务水平属于哪个层级的老师，带着学生完成好课后的探究练习，这篇课文的学习也就八九不离十了。当初编教材的时候，编写组没少在"一课一得"上下功夫。每课后的探究练习必须对照分解后的学期目标、单元目标和单篇目标，看是不是对着目标设计的题目。

再举个例子：

插图。景山版教材插图是我所见过的国内语文教材中质量最好的之一。再加排版，再加全部彩色印刷，再加那么好的纸张……

好的插图与课文之间能形成互补、印证、拓展等非常奇妙的互动关系。当年曾有想法，和王惟震老先生合作论文，专论景山版教材插图的设计与功能。

统编教材推行后，没有了写论文的动力，但私下里仍是心心念念的。

3. 景山过去也做大单元教学，我们连教材单元的编排都是"大"的。再读梁启超的主张，几乎能判断，景山的做法是在前人教改基础上的延续、发展。再有，群文阅读也不是什么新东西。

429

劳动节前夜

调整好心态，有利于提高身体免疫力。

提前放假一天。6 点爬起来赶紧把花种了。月中搬回来后一直忙，家里乱七八糟的。忙累了就补觉，醒了就继续收拾。打算用三天收拾，归整利落了再备课写稿子。名副其实的劳动节，奖励自己一朵小红花。

任务驱动

上午一边收拾屋子，一边听讲座。

先听郑国民老师解读课标。对照自己之前在学校的分享，继续做反思，自觉对课标的理解整体方向是对的。

再听郑桂华老师的整本书阅读讲座。刚听到她提到有老师评价《傅雷家书》是傅雷"伪善的包装"，心里着实一惊，觉得莫名的悲哀。

想起来前外学生在课上的回应——那次我也是问学生："网络上有观点认为傅雷对傅聪是'家暴'，你们怎么看这个问题？"学生的态度是辩证的，并非一味应和。印象里他们表现出来的立场是考虑到时代背景，考虑到傅雷对傅聪的苦心与期待，也考虑到传统教育的方式。

　　不苛求古人的思维方式也适用于评价不同历史背景下的前人……很难想象持傅雷"伪善"论观点的老师究竟是经过怎样的思考得出这样的结论，也很难想象老师在教学中又是如何把这样一部作品带给学生的。

　　第一次听说"任务驱动"是 2000 年前后，那时学校在做计算机作为学具的实验班。范禄燕校长牵头，郭善渡老师带我们一起做。一共两届，各一个实验班。我们班是第一拨，邱悦校长那时是班主任，我教语文——凡教这个班的老师，都是课题组成员。当然，这个机会也是自己争取的。

　　当时做这个课题可参考的资料并不多，我们几乎就算得上"吃螃蟹"的。该怎么整合，我时常会感到困惑。去问郭善渡老师，他总是笑眯眯地回我说，任务驱动——你要自己想办法！

　　这么多年过去，回望这一路，确实啊，很多工作都是以"任务驱动"的方式在推进。任务完成了，成果也就积累下来了。

　　想起这个，是因为最近被各种任务驱动着。很累，但也幸亏有任务驱动，才没有停下脚步，每天都有或多或少的长进。

2022 年 5 月

扯几句闲篇儿

收拾东西中，累了。扯几句闲篇儿。

1. 劳动节真是在劳动，昨晚收拾书到 3 点，今儿一早又醒了，典型的劳碌命。

2. 想做个纯粹的读书人，只读自己喜欢的书，没任何心事的那种。

3. 我会做饭，手艺还不错。再有书，有音乐，有茶，有三五个能扯几句闲篇儿、默契的好友，已经知足。

4. 年纪大了并不可怕，我就觉得现在挺好，比年轻时从容多了，也通透很多。

5. 书，打算读一本就舍弃一本。刚才看，教育专业的书确实要再清理一下，书架放不下。杨校长说可以放在前外图书馆，等我挑选一下。

6. 昨晚在多抓鱼上试了试，二手书太不值钱了。基本上 1.2 折，还有很多书被拒收，特别是散文之类的。真是羞煞读书人。

7. 从去年 12 月到今天，没有买过新衣服。除了贴身衣物，其余的估计到老都不用买了，实在太多了。那也得夸我自己一下。

继续干活去。

怀念 2019

2022 年 05 月 03 日星期二

1.装修后的收拾真是折磨人的活儿，连着收拾了三天，手疼得越发厉害不说，前天夜里居然流了很多鼻血，吓得自己赶紧老实去休息。和父亲电话说，四号不要来我这了，肯定收拾不完。反正疫情也不宜聚会……父亲笑了，问我国庆节能不能收拾好。应该行吧，毕竟还有暑假……

2. 邻居家养了八哥和绣眼。三只鸟笼就挂我窗外的绳子上，它们全然不知外面的世界发生了什么，从清晨到日暮，不知疲倦地鸣叫着。

我呢，昨天到今天，在重读景山语文教改的文献。中午出去做了核酸。下午，最迟晚上要动笔写点东西……

3. 这几天看网文说很多人在怀念 2019 年。也想了想我的 2019 年有什么可怀念的……

那年寒假我去过日本看书法展，暑假走了趟西北环线，秋天和两个姐姐陪母亲去了山西大同看龙门石窟……甚至 2020 年 1 月 19 日前我们娘儿四个还一起去过日本……

两年过去，生活还在原来的轨道上继续。我教着书，也做自己力所能及的事，但生活又似乎改变了很多。因为疫情，也因为母亲已经不在人世……

继续线上教学一周。学生们当调整状态，做好时间管理，切不可松懈。

青年节

青年节，写给自己和我亲爱的同事——

这几天一头扎在了故纸堆里，重读文献。

读到周正逵先生在《漫漫求索路》中对景山语文教学改革 30 年的批评，以前读时没留心，现在注意了，比读总结的经验更觉得痛，也更觉得有价值——周先生说，对景山学校语文教学改革实验 30 年的内部情况进行考察，感到主要存在以下五个问题：一是宏观调控多，微观把握少；二是提出问题多，深入研究少；三是实验项目多，坚持到底少；四是固守阵地多，扩大战果少；五是教改成果多，及时总结少。对照周先生说的"五少"来反省，我们当下的语文研究又何尝不如是呢？

这几天正在做景山初中语文实验教材阅读的学习与教学策略的梳理。八本教材，工程浩大，劳力劳心。

决定做这件事，既有北大汪锋老师约稿的推动力，也受荣维东教授《我国的语文课程到底要不要教阅读策略》一文的启发，更有面对几代景山语文人努力的反思——

景山建校 62 年。截至 2016 年，学校一共编写了四套语文教材，语文教改几乎不断线。在我看来，这些凝聚了包括我们在内的几代景山人智慧的成果是有极其重要价值的。

2017 年义教语文统编教材使用以来，我们初中语文教学团队的老师们将景山语文实验教材转化为教学资源，把教材试教过程中积累的经验应用在统编教材使用中，既有继承，也有发展。

景山学校每逢大日子都会做盘点，但站在今天教育教学改革的时间节点上看，特别是新的义教阶段语文课标已经颁布，我们依托教材编写和试教所做的总结还是偏零乱、需要体系化的。景山学校编写了非常好的初中语文实验教材，我们参与其中十余年，我一直觉得这是前辈带领我们创造的精神财富。但，"酒香也怕巷子深"啊！过去多少年的景山学校初中语文教改经验都凝聚在教材里，在今天的教改中，这些好的理念、好的做法，理应被释放出来……这是我的执念，也是个心结吧。我不愿意去想这该谁做，我只觉得，我该做，我们该做。

个人能力有限，时间总不够用，生怕犯前辈说的"五少"的毛病……我先做 1.0 版本，眼下我能做成啥样就啥样，算是打个底子。后续，等我结束轮岗回来，再一起？

做终身学习者

老师们觉得跨学科学习任务单难设计，说到底是我们把自己圈在学科内部太久了。某种意义上说，这个学科的圈圈又何尝不是座象牙塔呢？象牙塔内待得久，不知道本学科以外是什么情形，更不知道外部社会是怎样的存在。所以，即便是有限度的跨学科，都会觉得难。不改善自己的知识结构，不扩大视野，即便勉强跨了学科，恐怕离真实情境也相距甚远。我们期待学生成为什么样的人，自己要先努力做到。六个学习任务群的目标要求自己先达到，再扩展到十八个，再……做终身学习者首先说的是我们老师自己。

不要僵化理解"跨学科"

　　新课标出台，新教材还需等待一段时日。用现行统编教材实践新课标并非难事。以跨学科学习任务群为例，先研读新课标的具体规定，如何设计与实施，其实方法和路径都相当清晰。问题在于不要僵化地理解"跨学科"。

　　以往常见的问题是一说跨学科，就各个学科齐上阵，不做点儿贡献都说不过去的那样。这就是理解上僵化了。"拼盘式"也不对，各学科之间缺乏有机的关联，缺少内在逻辑。（几年前李佩宁老师做过这方面的讲座，当时听了就觉得很受益。）跨学科，不同学科之间有内在逻辑的关联是关键。

　　再有一种僵化的理解，是把跨学科狭义地理解为学校内开设课程的学科，这么理解就狭隘了。要放到真实社会、更大范围来理解——应是我们人类现实社会中的各学科的"跨"。也不仅是学科，更是领域。跨领域的理念比跨学科开合度更大，也更贴合真实生活。

　　老师们可以从学校内部的学科融合起步。注意，这只是起步，和其他学科老师请教，看看有没有可以联手做的，或者干脆就借助其他学科做的实验和调查做语文的事。这一点上大家可以向钟传祎老师学习，钟老师的学科作文的理念与方法可以借鉴或直接拿来用。对，就是"拿来主义"。

　　当然更可以自己设计。老师们要能迈出去这样三步——

　　一是再研究教材，看看可以围绕现行教材，向"外"、和哪些学科有结合点。比如说明性文章的两个单元，既可以与科学学科结合，也可以和艺术类学科结合。

　　二是打破学科边界，和其他学科老师共同组成研修共同体，各学科都有设计跨学科学习任务的需求，坐在一起商量就是。最理想的模式是做长线设计，别光设计一个学期的，要做一个学段，甚至九年、十二年的设计，让10% 的跨学科学习成体系——这是我认为最理想的模式。

三是老师自己要"变身"。我以前打过比方，要像全科医生那样，让自己努力具备跨学科的知识结构、方法和能力，做个"全科教师"。当然很难真的全学科精通，但思想上要力争达到这个境界。比如，作为语文老师，对科学、历史、艺术等其他相关学科或领域要有基本了解，比如对科学精神、科学方法等有基本的了解；对历史学科提倡的历史观以及认识历史的方法有基本的了解，诸如此类。学完了语文新课标，再学学其他学科的新课标，这 10% 的跨学科肯定就会有思路。

有老师觉得我在一些事上做在先了。其实，我在教改上并不激进。教改关系到学生，所以我很小心，很在意实践背后的学理。课堂是教改的试验田，但绝不意味着学生就是牺牲品，这是必须做到的。我努力在学理上理顺，坚持在实践中做动态调整，这些都很重要。我能分享的经验或者认识应该说都是经过长期实践的。

我比较懒得写稿子，因为时间不够用。就先这样随手写写吧。

学着妥协

不服老不行，学着妥协。开启老老实实吃药模式，不然身体就频繁出状况，掉链子。吃药也不一定不出状况，昨晚明明按时吃了第二顿脱敏药，半小时不到，荨麻疹依然犯，整得我百爪挠心，工作睡眠两耽误。越来越明白"老"是什么意思。

居家也要保持秩序感

居家上网课，也是轮岗。学校的要求和线上教学开展得很正常，就一直没有写轮岗日记。

线上教学中也有"有意思"的点。比如学生的状态，有好几个在线下教学中有些散漫的学生，在线上课从听课到作业，状况都好很多。这和以往的线上教学不一样……当然，学习质量如何还需要再检测。我比较好奇原因——和独立学习的环境以及家长的监督有关吗？再到学校上课时要了解一下原因。

除了备课、上课，很多时间用在了做学问上。听讲座，结合新课标做专题学习，课题研讨，疫情防控要求我们过简单的生活，除去不得已的成分，我倒是很满意这样的简单。

最近集中读了一批"阅读之书"，关于阅读策略、阅读方法的，从小学到中学。有重读，有新读，受到新的启发。

新课标提倡少做题，多读书，好（hào）读书，读好（hǎo）书，读整本书——理念很好。我们的学生做的题并不算多，但"好（hào）读书"的"好（hào）"字有些学生是缺失的。不是每个学生都有多读书的兴趣和"好（hào）读书"的品质，有几个问题需要追问：

读书（学习）的兴趣是从何时开始衰减乃至丧失的？不能笼统地说是从上学开始，那是过于意气的表达。所有的问题都要去情绪化地不断追问。

比如，学生是对课标与教材推荐阅读的作品不感兴趣，还是对什么书都没兴趣？学生是不是有阅读障碍？我们发现了没有？干预了没有？以及我们自己有没有能力和方法进行干预？到了自己任教的学段，为唤醒、调动学生的阅读兴趣，自己做了哪些努力？……可以追问和思考的问题很多。

我一直有个感觉——我们对学习中的非智力因素重视得太不够了。

刚转了谢小庆老师的文章。其实，批判性思维的书集中看它一批，这个批判性思维 / 审辨思维就没那么难掌握，思辨性阅读与表达学习任务群教学的设计也会有思路。学习—思考—实践—思考—再学习……适用于各种需要思考和解决的问题——个人的经验之谈。

简单记录一笔。

阅读之书

备课—核酸—线上研讨—再备课—语文课—选修课。充实，居家也要保持秩序感，除了眼睛和老腰费得快，晚上再继续码字。

居家上课也是妥妥的天选打工人一枚，学校领导、干部和班主任们更辛苦，无论如何，要保持好心态。

已经快读书读傻了

《大概念教学》和《课堂生活》(罗明军老师推荐) 今天刚到货……还有

几本在路上，下午应该能到。强烈推荐《我会独立思考》，这本非常通俗易懂，循序渐进，还有很接地气的测试题帮读者自我诊断。适合小学高段和初中——当然，也适合不会独立思考的高中生以及成年人。我是打算推荐给我的学生的。

只是觉得，我已经快读书读傻了。

摸"鱼"

居家上课，老腰和眼睛明显费得厉害。也没啥办法……打起精神来，准备上课。

港版书真是好贵。上一波五本，小一千。刚下单的九本，薄厚不一，又是小一千。

没有买新衣服，钱也没省下。

深圳宋飞老师让我晒书，不晒了，买的都是 IBDP[①] 的书。想了解得透彻些，也觉得有可借鉴之处，所以就买书来看。平时台版书是主要是在群里买，看到合心意的就买，但忙起来（经常）顾不上看群，错过不少好书，缘分不到吧，也不觉得遗憾。刺鱼书店也卖港版台版，文史哲居多吧，在线下去过书店，有点远，但还挺喜欢。也是因为没时间看"鱼"群里消息，线上只买过几本。

---

① IBDP 课程全称为国际预科证书课程（International Baccalaureate Diploma Programme，IBDP），是由国际文凭组织（International Baccalaureate Organization，IBO）为高中生设计的为期两年的课程。

快乐的片羽时光

2022 年 05 月 19 日 星期四

今天上课前，霍同学私信我，说今儿是赵同学生日，因为不能到学校和同学们一起过，她闷闷不乐。问我能不能上课时给赵同学生日祝福。我说"当然"。

看了看时间，快上课了，赶紧做了一页祝福的课件，给赵同学，也给五月的小寿星们（尽管我问了半天也不知道还有谁）。课前在线上教室里和姑娘道了生日快乐，看见子诺在聊天区说："排面真大！"我笑了半天。尽管有疫情，仍是希望孩子们每一天脸上都有笑容，都有快乐的片羽时光。

这几天孩儿们的笔记和作业写得越来越好。必须不吝赞美，男生加星，女生给小红心。

课前我还谈了谈心——大意是说，大家现在听课状态很好，请记住这种感觉。要有意识总结这段自己的学习，养成了哪些好习惯……回学校后也要保持。

希望再开学时的期中考试，大家也能给自己一个满意的交代。

441

观测的沉浸式体验

2022 年 05 月 20 日星期五

今天下午，我亲爱的师姐——正阳门管理处袁学军老师给前外七年级的同学们做了北京雨燕的专题讲座。不知道孩子们听的感受如何，我是很喜欢的。从雨燕的生活习性，到雨燕的观测和保护，袁老师给孩子们呈现了非常丰富的文字、图片、音频和视频资料。他们研究团队这几年录的观测视频尤显珍贵。

之前有一次，师姐在电话里跟我说，他们的雨燕课程已经走进好几所学校，当时我还以为，我们一定是最占先机的一个——毕竟我们就挨着正阳门。我们要是带孩子们观测雨燕，绝对有沉浸式体验的优势。没承想……虽有遗憾，但还是相信一切都会好起来。面包会有的，前门特色文化课程沉浸式体验也会有的。能在北京传统文化的课程里融入科普元素，这是以前六轮试教里所没有的。很期待学生的听课总结，想知道他们有多少收获。

下课后电话师姐，才知道师姐今天身体有恙，是打着精神上的课。上课前师姐只字未提，着实很感动！替孩子们谢谢师姐啦！

学习任务群可以包括但不限于项目学习。这是对的，而且意味着对老师的要求其实更高。

项目学习任务的设计不必搞得太烦琐，但一定要有挑战性。

提供支架和整合资源非常重要。好的支架会带来学生的明显转变。老师需要注意的是劣质支架——说了跟没说没啥区别，都是正确的废话。

要教学生想问题的方法、做事的方法，这个很重要。前提是老师自己掌握。

要让整个项目的落地变得结结实实的，每个环节，每个步骤。学生一步步做下去，他能看到成果，有获得感，就会逐渐自信起来。

教方法不是一定要讲方法。我用得最多的有两招：一是给学生提供支架材料，让他们自己研究，找出这个方法来。当然这个材料不是随便找的，必须既专业，又易懂。二是给范例，学生需要感知到成果是什么样的就是合格了。这些都不需要老师去讲。让学生自己去研究，他们搞得定。

学习任务群能不能给学生带来发展，关键是这些要做实。

一追到底 2022 年 05 月 22 日 星期日

深入学习新课标，是要静下心来研读和反思的。怎么研读？一字一句的读。光靠听了几场新课标解读讲座远远不够。我个人更看重温儒敏老师的那场，不仅看温老师的态度，也学温老师研读方法。换言之，不能只是了解新课标，还要从中发现问题，有自己的思考。

课标具有普适性，具体落地还要看教材，看学情。对课标的认识既要重视，也要冷静、客观，冷漠无视和"太过上头"都不好。我看到好几位专家和教研员老师都是在自己梳理新课标，我也是这样做的，一点一点地，看起来是慢功夫、笨功夫，也是真能取得实效的功夫。光听别人讲课标，对我们来说是远远不够的。

对新课标中的要求做出专属的回应并不是简单地套用新课标来衡量自己的教学是否达标，而是要形成自己全面的认识，对新课标有自己的研判。我

443

们有这个资格，也要锻炼自己具备这个能力。

新课标研究的空间很大，我个人的方法还是那个——一追到底。

比如作业，作业只是教学设计与实施中的一环，是一个"切片"，把这个环节放大来研究，穷追不舍，尽量把大问题分解成小问题，分而治之，再整成大问题，对我来说，才能把这个问题琢磨得通透一些。

关于作业，有很多要探讨的问题。关于课标要研读什么，实践什么，值得探讨的就更多了。

个人头脑风暴，随手记。

唯有学习，教书才有底气　　　　2022 年 05 月 27 日 星期五

一个重要峰会今天开幕，要忙一整天，希望有回放。我承接的任务是在明天下午的初中语文分论坛上，讲"文学阅读与创意表达"以及"思辨性阅读与表达"两个学习任务群的设计与实施。

最近琢磨新课标比较多。我的心得是：对于新课标，一线老师一定要形成自己的清晰而完整的认识，单靠听专家讲是不行的。学习了新课标也不意味着直接能落地，起步阶段当然可以照猫画虎，但照猫画虎保证不了学习任务群从设计到实施的质量。任何一个学习任务群，从课标到落地，中间不仅需要一线老师想清楚许多问题，也需要一线老师有较强的专业水平，有眼界和格局。

换言之，当下的教育对教师专业水平的要求越来越高。作为 31 年教龄的教师，这几年最大的感受就是唯有学习，教书才有底气。老师也需要在"做中学"，不做，不迈出这一步，总停留在过去，是万万不行的。

忍着！

最近确实忙，除了上课，还有许多事要做。我喜欢工作，但多少年来，身体都是这个鬼德行，常给我摆烂。今天是赶着了，身体再掉链子也得忍着。下午回景山，肩膀头又疼得死去活来，要不是哭无济于事，还耽搁时间，我真是想哭一场的。以前彭明榜老师说过我，叽叽歪歪没用，你可以选择不做；选择了做，那就忍着。我知道他说的是对的。谁容易？忍着！我今儿能顺利处理完事情，还是前外和景山两边的领导和老师在替我扛着。所以，不矫情了。

6 点多到家，直接倒头睡去。10 点半醒来，觉得人又活过来许多。一会儿继续睡，明天的工作没问题的。端午节三天，我决定至少要睡一整天！嗯，我会乖一点的。

其实今天有特别好的消息：期中考试改成线上练习，完全没复习的情况下，（1）班的学生成绩进步很大，追上好几个班。因为并没有任何复习，所以我能确认他们的进步。顺便说，我没那么在意成绩，我在意的是学生一定要有勇气、有行动，去做更好的自己。

班主任赵老师说学生们很开心。明儿呢，我打算先夸，先鼓励，再带他们找问题，教他们客观对待进步，冷静找到问题。

我们的学生要对自己更有自信心，也需要对自己再少些纵容。我的学生应该有这个气度。

我们就是进步了，我们行！

2022 年 06 月 02 日 星期四

今天上课讲评卷子，特地花时间带学生们做复盘和反思。我提了一连串问题，笑称都是"直击灵魂的追问"。

"为什么不复习？"并不是责备之语，学生要参加地理、生物小中考，战略性地放弃一些学科是可以理解的。我提这些问题，就是教他们自己反思——毕竟，我能和他们在一起的时间也只有一个半月了。

这次测验，中和中下这两个层级的学生明显进步，倒是原来成绩拔尖的学生退步明显。前者需要鼓励、肯定，后者需要刺激，倒也各得其所。

只是阶段性测验，本不值得太多纠缠，但一个月后就该区统考了。我跟孩子们说，期末才是我们的重点，这次追上好几个班，到了年级的中游，我希望期末我们也能证明自己——我们就是进步了，我们行！

邀请两位并列第一的学生当堂分享了她们的总结。刘同学的话挺让我感动，她说她以前不重视语文，给语文的时间不多。后来意识到了如果再不学习就真的会落下，所以她就努力地改变自己，及时复习，背不下来的古诗文就多背几遍，比以前下的功夫多……听她讲，我心里感慨：这样的转变真是太重要了，现在有了自觉的意识，以后的语文学习就不会成大问题。

张同学也认可自己的进步。她做总结的时候眼睛都是亮亮的——我特别喜欢她这个状态——能赏识自己，自己因为付出而有回报，肯定这样的自己，太应该了。

今儿我又老话重提：你们曾跟我说，老师，不要用对景山学生的要求来要求我们。当时我回你们：为什么不？现在，我教你们快一年了，我很肯定地告诉你们，你们没问题，完全能达到高要求。

另外，这次考试作文的数据，咱班作文第一次高于年级平均分，在那么短的时间里（30~40 分钟）快速成文，咱们做到高 0.5 分，这就说明将近一学年的训练是有效的。还有的话我没有说，只是心知肚明——我们班有两个学生作文分偏低，但没有躺平不写的，所以成绩的进步是每个孩子都做了贡献的。不躺平，就是进步。

回想和（1）班的学生共同走过的路，我知道自己在哪儿下了力气。教书我是有原则的，打我来前外的第一天起，就没打算降低目标要求。前外的学生优点是朴实，缺点是不够自信。我呢，就一边实打实地教，一边苦口婆心（也发过脾气）讲道理。现在看，我的努力没有白费。

很想赶紧回到线下课堂，好带孩子们做最后一战！

"不成功的实验"

2022 年 06 月 08 日星期三

昨天的线上课，效果不理想。

正在学八年级上册演讲单元。教材上这个单元以"活动·探究"的方式推进。从学习演讲词，到撰写，再到演讲，步骤清晰。实际教学以项目学习的方式推进，学生们已经从一开始就知晓他们的任务——卜星期四每位同学都要正式登台演讲。

我设计了学习单，学生自学为主，边学习课文边对每一篇演讲词进行笔头的梳理。星期一课堂上给时动笔，大部分学生完成还可以，少部分学生手懒，效率低。总体情况还好——如果是线下课，课堂上有老师督促的情况下，笔谈的效率会很高。

星期二，正好要补上周落下的一节课，我特地拿出来让学生分组练习模拟演讲。分组练习，推出水平高的，再在全班展示——这既是教材要求的，在线下实施的话也不会有大问题。

线上呢？技术上是完全支持的。平台有分组功能——随机分组、手动分组，可以指定小组长。老师既可以不进组只旁听，也可以加入其中参与小组活动，给予指导。

线下教学分组活动更是驾轻就熟的事，线上平台具备相应功能，听起来线上分小组应该也不是大问题。

然而我错了。错就错在我以为学生会像线下一样开展小组活动。我默认他们可以。

具体情况我不细描述了。四个字概括足矣——效果不佳。这个结果让我沮丧了一下午加一晚上。

清晨起来处理作业，态度冷静了许多。再读前几天转发过的哈佛大学研究表明网课损失的帖子，一想这其实是个世界性的难题，苦笑半天。

我大概知道我为什么沮丧，因为有潜意识里的对比。

2017年我正好也教八年级，那时候我带学生做了两个混合式的项目学习，每周的语文课至少一大半时间是在机房上的。我在线发布读写任务，学生们很喜欢、也很习惯用"爱写作学院"平台阅读和写作。虽然每次刚上课时总有两三分钟的"鸡飞狗跳"——他们要调试机器，登录，要借耳机，然而一旦坐定，就很快地进入状态。我要做的事就是对他们的学习进程进行监控和点对点的调整。个别孩子调皮，会偷偷干点和学习不相干的事，也被我逮到过"现行"。但全班真的是在学习，而且是真正的混合式学习……

也正是因为我们做过真正的在线学习，我会说，现在的线上课远远谈不上在线学习，它只是非常时期用网络平台上课罢了。学生能用平台跟老师上课，这离有良好的媒介素养还有不小的距离。但还是那句话——在线学习的质量很大程度上取决于学生的自觉性，连大学生、研究生都很难百分百做到的事，我又能责怪学生们什么呢？

权当做了个不成功的实验吧。好在要恢复线下课了，不然我也是真担心教学损失。

注定会有遗憾

本以为今天可以回学校的，上星期五我都没有在线上平台布置作业，结果昨天正式通知继续线上课，又赶紧追加了线上提交作业的任务……

注定会有遗憾。

比如，原来想着能在校园里的英语演讲亭做真正的语文演讲。

比如，几个学科的老师曾商量着要一起做一个跨学科的项目学习。

比如，已经和几个学生商量，利用中午时间做"百家讲坛"活动……

现在，算了算时间……再回校园，基本上要集中精力期末复习了，遗憾几乎是无法避免的。

但生活还是要继续。

身体状况稍微好了点儿，该做的事也还是要继续。

也许是体力和精力不够的缘故吧，现在更习惯安静地做事。

有太多的事等着做。有时候需要高调做事；也有的事说多了无益，只有老实做，才能有进展。

尽力而为

这一段学八年级下册演讲单元。按照"活动·探究"单元的要求，学生们不仅要学习演讲词的阅读，还要撰写演讲稿，并做演讲。

原定星期四连堂课在学校演讲，现在继续上线上课，按理说也应该在这个时间段继续，但还是改了主意：因为昨天连夜看了初稿，发现距离能演讲还有不小的差距。

跟着学情调整进度——今天上课临时加了讲评，又布置了修改演讲稿的作业。写作业要求时，特别注了一句：我希望能看到你们的修改稿有质的飞跃。

学生们正陆续提交作业，看了几份，确有进步。今晚和明天上午，要再把修改稿看出来。

后续学生们还要自己录演讲音频，课堂上择优分享。

我的底线是学生至少要能出写得"像"演讲词的文本。这几年高考卷里是出现过撰写演讲稿的作文题，演讲稿这种实用性文本写作的基本方法，是初中就该掌握的。写得"像"，就基本能保证尽量不降低教学要求。

又额外提供了五篇演讲词给有需要的同学。类型化阅读，需要有一定的量做保证，甚至应该有一定量的演讲视频观摩才好。可惜课时有限，推进起来并不从容。

尽力而为吧。

花了两个晚上睡前时间，学习完 IBDP 课程（中文 A 语言与文学课程非文学文本分析）的七份范文点评，很受启发。

我的"输出"越来越谨慎，因为越来越觉得有很多问题需要再思考。

"让子弹再飞一会儿" 2022 年 06 月 15 日星期三

原本想等等学生作业再写今天的轮岗日记，但晚饭后还要工作。零碎时间用起来，写完日记，也算了却一项工作。

昨晚临睡下时荨麻疹发作，无法入眠，索性爬起来读书。之前那本已读完，开了新一本——《DP 中文 A 课程概念驱动的单元设计》，边读边勾画，也是很有收获。

收获了什么？想了什么？我不说。对有些问题的认识，我还处在朦朦胧胧的状态下……但我不愿意着急，我喜欢"让子弹再飞一会儿"，有什么想法就在脑袋里堆着。我要做的就是不断学习，输入，在输入过程中思索……现在心里的感觉就是有一片光亮，接近于透亮，将要想通什么又没想通，要有自己的认识又没有完全厘清……哈，我还很享受这个过程。这种感觉很奇妙。

昨天读到两段话，感觉正适合拿来给八年级学生讲道理。

改动了几个字，在课上和学生做了分享。在布置作业的时候，我提了今天课后自主阅读的要求：阅读文本时要通过文本细读，有意识地自问自答（自己提出有价值的问题，自主探究寻求答案），并从文本中尽可能发现多的细节。要将自主阅读的发现写在笔记本上，自问自答。下个学期他们将正式学习小说，我教他们的时间所剩无几。能不能带哪怕是部分学生向自主探究的方向再多走一步？哪怕是教他们方法，带他们体验自主阅读和讨论，体验自问自答、提有价值的问题……

刚收上来五份作业，两份不合格打回去了。三份作业里表现出来的苗头是好的。

在前外，我对自己的要求是尽量做到"上不封顶下保底"。今晚学生提交

451

作业后需要再做学情诊断，再看明天的课怎么推进……

累，并快乐着。

天外有天，人外有人 2022 年 06 月 16 日 星期四

收到李卫东老师寄来的新书《读写新思维》，先读了目录，挑选了若干章节学习。最强烈的感受就是卫东老师思考的深度以及他的勤奋——看得出，有相当一部分内容都是近年的新作。

先说感谢。卫东老师的书里点评了我和同事刘晓虹科幻教育的案例，以及我 2020 年设计的创意读写练习的案例。卫东老师点评意见很中肯，这于我们都是鞭策。

再说受到的"刺激"——和卫东老师，也和更多老师比，我都是该惭愧的那个。在专业上，我多少有些任性：我在自己喜欢做的事上从不惜力，花多少时间和精力我都不在乎，但笔头上并不算勤快……特别是对于自己教学经验的梳理，我一直缺少内驱力。这是我的缺点，我得老老实实承认这个不足（虽然没多想该如何改）。"天外有天，人外有人。"不应该以自己之所长比他人之所短，但反过来的比较可以有……姑且先给自己记一笔小账好了。等时间从容了，慢慢还。

一起做最后的冲刺

今天心情特别愉快，因为下午的北京前门特色文化校本课程，是四位老师联手上的——我们有个团队，这真是让我特别开心的事。

还是这波疫情没来的时候，七年级组长、数学老师李霄就主动跟我说，咱们可以一起给学生讲点什么。当时想的就是从中轴线起步，讲对称。而风筝本身就是非物质文化遗产，北京风筝也很有特色，我们的课程里肯定要有北京手工艺的元素……所以，数学老师讲对称，就可以联系到风筝——让学生动手做风筝，再带孩子们体验放风筝，该是很有意思的事。这个专题还可以邀请物理、美术等不同学科的老师加入……做个风筝专题学习，邀请几个不同学科的老师在一起合作，这个想法真的很棒，我欣然答应。

结果没想到疫情来了。不得已，马建农老师关于中轴线的讲座和袁学军老师关于北京雨燕的讲座只好在线上进行。随着线上课的推进，"风筝"专题的跨学科学习条件也逐渐成熟。

还是觉得线下面授课效果会更好，但眼见着临近期末，只能退而求其次了。李霄老师力邀我们八年级（1）班班主任、物理学科赵雪婷老师，以及美术学科李妍老师加入授课团队——我笑称为授课老师"超级天团"组合。大家既合作又有明确分工，我们共同设计了今天下午的专题学习。

李霄老师讲对称。最让我感动的是她在讲座最后，拿出来她剪的"红双喜"字，这是个对称图案。她说她是全凭记忆剪的，是她已经过世的、大字不识的奶奶教她的。她能感受到奶奶教她剪喜字，既是教她传承传统文化，又把美好的祝福给了她。

雪婷老师讲放风筝中的物理学原理。我听得好生羡慕——原来这其中的道理这么有趣。雪婷老师最后还"打了广告"，因为学生们马上要升入八年级，就该开物理课了。雪婷老师说，欢迎同学们加入物理学习的大军。打通学科知识和生活的关系，能让学生们体会到更多学习的乐趣，真好！

李妍老师着重讲了曹氏风筝的特点，带学生从美术学科角度欣赏风筝之美。因为疫情，没法让孩子们扎风筝了。为了弥补缺憾，李老师设计了纸上手绘风筝的图样，让同学们通过练着色体会风筝的美。

轮到我了，我带学生速读了两篇文章，一篇是说明文《说风筝》，既介绍风筝的历史，又以潍坊的杨家埠风筝介绍制作流程；另一篇是萧乾先生的《北京的胡同》，文里除了写胡同里的叫卖声，还提到老北京的孩子放风筝——富家孩子放沙燕风筝，穷孩子放屁帘儿风筝……读了文本，又带学生看了"哈氏风筝"传人的纪录片《迎风飞翔》，让学生对风筝、对非遗的传承有更多的了解……

我一上课就给学生提了制作"超级笔记"的任务。这个学期剩下的时间不多了，疫情给我们的教学制造了大麻烦，我们能坚持开课，真的很难很难。幸好前外的领导非常支持我们，老师们心又齐，专家们也不遗余力地帮我们……一个学期下来，还是扎扎实实教了孩子们一些北京传统文化的东西。尽管不甚理想，但我们真是尽力了。很期待学生下周能交来有质量的"超级笔记"，他们有收获就好。

今儿还有一件让我开心的事，就是徒弟晓宇"我为家人写小传"的课例获得市级"优秀视频资源示范课"证书。他很开心，我作为师父同样开心！同样很遗憾，这个学期半个学期都居家教学，大家各自忙，没有机会和几位徒弟有更多的交流……再师徒一场，以后的路也终归要靠他们自己走。

且行且珍惜，珍惜和前外八年级（1）班孩子们在一起学习的最后时光，不论是线上还是线下，也珍惜和前外老师们并肩战斗的机会。马上期末考试了，一起努力，一起做最后的冲刺！

推荐几本书

2022 年 06 月 17 日星期五

义教课标关于课程资源的利用与开发，与之前的 2011 版课标的表述有所不同。

建议将几份课标放在一起比对着看，或许能获得比较完善的指导。

推荐几本书吧。

第一本《写作即思考》，在读。我很赞同作者的观点，即在写作中能训练思维能力。这些年一直在推"笔谈"，对其学理的思考逐渐深入。其中一点就是写作实际能很大程度上促进思维的提升。

第二本《项目式教学》。已经做了相当长时间的项目学习了，现在更在意的是怎样才能做得更有质量，更促进深度学习。项目学习的质量不仅取决于设计，实施也不只是照着设计落地。这本书对改进项目学习有帮助。

《21 堂大师写作课》，其实是文章作法的合集。不能说有多少新意，是编纂者加工组合的结果。省了自己的麻烦是真，能有些启发，可当作工具书。

《AI 未来进行式》这本，还没看，是我兴趣浓厚的话题。打算作为自己努力工作的奖励，休息时看。

就这样。

孺子可教

昨晚工作到后半夜，今天起得晚些。放在以前，我会不心安理得，但近来身体状况频出，也就原谅了自己。

子诺费尽周折，交来演讲的视频作业，另有两个学生交了音频的演讲。我之前说，视频演讲评价等级要高一级，因为可以观察到演讲者的表情和肢体语言，能有更全面的评估。这很重要。子诺能接受这个高要求的挑战，我很为他高兴。

演讲稿不足两千字，可这孩子的演讲视频竟然 18 分钟，还是全程脱稿，这能力可以。我边看边和他在微信上沟通，肯定优点，指出不足。他的演讲主题围绕"我为明天做了什么准备"展开，观点是我们中学生要培养自己的思辨精神。八年级的学生能有这样的认识，这是更令我赞赏的。他举了两个例子，一是网络上关注热点不能持续，包括同学在内，很多人都是跟风走，很少持续深度关注某个事件，即便是发表看法，也缺乏自己的思考。二是评价历史事件、历史人物，很多人采用的态度是以今人的标准苛求古人。例子都很好，只是语言表述有分寸把握不当，以偏概全的问题。我提醒子诺可以继续练，表达要更准确和精简，但讲真，真是觉得孺子可教——我上八年级的时候可真是比他差远了。

刚才又接到老前辈、原东城区教委党委书记徐安德的电话。前几天徐书记刚联系过我，问我 2017 年景山学校科幻教育论坛后这方面有什么进展。我把这几年我执笔的中小学科幻教育年度报告发给了他。徐书记今天打电话给我，就是跟我说，他觉得我们在做一件特别有意义的事，值得推广。

听到前辈的肯定和鼓励，我自然是很开心的。我也忘不了在 2010 年时，徐书记给我的帮助。那时候学校给我们骨干搭平台，帮我们出书。徐书记不仅跟我面谈，帮我梳理框架，还给我很多具体的指导。徐书记说，他后来一直关注我的发展，也知道我在轮岗。说实话，听到前辈的话语，我心里确实很感动。

我总是觉得，一个人的成长离不开更多人的扶持。特别是我，虽然天资愚钝，也曾跌跌撞撞，但成长到今天，真是遇到很多"贵人"帮助。没有他们就没有我。他们对我都无所求，我能回报的也只是努力做得更好，也让自己有能力帮更多的人。

父亲节

4 月 4 日给父亲过了生日后，先是忙，然后就是疫情，再后来是我生病……一来二去两个月余没有见到父亲。家人没有丝毫责怪我，反倒是时时惦念我的身体和安全……今天是父亲节，姐姐们和我说好了回去看父亲。想着沐浴更衣再出门，结果身体又掉链子：荨麻疹发作，心动过速得厉害……

10 点半出门，依然是骑电动车回去。这是这两个多月第一次骑稍微远一点的路。有些紧张，看到路况大脑的反应好像比以前要迟钝。想起歌手沈庆的交通事故，格外小心。原本三十分钟的路，竟然骑了四十多分钟。

回家见到父亲和姐姐们，自是非常开心。姐姐们忙着准备火锅，我心脏不舒服，只等着吃饭。父亲说我瘦了好多，气色不佳，言语间尽是心疼。

今天的午饭，是我这个月来吃得最多的一顿。而且我发现，和家人待在一起时，心里最安。

就出这么一趟门，体力明显不支，回来3点，又直接卧床。真是病去如抽丝，不由得我不认怂。

睡觉，一事无成的周末，一事无成的自己。

自建资源库

以下是个人头脑风暴的记录。

1.我一直有个观点，也许有些偏颇——由于优质资源具有稀缺性，越早意识到这一点，自生产能力强、整合资源起步越早的学校，能够占有的优质资源也就越多；在课程改革、资源整合方面起步晚的学校，也就会越被动。当然整合不限于资源，还包括方方面面。长此以往会有怎样的后果，不言自明。

2.资源库建设是必要的，资源共享的机制也需要研究。但这个事情有点大了，非教师个人能左右。

等别人给我们建设好资源库再进行课改？我反正等不起。

我的观点和实际做法都是——自建资源库。

自建资源库能极大提高工作效率，这对我来说非常重要，因为对我来说，花多少钱建这个资源库不重要。时间是我第一稀缺的资源，只要能方便我工作，省去我费劲巴拉到图书馆找资源的时间，我就觉得花多少钱都值得。

3.这个资源库可能是有形的，也可能是无形的。

书、音频、视频这类的资源是有形的；教学过程中不断生成的来自学生的资源是有形的；网络资源是有形的，这些都可以随时搜集和整合。哪些资源有形，哪些资源无形，读新课标就知道了，有明示，我不赘述。

4.不管出于何种原因，不能做到自建资源库，那就退而求其次——我们至少要知道在哪里能获取某一学习任务群所需要的资源。甚至什么样的文本或音频、视频资源是优质的、适合用于教学，我们都得有个标准。

5.再如，作为专业的语文教师，应当对本土可资利用的资源有非常清晰的了解。

北京的老师应当对北京这座城市有充分的了解，有哪些资源可以用于教学能拉出"菜单"来。北京不仅有传统文化资源，还有高科技的资源，诸如此类方方面面。北京在优质资源方面真是数一数二的城市。不好好利用，就实在太可惜了。

要充分利用本土资源，城市有城市的资源优势，乡村有乡村的资源优势，关键在于我们是否能发现和利用。

6.一点儿不心虚地说，上面说的几点，我个人都做到了。与图书馆的资源相比，我自己的资源库更专业更能满足我日常教学的教学需要。

7.资源整合需要老师有打持久战的精神，真的靠积累，靠平时多读书、多学习。我没啥额外的经验，就是觉得老师自己做专题学习，这是个好办法。针对某个学习任务群，你专题阅读个几十本、上百本图书，再说到资源整合、学习支架的开发，自己都会觉得有十足的底气。

8.更多老师感觉困难的是专家资源怎么获得。要我说，这一点上更是需要我们做专业发展的有心人，正所谓"精诚所至，金石为开。"我是觉得，我们认认真真教书，诚诚恳恳做人，一心一意为学生着想——有这样的态度在先，再抱着尊重、真诚求教的态度向专家学习和请教，就有得到专家大力支持和帮助的机会。我接触的很多专家都是非常关心教育、关心下一代的，而且非常热心，毫无保留地支持我们做好教学的事。心诚则灵，这是我最真实的感受。

要做这样的人

2022 年 06 月 22 日 星期三

　　和同行分享了一个故事，大家说，非常感动。那就也写在轮岗日记里，给更多的人听。

　　话说当年——2013 年，几乎是十年前了，我被主编周韫玉老师指派与画家王惟震老师（以及好几位专家）做工作对接。我打小就喜欢画画，所以这项工作我接受得很愉悦，只是工作的推进并没有我想象得轻松。我们每个学期完稿一册教材。虽说选文只要定下就会发给画家，但时间并不从容，甚至可以说要得非常急——因为每学期开学就要把新书发到学生手中，这个时间节点一点儿不能推迟。

　　我还负责和印刷厂老板对接。定稿文件发给对方，他得先做样书给我，审了没问题才能开印。有好几次都是时间紧张到大半夜地送样书到我家，10点 11 点我还在人家店里盯书稿的事也是常有。

　　说了半天，就是给画家创作插图的时间少得可怜。课文插图画起来那么费工夫吗？看怎么画了。

　　那时我们会用邮件沟通，偶尔也电话交流。我曾把当时关于教材插图存在问题的报道发给王惟震老师，他很震惊。他表态说绝不能误人子弟，"一定要一心一意地用良心为孩子们做事，让孩子们翻开书本见到的都是有价值、积极向上、正确的、准确的、美好的、有助于他们健康成长的内容"。他特别写了一句"包括每一幅与课文融为一体的精美的插图"。

　　因为是初中教材，王老师觉得要设计得比小学更"高级"才对。他用了很多新的笔法、技巧来画。王老师画《春》，画《背影》，画《妈妈教我唱的歌》(席慕蓉),画《借书记》(肖复兴),画好多课文插图都用了新的笔法。画完了发给我看,还电话里问我感觉,能不能接受这样的表现方式。我若是说很好,他会追问原因。我说出他用的方式如何出新了,我能感受到什么,他会特别开心,语气里颇觉得我是知己那样。若我粗心,没读出什么小细节,他也会讲给我听。也就是那个时候,我懂得了插图如何能为文本做补充。

2013 年 10 月,王老师连发好几封邮件给我。附件里是若干幅废稿,铅笔稿、墨稿都有。有的几乎就是成品。有的废稿上还有王老师用铅笔标注的问题。老爷子写了邮件,字里行间读得出一丝沮丧,三分坚定。他再三说自己选择的表现方式不好,对于教学插图,他画了几十年,从没如此费力不讨好过。我印象最深的就是他说《点绛唇》一图,画了九稿才定稿。他说这册总算做出来了,后面的工作该怎么做,他不知道。

话虽如此说,老爷子这插图的工作,一做就是四年。加上之前为我们景山版小学语文画插图,王老师真是有太多心血花在了景山语文教材上。这四年里,我和王老师女儿小王老师一直联络着,我也总能听说,王老师时常身体出问题。虽然心疼,于心不忍,也觉得没有办法。为了保证教材如期使用,我还得时常催稿……

我和同行分享这个故事,是因为聊到"高质量"的话题。我身边有许多像王老师这样的前辈和专家,他们工作起来就是这个态度——兢兢业业,一丝不苟,精益求精。

包括我的父亲,我每次回去,都能看到他在审中国地名大辞典的书稿。八十多岁高龄,每天面对着电脑,甚至晚上都要工作。

怎样才能让自己做的工作高质量?我从前辈身上学到很多。

故事分享完了,故事中人物的事迹不是单纯用来感动自己落泪的。我们用眼睛看,用心去体会,然后就要想,我要不要做这样的人。

461

跟计算机网络做斗争

2022年06月23日星期四

昨天到今天，一直在跟计算机网络做斗争。好奇怪，笔记本和手机都能正常上网，唯独用得最多的台式机，从昨晚起（好像是升级之后），忽然就出问题——强力修复能管十几分钟二十几分钟正常上网，稍微有一会儿没用，IP地址和DNS立马出错。路由器重启也没啥用。天气本来就热，弄得我很是火大。吃完饭准备再较劲一下，哪位亲有办法，也请教教我。

进入期末复习，大半天都老老实实坐在计算机前，一边和故障斗争，一边备课。"抓不着"学生，这是眼下最麻烦的。即便带着复习，布置复习练习，学生能落实多少也未可知。只能尽力而为了。

包括今天，12课时。需要精打细算，对照区期末考试要求，逐项复习。即便是身为老同志，也不敢丝毫松劲儿。

嗓子一直发炎，吃药都压不住。前一段一下子掉了小10斤，这几天食补，又长回来4斤，心里踏实点儿。希望自己的身体能坚持到底，不要再病倒。

"PUSH（助推）"学生成长

2022 年 06 月 24 日 星期五

前一段和同样是"五四"学制的老师交流——临近期末了，老师设计了学习活动，让学生总结这一次居家线上教学期间自己的收获。看了方案，主要是聚焦语文课的学习。能感觉到老师用心良苦，但总觉得这么设计"可惜"了，遂提了自己的想法——

能否有站位更高的思考？比如能否引着学生对这段特殊时期的生活进行观察和体会？对自己的状态有更多体察和反省？总之，能否打通语文和生活的关系，而不让语文学习只停留在书本的学习上？

真说准备期末考试的作文，我也在琢磨，这样一个特殊时期特殊背景，叠加学生的青春期，究竟什么是对学生最重要的？我不爱揣摩出题人的心思，但如果我是出题人，我愿意以此机会来"促"或者说"推"一下学生的成长。这么长时期观察下来，我以为，有些孩子还是被家里人照顾得太好了，缺少一些推动力甚至压力……

以前北校区的学生马同学，他现在在景山学校上高一。如果我没记错，2020 年他盘点居家学习生活，写了他父亲的失业和再创业。他的父亲为了家人，甚至要到外地工作，这样的现实让他一下子长大许多（至少我以为）。他眼睛里有父亲为家庭的付出，我愿意相信他自己也会更主动地担起属于自己的责任。

所以，布置了这样的周末作业。

长大成人，就会放手

我这人倔，计算机上不了网，必须整出个结果才行。终于，快中午了，在路由器界面里，发现 IPV6 是关闭的，但电脑里显示是开的。打开了，直到现在都正常。

赶紧煮了点东西吃。在网上买了虾和土豆粉快餐。虾刚到货，中午来不及做，煮了土豆粉，简单吃点儿，反正嗦粉有嗦粉的快乐。

北京中考第一天，又是毕业季。不知道是不是因为这个缘故，已经升入高一的马浩翔一大早给我短信，问我下学期能不能在南校看到我。我问学生是不是想我了，他说"必须的"。嗯，我也想这些带了四年的学生。

看深圳的周其星老师在朋友圈里说，"很突然就通知了。"他没说细，我猜是突然放假还是什么的。前两天也看同行写初中最后一节课怎样之类。想了想，我可能是不喜欢告别的那个。也许有点另类？反正，我不想最后一节课要有什么仪式感，哪怕是毕业季。

朋友总说我"桃李满天下"。教了三十多年书，带过的学生其实并不算多。班小，四年制周期又长……相比起让学生记住我，我倒是更希望我的影响是潜移默化的。记住我与否并不重要，他们各自安好就好。现在这么方便，我和学生只不过是换个方式联系，"升级"了关系。有缘分的，也依然会出现在彼此的生命中。

当然，这也不是二元对立的。这心情怎么说呢？有点儿好像我和儿子的关系吧？我们各自都有自己的路要走。他长大成人，我就会放手……

我甚至不希望人们在我老了以后还记得我。

真是这样想的。

随手记，烟火气

这一段因为生病吃药的缘故，口味清淡了许多。全然吃不了辣的了，大鱼大肉也没了诱惑力。

前几天我姐把她做的凉粉的相片发在朋友圈，一下子勾起我的馋虫。

姐姐说，用芝麻酱和花生酱调成"二八酱"拌凉粉，就是小时候妈妈的味道。

我不记得小时候拌凉粉的芝麻酱里调过花生酱，因为小时候，拌凉粉不光是妈妈会做，我也会做。

那时候芝麻酱总是很稠，可能是放时间久了的缘故，每次要加很多凉白开。芝麻酱放在大碗里，加水加盐，用力搅拌，一点儿也急不得。

新买的芝麻酱上香油多，还特别香。陈的芝麻酱只有搅拌好了，香味儿才能散发出来一些。

小时候吃的凉粉叫"拨鱼儿"，拨鱼儿白里透亮，滑滑溜溜的。模样也确乎像小鱼。想起拨鱼儿来，就特别立刻想吃到，赶紧在手机上搜周边几个菜市场。还真有，简直不要太好了。

下了单，买了拨鱼儿，黄瓜，也买了六必居的花生芝麻酱。

趁等送菜来的工夫，收拾了大虾，剔除了虾线。没想到等拨鱼儿送来，噼里咔嚓一小阵儿忙，拌好了凉粉，可就再也提不起吃"大餐"的兴趣。因为姐姐说得对，那带着芝麻酱浓香和黄瓜丝清香的拨鱼儿，绝对是童年的味道，也是妈妈的味道。吃下去，就特别特别满足。

465

宜难得糊涂

星期一开始线下上课，身体也稍微好一点，算是要回归正轨。为了降低风险，一直拖着没去医院。既然恢复正常生活，索性就挂了星期二和星期四的号，想继续针灸和吃汤药调理，腿疼，手指晨僵厉害，所有的毛病都在。之前薛川东老师叮嘱我说，看病和吃饭、睡觉、休息同样重要。我打算听前辈的话，善待自己一下。

我喜欢今天的单向历——"宜难得糊涂"。不止今天"宜"，很多时候都宜。

倒不是要刻意装糊涂，而是因为这个年纪了，很多事心里跟明镜似的。知道自己的志趣所在，想要什么、不想要什么，所以很多时候，就愿意化繁就简，省去没营养的和冗余的部分。

前几天跟父亲聊天，说到我偶尔的倔强甚至是不讨喜，真是笑了好半天。我们说这个臭毛病属于（小）知识分子的清高，其实没什么不好，改不了也不用改。

宜难得糊涂。

今天的单向历引用了奥威尔的话："**愚蠢和智慧一样必要，也同样难以学到。**"

只管做个简单的人，过自己想要的生活。甚至，是别人眼里的愚蠢还是智慧，都无关紧要。

返校上课第一天

2022 年 06 月 27 日 星期一

　　课堂上接着上星期五的线上教学来。11 名学生认真梳理了居家线上学习期间有意义的写作素材，所以上课我花了点儿时间做了展示与点评。居家学习的状况和两年前仿佛，学生遇到的问题和挑战和两年前也大致仿佛。心里略略感慨了一下。（忽然想知道，高一的学生们这段线上学习有无长进？）

　　上周带着复习了两个单元的古诗文，下星期四期末考试，所以又做了古诗文的直默填空练习。

　　中午赶着判了测验，现实很骨感，这使得我们老师的紧迫感陡增。备课组的四位老师赶紧一起想对策，希望能在余下的时间里最大程度地查缺补漏。没有比我们更理解李奕领导对家长提问"还剩下三周，为什么一定还要返校上课？"的回答。

　　我跟学生们说："测验漏洞多是意料之中，却是情理之外。记住，时间不可逆。"

　　意料之中。前一段日记里写过，对基础教育来说，高质量的线上学习很难很难。且不讨论理想的线上教学是什么样的，单说自控——对成年人来说都不是容易的事，更别说孩子们了。

　　反过来想，学校，课堂，对于学生成长来说，真是特别重要的空间。现在我特别相信，未来的技术再发达，学校依然要存在，师生一定要面对面，在同一真实的时空里。眼神、肢体语言、点对点的沟通，无论如何都是不能省略掉的。

　　又及：

"人老了，弦儿也调不准了"，说的就是我。上班，多走了几步路，多站了会儿，右腿明显疼得厉害。到家后赶紧去做了核酸，明儿乖乖找刘大夫针灸去。

停电了

正在做线上交流，忽然断电。正疑惑，上个月看电费还两千多元，咋这么快就用完了？又听院子里邻居说话声……好像整条街都断电了。社区群里出了安民告示，11 点半才能来电……今晚妥妥地不能工作了。

幸亏我有忧患意识，两年前买了户外手电，这家伙照明亮度不比台灯差。

《爱，死亡和机器人》是译林出版社编辑老师新寄来的书，看介绍，涵盖悬疑、恐怖、喜剧、科幻、奇幻多种风格。

《变革中生成》是《叶澜教育思想文选》三卷中的一本。近年来陆续读到叶澜教授关于教师自身全人教育的论述文章，特别认同。仔细比较了三册的目录，先下单买了这册。面对新一轮改革，教师如何才能更具有创造力，成为改革所急需的新型教师，不管我们对这个问题做过思考与否，这已经是不可回避的问题。晚饭时特别挑了和教师发展直接相关的几篇来读，很受启发。

《认知》和《看不见的力量》这两本，纯属因为个人阅读喜好下的单，没有特别推荐的意思。

来电了，做消夜去。

"不是"与"是"（1）

昨晚近11点恢复供电，吃完"消夜（晚饭）"没有睡意。跳读了《变革中生成》中所有与教师专业发展和成长相关的文字。很认可叶澜教授对中小学一线教师的态度：不以专家自居，不高高在上、颐指气使；诚恳地讲道理，为教师专业及全人发展争取权利和空间。

叶澜教授在《"新基础教育"内生力的深度解读》一文谈教师角色观念的重构，提出应在"关系"维度（包括教师与变革的关系、教师与学生的关系、教师与学科的关系、教师与自我的关系）和四个"是"与"不是"的区别维度中读懂教师。在她看来，四个"是"与"不是"的区别体现了教师与变革的关系性质。

叶澜教授所提的每一组"不是"与"是"，我都非常认同。我甚至认为，在今天新一轮教育改革的背景下，每一位老师都应该了解它。

两个图表摘自原文。我有几点体会，且记下来与更多同行分享。

1.教师与变革的关系性质："不是"与"是"（见表1）

表1　　　　　　　　教师与变革关系维度上的角色重构

	不是	是
教师与变革的关系	上级制度规定的机械执行者 他人改革经验的照搬者 教育变革实践的操作者	有思想的实践者 有发现的研究者 有创生能力的变革者

细读第一组"不是"与"是"，我以为，从"不是"到"是"，老师们需要了解的是自己作为专业人员的权利，也需要通过提升专业能力，增强专业自信。

细读这一组"不是"与"是"，不妨多追问自己读懂了什么、思考了什么。

2.教师与学生的关系性质："不是"与"是"（见表2）

表2　　　　　　　　　教师与学生关系维度上的角色重构

	不是	是
教师与学生的关系	为学生燃尽生命的"蜡烛" 放任学生自发生长的"牧羊人" 学生成长路线与模式的"规定者"	点亮学生心灯的"启蒙者" 用人类文明使学生成人的"养正者" 学生才情、智慧、人格发展不可替代的"助成者"

什么叫"不是上级制度制定的机械执行者"？上级制度合理，我们理应全力以赴去落实，这不叫"机械执行者"；上级制度不那么合理，我们要勇于指出问题，提出专业的改进意见。提意见的行为在很大程度上是不讨喜的，很多人会选择"多一事不如少一事"。所以，勇气、勇敢是稀缺品质且我们应该努力保有它。提意见当然也要看领导有没有度量，有度量的领导知道你是为学校发展着想，自然会从善如流。我以为，心底无私，对事不对人，意见就但提无妨。

关于提意见，还有一种情况需要考虑，就是上级制度规定本身很合理，但遇到的实际情况，需要具体问题具体分析和解决。那执行制度规定时就需要我们灵活与变通一些，肯为新情况出谋划策。要相信"办法总比困难多"，"三个臭皮匠，顶个诸葛亮"。

教师"不是他人改革经验的照搬者"。诚然。就拿我们做项目学习的经验来说吧，我和同行做交流分享的时候会毫无保留地把自己的经验做法悉数交代，甚至用"兜个底儿掉"形容都不为过，但我又总是格外强调学情，强调不同学校、不同班级，甚至不同学生的情况各异，老师们一定跟着学情调整。我给学生提供的支架除了拓展阅读材料，更多的是给学生提供解决问题的策略与方法方面的支持。学情不理想，搭的支架就要更"小"、更多，"台阶"高度降低了，但总目标要求不降低。我说这些话的时候，其实就含着这一层意思——我们不是他人改革经验的照搬者。有时候我也爱说我是"拿来主义者"，这个"拿来主义"，确切地说，指的是对他人有益经验的吸收和借鉴。

教师不是"教育变革实践的操作者"——话不能只读半句，必须连缀后面的"是"什么一起来读——"教师是有创生能力的变革者。"连起来后的句子表意非常清晰：教育变革的实践从来都不是小部分人才有的特权。教育变革从设计到实施，我们都有权利和能力参与其中，甚至是主导变革。这并不是假大空的话。我们要正确理解何谓教育变革实践。

我在景山学校教书三十年，对景山语文教改的历史了解很多。景山作为教改实验校，历来提倡每位老师都做课题，都参与教改。对老师来说，所教的班就是教改的"试验田"。在这里我要说明一下，不是一说"试验"就意味着"失败"，就意味着学生是"牺牲品"——真这样想就过激了。我们对教改的态度是慎之又慎。以我自己为例，倘若一个做法连我自己都理不顺学理、找不到合理的逻辑，我是断然不会轻易去实践的。

言归正传，继续说教育变革的话题——教育变革可以是如颁布新课标这样的宏大叙事，也可以发生在每一天的每一节课堂上。学生不喜欢读书，我想方设法来激趣，教育教学的变革就发生了；学生只会死记硬背，我创设了生动的情境与任务，带着学生开展实践活动，教育教学的变革就发生了。语文课堂的面貌因为我的智慧而改变，学生因为我的创造性劳动而成为更好的人，我，就是有创生能力的变革者。教育变革的实践当然要依靠我们来实现，是不是变革者，关键看自己有没有贡献智慧和创造力，而不取决于我们是否傻卖了多少力气。

当然，在教育变革中能否成为变革者，取决于我们是否具备专业能力。具备什么样的专业能力，则是需要另外讨论的话题，在叶澜教授的书中，也有涉及。

"不是"与"是"（2）

叶澜教授讲的第二组"不是"与"是"，呈现的是教师与学生的关系。

讲真，我一向不喜欢把老师比成蜡炬的比方，蜡炬都成灰了，还怎么教书育人？当老师的就这点儿能量怎么行？

要我说，"点亮学生心灯的'启蒙者'"的提法都不足以形容老师对学生影响。老师必须是太阳，甚至就是小宇宙。老师得有这个底气和自信，甚至要有"力量感"，有非常强的思想与精神（不仅有学识），才能真正对学生产生影响。

后两个"是"既强调老师应发挥的作用，又有学生观蕴含其中——我们应当用"人类文明"来帮助学生"养正"，不仅要开展学科教育，更要在学生才情、智慧、人格发展上下力气。

2016 年我写过一篇小文，讲语文和育人的关系。自我评价，这篇文放在当下看，也还是有几分道理的。以下是全文。

> "人"字的写法看似简单，一撇一捺，但从教育的角度阐释"人"，则必须赋予其全方位、立体化的含义。我们可以借助两个与"人"有关的比方说清楚这个问题。
>
> 第一个比方。
>
> 习武之人都懂得《易筋经》中所说的道理："精气神乃无形之物也，筋骨肉乃有形之身也"，因此"练有形者为无形之佐，培无形者为有形

之辅"。这个道理放在语文乃至跨学科学习全过程上也非常适切。

仅以语文学科为例：对于学生而言，所谓"精气神"，即可以理解为语文课程标准所要求的学生应具备的"正确的世界观、人生观、价值观，形成良好个性和健全人格"；所谓"筋骨肉"，即可以理解为学生的语言文字运用能力和语文综合素养。"若专培无形而弃有形，则不可。专炼有形而弃无形，更不可。""精气神"与"筋骨肉"的培养必须相辅相成。语文教学既不应忽略语文听说读写的基本能力和语文综合素养的培养，片面追求语文教学的人文性；也不应单纯追求语文基本能力和语文素养的提升，而忽略"正确的世界观、人生观、价值观，形成良好个性和健全人格"的培养。"有形之身必得无形之气相倚，而不相违，乃成不坏之体。"我们做教育，只有使学生"精气神"和"筋骨肉"内外兼修，内壮外强，才能"为学生的全面发展和终身发展打下基础"，成为一个真正的、完整意义上的"人"。从这个意义上说，语文课程标准指引下的语文教学体现的是全人教育的思想。

第二个比方。

佛教中讲修行要把眼、耳、鼻、舌、身、意全部调动起来。在此，我们也不妨借这个比方，梳理语文学习的内在机制问题。

什么是语文学习中的"眼、耳、鼻、舌、身、意"？课程标准中指出，"语文课程是实践性课程，应着重培养学生的语文实践能力，而培养这种能力的主要途径也应是语文实践。语文课程是学生学习运用祖国语言文字的课程，学习资源和实践机会无处不在，无时不有。因而，应该让学生多读多写，日积月累，在大量的语文实践中体会、把握运用语文的规律。"因此，语文学习中的"眼、耳、鼻、舌、身、意"是指学生在动口、动手、动脑的语文实践活动的过程中，发展语言能力，思维能力，交流与合作、探究与创新等诸多能力。在此，我们不妨更为通俗地做个一一对应的形容：

473

人的五官，包括眼、耳、鼻、舌。俗话说，"眼观六路，耳听八方"，这意味着观察能力；舌，代表着语言表达能力、人际交往能力。

人的双手，代表着动手实践的能力，此所谓知行合一。荀子说："不闻不若闻之，闻之不若见之，见之不若知之，知之不若行之。"

人的腿、脚，古人云："读万卷书，行万里路。"学生不仅要一步一个脚印，打好坚实的基础，更要迈开双脚，走向世界，走向未来。而当今的语文教学更应通过社会实践活动，让学生走出教室，深入到社会之中，通过亲身经验，丰富他们的阅历。

人的头，代表"头脑"，也就是思考力。动脑——动则生慧，动脑则意味着学生思维能力的发展。

……

在这个过程中，教师应当做什么？教师应结合教学内容，创造性地设计贴近学生实际生活和心理特点的语言任务，调动学生的"眼、耳、鼻、舌、身、意"多种感官参与，帮助他们"双向打通"——向内，修炼好"精气神"和"筋骨肉"，使其具有强健的思想与语文的基础知识、基本能力与综合素养；向外，则引领他们走入广阔的社会大课堂。

总之，我们以"人"来比喻语文教学，意在强调语文教学应该如人一样，是一个有机的整体。

时间自由

约了订制柜的师父，早晨来改一下书柜，给四个层高过高的书柜隔断加了横板。终于，写作书算是基本上收进去了。

里面一层大多是中小学写作教学的书，前些年集中研究作文教学时，基本上是看到一本买一本，还在孔夫子上淘了一些旧书。这些书都老实读了。

外一层都是创作之书。我跟着人大出版社买过一阵子，有的细致读了，有的大略翻了。买着买着买不动了也读不动了，就停了下来。后浪也出了不少写作之书。对我来说，这些都是工具书。自己这辈子不大可能当作家。我固执地认为，当作家需要天赋。我也缺乏文学的表达欲……但不妨我时不时地从书里借用一些点子，用在教学中。

这一年买书速度慢了，因为没地方。家姐赞助我的大书房离我这太远，只能退休再去。到我这个年纪渐渐发现，时间自由可比财务自由重要多了。

"变现"

2022 年 07 月 03 日 星期日

上周重返学校后，因为发现漏洞不小，课堂上花了不少时间落实基础，特别是第六单元的背默。课时很紧张，我跟学生说，每一分都要努力拿到。星期四星期五练习非连续文本阅读，7 分题拿 5～6 分的居多。

整个一上午都坐在计算机前备课。一方面琢磨怎么将复习落得更实，另一方面也感慨疫情的影响……我们能做的是努力把对教学的负面影响尽量降低，我倒不是特指考试和成绩如何。

最近花很多时间琢磨新课标。星期五下午上完课，徒弟晓宇主动跟我说，想让我再给他讲讲新课标。带着他梳理了一半，他又忙着进班了。想着在最后一周抽时间再带几个徒弟最后聊聊，讲讲新课标，再嘱咐嘱咐。新课标落地不易。有点担心最后又形成只有部分学校、部分老师做的局面。那样的话，教育的鸿沟就会越来越大。老师们得自己耐下心来学新课标才行，认真阅读，要琢磨怎么"变现"。

建设良好的文风

2022 年 07 月 04 日 星期一

继续上复习课，还要了午读，带学生过基础。这架势，感觉就像去年带

毕业班。

下午又回了趟景山，碰到好几位同事。临走时遇到原来北校（8）班的孟同学。脸上脱了稚气，也没了婴儿肥，确实是高中生的模样。犹记得当年做项目学习时他对采访家人做口述特别感兴趣。我再问他，他说他现在也是更喜欢文史哲。

我很乐于见到学生的成长、变化。

和海兴聊了聊论文写作的事。前些年华中师大雷实老师特别跟我们聊过文风建设的话题，印象颇深。当年说的是作文教学要提倡朴实的文风，我觉得这要求放在教师撰写教育教学论文上也适合。用我的话说，就是要"说人话"，说大家都能读懂的话。我们做的、写的，多是教育教学的实证研究。华东师范大学袁振国教授对实证研究提出过三个核心词：证据，量化，可重复。倘若我们能对个人的教学实践多从学理上做反思，操作层面有一定规律，不仅能为更多的同行提供可复制的经验，经同行的再实践检验，也能被证明可行——我以为已经是有功德的事情。写这类文章，就更不能云里雾里地故弄玄虚了。特别是没有必要言必称"某专家云"了。清晰准确地表达自己的观点，对所举事例能条分缕析地交代自己做了哪些思考，逻辑自洽，已经足够。

言必称"课标"倒是可以理解的事，毕竟这是我们教学的主要依据，但也不是说课标以及教材就没有探讨的空间了。探讨，才意味着"真理越辩越明"。

我们一线教师写论文不一定要"跟风走"。论文选题有没有价值，并不（完全）在于它是否"髦得合时"，而在于是不是真实践了。真的深入实践会给我们提供解决实际问题的有效方法，这个往往是纸上谈兵做不到的。

所以，建设良好的文风，说到底，就是建设良好的教学风气。

我手写我心

上周起，每星期二、四下午去医院针灸。刘大夫说，我还是体内湿气太重。三个原因：饮食不够清淡，吹空调，不运动。但还要天气凉些，才能恢复服汤药。

忘了谁说的，心情不好的时候就去医院转转。在医院里多看看，就会发现，人生除了生离死别，没有大事。很有同感。

昨天到今天，又是病歪歪的。空调、湿热天气交替，对我这种弱不禁风的体质太不友好了。昨晚已经扛不住……今天强打精神，上午开了项目推进会，下午上了考前最后一节课。前外的同事们都很关心我的身体，让我好好休息。我呢，总是要坚持住，站好最后一班岗。

幸好快放暑假了。

昨天课间，两个孩子跟我要写作素材，把我问懵了。我说前几天不是刚带你们梳理了疫情居家生活的素材，还做了分享。为啥跟我要写作素材？又一位同学给我解惑：平时在学校就得到 5 点半，回家晚，再做作业；周末也被家里安排得满满的……所以，没有生活，也就没有素材。

我其实很想说，这样的生活本身也是素材啊，但话到嘴边又咽下去没说。想了想，晚上还是找了以前中考复习用的作文讲义发到学生群里。考试在即，能怎么帮他们就怎么帮吧。

所以今天的最后一节课上，还是讲了讲作文。期中前结合《傅雷家书》的阅读，安排学生写了给挚爱亲人的信。（本来和班主任雪婷老师商量，开个班会交流一下，也邀请家长参与，但疫情一来就耽搁了。）

这次作文应该是我教他们以来写得最好的一次。这些作文共同的优点就是感情非常质朴。因为传情达意的对象明确，学生的读者意识非常强。不少同学写了和亲人共同生活过程中的细节，生活气息浓厚，自己与亲人的感情也抒写得比较充分。我给大家读了雅烯的作文。老实讲，不到万不得已，我是不愿意跟学生讲所谓的作文套路的。"我手写我心"就好，正如雅烯的文字。

下周还有讲评试卷。和学生说了，想下周考完试后，让他们各自挑选自己最满意的作文，做成电子文档发给我。想为他们做一本作文集，就像我曾不止一次为我景山学校的学生做的那样。师生一场，想为我们彼此都留个纪念。

我的教育笔记（1）

2022 年 07 月 07 日 星期四

今天起参加区政协委员培训。凡这类情况，就不好说自己写的是轮岗日记，遂改作"教育笔记"。

最近和儿子聊了聊一个人如何成长的话题，之前也和同行聊过。我的观点有二：

一是成长对于很多人来说，其实并不是一件容易的事，甚至是艰难的，要吃很多苦，也会经历许多挫折。比如我。

二是成长也是一个漫长的过程。人的发展看长线。即便输在了起跑线上，也不意味着这辈子就一定会满盘皆输。关键看自己有没有韧性，有没有耐力。

年过半百后，有时候会回头看看自己走过的路，也会琢磨我为什么会成为今天的我。

爱回忆往事，首先证明我老了。其次，也觉得自己多少混出了跟年轻人传授人生经验的资格，有点理直气壮了。

479

给自己的人生经历画了个图——手残党，意思到了就行。我这一路，没少摔跟头，或者卡在瓶颈状态里。我甚至在很长一段时间里，都会用作家廖一梅的话给自己打气。她说："我坚信人应该有力量，揪着自己的头发，把自己从泥地里拔起来。"不科学的表达，其实一个词概括就够：自救。

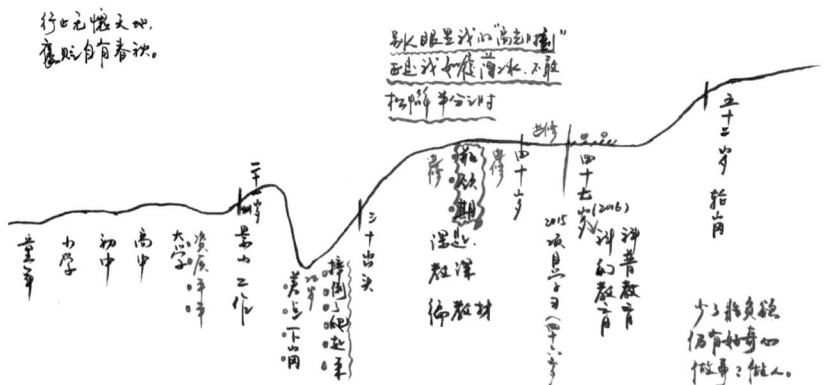

图 10

具体遇到什么坎坷，今天看并不重要。我觉得有价值的，是摔倒了如何爬起来，如何突破瓶颈，如何完成自我救赎；重要的是能不能始终把所经历的磨难当作人生的体验。三十多岁的时候，我在博客上写过这样的话，要做自己都很喜欢的自己。看这个图，觉得自己就是奥特曼，一直在打小怪兽，在各种闯关。我没想过闯不过来会怎样，我只管闯，而且不止一种方式。现在看，我闯了不少关，还要继续闯（比如身体关、老龄关）。在这个过程中，我观察自己，了解自己，也和命运和解，就这样慢慢成长。

前些天跟海林聊天。他说："姐，你阅历丰富，应该有很多故事，回头写下来吧。"我说"不"，这么麻烦的事我是懒得做的。画个图，你们随便看看就好。

写这些话想表达什么？

我是觉得，我们不管是什么职业，什么身份，首先要好好做自己。半辈子忙忙碌碌，做了一些事，说到底，还是做人，做个好人。

接下来的路，继续好好做事，好好做人。当然还要看风景。如此一生，也就没啥好遗憾的了。

"文"与"道"

再读上世纪二三十年代的语文教改实验的文献，假想一下，如果百年前的实验一直不断线，延续到今天，我们的基础教育会怎样？语文教学又会怎样？

一百年前关于语文学科"文"与"道"关系的讨论。仔细读读，眼熟不？像不像"人文性"与"工具性"的讨论？

1920 年，陈启天在《中学的国文问题》一文中，就已经提出语文教学应有"正"和"副"两方面的目的。"正目的"是：①要能说普通言语；②要能看现代应用文和略解粗浅美术文；③要能做现代应用文。"副目的"是：①要启发思想，锻炼心力；②要了解和应付人生和自然。他用正、副目的的概念正确概括了他对语文教学中"文""道"关系的理解。在 1925 年，朱自清发表《中等学校国文教学的几个问题》，反对将"人的教育"的全副重担都放到国文教师的两肩上，他提出了语文学科的双重目的：（1）养成读书、思想和表现的习惯或能力；（2）发展思想，涵育情感。他并明确指出："这两个目的之中，后者是与他科相共的，前者才是国文科所特有的；而在分科的原则上说，前者是主要的；换句话说，我们在实施时，这两个目的是不应分离的，且不应分轻重的，但在论理上，我们须认前者为主要的。"在这里，朱氏第一次从理论上正确阐明了语文学科中"文"和"道"的不可分离性以及它们的主次关系。这样一种观点，后来逐渐被多数人所接受，从而推动了三十年代语文教学的发展。

"文""道"的分合问题，是我国现代语文教学发展的又一条基本轨迹，它从另一个侧面反映着人们对语文学科的性质和任务的认识不断接近于完整、全面。

——摘自《二十世纪前期中国语文教育论集》前言。

任重而道远

2022 年 07 月 08 日 星期五

和同事说，要尽力把自己能做的事情做好。越遇到事，越看到荒谬的反应，越暴露教育的空白。我们不光要有钱学森之问，也要有我们自己的反思——何以至此？正视问题而不是事不关己高高挂起，才是教育人应该有的态度。

——有感而发，自觉任重而道远。

我的教育笔记（2）

2022 年 07 月 09 日 星期六

以下也许是痴人说梦，也许不是。看我老人家的身子骨能不能支持我做这些事吧，肯定不是现在说做就做的。退休之后应该可以。

2006 年在北京教育学院进修时，梳理过景山学校自 1960 年建校至当时的语文教改文献，编纂了《北京景山学校语文教师队伍代际传承述略》一文。前几年想做修订更新，甚至想做老前辈的采访，终是心有余而力不足。但由此发现自己的兴趣——我确实对教育历史文献有浓厚兴趣。

这几天临睡前都是读顾黄初先生和李杏保先生主编的《二十世纪前期中国语文教育论集》（四川教育出版社，1991 年）。导论部分中的一段话正说中了我特别想做的事——

> "当我们在研究解决语文教育中面临的新的问题的时候，有目的地对语文教育进行'史'的纵深研究，既可'昔为今用'，继承并发扬'五四'以来语文教育经验中民主性与科学性的精华；又可鉴往知来，俾使明确当前的研究工作中，哪些内容已属陈旧，哪些见解尚见新意，哪些经验与教训早有先例和前鉴，哪些原理和方法还可以在以往基础上求得新的发展，从而使我们的研究加速进程、少走弯路，并确有新的突破。"

这段话虽然写在 31 年前，放在今天仍不过时，而且我之前也有过类似的想法。

就我个人经验而言，我从景山的语文教改历史经验里获得太多益处，尝到许多"甜头"。平时说得很多，在此不做赘述。这"甜头"对我的影响就是每逢重大的教育变革，我总是"习惯性"地站在景山教改人的立场上看问题，从景山教改先行者的经验和行动中寻找智慧的启发与精神的力量。因为景山的强项在"实践"——我们在实践中积累经验，也沉淀理论。不仅如此，还要强调，我们的实践从来不是一过式，而是几十年一直在"滚雪球式"地推进的。时髦的词叫作"迭代"——这是让我们在教改风云变幻中"当众表达"时最有底气的地方。我们有来时路，这条路上有前辈们坚实的脚印。我对景山语文教改精髓了解得越多、越透彻，也就越笃定。

当然，年纪越大，也越觉得自己需要有更大的坐标系来审视教育。我们做的不仅是景山的语文教学，更是中国的基础教育改革实践。（是大话吗？非也。）别看我只是草根老师，我依然觉得"有目的地对语文教育进行'史'的研究"，这是我可以去做的事，也是值得做的事。

我们生活在回忆里　　　　　2022 年 07 月 09 日 星期六

从物理定义来说，我们生活在空间里；从情感方面来说，我们生活在回忆里。

　　　　　——《对一座城市的絮语》，［葡萄牙］若泽·萨拉马戈

今天宜念旧。

早晨起来找手机里的照片，又翻到母亲去世前两个月的视频。这两年只看过两次，因为怕看了难过。但今天还是从头到尾看了一遍。

很想念母亲。因为从小就接受唯物主义的教育，以至于对"阴阳两隔""在天有灵"这样的词没有太多感觉。可思念之情一旦喷涌出来，又是那么的真实，令人猝不及防。又真是让我愿意相信，我现在只是和母亲阴阳两隔，终有一天，我会和她相聚。

看着母亲在视频里消瘦的身形和她脸上的微笑，听着她和父亲的对话，当时我一边录一边插科打诨，仿佛又回到那一刻的时空。我好想再抱抱母亲，再多陪她聊聊天……这是她在世时我做得很不够的，也是我心里永远无法弥补的缺憾。

宜念旧。

母亲去世后我从她留下的衣物里挑选了两套双层棉的日式睡衣。大姐给母亲买的。睡衣很宽松，质地绵软。偏襟上原本是系带子的，母亲又加了子母扣。

这两年我很少穿其他睡衣，一直抱着这两套穿，以至于它们以肉眼可见的速度被洗白、发旧，垮塌塌的没形儿。但我仍不愿舍弃它们换新衣，因为我总觉得母亲穿过的衣物上有"妈妈味儿"。穿着有妈妈味儿的睡衣，就好像自己还是个孩子，还依偎在母亲的怀里一样。

成长

今天是在前外上的最后两节课，期末试卷讲评。

忙了一上午，给每个孩子准备了一份奖品或礼物。期中和期末并列第一的四个孩子，奖品是我心爱的读库笔记本。成绩达到优秀的学生，奖品是一份活页的改错纸。一诺、隽美和房同学获得突出进步奖，奖品是植物主题手帐小贴画一套。没有达到优秀的同学，则每个人都领到了改错本——上个学期我也送出过。

和以往发的奖不同的是，我给每个人的奖品或礼物上都用贴纸打了一小段话——针对每个人的特点，我分别挑选了励志的诗句，再写上表示祝福和期待的话语。

我不喜欢煽情，所以只是简单总结了一年的工作，向同学们表示感谢，送出奖品和礼物。然后，就继续讲评了试卷。

该嘱咐的话平时没少说。一年里，我为他们每一点进步而高兴，也为一些同学的暂时落后而着急。不过我也知道，学生成熟有早有晚，付出有多有少，进步自然也就有快有慢。只希望他们每一个人能有追求优秀的勇气和行动，不负韶华，也不负未来。

回来时路上我在想，这一年对我来说意味着什么？两个字——"成长"。是的，因为轮岗，我的生命体验、人生阅历更加丰富，我应对变化与挑战的能力也增强不少……所以我说，这就是我个人生命的成长。

是终点也是起点

来轮岗的第一天我就和校长说，一年的时间其实很短，所以，现在开始倒计时。

那时说这话是为了工作有计划、按步骤，我想的最多的是如何在有限的时间里更好地完成轮岗工作。

现在，果然是倒计时了——

三天，两天，一天。然后就是句号。

又加了一波学生们的微信。我有个习惯没告诉他们：我习惯在学生们和我分开后，开启另一段崭新的关系——以下的话就写给八年级（1）班的学生们。

> 如果说之前我们就是师生，从现在开始，你们和我的关系就自动升为朋友关系了。虽然你们比我儿子的年纪小几乎一轮，这一点儿也不妨碍我们在未来的日子里成为朋友，不是吗？
>
> 我的手机里有很多语文课上的照片和视频，工作实在太忙，容我慢慢倒腾。我也许能在夏天过去之前做个短片给你们。就像我想做个文集留作纪念一样，也算我要给你们的另一份礼物。

上课时我说，一年的时光，说长不长，说短不短。对人生来说，这一年特殊的经历其实只是小插曲。但对我来说，这是浓墨重彩的一笔。不能陪你们走更远的路，实在是因为我也有更多工作要做，景山也在等着我归队。但这不意味着我会忘记你们——相反，各位小友，因为有微信，我会继续关注你们，并且在心里给你们持续而美好的祝福。

掐指一算，我至多还能和你们再打两个照面儿，这个学期就真的结束了。幸好有网络——有什么学习上的困难，心里解不开的疙瘩，都可以在微信上找我说。相信你们也会通过微信，对我有更多的了解。当然，在未来的一年里，我更期待听到你们冲刺中考的好消息。

所以，是终点也是起点，是结束也是发端。各位小友，我们各自努力。我一直在，注视着你们。

关系升级

昨天给前外八年级（1）班学生写的话发出去不久，十多年前教过的学生留言："'如果说之前我们就是师生，从现在开始，你们和我的关系就自动升为朋友关系了。'想起我们十年前毕业的时候，您和我们说的也是这句话。"

我笑着回复她："对每一届教过的孩儿都会这样说。很喜欢看到你们在后来的日子里青春飞扬的神采！"

还真是这样，不光十年前我这样说过，去年这届带了四年的学生毕业时，我也这样说的。

"关系自动升级为朋友"这话怎讲？我做不到事无巨细一直看他们的朋友圈，关注他们的一言一行，但我能保证的是，如果他们需要我，我一直在。

疫情期间和我的亲人以及很少几个朋友也说过这话，这是我不敢轻易做的承诺。

今天居家办公一整天。很多人知道我忙，不知道我忙啥。四月下旬以来，我们一群科幻教育人组了队，在做中国科幻研究中心和北京市科协共同支持的项目——中小学科幻教育指南的研发。前一段发了调查问卷，今天也是为这事忙了大半天。

临近中午和科普作协业务主管周亚楠电话半小时，商量全国青少年科普科幻教育大会的事。今年的大会一直是她们在张罗，疫情背景下科普科幻教育的推进困难重重，特别是线下活动，她们想尽了办法推进。会议如何开，很快会有通知出来。

北京近来动辄就是潮湿闷热的低气压天气，对我极不友好。下午1点多人就很不舒服，似乎喉咙发炎的症状又起，赶紧吃药、卧床休息。3点多继续开工。

前一阵子读张祖庆老师的公众号，讲一线老师暑期里的辛苦。我也是一样，可能得加"更"字。暑假时间表的格子不断被填上任务。不愿意解释有什么事要做，事情永远是做了才有。不仅要估计总量，还要做时间管理和项目推进统筹，不然再多两个暑假也完不成。

其实我父亲还有张彬福老师都提醒过我，切不可几件事同时做，做完一件再做一件。但是做到这一点很难。我这几年都没做到，因为语文教学和科普科幻教育推广基本上是两条管线。又赶上新课标颁布，和语文组的几位老师说好了，暑期要提前做学习任务群的设计……说起来我们可是"不用扬鞭自奋蹄"的。

所以，不说了，休息一下继续工作去。

又及：表扬一下我自己，年初立过目标，说我的衣服足够穿，要养成不乱花钱的习惯，从不买新衣服做起。半年过去了，我做到了。表扬自己有进步：一是以前买得多，真不缺衣服；二是对物质的认识有改变；三是习惯因此改变，除非买东西，不看购物网站，书、碟片这类爱好没变。女人的衣柜里永远缺少一件衣服？不存在的。

新的工作记

这是本次轮岗工作的最后一篇日记。实际上，我已经开始了新的工作。

关于轮岗的体会，这一年陆续在写。今天的送别会上，副校长说，我们给前外带来的影响很可能在今后若干年里会越来越显现。我想对我来说道理是一样的，我也会慢慢总结。晚饭时，即将在新学期参加轮岗的同行找我，想跟我聊聊该如何做好轮岗工作。因为晚上有课题会，我只好跟他换个时间沟通。我在想，只要参与轮岗的老师们不走过场、真做事儿，就一定会有实效。我的轮岗结束了，可更多的老师正在路上。加油！

说说接下来的工作。郝丽萍副校长通知我，下学期教六年级一个班。再有，就是承担了媒介素养课在景山和文汇两所学校试点落地的区级项目。这个项目的前期准备工作我和团队小伙伴们已经做了两年余——若算上这几年做过的新闻教学实践，那年头就更久了。有区里的支持，我们还真是信心满满的，都憋着股劲儿，要尽我们所能，把这门课打造成精品课程。

具体到这门课怎么操作，我们有缜密的计划。我和项目领导说，我的轮岗日记转为教学日记后，很重要的一项，就是记录这门课程的推进。这两天值得记录的，是今天上午一经领导宣布正式启动，下午两所学校参与项目的教师团队很快就组建完毕。嘿，必须为我们核心团队的高效点赞。

晚上开了科幻教育指南研发的推进会，工作也有进展。

我喜欢这样有条不紊推进工作的状态，忙得有意义就好。

不说再见

2022 年 07 月 13 日 星期三

不说再见，新学期再见。

图 11　徒弟们的获奖证书

图 12　我在正阳门楼上

图 13　"拜师会"收到的礼物

暑假开始了

2022 年 07 月 14 日星期四

上午回景山学校开了本学期最后一次大会，和很多久未见面的同事打了照面儿，很开心。签了聘任合同后，主动找书记、校长报告我归队了，也略谈了谈工作。

对景山学校当下工作的印象，用一个用俗了的说法来形容，就是"改革进入深水区"。这是好事。进入深水区意味着对要害问题的重视不仅要有态度，更要有解决的实操措施。

今天景山校领导有句话说得特别中肯，对我很有启发：如果我们对六年

491

级教材研究不够，落实不到位，是会造成学生知识上漏洞的。

下午回来后，先搜集资料，了解小学语文教材有哪些语文要素。这些事对小学老师来说肯定是驾轻就熟的，在我仍是需要花时间充分学习的。准备再研究课标与六年级的教材，着重考虑"五四"学制的小学与初中教学衔接问题。这也是书记和校长叮嘱我归队后要重点做的事。

下午继续商量媒介素养课程地的事。打算暑假里先启动对老师的培训，以保证开学后八年级的新闻教学……

晚上和几个小伙伴在线讨论了初中语文学习任务群的设计。散会后，又和同事闫欣打了两小时的工作电话。

此刻已近 1 点。我的暑假，就这样开始了。